KB164119

더 괜찮은 QA가 되기 위한
프랙티컬 테스트 자동화

파이썬을 이용한 키워드 중심 테스트 자동화

더 괜찮은 QA가 되기 위한 프랙티컬 테스트 자동화

초판 1쇄 2018년 09월 28일

지은이 정상미
발행인 최홍석

발행처 (주)프리렉
출판신고 2000년 3월 7일   제 13-634호
주소 경기도 부천시 원미구 길주로 77번길 19 세진프라자 201호
전화 032-326-7282(代)   **팩스** 032-326-5866
URL www.freelec.co.kr

편 집 강신원 서선영
디자인 김혜정 이대범

ISBN 978-89-6540-225-1

이 책은 저작권법에 따라 보호받는 저작물이므로 무단 전재와 무단 복제를 금지하며,
이 책 내용의 전부 또는 일부를 이용하려면 반드시 저작권자와 (주)프리렉의 서면 동의
를 받아야 합니다.
책값은 표지 뒷면에 있습니다.
잘못된 책은 구입하신 곳에서 바꾸어 드립니다.
이 책에 대한 의견이나 오탈자, 잘못된 내용의 수정 정보 등은 프리렉 홈페이지
(freelec.co.kr) 또는 이메일(webmaster@freelec.co.kr)로 연락 바랍니다.

파이썬을
이용한
키워드 중심
테스트
자동화

더 괜찮은 QA가 되기 위한 프랙티컬 테스트 자동화

정상미 지음

프리렉

들어가며

"소세지! 소프트웨어가 세상을 지배한다!"라는 말이 있습니다. 소프트웨어 중심으로 산업이 재편되면서 소프트웨어 활용도가 점점 높아져 가는 디지털 전환기에 회자되는 말입니다. 소프트웨어 활용도가 높아지면서 소프트웨어 개발 동향은 폭포수 모델을 시작으로 애자일, 이어서 데브옵스로 개발 주기와 운영 주기가 점점 짧아졌습니다. 또한 사용자가 많아지면서 소프트웨어 품질에 대한 기대 수준은 점점 높아지고 있습니다.

소프트웨어 품질을 높이기 위해서는 변화하는 소프트웨어 개발 동향에 맞춘 테스트 방식의 변화가 필요합니다. 이런 상황에 발맞춰 소프트웨어 테스트 표준인 ISO/IEC/IEEE 29119의 29119-5 키워드 기반 테스트 자동화가 완성되어 배포되었습니다. 이 책을 통해 소프트웨어 테스트 자동화를 시작하려는 IT 개발자들에게 키워드 기반 테스트 자동화가 무엇인지 표준을 기반으로 알려주고, 키워드 기반 테스트 자동화의 오픈소스인 로봇 프레임워크(robot framework)를 소개하고자 합니다.

왜 로봇 프레임워크인가요?

키워드 기반 자동화는 지금까지 만들어진 매뉴얼 테스트 케이스를 재사용할 수 있고 자동화 기술을 도입할 때 첫 단추로 사용하기에 부담스럽지 않습니다. 많은 키워드 기반 테스트 도구 중에서도 로봇 프레임워크(robot framework)를 선택한 이유는 오픈소스이기 때문입니다. 또한 지원하는 테스트 라이브러리의 종류가 다양합니다. 로봇 프레임워크 문법에 맞게 키워드를 사용하여 키워드 테스트 케이스를 작성하고, 파이썬 기반으로 직접 사용자 라이브러리를 작성하면 다양한 테스트 레벨을 폭넓게 아우를 수 있습니다.

키워드 테스트 자동화로 어디까지 자동화가 가능한가요?

일반적으로 시스템은 클라이언트와 서버 구조를 갖습니다. 요즘은 클라우드가 도입되어 서버 부분이 가상화되면서 마이크로 서비스 구조로 바뀌고 있습니다. 다음은 대표적인 애플리케이션 시스템 구조를 도식화한 것입니다.

테스트 대상 시스템은 크게 구분하면 클라이언트 영역과 네트워크 영역, 서버 영역으로 나눕니다. 클라이언트 영역에는 PC를 이용한 웹브라우저 기반의 애플리케이션과 운영체제에 따라 맥, 리눅스, 윈도우 애플리케이션이 있습니다. 모바일을 이용한 앱도 이 영역에 속합니다. 네트워크 영역은 HTTP 등 프로토콜을 이용한 패킷 전송이 검증 부분입니다. 서버 영역은 웹 서버와 애플리케이션 서버, 데이터베이스 서버로 구성되는 것이 일반적입니다. 더 복잡한 구조에서는 서버 기능에 따라 프록시 서버, DNS 서버, 이메일 서버, DHCP 서버, 파일 서버 등 내부 네트워크와 외부 네트워크 구간 사이의 DMZ 구간에 포함된 서버뿐 아니라 클라이언트 애플리케이션을 위한 서버들이 다양하게 존재할 수 있습니다. 또한 PC 이외에 공유기 등 IoT 기기도 테스트 대상에 포함될 수 있습니다.

소프트웨어 테스트는 소프트웨어 개발 단계에 따라 테스트 방식이 달라집니다. 신규 프로젝트에 따른 개발과 유지 보수를 위한 개발, 시스템 영역에 따른 애플리케이션 속성에 따라서도 테스트해야 하는 범위가 크게 차이 납니다.

이 책에서는 시스템 테스트 레벨에서 PC를 이용한 웹 애플리케이션과 맥, 리눅스, 윈도우 애플리케이션 그리고 모바일을 이용한 앱에 대해, 로봇 프레임워크를 이용하여 키워드를 이용한 자동화 테스트 케이스를 작성해 보겠습니다. 실습으로 테스트 대상을 분석해 보고, 로봇 프레임워크의 테스트 라이브러리를 중심으로 키워드 테스트 케이스를 작성하여 실무에 적용하면서 주의할 점 등을 다루겠습니다.

3장부터는 키워드를 중심으로 키워드 테스트 케이스를 작성하는 실습 예제가 등장합니다. 각 실습 예제는 주제에 따라 <실습>, <실습 설명>, <테스트 케이스 예시>, <실행 결과>로 구성됩니다. 많이 사용하는 키워드 위주로 키워드 테스트 케이스를 바로 현업에서 사용할 수 있도록 실습 예제를 패턴화하였습니다. 또한, 이들 중 몇 가지 패턴은 조합해서 하나의 테스트 케이스가 될 수 있게 실습 예제를 구성하였습니다.

1) 실습 매뉴얼 테스트 케이스

실습 매뉴얼 테스트 케이스는 스텝으로 구성하여 각 스텝을 따라 하면서 키워드를 이용하여 키워드 테스트 케이스를 작성할 수 있도록 하였습니다.

2) 자동화 테스트 케이스 작성 가이드

각 스텝에 따라 사용할 수 있는 키워드를 제시하여 실제 키워드 테스트 케이스를 작성할 때 가이드로 활용할 수 있게 하였습니다.

3) 자동화 키워드 테스트 케이스 예제

자동화 키워드 테스트 케이스 예제를 TXT 형식으로 제시하여 독자가 작성한 키워드 테스트 케이스와 비교하여 작성 결과를 확인할 수 있도록 하였습니다.

4) 키워드 테스트 케이스 실행 결과

요구 사항과 키워드 사용 방법에 따라 그림이나 실제 로그 파일, 실행 후 출력값 등 다양한 형태로 테스트 케이스를 실행한 결과를 공유하여 키워드 사용법을 잘 이해할 수 있도록 하였습니다.

목차

Chapter 02

로봇 프레임워크 소개   63

Chapter 04

외부 라이브러리   269

01

학교에서 소프트웨어 공학을 전공했거나 관련 강의를 들어본 적이 있는 독자라면 테스트 관련 내용을 교재 뒤에서 다루고 있어 강의 막바지에 다루거나 미처 강의를 듣지 못하고 학기가 마무리되는 것을 경험한 적이 있을 것입니다. 그만큼 소프트웨어 테스트는 처음 접해 본 사람들이 많기 때문에 기업에 입사하여 테스트 업무를 맡으면 당황스러워 막상 무엇부터 해야 하는지 난감해 하는 분야 중 하나입니다. 저 역시 개발자로 현업에서 시작해 디버깅만 하다가 회사의 QA팀이라는 조직에서 체계적으로 테스트를 수행하는 것을 보고 흥미를 느끼게 되었으며, 나아가 소프트웨어 개발과 테스트가 다른 것인가 하는 의문을 갖게 되었습니다. 1장에서는 소프트웨어 개발과 테스트 간에 놓인 미묘한 관계를 살펴보고 테스트 표준인 ISO/IEC/IEEE 29119 전체를 통해 테스트를 체계적으로 알아보겠습니다.

소프트웨어 개발과 테스트

1.1 소프트웨어 개발과 테스트의 관계

'개발자'는 어떤 업무를 담당하는 사람일까요? 단어 자체로 연상해 보면 기존에 없던 제품이나 서비스를 새로 만들거나 기존의 제품이나 서비스에 없던 속성과 기능을 추가, 개선하는 사람으로 생각할 수 있습니다.

그럼 '소프트웨어 개발자'는 어떤 업무를 담당할까요? 새로운 소프트웨어를 만들거나 기존 소프트웨어에 기능을 추가하고 수정하거나 성능과 보안 등을 개선하는 업무를 담당한다고 이해할 수 있습니다. 소프트웨어 개발은 고객이 원하는 사항인 요구 사항을 소프트웨어 형태의 결과물로 만드는 과정입니다. 그래서 요구 사항은 소프트웨어의 완성도를 판단하는 하나의 기준이 됩니다.

그럼 '소프트웨어 테스터'는 어떤 업무를 담당할까요? 소프트웨어 개발과 테스트는 밀접한 관계가 있습니다. 소프트웨어 테스터는 소프트웨어 개발 계획, 구현, 배포 등의 단계에서 고객의 요구 사항에 맞는 소프트웨어가 개발되었는지 검증하고 확인하는 업무를 담당합니다. 그래서 소프트웨어 개발 기술의 변화에 따라 테스트 방법도 함께 변화를 겪고 있습니다. 그리고 소프트웨어 개발과 테스트는 점점 닮아 가고 있습니다.

1. 폭포수 개발 모델과 테스트

짧게 SDLC라고 부르는 소프트웨어 개발 생명 주기(Software Development Life Cycle) 모델은 소프트웨어가 세상에 태어나는 과정을 모델링합니다. 소프트웨어에 대한 기대와 기술이 발전하고 개발 효율성에 대한 요구가 늘어나면서 소프트웨어 개발에 대한 SDLC도 변하고 있습니다.

먼저 소프트웨어 개발 모델의 시조격인 폭포수 모델을 알아보겠습니다.

폭포수 모델(Waterfall)

폭포수 모델은 소프트웨어 공학이라는 가문에 비유하자면 고조 할아버지라고 할 수 있습니다. 고조 할아버지(폭포수 모델)는 소프트웨어를 만들 때 우선 요구 사항을 분석하라고 말합니다. 이는 무엇을 만들지 결정하는 단계입니다. 고객의 요구 사항을 분석했으면 다음 단계로 가장 적당한 소프트웨어 구조를 설계하라고 합니다. 윈도우 프로그램, 리눅스 프로그램, 모바일 프로그램 등 소프트웨어가 동작하는 환경과 목적에 따라 개발도구와 프로그래밍 언어, 소프트웨어 구조가 달라지기 때문에 이 과정은 꼭 필요합니다.

설계가 완료되면 설계서에 맞춰서 개발자가 프로그래밍 언어를 이용하여 구현합니다. 구현이 완료된 소프트웨어는 테스트를 통해, 발견된 이슈를 수정하는 과정을 거칩니다. 소프트웨어 기능이 규모 면에서 큰 경우에는 구현 기간을 알파, 베타의 마일스톤으로 나눠서 마일스톤마다 완성된 소프트웨어에 대한 테스트를 수행하고 모든 기능이 완료되면 최종 테스트를 수행합니다. 테스트 결과에 따라 고객에게 배포하고 다시 고객의 요구 사항이 들어오면 유지 보수를 수행하게 됩니다. 수많은 소프트웨어들이 이러한 과정을 거쳐 세상에 태어났습니다.

그림 1-1 폭포수 개발 모델

각 단계에는 기획자, 분석가, 설계자, 개발자, 테스터, 배포자, 운영자, 이를 총괄하는 PM 등 다양한 역할이 존재합니다. 회사의 규모와 프로젝트의 규모, 형태, 자사 개발 프로세스에 따라 2~3명이 모든 역할(기획자, 분석가, 설계자, 개발자, 테스터, 배포자, 운영자)을 나눠 수행하기도 하고 역할(기획자 등) 하나를 2~3명이 맡기도 합니다.

폭포수 모델에서 테스트

폭포수 모델에 맞게 테스트를 수행하기 위해 **V-모델**이 도입되었습니다. 이 모델은 검증(verification)과 확인(validation)으로 구성되어 폭포수 모델의 각 단계를 테스트 관점에서 정의합니다. 그래서 V&V 모델이라고 말하기도 합니다.

검증 활동은 폭포수 모델 각 단계에서 만들어진 요구 사항 명세서, 개발 설계서, 소스 코드 등의 산출물을 근거로 요구 사항에 맞는 소프트웨어가 만들어지도록 검증하는 것이 목적입니다. 확인 활동은 폭포수 모델의 단계별로 테스트 레벨을 정의합니다. 단위 테스트, 통합 테스트, 시스템 테스트, 인수 테스트 등 각 목적에 맞게 테스트를 진행하도록 안내합니다.

그림 1-2 V-모델

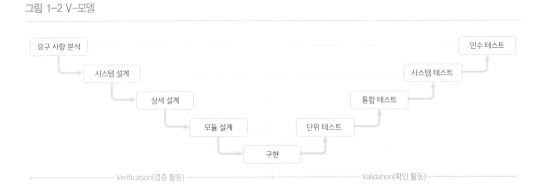

같은 듯 다른 이란성 쌍둥이 같은 두 개의 V, 차이점은 무엇일까요? 검증과 확인 사이의 차이점은 테스트 대상입니다. 보통 품질을 정의할 때 프로세스 품질과 제품 품질로 말합니다. V-모델에서 검증 활동은 산출물을 중심으로 수행되는 테스트 활동으로 프로세스 품질을 측정합니다. 확인 활동은 실제 개발된 소프트웨어를 실행해 보면서 각 테스트 레벨의 목적에 맞게 수행되는 테스트 활동으로 제품 품질을 측정합니다. 보엠(Barry W. Boehm)은 다음 두 질문으로 검증과 확인에서 테스트 관점의 차이점을 이해할 수 있도록 도와줍니다.

검증 활동

☑ Are we building the product right?
제품을 (요구 사항에 맞게) 제대로 만들고 있는가?

검증 활동에서는 요구 사항 분석, 시스템 설계, 상세 설계, 모듈 설계 단계에서 나오는 산출물을 근거로 리뷰 형태의 테스트를 수행합니다.

예를 들어 요구 사항 분석 단계에서 만들어진 요구 사항 명세서에서 기능뿐 아니라 호환성과 보안성을 고려하여 개발자가 개발을 계획하고 있는지를 검증합니다. 이렇게 완성된 요구 사항 명세서를 근거로 테스트 케이스를 설계하고 추후 인수 테스트 단계에서 테스트 케이스를 매뉴얼 테스트 형태나 자동화 테스트 형태로 수행합니다. 다른 단계 역시 동일한 형태로 진행하고 산출물은 V-모델의 반대편인 확인 단계의 테스트 시작/종료 기준(entry/exit criteria)으로 사용합니다.

산출물 검증은 동료 리뷰(peer review), 인스펙션(inspection), 워크스루(walkthrough)와 같은 정적 테스트 방법을 이용합니다. 이때 변경 사항이 발생할 경우 시스템을 통해 이력 관리를 하는 것이 중요합니다. 실제 개발 후 유지 보수, 후속조치, 요구 사항 완수율을 확인하면서 이력 관리를 수행합니다.

☑ Are we building the right product?
(요구 사항에) 알맞은 제품을 만들고 있는가?

확인 활동에서는 단위 테스트와 통합 테스트, 시스템 테스트, 인수 테스트의 단계에서 소프트웨어가 요구 사항에 맞게 만들어졌는지 확인합니다.

보통 단위 테스트는 개발자가 스스로 수행하기도 하고 별도 개발 역량을 갖춘 테스트 담당자가 수행하기도 합니다. 통합 테스트와 시스템 테스트는 개발 마일스톤에 따라 테스트 기간을 결정하고 테스트 시작 기준과 종료 기준을 달리하여 테스트 계획을 세웁니다. 테스트 대상에 따라 사용성과 보안성, 호환성, 성능 등의 품질 특성을 고려하여 테스트 전략과 테스트 도구를 선정하여 테스트 계획에 적용합니다. 테스트 계획서를 근거로 테스트 인력과 기간에 맞게 테스트 케이스를 수행하고, 이슈를 발견하면 이슈 관리 시스템에 등록하는 등의 과정으로 테스트를 수행합니다.

인수 테스트는 사용자가 바로 사용할 수 있는 소프트웨어를 대상으로 테스트를 수행합니다. 이 레벨 역시 테스트 관점은 테스트 대상에 따라 달라집니다. 전 국민을 대상으로 하는 서비스는 사용성에 초점을 맞추고, 금융이나 안전 서비스는 보안성을 중심으로 테스트를 수행합니다.

그림 1-3 폭포수 개발 모델에서 테스트

기존 SDLC에서 개발과 테스트 사이의 관계는 독립적인 관계입니다. 개발 완료 후 테스트가 수행되고 그 다음에 운영 파트로 넘어가는 절차입니다. 이 관계에서는 프로세스 품질이 중요하게 다루어집니다. 각 단계에서 만들어진 산출물을 통해 서로 간의 신뢰 관계를 형성할 수 있습니다.

2. 애자일 개발 모델과 테스트

앞선 개발 모델의 이름이 폭포수인 이유는 각 단계를 거스를 수 없기 때문입니다. 폭포수 모델은 개발 도중에 이전 단계에서(예를 들어 분석을 잘못한 경우) 잘못한 것을 알게 되면 처음부터 다시 시작해야 하는 숙명을 가지고 있습니다. 이에 따라 시조격인 폭포수 모델을 이어받아, 보다 발전된 형태인 나선형 모델과 반복형 모델이 등장하게 됩니다. 또한, 복잡한 프로세스를 무시하고 계획 없이 소프트웨어를 개발하는 모습도 등장합니다.

이 둘 사이에서 적절하게 계획 중간 단계의 소프트웨어 개발 방법으로 애자일(agile) 개발 모델이 주목받습니다. 이 모델에는 익스트림 프로그래밍(extreme programming), 스크럼, ASD(adaptive software development) 등이 있습니다. 다음 개발 선언을 보면 애자일 개발 모델이 의도한 바를 파악할 수 있습니다.

> 우리는 소프트웨어를 개발하고 다른 사람의 개발을 지원하면서 더 나은 개발 방법들을 찾아왔다. 이러한 과정을 통해 우리는 다음 사항을 가치 있게 여기게 되었다.
>
> - 공정과 도구보다, 개인과 소통을
> - 포괄적인 문서보다, 작동하는 소프트웨어를
> - 계약에 필요한 협상보다, 고객과의 협력을
> - 계획을 따르기보다, 변화에 대응하기를

- **출처** http://agilemanifesto.org/iso/ko/manifesto.html

다들 왼쪽에 있는 사항들이 가치가 있다고 여기고 있지만 애자일 개발 선언에서는 오른쪽에 있는 사항들에 더 높은 가치를 두고 있습니다. 이제 애자일 개발 모델 중 스크럼 개발 모델을 이용하여 그 변화를 알아보겠습니다.

스크럼(Scrum)

스크럼은 애자일 개발 모델 중 하나로 애자일 개발 선언을 지키기 위한 몇 가지 장치를 두고 있습니다. 스크럼 마스터(scrum master), 스몰 릴리즈(small release), 백로그(backlog), 스프린트(sprint)는 기존의 폭포수 모델과의 차이를 드러내는 용어들입니다.

스크럼은 고객 요구 사항을 백로그로 기록하고 스프린트 기간 동안 데일리 미팅(daily meeting)을 수행하며, 다수의 개발자가 스프린트 백로그의 진척 상황을 공유합니다. 개발과 테스트를 동시에 진행하고 스프린트가 완료되면 스몰 릴리즈를 수행하는 프로세스를 가집니다. 우선순위와 업무 강도 등 조건에 따라 새롭게 추가된 백로그는 스프린트 백로그로 수행됩니다.

스크럼 마스터

스크럼 마스터(scrum master)는 기존 팀에서는 찾아볼 수 없는 역할입니다. 스크럼팀이 스크럼 이론과 규칙을 원활하게 수행하도록 그라운드 룰(ground rule)을 함께 만들고 팀원을 코칭하고 팀원 간 소통 문제를 덜어 주어 협력을 증대하며, 프로젝트 기술이나 문제 상황을 함께 극복하도록 지원하는 역할을 합니다.

백로그

백로그(backlog)는 사용자 스토리의 집합으로 제품 백로그와 스프린트 백로그가 있습니다. 제품 백로그는 개발할 제품에 대한 요구 사항 목록이며 스프린트 단위로 나뉩니다. 백로그의 우선순위에 따라 스프린트 목표를 결정하고 그 목표에 도달하기 위해 백로그를 스프린트 백로그로 상세화하여 개발합니다.

스프린트

스프린트(sprint)는 반복적인 개발 주기를 의미하며 보통 2~4주에 걸쳐 진행됩니다. 스프린트 기간에는 데일리 미팅(daily meeting)과 번다운 차트(burn-down chart)를 이용해 각 담당자들이 수행한 스프린트 백로그와 장애 현상 등을 공유합니다. 번다운 차트는 스프린트 기간에 스프린트 백로그를 실행할 기간을 산정해서 총 일정을 계획하고 실제 수행된 기간을 산정하여 그리는 그래프입니다. 계획 그래프와 실제 수행 그래프가 같은 경우는 거의 없겠지만 현재 상황을 파악할 수 있어서 유용합니다.

스몰 릴리즈

스몰 릴리즈(small release)는 각 스프린트에서 개발 완료된 소프트웨어를 고객이 바로 사용할 수 있도록 배포하는 것을 말합니다. 각 스프린트를 거치면서 스몰 릴리즈된 소프트웨어는 기능이나 성능 면에서 개선되는 모습을 보입니다. 기존의 모놀리틱(monolithic) 구조의 서비스에서 마이크로(micro) 구조의 서비스가 많아지면서 한 페이지에서 제공하는 여러 서비스들이 한꺼번에 동시에 업데이트되지 않고, 각 서비스들이 개별적인 개발 일정에 따라 스몰 릴리즈로 업데이트되는 것입니다.

회고

회고(retrospective)는 스프린트가 끝나고 스크럼팀이 경험한 일을 돌아보는 시간으로 애자일 문화를 성공적으로 정착시키는 중요한 요소입니다. 공식적인 회의라기보다는 PMI(plus, minus, interesting) 같은 요소를 포스트잇에 각자 작성하여 스프린트 기간에 생각했던 것들과 의견을 나누면서 프로젝트에 참여한 팀원들이 더 발전적인 방향으로 나아갈 수 있도록 방법을 찾는 시간입니다. 스크럼 마스터는 회고의 시간을 통해 스크럼팀이 애자일하게 프로젝트를 진행할 수 있도록 이끄는 것이 중요합니다.

그림 1-4 스크럼 애자일 모델

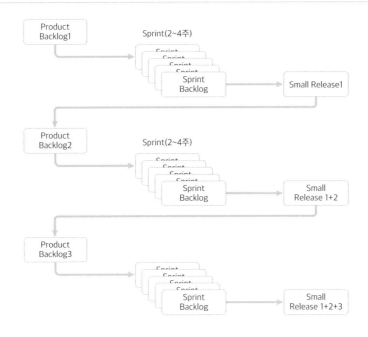

폭포수 모델에서 기획자와 분석가, 설계자, 개발자, 테스터, 배포자, 운영자라는 구성원은 스크럼 방법론에서 그 이름이 스크럼팀으로 정의됩니다. 스크럼팀은 제품 책임자(product owner), 스크럼 마스터, 개발팀으로 구성됩니다. 스크럼팀에서 제품 책임자는 제품 백로그를 관리하는 담당자로 백로그가 가시적이고 이해할 수 있는 수준인지를 확인하고 스프린트 백로그를 제시합니다. 개발팀은 기획자와 분석가, 설계자, 개발자, 테스터, 배포자, 운영자의 역할을 자기 조직화와 교차 기능성을 근거로 백로그에 따라 그때그때 결정합니다. 제품에 대한 책임은 개발팀 전체에 있는 것이 특징입니다.

스크럼에서 테스트

스크럼 용어나 개발 모델 프로세스를 보면 테스트가 잘 보이지 않습니다. 자기 조직화(self-organizing)와 교차 기능성(cross-functional)을 이해해야만 스크럼에서 수행되는 테스트를 볼 수 있습니다.

자기 조직화

자기 조직화(self-organizing), 이름부터 IT와 어울리지 않습니다. 쉽게 말해서 지시를 통해 업무를 수행하는 것이 아니라 스스로 업무를 선택한다는 뜻입니다. 기존 개발 방법론에서는 프로젝트를 수행하면서 제품의 기능에 따라 개발자를 미리 지정하여 관련 업무를 수행하거나 PM과 PL이 개발자에게 업무를 지정하였습니다. 하지만 자기 조직화된 스크럼팀에서는 백로그를 보고 개발자 스스로 하고 싶거나 할 수 있는 업무를, 사용자 스토리 포인트 제한 점수 등의 그라운드 룰을 근거로 선택합니다. 지시받은 업무를 수행하는 것이 아니라 스스로 업무를 선택해 수행하는 것입니다. 이 과정에서 갈등이 발생한다면 스크럼 마스터가 해결사로 나서게 됩니다. 자기 조직화는 아키텍처와 요구 사항, 설계 등을 팀 안에서 모두 해결하기 때문에 변경 사항에 빠르게 대처할 수 있는 장점이 있습니다.

교차 기능성

교차 기능성(cross-functional)은 팀원의 역할에 제한이 없다는 것입니다. 기획자와 분석가, 설계자, 개발자, 테스터, 디자이너로 구성된 스크럼팀에서 개발자는 개발하고 테스터는 테스트만 한다는 개념을 넘어 백로그에 따라 분석도 하고 테스트도 할 수 있다는 개념입니다. 또한 개발팀이 스프린트를 수행할 때 필요한 주요 기술들은 학습을 통해 팀 내에서 소유하려는 노력을 하게 됩니다. 때문에 스크럼팀을 구성할 때 프로젝트 특성에 따라서 개발팀을 꾸리는 것이 좋습니다.

교차 기능성이 높은 팀은 업무에서 병목 현상이 줄어듭니다. 개발팀이 특정 멤버에게 의존하는 경향이 줄어들고 특정 멤버가 자리를 비워도 프로젝트가 중단되지 않습니다. 스크럼 마스터는 회사의 지식 기반 시스템이나 오픈소스 기술들을 활용해 팀원들에게 필요한 지식을 효율적으로 습득시켜야 교차 기능성이 높은 팀을 유지할 수 있습니다.

한 사람이 개발자이자 테스터가 가능하도록 하는 방법에는 테스트 주도 개발(test driven development, TDD)이라는 애자일 원칙이 있습니다. TDD는 요구 사항의 테스트 요건을 먼저 고려하여 개발하는 애자일 개발 방식입니다.

TDD에서는 요구 사항을 분석하여 설계하고, 개발 코드와 함께 테스트 코드를 작성하여 요구 사항을 반영합니다. 개발 코드 작성이 끝나면 테스트 코드를 실행하여 자동으로 테스트하게 됩니다. V-모델에서 단위 및 통합 테스트 레벨의 테스트가 이 과정에서 수행된다고 비교해 볼 수 있습니다.

프로젝트 특성에 따라 폭포수 모델과 애자일 모델의 스크럼을 활용하여 자기 조직화와 교차 기능성의 장점을 모아서 별도의 테스트 전담자를 두거나 UX 설계팀을 두기도 합니다. 애자일 모델의 특징은 개발과 테스트의 경계가 절차에 얽매여 있지 않다는 점입니다. 애자일이 등장하면서 테스트 자동화에 대한 관심이 본격화된 것으로 보입니다.

그림 1-5 애자일 개발 모델에서 테스트

3. 소프트웨어 배포와 테스트

소프트웨어 개발 생명 주기(SDLC) 모델의 여러 단계 중 요구 사항 분석 단계부터 테스트 단계까지가 소프트웨어에 대한 시대적인 요구에 따라 폭포수 모델이나 스크럼이라는 형태로 다양하게 반영되었다면, SDLC 중 개발 완료 이후인 배포 단계와 유지 보수 단계에 대한 요구는 어떻게 반영되었을까요?

소프트웨어 배포란 테스트가 완료된 빌드를 패키징하고 업데이트 서버에 릴리즈하여 고객사에게 전달하는 과정입니다. 소프트웨어 개발에 소요되는 자원 못지 않게 소프트웨어 배포와 서비스 운영에도 시간과 자원이 필요합니다.

최근에는 배포 시스템을 개발 시스템과 연계하여 무중단으로 수행하는 데브옵스(DevOps)가 등장했습니다. 소프트웨어 중심의 서비스가 늘어나면서 개발 요구 사항도 증가하고 실시간으로 반영된 서비스를 이용하고자 하는 고객 요구도 증가하면서 데브옵스가 주목받고 있습니다.

애자일을 통해 개발과 테스트의 경계가 희미해진 것처럼, 데브옵스로 개발과 테스트, 운영도 상호 경계가 무너지고 연계되는 부분이 많아졌습니다. 이번 절에서는 데브옵스의 동작 과정과 테스트와의 관계에 대해 알아보겠습니다.

데브옵스(DevOps)

데브옵스는 개발(development)과 운영(operation)의 합성어입니다. 애자일 개발 모델로 개발 주기를 줄이고 나서 코드 개발을 완료한 후 과정을 효율적으로 만들기 위해 도입되었습니다.

코드 개발이 끝나면 소스 코드 빌드, 테스트, 패키징, 고객 운영 환경으로 전달하는 과정을 거칩니다. 데브옵스는 애자일의 지속적 통합(continuous integration, CI)과 기존의 운영 방식인 지속적 전달(continuous delivery, CD)을 하나로 한 개념으로, 이를 통해 신속하게 배포하고 지속적으로 대응할 수 있게 합니다. 지속적 통합은 빌드 통합 시스템을 이용하고 지속적 전달은 기존의 자동화 배포 시스템을 이용합니다.

데브옵스에서 중요한 3가지 요소는 프로세스, 툴 체인, 팀입니다. 데브옵스 프로세스는 CI와 CD를 통합한 형태로 각 단계에서 사용하는 툴 체인을 하나의 팀에서 관리합니다. 이 프로세스의 특징은 피드백입니다. 시스템을 통해 운영상의 피드백이 개발로 연결되어 안정성을 높입니다.

툴 체인은 각 프로세스 단계에 따라 코드(code)와 빌드(build), 테스트(test), 패키지(package), 릴리즈(release), 환경구성(configure), 모니터(monitor)로 이루어집니다. 기존에는 여러 팀에서 수행하는 일을 자동화된 원스톱 프로세스로 수행하기 때문에 참여하는 모든 개발자가 팀 개념으로 프로세스를 따르고 툴을 사용해야 합니다. 이렇게 프로세스를 따르고 툴을 사용하는 규약은 지키려는 노력이 동반되어야 합니다.

그림 1-6 데브옵스 모델

데브옵스의 동작 과정을 간단하게 살펴보면 우선 형상 관리 프로그램이나 버전 관리 프로그램인 Git(Github)이나 Subversion, FishEye 등으로 개발자가 자동으로 개발 완료된 소스 코드를 업로드합니다. 지속적 통합 도구와 빌드 상태를 관리하는 툴인 Make와 Ant, Maven, Bamboo 등을 이용하여 통합해서 빌드하고, Jenkins와 Travis CI 등 CI 툴을 이용하여 자동으로 매일 새로운 코드가 데일리 빌드됩니다. 혹자는 데일리 빌드를 소프트웨어의 심장이라고 말하기도 합니다. 데일리 빌드가 돌아야 살아 있는 소프트웨어라고 생각하는 것입니다.

빌드가 끝나면 CI 툴은 자동화 테스트 케이스를 실행시키고 정상적으로 동작하는 것이 확인되면 CD 툴이 애플리케이션을 패키징하여 릴리스, 즉 업데이트 서버나 고객사에게 전달하는 형태로 배포합니다.

배포 후 운영 중에는 Nagios와 Puppet, Ansible, Chef 등을 이용하여 추가로 인프라 스트럭처 스토리지, 데이터베이스, 네트워크 프로비저닝 및 구성, 애플리케이션 제공 및 구성 등 지속적인 구성 자동화와 구성 관리를 수행하고 모니터링 활동을 통해 애플리케이션의 성능을 모니터링하며 최종 사용자 경험에 대한 정보를 분석하여 새로운 배포 주기에 필요한 계획 활동을 수행합니다.

> **데브옵스 유의 사항**
>
> 만약 데브옵스를 구축한다면 계정 관리를 고려해야 합니다. 모든 툴 체인에 각각 다른 계정을 사용하면 수정 사항이 발생했을 때나 계정이 만료되었을 때, 사용자가 추가되거나 변경되었을 때 등의 상황에 따른 운영 비용이 소모됩니다. 이를 예방하기 위해 하나의 AD(active directory)로 통합하여 관리하는 것을 추천합니다. 또한 형상 관리 시스템에는 소스 코드뿐 아니라 요구 사항 명세서, 개발 설계서 등의 문서, 데이터베이스 스키마, 라이브러리, 시스템 설정 등과 같은 문서도 함께 관리하면 이력 관리에 유용합니다.

데브옵스에서 테스트

데브옵스에서는 지속적인 테스트를 통해 애자일의 스몰 릴리즈를 지원합니다. 또한, 배포 전에 전체 소프트웨어에 회귀 테스트(regression test)를 수행해 소프트웨어를 안정되고 신속하게 공급하려고 합니다.

애자일에서 테스트 자동화가 소프트웨어 개발 시작 단계인 단위 테스트나 통합 테스트 목적으로 수행되었다면 데브옵스에서 테스트 자동화는 인수 테스트 목적이 더 강하다고 할 수 있습니다. 배포 이후에 사용자가 바로 사용하기 때문에 성능 테스트나 사용성 테스트도 함께 수행합니다.

물론 데브옵스를 적용한다고 해서 개발 과정에서 테스트를 생략하는 것은 아닙니다. 여전히 개발자는 빌드 시스템에 커밋하기 전에 단위 테스트를 진행해야 하고 커밋 이후에 통합 테스트를 수행해야 합니다. 패키징 전에 인수 테스트를 해야 하고 테스트 결과에 따라 릴리즈를 수행해야 합니다. 데브옵스를 잘 활용하려면 지속적인 테스트가 개발 과정에서 성숙하게 자리 잡고있어야 합니다.

또한, 테스트 케이스의 자동화 수준과 테스트 결과의 신뢰성에 따라 소프트웨어 안정성이 결정되기 때문에 지속적으로 테스트를 수행하기 위해 테스트 자동화를 다양하게 시도하는 노력이 필요합니다.

하지만 현실적으로 데브옵스 각 단계에서 수행되는 테스트를 자동화하는 것이 가장 어렵습니다. 또한 기존의 매뉴얼 테스트 케이스를 모두 자동화 테스트 케이스로 변환하는 것도 정답은 아닙니다. 제품의 특성과 회사의 배포 및 운영 시스템에 맞게 준비해야 할 요소들이 분명히 있습니다.

개발과 테스트 사이의 관계를 살펴보면 폭포수 개발 모델이나 애자일 개발 모델과는 좀 다른 모습입니다. 데브옵스에서의 테스트는 개발과 운영 사이에서 검증과 확인을 수행하는 역할로부터 한 단계 더 나아가 하나가 되는 과정을 거치고 있습니다.

그림 1-7 데브옵스 모델에서 테스트의 위치

지금까지 변화하는 개발과 테스트의 관계를 살펴보면서 테스트 자동화에 대한 필요성이 확대된 것을 보았습니다. 이러한 테스트 자동화를 현업에 적용하기 위해서는 테스트 자동화에 대한 이해와 함께 자동화 시스템이 필요합니다. 이를 위해 테스트 자동화 전용 시스템을 구축할지, 아니면 기존 환경에서 추가로 개선할지를 결정해야 합니다. 전체 자동화 시스템을 새로 구축하고 그 안에서 테스트 자동화를 수행하면 테스트 자동화를 일회성 이벤트로 멈추지 않고 지속해서 개선하고 발전시키는 방향으로 갈 수 있습니다. 다만, 이러한 경우 비용이 많이 들고 설계에 오랜 시간이 걸릴 수 있습니다. 운영 중인 사내 개발 시스템의 개선점을 찾는 경우에도 그 과정에서 만나는 이해관계자들과 발생한 문제를 해결하면서 기존의 자동화 테스트 케이스를 계속 유지 보수하고 개선해 나가는 것은 정말 많은 노력이 필요합니다. 만약 결정권자의 지지와 함께 확고한 근거가 마련이 된다면 이러한 노력은 결실을 맺을 것입니다.

1.2 소프트웨어 테스트 국제 표준

소프트웨어 테스트와 관련된 표준은 크게 테스트 문서, 품질 특성, 품질 프로세스로 나누어집니다. 소프트웨어 테스트 문서에 관한 표준 ISO 829는 테스트 계획과 테스트 결과 문서에 대한 템플릿을 제공합니다. 현재는 ISO 29119-3으로 통합되었습니다. 소프트웨어 품질 특성에 관한 표준에는 ISO 9126과 ISO 25010이 있습니다. ISO 25010은 ISO 9126의 개정된 버전으로 기존의 기능성, 신뢰성, 사용성, 유지 보수성, 이식성, 효율성의 6개 품질 특성에, 호환성과 보안성을 추가하여 8개로 변경되었으며 주특성의 이름이 일부 변경되었습니다.

8가지 주특성은 기능 적합성(functional suitability), 수행 효율성(performance efficiency), 호환성(compatibility), 사용성(usability), 신뢰성(reliability), 보안성(security), 유지 보수성(maintainability), 이식성(portability)입니다. 부특성은 기존 27개에서 31개로 늘어났고 각 특성의 준수성 특성은 삭제되었습니다.

프로세스와 관련된 표준은 소프트웨어 생명 주기 프로세스 표준 ISO 12207과 프로세스 수행 능력평가 표준 ISO 15504입니다. 2016년 7월 ISO 29119-5 키워드 기반 테스트 파트가 완성되면서 소프트웨어 테스트 표준인 ISO/IEC/IEEE 29119가 완성되었습니다. ISO 29119는 소프트웨어 테스트에 대한 전반적인 사항과 함께 기존에 제정된 테스트 표준과 상호 호환이 가능하도록 고려하여 제정되었습니다.

1. ISO/IEC/IEEE 29119

ISO 29119는 테스트 개념과 정의, 프로세스, 문서, 설계 기법, 키워드 기반 테스트의 5개 파트로 구성됩니다. 각 파트는 상호 호환성을 지니고 있습니다. 이제 각 파트를 알아보겠습니다.

그림 1-8 ISO 29119 표준

테스트 개념과 정의

파트 1, 테스트 개념과 정의는 소프트웨어 테스트에서 사용하는 용어와 개념 등을 설명합니다. 총 8개 단락으로 소프트웨어 테스팅 소개, 조직 및 프로젝트의 소프트웨어 테스팅, 소프트웨어 생명 주기의 일반 테스트 프로세스와 위험 기반 테스팅, 테스트 하위(sub) 프로세스, 테스트 사례(practice), 테스트 자동화, 결함 관리로 구성됩니다. 기본적으로 알아야 할 테스트 개념부터 설명하겠습니다.

파트 1에서 제시하는 테스트 사례는 테스팅에 종사하고 있다면 무의식 중에 수행하는 방법들입니다. 예를 들어 요구 사항 기반 테스트는 요구 사항 명세서의 테스트 항목이 테스트 기간

　　　　　　　　　　　　　　　　　　　　소프트웨어 개발과 테스트

동안 적용되어 요구 사항을 만족하는지 확인하는 테스트로 일반적인 테스트 방법입니다. 이때 모든 기능을 테스트하기에 인력과 시간 등 자원이 부족하다면 위험 기반 테스트를 이용합니다. 위험도를 산정하여 테스트 케이스마다 우선순위를 정하고 우선순위가 높은 테스트 케이스를 먼저 수행하도록 제시합니다.

테스트는 테스트 케이스 작성 여부에 따라 두 개로 나뉘는데 테스트 케이스를 작성하여 이용하는 스크립트 기반 테스트(scripted testing)와 테스트 케이스를 작성하지 않는 비스크립트 기반 테스트(unscripted testing)입니다.

스크립트 기반 테스트는 테스트 케이스를 작성하는 데 시간이 소요되는 단점이 있지만, 회귀 테스트 같은 유지 보수 테스트를 수행할 때 재사용할 수 있습니다. 제품에 대한 지식이 부족한 사람도 키워드 테스트 케이스의 단계(스텝)를 따라 하면서 예상되는 결과를 확인하며 테스트 결과를 판단할 수 있는 장점도 있습니다.

비스크립트 기반 테스트는 탐색적 테스트 기법과 같이 키워드 테스트 케이스를 작성하지 않고 수행하는 테스트로, 제품 지식과 노하우를 지닌 테스터가 경험에 기반해 수행합니다. 테스트 케이스에 국한되지 않고 테스트 대상 소프트웨어의 특성에 따라 예외 상황이나 복잡한 시나리오로 테스트를 수행하곤 합니다.

테스트 케이스

테스트 수행 항목에 대한 구체적인 테스트 목표, 전제 조건, 사전 실행 항목, 예상 결과 등을 포함합니다. 테스트 수행 항목은 오류 식별과 기능 검증을 목표로 합니다.

인시던트

테스트 케이스를 통해 발견된 기능상의 오류를 총칭해서 부릅니다. 회사에 따라 이슈나 버그, 인시던트 등 다양한 이름으로 불립니다.

테스트 프로세스

파트 2, 테스트 프로세스는 테스트를 수행하는 절차에 대한 표준으로 기존의 ISO/IEC 33063을 기반으로 작성되었습니다. 테스트가 수행하는 역할에 따라 테스트 프로세스는 다계층 프로세스 모델, 조직 테스트 프로세스, 테스트 관리 프로세스, 동적 테스트 프로세스, 총 4가지 프로세스로 정의합니다.

그림 1-9 ISO 29119-2 테스트 프로세스

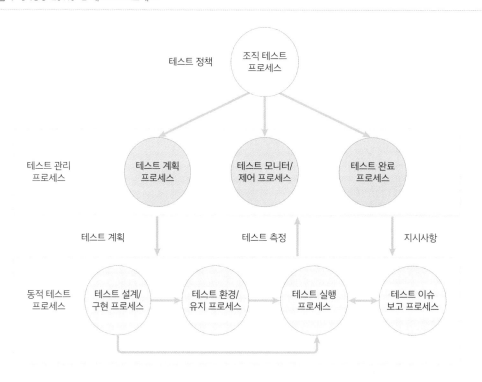

조직 테스트 프로세스(organizational test process)는 조직 관점에서 테스트 정책, 전략, 프로세스, 절차 등을 만들고 유지 및 관리하는 프로세스입니다. 조직의 미션과 품질 정책, 전략을 배제하고 테스트를 진행한다면 테스트 결과를 판단하는 시점에서 개인의 역량에 의존하게 되는 경향이 있습니다. 적절한 판단이 뒷받침되는 상태에서 테스트를 수행하기 위해 테스트 시작 전에 관련자들과의 회의, 리뷰, 워크숍 등을 통해 피드백을 받고 팀 차원의 테스트 프로세스를 만들고 따르는 것이 바람직합니다.

테스트 관리 프로세스(test management process)는 테스트 계획, 테스트 모니터링 및 제어, 테스트 완료로 구성되어 있으며, 테스트에 필요한 준비와 실행, 완료 여부 등의 의사 결정이 이루어집니다. 이 프로세스는 테스트 팀 리더의 주도로 수행됩니다.

동적 테스트 프로세스(dynamic test process)는 실행하려는 테스트 케이스에 대한 설계와 구현, 테스트 환경 설정과 환경 유지 보수, 테스트 실행과 테스트 인시던트 보고로 구성됩니다. 테스트 담당자가 주로 수행하는 프로세스입니다.

다계층 모델(multilayer model)은 조직 테스트 프로세스와 테스트 관리 프로세스, 동적 테스트 프로세스를 모두 아우르는 개념입니다. 다계층 모델은 그림 1-9처럼 상위 계층이 하위 계층의 Input, Output 형태이며, 서로 영향을 주고 받습니다. 테스트 관리 프로세스의 계획은 동적 테스트 프로세스의 테스트 설계에서 Input이 됩니다. 테스트 이슈 보고 프로세스는 테스트 완료 모니터링과 결과 프로세스에서 Input이 됩니다. 참고로 ISO 29119-2 첨부에는 ISO/IEC 12207, ISO/IEC 15288, ISO/IEC 17025, ISO/IEC 25051, BS 7925-2, IEEE Std 1008-2008 등 다른 표준과 프로세스를 비교하는 내용이 추가되어 있습니다.

테스트 문서

파트 3, 테스트 문서는 조직의 테스트 프로세스 문서, 테스트 관리 프로세스 문서, 동적 테스트 프로세스 문서로 구성됩니다. 29119-2 첨부에는 프로세스에 관한 표준 문서들이 정의됩니다. 표준에서 제시하는 테스트 프로세스의 각 단계에 정의된 테스트 문서는 그림1-10과 같습니다. 테스트 계획서(test plan)와 테스트 상태 보고서(test status report), 테스트 완료 보고서(test completion report)는 조직의 테스트 정책(test policy)과 테스트 전략(organizational test strategy)을 기반으로 작성합니다.

그림 1-10 ISO 29119-3 테스트 문서 표준

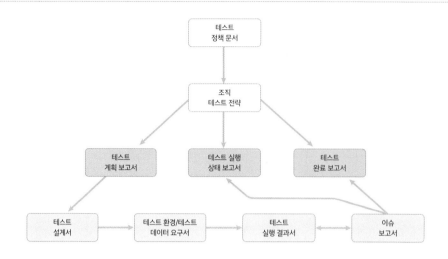

테스트 계획 보고서에는 제시된 테스트 대상과 일정, 테스트 환경, 테스트 데이터, 테스트 조건에 대한 요구 사항을 작성합니다. 테스트 완료 보고서에는 계획서를 기반으로 테스트하여 일정 중 발견된 이슈와 테스트 결과 등의 제품 품질을 공유합니다. 테스트 일정이 길고 마일스톤이 많은 경우 테스트 상태 보고서를 작성하여 관련자들에게 프로젝트의 품질 상태를 공유합니다.

표준에서 제시하는 동적 테스트 프로세스 문서에는 테스트 케이스 설계서, 테스트 케이스, 테스트 절차서, 테스트 데이터 요구서, 테스트 환경 요구서, 테스트 데이터 준비 보고서, 테스트 환경 준비 보고서, 실행 문서, 실행 로그, 이슈 보고서 등이 정의됩니다. 테스트 프로세스와 동일하게 테스트 문서 또한 제품 규모에 맞게 수정하여 적용하는 것이 바람직합니다.

테스트 문서 간의 연계

다음은 ISO 29119 표준의 동적 테스트 설계서와 실행 문서 간의 관계도입니다.

그림 1–11 문서 실행 관계도

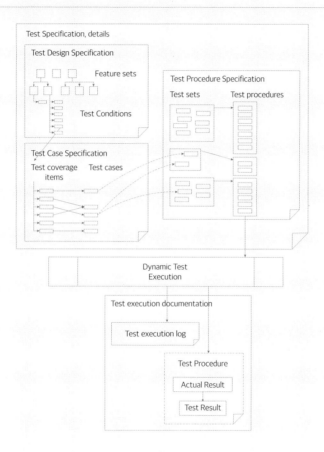

테스트 설계서의 테스트 조건에 따라 추출된 각 테스트 항목(test coverage items)은 테스트 케이스로 설계되고 테스트 절차 계획에 맞게 테스트 세트(set)로 구성되며, 테스트 절차(test procedures)에 따라 수행됩니다. 테스트를 실행하고서 결과는 테스트 실행 로그(test execution log)와 테스트 결과서(test result) 형태로 공유됩니다.

• 출처 ISO 29119

테스트 설계 기법

파트 4, 테스트 설계 기법에서는 명세 기반 테스트 설계, 구조 기반 테스트 설계, 경험 기반 테스트 설계를 제시합니다.

명세 기반 테스트 설계 기법(specification-based test design techniques)은 요구 사항 명세서, 설계서, 모델, 사용자 요구 사항 등의 테스트 문서를 기준으로 테스트 케이스를 설계합니다. 많이 알려진 방식으로는 동등 분할(equivalence partitioning), 분류 트리법(classification tree method), 경곗값 분석(boundary value analysis)이 있습니다. 이들 방식은 입출력 테스트 데이터를 결정할 때 사용하여 테스트 범위를 효과적으로 설계할 수 있습니다. 결정 테이블 테스팅(decision table testing), 원인-결과 그래프(cause-effect graphing), 상태 전이 테스팅(state transition testing), 시나리오 테스팅(scenario testing), 랜덤 테스팅(random testing)이 명세 기반 테스트 설계 기법을 이용한 테스트입니다.

구조 기반 테스트 설계 기법(structure-based test design techniques)은 테스트 항목의 구조, 예를 들면 소스 코드나 모델 구조를 기반으로 테스트 케이스를 설계합니다. 상태 테스팅(statement testing), 분기 테스팅(branch testing), 결정 테스팅(decision testing), 분기 결정 테스팅(branch condition testing), 분기 결정 조합 테스팅(branch condition combination testing), MCDC 테스팅(modified condition decision testing), 데이터 흐름 테스팅(data flow testing)이 있습니다.

경험 기반 테스트 설계 기법(experience-based test design techniques)은 말 그대로 테스트를 하는 사람의 테스트 경험을 토대로 테스트 케이스를 작성합니다. 테스트 대상에 대한 노하우를 바탕으로 수행하는 에러 추측(error guessing), 탐색적 테스팅(exploratory testing)이 있습니다.

2. 키워드 기반 테스트

파트 5, 키워드 기반 테스트는 명세 기반 테스트 설계 기법을 이용하여 테스트를 수행하는 접근법으로 테스트 자동화 및 테스트 자동화 프레임워크 개발을 지원하는 일반적인 방식입니다. 모든 테스트 레벨과 다양한 유형의 테스트(예: 기능 테스트, 안정성 테스트)에 적용할 수 있습니다. 키워드를 이용하여 프로그래밍 지식이나 테스트 도구에 대한 세부적인 전문지식이 없어도 매뉴얼 테스트 케이스와 자동화 테스트 케이스를 작성할 수 있습니다.

여기서 키워드는 컴퓨터 프로그래밍 언어가 아니라 테스트 케이스를 작성하는 데 사용하는 일반적인 추상화된 문장입니다. 키워드는 쉽게 생각하면 다음 그림 1-12와 같이 매뉴얼 테스트 케이스를 구성하는 각 수행 문장(action)입니다. 각 문장을 소프트웨어의 시각으로 표현하기 위해 프레임워크에서 제시하는 키워드로 변경하는 과정이 바로, 키워드 자동화 테스트 케이스를 작성하는 과정입니다. 기존의 방식으로 설계한 매뉴얼 테스트 케이스의 수행 문장(action)을 소프트웨어 형태인 실행 가능한 키워드를 이용하여 키워드 실행 코드로 작성한 것이 자동화 테스트 케이스입니다.

ISO 29119-5 키워드 기반 테스트 표준에서는 우선 매뉴얼 테스트 케이스를 작성하고 그것을 실행할 수 있는 자동화 테스트 케이스로 작성하는 방식을 제시합니다. 다음 그림에서 테스트 케이스의 초기 형태는 테스트 케이스 간의 인터페이스나 툴에 의존성이 없는 형태입니다.

그림 1-12 자동화 키워드 테스트 케이스 작성 단계와 의존성

그림 1-12에서 의존성이 높은 '키워드 실행 코드'와 '자동화 스크립트'는 키워드 테스트 케이스가 실행될 때 내부적으로 실행되는 것으로 뒤에 나오는 그림 1-15의 해석기, 데이터 시퀀서, 툴 브리지와 실행 엔진을 말합니다. 자세한 사항은 42쪽 '키워드 테스트 프레임워크'를 참고하기 바랍니다.

키워드 유형

키워드 자동화 테스트 케이스는 키워드의 집합입니다. 표준에서는 키워드를 계층별로 도메인 계층, 중간 계층, 테스트 인터페이스 계층으로 구성합니다.

그림 1-13 계층들을 이용한 복합 키워드

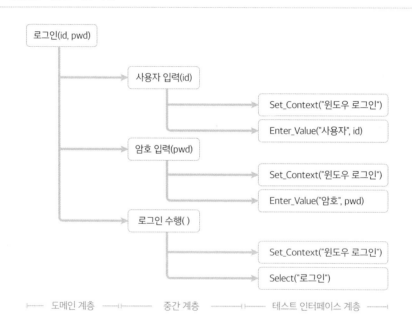

도메인 계층(domain layer)의 키워드는 의료, 모바일, 대국민 서비스 등 소프트웨어 특성에 맞게 그 분야에서 사용하는 용어로 구성하고 키워드 간 독립성을 갖도록 합니다. 중간 계층(intermediate layer)의 키워드는 실제 프레임워크 키워드와 사용자 도메인 키워드 사이를 연결해 줍니다. 예시처럼 로그인에 필요한 사용자, 암호 등의 키워드를 분리하여 키워드 테스트 케

소프트웨어 개발과 테스트

이스를 구성합니다. 이 키워드를 상위 레벨(high level) 키워드라고 합니다. 상위 레벨 키워드는 의미를 가진 단위로 하위 레벨 키워드와 매개변수를 이용하여 테스트 케이스의 목적을 수행하도록 작성되는 키워드입니다. 테스트 인터페이스 계층(test interface layer)의 키워드로는 테스트 항목의 액션을 정의합니다. 프레임워크에서 제공하는 소프트웨어로 수행할 수 있는 형태의 키워드와 매개변수를 이용하여 키워드 테스트 케이스를 상세하게 작성합니다. 매개변수로는 ID, PW 변수를 이용하여 로그인 테스트를 수행합니다. 이 키워드를 하위 레벨(low level) 키워드라고 합니다. 하위 레벨 키워드는 메뉴나 버튼 선택을 위해 마우스 클릭이나 키보드 입력 등의 각 단계의 액션을 수행하는 역할을 하는 키워드입니다.

또한 키워드는 크게 단일 키워드(simple keyword)와 복합 키워드(composite keyword)로 나뉩니다. 단일 키워드는 테스트 인터페이스 계층에 해당하는 키워드입니다. 그림 1-13에 Set_Context와 Enter_Value 키워드는 '사용자 설정'과 '암호 설정' 키워드에서 다른 매개변수를 입력받아 반복해서 사용되는 것을 볼 수 있습니다. 또한 DB나 시스템 레지스트리 같은 다른 시스템과 동작을 주고받을 때도 사용합니다.

복합 키워드는 여러 키워드를 조합하여 만든 키워드입니다. 그림 1-13에서는 복합 키워드인 "로그인" 키워드가 단일 키워드인 "사용자 입력" 키워드, "암호 입력" 키워드, "로그인 수행" 키워드로 조합해서 구성됩니다. 복합 키워드는 키워드들을 순차적으로 나열한 패키지라 할 수 있습니다. 주로 도메인 계층에서 이해할 수 있는 언어를 사용하여 기술적으로 상세한 정보를 노출하지 않고 모두가 이해하는 수준으로 작성합니다.

그림 1-14는 다계층에서의 복합 키워드 요소를 표현합니다. 단일 키워드는 상위 레벨 키워드와 하위 레벨 키워드만으로 작성한 키워드를 단일 키워드라 볼 수 있습니다. 상위 레벨 키워드는 입력 매개변수와 하위 레벨 키워드로 구성되고 각 키워드는 식별할 수 있도록 의미 있는 이름을 부여합니다. 복합 키워드는 그림처럼 여러 개의 상위 레벨 키워드와 하위 레벨 키워드로 구성됩니다.

그림 1-14 단일 키워드와 복합 키워드

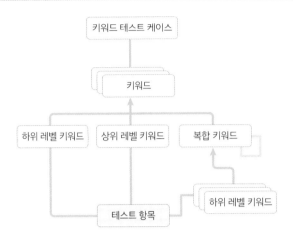

키워드 테스트 프레임워크

ISO 29119 표준에서 제시하는 키워드 테스트 프레임워크는 테스트 라이브러리, 테스트 데이터, 저장소, 툴 브리지로 구성됩니다. 키워드 기반 테스트 자동화를 적용하려면 키워드 테스트 케이스와 키워드를 실행할 수 있는 실행 스크립트가 필요합니다. 이때 해석기와 데이터 시퀀서, 실행 엔진이 그 역할을 합니다. 각 구성 요소 간의 관계는 **그림 1-15**에서 화살표를 따라가면 이해할 수 있습니다.

편집기를 이용하여 키워드 테스트 라이브러리의 키워드와 테스트 데이터로 키워드 테스트 케이스를 작성합니다. 그다음, 키워드 레벨과 순서에 따라 해석 절차를 거치고, 키워드 자동화 실행 엔진을 통해 키워드 테스트 케이스가 실행됩니다. 이때 테스트 도구는 키워드 테스트 케이스가 자동으로 동작하도록 하는 역할을 합니다. 키워드 기반 테스트 프레임워크에서 사용하는 데이터에는 키워드 테스트 라이브러리와 테스트 데이터, 키워드 테스트 케이스가 있습니다. 테스트 저장소를 잘 구성하면 테스트 실행 결과 로그 등도 한꺼번에 관리할 수 있습니다.

그림 1-15 키워드 테스트 프레임워크

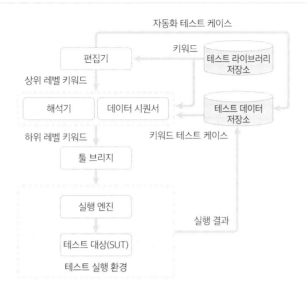

테스트 라이브러리 저장소

테스트 라이브러리 저장소에는 하나 이상의 프로젝트나 해당 프로젝트 중 일부의 키워드를 저장합니다. 키워드의 핵심 정보들, 예를 들면 이름, 설명, 인자, 사용자 목록 등을 가지고 있습니다. 테스트 자동화에서 키워드 실행 코드를 연결하는 데 필요한 툴 브리지(tool bridge) 정보도 포함됩니다.

테스트 데이터 저장소

테스트 데이터 저장소에는 키워드 테스트 케이스와 테스트 케이스에서 사용하는 테스트 데이터, 키워드 테스트 케이스 실행 코드를 위한 스크립트를 저장합니다. 여기에서 테스트 스크립트는 키워드 기반 테스트에서 테스트 케이스를 자동으로 실행하는 코드입니다.

편집기

키워드 기반 편집기는 키워드 테스트 라이브러리를 이용하여 테스트 케이스를 키워드 테스트 케이스로 작성하는 데 사용합니다. 테스트 케이스는 복합 키워드를 이용하여 작성하거나 상위 레벨 키워드, 하위 레벨 키워드만으로도 작성합니다. 자동화 테스트 케이스를 복합 키워드로 작성하는 경우 해석기와 데이터 시퀀서로 변환하는 과정을 거쳐 테스트를 수행합니다.

해석기와 데이터 시퀀서

해석기(decomposer)는 복합 키워드를 사용하는 경우에 상위 레벨 키워드의 시퀀스로 구성된 키워드 테스트 케이스를 하위 레벨 키워드의 시퀀스로 변환하는 역할을 합니다. 키워드 기반 테스트가 하나의 키워드 테스트 케이스와 관련된 여러 데이터 집합에 적용되는 경우 데이터 시퀀서가 필요합니다. 데이터 시퀀서는 데이터와 아직 관련되지 않은 키워드들의 시퀀스(예를 들어, 하위 레벨, 상위 키워드)를 특정 데이터를 갖는 키워드들의 리스트로 변환합니다.

툴 브리지

툴 브리지는 테스트 케이스나 테스트 라이브러리에 사용된 키워드가 테스트 환경에서 동작하도록 지원하는 역할을 합니다. 해석기와 데이터 시퀀서에서 전달된 각 키워드에 맞는 키워드 실행 코드를 호출하도록 테스트 실행 엔진에 요청하고, 함수를 사용하여 작업을 수행합니다. 또한 테스트 실행 엔진에 적절한 실행 코드를 제공해서 테스트 케이스를 실행하도록 합니다.

실행 엔진

테스트 환경에는 테스트 중인 항목에 대한 링크가 있는 실행 엔진이 포함됩니다. 실행 엔진은 키워드와 연관된 기능을 수행하여 테스트 케이스를 실행합니다. 하나 이상의 테스트 인터페이스(예: API, GUI 또는 하드웨어 인터페이스)를 지정하여 테스트 케이스를 실행하도록 설계되어 있습니다. 테스트 실행 엔진은 소프트웨어, 하드웨어 또는 양쪽 모두로 구현됩니다.

SUT

SUT(system under test)는 테스트 대상이 되는 소프트웨어를 말합니다. 테스트 대상에 따라 테스트 실행 환경이 변경됩니다. 많이 사용하는 윈도우 애플리케이션과 웹 애플리케이션, 모바일 앱 애플리케이션은 각각 사용하는 테스트 라이브러리와 테스트 환경이 다릅니다.

키워드 테스트 절차

키워드 테스트는 먼저 사용할 키워드를 작성하고 키워드를 조합하여 테스트 케이스를 작성합니다. 그런 다음 키워드 테스트 케이스를 실행하고 키워드를 리팩토링하는 과정으로 진행됩니다.

그림 1-16 키워드 테스트 절차

키워드 정의

키워드 테스트 케이스에서 키워드는 핵심적인 역할을 합니다. 키워드의 이름이나 내용 측면에서 상세한 정도, 구조에 따라 테스트 케이스 구성이 영향을 받습니다. 특히 키워드 이름은 이를 사용하는 사람들이 자연스럽게 떠올릴 수 있는 단어나 문장을 이용하여 정의하는 것이 중요합니다. 이제부터 새로 정의한 키워드를 사용자 키워드라고 부르겠습니다.

사용자 키워드를 정의할 때는 주어진 요구 사항에서 계층을 결정하고 각 계층의 정의 또는 범위를 기반으로 계층에서 키워드를 식별합니다. 일반적으로는 반복되는 액션을 키워드로 추출합니다. 키워드는 다양한 상황에 적용할 수 있습니다. 이 시점에서 어떤 행동이 정보 의존적인지(예: 시간, 데이터, 상황 등)를 결정하고 사용하려는 키워드와 키워드의 인자에 따라 키워드를 식별하는 것이 유용합니다.

사용자 키워드는 기존 키워드와 중복되지 않고 재사용할 수 있게 정의하는 것이 중요합니다. 또한 사용자 키워드를 수행한 결과가 다른 키워드에 영향을 미치지 않도록 독립적이고 완성된 형태여야 합니다. 사용자 키워드를 테스트하는 일이 발생하지 않도록 주의해야 합니다.

키워드 테스트 케이스 작성

키워드 테스트 케이스는 사용자 키워드와 테스트 라이브러리에서 제공하는 키워드로 변수와 테스트 데이터를 이용하여 작성합니다. 각 계층에 따라 구분된 키워드를 이용하여 도메인 계층의 키워드를 작성하고, 하위 레벨 키워드를 이용하여 상위 레벨 키워드의 목적에 부합하도록 설계합니다. 이때 명세 기반 테스트 설계 기법을 적용하여 테스트 케이스를 작성하거나 데이터 기반 키워드 설계 기법을 적용하여 테스트 케이스를 작성합니다. 데이터 기반 테스트 설계 기법은 수행하는 액션은 동일하나 데이터를 다양하게 확인해야 할 때 사용합니다. 입력 데이터의 형태는 XML, ACSII, Unicode text 등 테스트 프레임워크에 맞게 사용할 수 있습니다.

키워드 테스트 케이스 실행

키워드 자동화 수행 툴을 이용하여 테스트 케이스를 실행합니다. 이 책에서는 테스트 프레임워크 중 오픈소스인 로봇 프레임워크를 이용하며, 파이썬 명령어를 통해 키워드 테스트 케이스를 실행합니다. 또한 젠킨스(Jenkins)와 같은 툴과 연계하여 자동으로 키워드 테스트 케이스가 실행되도록 할 수 있습니다.

키워드 리팩토링

키워드 리팩토링은 키워드 테스트 케이스를 유지 보수하는 데 중요한 절차입니다. 리팩토링을 통해 사용하는 키워드의 생명을 연장할 수 있습니다. 리팩토링 대상 키워드는 사용하지 않는 키워드, 중복 키워드, 키워드 내부 구조나 이름의 변경으로 인해 다른 테스트 케이스에서 충돌이 일어난 키워드 등입니다.

이를 예방하려면 사용자 키워드를 만들기 전에 반드시 테스트 라이브러리에 새로 만들려는 키워드가 있는지 확인하는 과정이 필요합니다. 키워드 리뷰 시간을 통해 사용자 키워드를 소개하고 사용자 키워드의 리팩토링 요소나 설계 구조, 사용자 키워드를 대체할 수 있는 키워드가 있는지 등을 논의해야 합니다. 키워드 리뷰 시간에는 키워드뿐 아니라 테스트 케이스에서 계층에 맞게 상위 레벨 키워드나 하위 레벨 키워드를 사용하고 있는지, 변수를 적절하게 사용하고 있는지 등도 확인해야 합니다.

이번 절에서는 ISO 29119 표준에서 제시하는 이론을 알아보았습니다. 다음 장에서는 현장에서 사용하는 오픈소스인 로봇 프레임워크를 비교하여 이해하는 과정을 갖도록 하겠습니다. 표준 이론을 모른다고 해서 로봇 프레임워크를 바로 설치하고 실행하지 못하는 것은 아닙니다. 하지만 그런 경우 다음 절에서 다루는 자동화 키워드 작성 원칙이나 자동화 테스트 케이스 작성 원칙 등을 마련하는 데 어려움을 겪을 수 있습니다.

1.3 키워드 작성 원칙

공동 작업에는 반드시 원칙이 필요합니다. 소프트웨어 개발팀에는 소스 코드 작성에도 회사마다 네이밍 컨벤션(naming convention), 코딩 스타일 등 원칙이 있습니다. 키워드 테스트 케이스를 작성할 때도 원칙이 있으면 여러 사람이 개발을 해도 서로 이해할 수 있어 팀원 상호 간에 키워드를 사용할 때 유용합니다.

키워드 작성 원칙을 지나치게 상세하게 세우면 숲을 보지 못하고 나무만 보는 우를 범하게 됩니다. 쉽게 사용할 수 있고 회사의 문화를 반영한 작성 원칙을 세워야 합니다. 정기적인 직원 교육이나 리뷰 체크리스트를 통해 문서에 그치지 않도록 노력해야 합니다. 실제 사용할 수 있도록 시스템화하고 키워드 리팩토링을 통해 유지 보수하며 키워드 리뷰를 통해 키워드 작성 원칙을 업데이트하는 것이 좋습니다. 참고로 2장에서 소개할 로봇 프레임워크는 테스트 케이스를 실행할 때 테스트 케이스와 키워드, 변수의 이름에서 대소문자, 공백, 밑줄을 무시합니다.

1. 사용자 키워드 작성 원칙

ISO 29119 표준에서는 키워드를 작성하는 방법으로 탐색적 테스팅을 통하는 방법, 도메인 담당자와 상의를 하여 키워드를 작성하는 방법, 테스트 인터페이스에 해당하는 부분을 키워드로 작성하는 방법, 테스트 절차서나 테스트 케이스에서 키워드를 추출하는 방법을 소개합니다. 이들 중 키워드를 작성하는 사람의 제품 이해도에 따라서 적절한 방법을 선택해서 사용하면 됩니다.

매뉴얼 테스트 케이스를 작성할 때와 유사하게 신규 프로젝트인 경우에는 기획자나 개발자와 상의하여 필요한 공통 키워드를 작성하고 테스트 케이스를 작성합니다. 유지 보수 프로젝트는 반대로 사용하는 기존의 테스트 케이스에서 중복되는 부분을 공통 키워드로 추출하는 방법이 바람직합니다.

키워드 타입

키워드는 키워드 목적에 따라 내비게이션 기능과 검증 기능을 가지도록 정의합니다. 내비게이션 키워드는 주로 테스트 빌드를 가져오거나 환경을 구성하는 등의 테스트 인터페이스를 수행합니다. 내비게이션 키워드는 공통 키워드로 리소스를 묶어서 여러 사람이 중복해서 키워드를 작성하지 않도록 하는 것이 효율적입니다.

검증 키워드는 기능 수행 항목의 결과를 판단하는 역할을 합니다. 만약 노트패드를 열었다면 실제 열려 있는지 확인할 때 사용하는 키워드가 검증 키워드입니다. 검증 대상에 따라 방법이 다르므로 키워드를 복합적으로 이용하여 작성합니다.

키워드 레벨

키워드 레벨은 키워드를 추상화 레벨과 키워드 타입에 따라 식별합니다. 상위 레벨 키워드는 테스트 대상(SUT)의 특정 기능에 대한 키워드로 구성합니다. 하위 레벨 키워드는 공통 인터페이스가 되는 액션으로 구성합니다. 상위 레벨 키워드와 하위 레벨 키워드를 구분하기 위해 키워드 명명 규칙을 정하거나 저장소 위치를 달리합니다. 이후에 알아볼 로봇 프레임워크에 키워드 레벨을 적용해 보면 기존의 테스트 라이브러리를 통해 제공되는 키워드를 하위 키워드로 이해하고 라이브러리 키워드의 조합으로 만든 특정 목적을 띈 사용자 키워드를 상위 레벨 키워드라고 이해할 수 있습니다.

변수 키워드

변수 키워드는 전역변수와 지역변수를 구분할 수 있도록 작성합니다. 변수 이름은 대소문자를 구분하지 않으므로 대문자와 소문자 이름 모두 사용할 수 있습니다. 테스트 케이스를 작성할 때 구분하기 쉽도록 대개 전역변수는 대문자로 선언하고 지역변수는 소문자로 선언합니다. 전역변수는 HOST나 VERSION과 같이 테스트 프로젝트 전체에서 공통으로 사용하는 변수를 구분하여 선언합니다.

키워드 이름

키워드 이름은 키워드가 무엇을 할 것인지 예상할 수 있도록 지어야 합니다. 특히 하위 키워드는 테스트 케이스를 작성할 때 바로 연상할 수 있는 이름이어야 합니다. 예를 들어 동사와 목적어 형태인 'Open_SSH' 같이 작성해야 합니다. 익숙하게 이름을 지으면 키워드를 이용하여 키워드 테스트 케이스를 작성할 때 쉽게 연상할 수 있어 효과적입니다.

공통 키워드는 특히 검색이 쉬워서 사용하기 편하도록 명명 순서를 정하는 것도 하나의 방법입니다. 예를 들어 'Open_SSH'로 할 것인지 'SSH_Open'으로 할 것인지에 따라 키워드 배열 순서가 달라집니다.

또한 액션에 대해 이름을 정하는 것도 좋습니다. 예를 들어 모든 연결 관련 키워드는 'Open'으로 할 것인지 'Connect'로 할 것인지 등 몇 가지 원칙만 정해도 키워드 중복에 따른 테스트 케이스 오류는 예방할 수 있습니다. 테스트 라이브러리를 이용하는 경우 키워드 이름이 중복될 수 있으므로 별칭을 이용하여 작성합니다. 별칭에 관해서는 2장에서 다룹니다.

키워드 설명

키워드를 작성하기 시작하면 키워드 사용 방법 등의 정보를 남길 수 있도록 장치가 필요합니다. 소스 코드에서 주석을 이용하여 기능 설명이나 만든 사람, 만든 날짜를 표기하듯이 기본적인 정보를 남기는 원칙을 세워야 합니다. 키워드 설명에는 이슈 트랙 시스템 번호와 제목, 제품 이름, 수정 버전, 만든 사람, 만든 날짜를 표기합니다.

2. 테스트 케이스 작성 원칙

사용자 키워드 작성 원칙과 유사하게 키워드 테스트 케이스를 작성하고 실행하는 데도 원칙을 세우고, 팀에서 테스트 케이스 수행 중 이슈가 발생하면 이 원칙을 이용합니다.

테스트 케이스 작성 원칙

키워드 테스트 케이스 작성은 일반 프로그래밍과 유사합니다. 샘플 위치나 계정 정보, 암호 등을 하드코딩으로 키워드 테스트 케이스에 추가하거나 키워드 테스트 케이스의 복잡도를 높게, 혹은 디버깅하기가 어렵게 작성하는 것은 주의해야 합니다.

파일 경로나 입력값 등은 리소스 파일에 테스트 데이터 형태로 입력하도록 작성합니다. 특히 파일 경로의 경우 테스트 PC마다 디스크 구성이 다르면 D 드라이브를 파일 생성 경로로 지정했을 때 디스크가 아닌 CD-ROM 드라이브가 연결되는 환경상의 문제가 발생할 수 있으니 주의합니다.

자동화 테스트 케이스는 사이클로매틱 복잡도 3, 4 수준으로 작성하고 디버깅을 위해서 로그 코드를 추가하거나 테스트 오라클을 작성하는 것도 필요합니다.

데이터 기반 테스팅 설계

데이터 기반 테스팅(data driven testing) 설계 기법에서는 키워드 테스트 케이스를 설계할 때 데이터를 변경하여 사용할 수 있도록 테스트 케이스를 작성합니다. 키워드에서 변수를 통해 매개변수로 입력값(input)을 받는 경우 외부 시스템을 이용하여 입력을 받을 때가 있습니다. 예를 들면 고객 정보를 입력값으로 받을 경우 이름, 성, 주소, 전화번호를 각 변수로 입력을 받을 수도 있지만 데이터베이스로 입력을 받을 수도 있습니다. 로봇 프레임워크는 테스트 템플릿 기능을 제공합니다. 이를 이용하여 데이터 기반 키워드 테스트 케이스를 작성합니다.

행위 기반 테스팅 설계

행위 기반 테스팅(behavior driven testing) 설계는 이름 그대로 Given, When, Then 구조로 테스트 케이스를 작성합니다. 테스트 케이스에서 Given, When, Then 구조는 다음과 같이 작성합니다.

```
Given    선행 조건 등 테스트에 필요한 정보를 제공
When     테스트 대상에 대한 변수 입력이나 기능 수행 등 처리
Then     예상되는 결과 확인
```

개발자들은 단위 테스트용으로 Mockito나 Cucumber를 사용합니다. 테스트 설계에서는 Given, When, Then 구조를 테스트 케이스 설계 기법으로 응용할 수 있습니다.

키워드 수행 결과 확인

키워드 기반 테스트 케이스에는 테스트 케이스 안에 여러 개의 키워드가 조합되어 있습니다. 이 중 복합 키워드처럼 여러 개의 키워드로 구성된 경우, 키워드 결과를 확인하는 과정은 매우 중요합니다. 이전 키워드의 수행 결과가 다음 키워드에 영향을 미칠 수 있기 때문입니다.

테스트 케이스를 작성하면서 이전 키워드의 수행 결과를 검증하는 장치를 추가하여 각 스텝의 키워드가 정상적으로 동작하는지 확인해야 합니다. 키워드를 작성하면서도 테스트 결과, 실행 로그 파일, 하드웨어 결과, 시스템 상태, 테스트 실패 등의 실행 결과와 관련된 정보를 취합해 예상 결괏값과 비교하고, 테스트에 대한 상태(Pass/Fail)를 결정하도록 작성합니다.

3. 기본 작성 원칙

주석 처리

테스트 케이스를 여러 사람이 공동으로 사용하면서 테스트 케이스에 변경 사항이 발생할 경우에는 그 원인과 관련 정보를 주석으로 추가하도록 합니다. SVN이나 Git 같은 키워드 테스트 케이스 관리 도구를 이용하는 경우, 소스 코드를 저장할 때는 반드시 주석을 남기도록 합니다.

주석에 양식을 만들어서 사용하면 문제가 발생했을 때 롤백(roll back) 지점을 빨리 찾아 처리할 수 있습니다. 주석 양식에는 대상 수정, 대상 제품 버전, 이슈 시스템 번호, 주의사항 등을 추가합니다. 소스관리 시스템뿐 아니라 테스트 케이스 사용자에도 주석을 남기는 것을 추천합니다. 테스트 케이스를 작성할 때 디버깅용으로 이용하거나 주석을 작성하는 용도로 이용하여 로그를 남길 수 있습니다.

독립성 확보

하나의 테스트 케이스나 사용자 키워드 안에서 여러 가지 기능을 확인하는 것은 바람직하지 않습니다. 키워드를 작성하기 전에 테스트 케이스 설계 과정을 거쳐 확인하려는 테스트 항목을 분류해야 합니다. 그 후에 자동화 테스트 케이스를 작성할 때는 SEARCH 기법을 이용합니다.

자동화 테스트 케이스의 구성은 Setup, Execute, Analysis, Report, Cleanup, Help 순으로 작성합니다. 자동화에 필요한 사전 환경을 준비하는 키워드를 Setup에 두고 기능을 실행하고 (Execute) 실행 결과를 분석하는(Analysis) 키워드로 수행합니다. 테스트가 끝나면 테스트 결과를 보고하고(Report), Teardown에 테스트 환경을 초기화하여 Cleanup을 수행합니다. Help에는 테스트 케이스 정보를 추가합니다.

참고로 Setup과 Teardown은 테스트 픽스처로, Setup은 테스트 케이스 실행 전에 실행하고 Teardown은 테스트 케이스 실행 완료 후 실행합니다. 로봇 프레임워크는 테스트 스윗(Test Suite, 테스트 케이스의 묶음)과 테스트 케이스에 설정할 수 있습니다.

그림1-17 자동화 테스트 케이스 작성 절차

테스트 케이스 실행 규칙

테스트 케이스의 우선순위에는 Critical, High, Medium, Low가 있습니다. 비즈니스 영향도와 이슈 발생 가능성 등 위험도를 분석하거나 기능의 중요도에 따라 테스트 케이스 우선순위를 정하고, 자원에 따라 테스트 범위를 선정하는 것이 효율적입니다. 우선순위에 대한 기준을 미리 정의하고 테스트 케이스를 작성하면서 함께 설정합니다.

로봇 프레임워크에서는 태그 기능을 이용하여 우선순위를 정의할 수 있습니다. 테스트 스윗과 각 테스트 케이스에 태그를 분리하여 설정할 수 있고, 실행 옵션을 이용하여 태그로 구분해 실행하면 테스트 케이스를 놓치는 일을 예방할 수 있습니다.

사이클로매틱 복잡도(Cyclomatic Complexity)

1976년 McCabe가 고안한 소프트웨어 지표로 소프트웨어 소스의 복잡도를 나타냅니다. 계산 방법은 '분기문 + 1'로 하는 간단한 방법과 '에지(edge) − 노드(node) + 2'로 하는 방법이 있습니다.

다음처럼 간단한 프로그램에서 제어 흐름 그래프를 살펴보겠습니다. 프로그램은 짙은색 노드에서 실행이 시작되어서 다음 루프(짙은색 노드 바로 아래 세 노드 그룹)로 들어갑니다. 루프를 빠져나가면 조건문(루프 아래의 그룹)이 있고 마지막으로 프로그램이 마지막 연회색 노드에서 종료됩니다.

그림 1-18 사이클로매틱 복잡도 예시

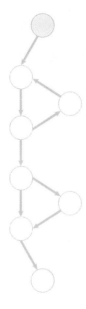

제어 흐름 그래프의 복잡도는 에지, 즉 화살표가 총 9개, 노드가 8개, 분기문이 2개이므로 '분기문 +1'로 계산하면 지표가 3입니다. 에지와 노드로 계산한 결과 역시 복잡도는 9 − 8 + 2 = 3입니다.

• 출처 https://en.wikipedia.org/wiki/Cyclomatic_complexity

1.4 키워드 테스트 케이스 설계

매뉴얼 테스트 케이스는 기능에 초점을 맞춰 요구 사항에 따라 작성된 기능 명세서 기반으로 작성합니다. 테스트 대상 제품의 범위나 테스터의 경험에 따라 다를 수 있지만, 표준에서 키워드 테스트 케이스는 이러한 매뉴얼 테스트 케이스를 기반으로 설계하는 것이 원칙입니다. 이제 매뉴얼 테스트 케이스나 요구 사항이 있다는 가정 하에 SEARCH 기법으로 테스트 케이스를 설계해 보겠습니다.

1. 동작 구조 설계

매뉴얼 테스트에서 FTP, SSH, 셀레니움, 애피움을 이용하는 테스트 케이스를 작성할 때 수행해야 하는 공통 사항이 있습니다. 무엇일까요? 테스트를 시작할 때 세션을 연결하고 마무리할 때 세션을 종료하는 것입니다. 키워드 테스트 케이스를 설계할 때 테스트 대상의 동작 구조를 파악하여 테스트 스윗의 Setup이나 Teardown 픽스처(fixture)를 이용하는 것이 필요합니다. 예를 들어, 웹 애플리케이션을 위한 테스트 케이스를 설계하면 단순하게 다음과 같은 구조가 됩니다.

1. 웹 브라우저를 연다.

2. 웹 사이트에 접속한다.

3. 테스트 메뉴에 접근하여 기능을 테스트한다.

4. 테스트 결과를 확인한다.

5. 웹 브라우저를 닫는다.

세션의 연결과 종료를 포함하면 5단계입니다. SSH 서버를 이용하여 리눅스 장비의 기능을 테스트할 때도 동일한 과정을 수행합니다.

---

1. SSH 서버에 접근하여 로그인한다.

2. 파일 위치에 접근한다.

3. 기능을 테스트한다.

4. 테스트 결과를 확인한다.

5. SSH 서버를 닫는다.

이 단계를 테스트 픽스처와 동작 절차로 구분해 생각하면 다음 그림과 같은 구조가 됩니다. 환경 설정은 Setup 픽스처가 되고 환경 종료는 Teardown 픽스처로 사용합니다. 그러면 테스트 케이스는 3단계로 간단하게 정리됩니다.

그림 1-19 테스트 케이스 구조

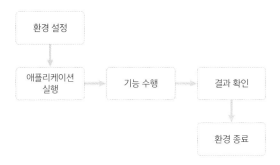

따라서 상위 레벨 키워드 3줄로 하나의 테스트 케이스를 작성할 수 있습니다. 물론 각 상위 레벨 키워드는 복잡한 하위 레벨 키워드로 구성될 수도 있습니다. 첫 번째 애플리케이션 실행은 테스트 대상에 따라 실행 방법이 다릅니다.

웹 애플리케이션을 생각해 보겠습니다. 웹 브라우저에 접속하여 테스트 대상 항목 메뉴에 접근하는 방법은 무엇이 있을까요? 이 방법은 개발된 웹 애플리케이션의 구조에 따라 선택할 수 있습니다. 웹 애플리케이션의 모든 메뉴를 URL 주소로 구분할 수 있다면 Setup 텍스처에서 셀레니움 라이브러리의 Open Browser 키워드로 웹 브라우저를 열어 웹 페이지에 접근하고 Go To 키워드와 Go Back 키워드로 원하는 메뉴에 접근하도록 작성합니다. 그렇지 않으면 웹 엘리먼트 id를 이용하여 Click Element 키워드로 메뉴에 접근할 수 있습니다.

아직은 키워드 이름이나 라이브러리 이름이 어색할 것입니다. 책을 읽다가 다시 1.3절과 1.4절을 읽으면 현업에서 테스트 케이스를 작성할 때 더 도움이 될 것입니다.

2. 기능 수행

제품의 기능을 수행하는 사용자 키워드를 작성할 때도 테스트 목적에 따라 기능 수행을 하는 절차가 달라집니다. 대량 데이터나 다양한 종류의 데이터를 검증해야 하는 경우에는 템플릿을 작성하여 데이터 중심(data driven)으로 테스트 케이스를 작성합니다. 템플릿을 사용하는 실습은 3장 '3.2 내장 라이브러리'의 템플릿 실습을 참고하고, 테스트 케이스를 작성하는 방법은 4장 '4.3 웹 애플리케이션 제어 키워드'를 참고하기 바랍니다.

일반적으로 입력값을 넣고 출력값을 확인하는 시스템의 기능을 확인할 때는 사용자 키워드의 인자와 반환값을 이용하면 좋습니다. 로봇 프레임워크에서 인자와 반환값은 변수로 선언하여 값을 전달합니다. 로봇 프레임워크는 파이썬을 기반으로 작성되어 파이썬에서 사용할 수 있는 스칼라 변수, 리스트 변수, 딕셔너리 변수를 지원합니다. 또한 변수 파일을 파이썬으로 작성하면 리소스 파일로 사용할 수 있습니다.

변수는 3장 '3.2 내장 라이브러리'의 변수 항목을 참고하기 바랍니다. 이 밖에도 3, 4, 5, 6장을 통해 테스트 대상 기능에 맞는 여러 가지 테스트 라이브러리 키워드를 실습과 함께 다루었습니다. 각 실습 예제 테스트 케이스를 참고하여 현업에서 테스트 케이스를 작성할 때 도움이 되었으면 합니다.

3. 실행 결과 검증

테스트 케이스의 각 스텝은 다음 테스트 스텝에 미치는 영향을 최소화할 수 있도록 독립적이어야 합니다. 테스트 케이스와 사용자 키워드 작성 원칙 중 하나인 독립성을 확보하기 위해 필요한 각 라이브러리에서 많이 사용하는 키워드들을 알아보겠습니다. 로봇 프레임워크가 어떤 것인지 살펴보기 전이라 다소 생소하겠지만, 워밍업이라고 생각하고 라이브러리 이름과 키워드 이름, 키워드의 인자들을 살펴보고 어떤 기능을 하는지 연상해 보는 것도 좋습니다. 참고로 키워드는 '라이브러리_이름.(온점)키워드_이름(키워드_인자)'로 구성됩니다.

```
Builtin.Wait Until Keyword Succeeds(retry | retry_interval | name | *args)
Builtin.Should Contain(container | item | msg=None | values=True | ignore_
case=False)
OS.Directory Should Exist(path | msg=None)
Selenium.Element Should Be Visible(locator | message=)
```

내장(Builtin) 라이브러리의 Wait Until Keyword Succeeds 키워드는 name 인자로 입력받은 키워드를 실행하며, 실패하는 경우 retry 인자 기간 동안 retry_interval 인자 만큼 시도합니다. Should Contain 키워드는 찾고자 하는 item 인자가 container 인자에 포함되어 있는지 확인할 때 사용합니다. OS라이브러리의 Directory Should Exist 키워드는 디렉터리가 path 인자 위치에 존재하는지 확인할 때 사용합니다.

셀레니움 라이브러리의 Element Should Be Visible 키워드는 다음 스텝을 수행하기 전에 화면을 확인할 때 사용합니다. 이때 Run Keyword And Return Status(name, *args) 키워드와 함께 사용하면 결괏값을 변수로 설정하여 사용할 수 있습니다. name 인자에 수행하려는 키워드와 *args에 키워드 인자를 입력하면 결과를 참/거짓 값으로 반환합니다. 이 키워드는 수행 결과를 확인할 때뿐 아니라, 반환된 값을 이용하여 다음 스텝을 실행할 경우에도 많이 사용합니다.

```
#테스트 환경이 윈도우 서버인지 확인하는 스텝
${is_server}=    Run Keyword And Return Status    Should Contain    ${os}
Server

#xpath가 나타났는지 확인하는 스텝
${status}=    Run Keyword And Return Status    Sel.Element Should Be Visible
xpath=..

#디렉터리가 존재하는지 확인하고 없다면 만드는 스텝
${ret}=    Run Keyword And Return Status    OS.Directory Should Exist
C:\\${dir}
Run Keyword If    '${ret}'=='False'    OS.Create Directory    C:\\${dir}
```

앞서 설명한 4개 키워드는 라이브러리 키워드를 소개하는 장에서 실습과 함께 반복해서 사용합니다. 지금은 키워드 테스트 케이스를 맛보는 시간이라고 생각하고 다음 장으로 넘어가도록 하겠습니다.

1장에서는 개발과 테스트의 관계를 알아보았습니다. 테스트 개발과 테스트, 운영의 관계를 살펴보면서 현재 수행 중인 테스트의 형태가 어디에 속하는지를 생각해 보고 테스트 자동화의 필요성과 수행 범위를 고민하는 시간이 되었기를 기대합니다.

또한 소프트웨어 테스트 표준 ISO 29119의 테스트 절차와 키워드 자동화 원칙을 살펴보았습니다. 이론은 근본적인 고민이 생겼을 때 해결책을 찾는 구심점이 됩니다. 예를 들어 여러 기능을 동시에 테스트하는 경우나 여러 제품의 호환성을 테스트하는 경우가 있다고 가정해 봅시다. 이렇게 기존 테스트 케이스보다 좀 더 복잡한 테스트 케이스 구조를 설계해야 할 때 다계층을 이용한 복합 키워드를 이해하고 있다면 키워드 레벨링을 참고하여 제품에 맞도록 테스트 케이스를 설계하는 데 도움이 됩니다. 또한 표준에서 제시하는 키워드 테스트 프레임워크 이론을 로봇 프레임워크와 비교하여 이해함으로써 로봇 프레임워크에서 제공하는 많은 기능을 좀 더 효율적으로 사용할 수 있습니다.

1장을 통해 테스트 자동화에 대한 필요성이 생기고 시도해 보고자 하는 흥미를 느꼈다면 파일럿으로 책에서 제시하는 내용을 따라 실습해 보기 바랍니다. 책의 실습을 이해한다면 로봇 프레임워크뿐 아니라 다른 테스트 프레임워크를 이용하여 자동화를 시도할 힘이 생길 것입니다.

02

이제 표준에서 말하는 키워드 기반 테스트에 도전해 보겠습니다. 도전에는 무기가 필요합니다. 우리는 무기로 로봇 프레임워크를 선택하겠습니다. 로봇 프레임워크를 선택한 이유는 몇 가지가 있습니다. 우선 오픈 소스이고 지원하는 라이브러리가 많습니다. 다시 말해 참고할 키워드 테스트 케이스가 많다는 뜻이고 키워드 테스트 케이스를 더 발전시킬 수 있는 환경이 조성되어 있다는 뜻입니다.

파이썬으로 만들어졌지만 다른 다양한 언어를 지원하며 사용자 라이브러리를 작성하여 사용할 수 있다는 장점도 있어 단위 테스트 레벨에서 인수 테스트 레벨까지 모든 레벨에 테스트를 수행할 수 있습니다. 또한, 원격 PC나 가상머신(VM)에서 동시에 병렬로 실행시킬 수도 있어 넓은 테스트 커버리지에서 동시에 분산 테스트를 수행하여 테스트 리소스를 효율적으로 사용할 수 있습니다.

로봇 프레임워크
소개

2.1 키워드 테스트 프레임워크

테스트 프레임워크는 무엇일까요? 테스트 프레임워크로 검색하면 자동화 테스트 도구들이 나옵니다. 자동화 테스트 프레임워크는 자동화된 테스트를 실행하기 위한 전체 시스템으로 볼 수 있습니다. 우리가 선택한 로봇 프레임워크 역시 테스트 케이스를 자동으로 수행하는 환경을 마련해 줍니다. 테스트 케이스 작성부터 실행, 실행 결과까지 테스트 대상에 상관없이 테스트를 자동으로 실행할 수 있도록 독립적으로 구성되어 있습니다.

로봇 프레임워크(robot framework)는 처음에 헬싱키 대학 Pekka Laukkanen의 2005년 석사 논문 '데이터 기반과 키워드 기반 테스트 자동화 프레임워크(Data-Driven and Keyword-Driven Test Automation Frameworks)'에서 소개되었습니다. 이후 노키아 네트웍스(Nokia Networks)에서 첫 번째 버전을 개발하고 2008년부터 아파치(Apache) License 2.0으로 오픈소스화되었습니다.

로봇 프레임워크는 V-모델에서 인수 테스트 레벨을 중심으로 만들어진 인수 테스트 주도 개발(acceptance test driven development, ATDD)을 위한 테스트 자동화 프레임 워크입니다. 로봇 프레임워크는 테스트 케이스 작성을 위해 테스트 데이터 구문을 테이블(tabular) 형식으로 지원하고, 실행 결과를 Html 형태의 리포트(report)와 로그(log)로 제공해 줍니다. 기존의 매뉴얼 테스트 케이스를 그대로 키워드 형태로 작성할 수 있고 파이썬, 자바로 구현된 테스트 라이브러리를 이용하여 테스트 케이스 작성 범위를 확장할 수 있습니다.

1. 로봇 프레임워크 구성

ISO 29119 표준에서 제시한 키워드 테스트 프레임워크와 비교하여 로봇 프레임워크 자동화 구성도를 그림 2-1에 재구성하였습니다. 로봇 프레임워크는 표준과 비교하여 테스트 데이터와 테스트 대상 시스템 중간에 있는 툴 브리지와 실행 엔진의 자리에 위치합니다. 테스트 데이터는 테스트 라이브러리 저장소와 테스트 데이터 저장소로 구성됩니다. 테스트 데이터는 키워드, 테스트 케이스, 구문(syntax) 그리고 테스트에서 사용되는 샘플 데이터입니다. 키워드 라이브러리에는 테스트 라이브러리와 외부 라이브러리, 사용자 라이브러리가 포함됩니다. 이들 각 라이브러리 키워드의 사용법은 이어지는 장에서 자세히 알아보도록 하겠습니다. 이제 로봇 프레임워크의 자동화 구성도를 자세히 살펴보겠습니다.

그림 2-1 키워드 테스트 케이스 자동화 구성도

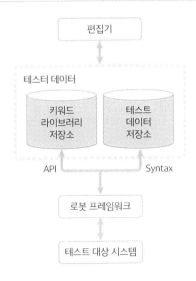

편집기(Editor)

편집기를 이용하여 테스트 라이브러리에서 제공하는 키워드로 테스트 케이스를 작성합니다. 편집기의 실행 기능을 통해 키워드 테스트 케이스가 실행되면 로봇 프레임워크는 먼저 테스트 데이터를 파싱하여 테스트 키워드를 분리합니다. 테스트 라이브러리가 제공한 키워드로 테스트 대상 시스템(SUT)에 키워드의 목적에 따라 기능을 수행합니다. 테스트 라이브러리는 SUT와 직접 통신하거나 다른 테스트 도구를 테스트 드라이버로 사용할 수 있습니다. 편집기는 자동화 테스트 결과를 XML 형식의 결과와 HTML 형식의 보고서, 로그로 볼 수 있도록 GUI를 제공합니다. 로봇 프레임워크에서 제공하는 편집기는 RIDE입니다. RIDE에 대해서는 '2.2 로봇 프레임워크 실행 환경'에서 알아보겠습니다.

로봇 프레임워크 테스트 데이터

로봇 프레임워크의 테스트 데이터는 설정 테이블, 변수 테이블, 테스트 케이스 테이블, 사용자 키워드 테이블의 4가지 유형의 테이블로 구성됩니다. 각 테이블은 이름 그대로 구문이 지정되어 각각 다음과 같이 정의됩니다.

```
*** Settings ***
*** Variables ***
*** Test Cases ***
*** Keywords ***
```

로봇 프레임워크는 각 테이블의 첫 번째 셀 이름으로 테스트 데이터의 유형을 구분하여 유형에 맞는 동작을 수행합니다.

로봇 프레임워크 아키텍처

로봇 프레임워크 아키텍처를 보면 테스트 데이터와 테스트 라이브러리 사이에 로봇 프레임워크가 있습니다. 로봇 프레임워크는 실행될 때 테스트 데이터를 처리하고 테스트 케이스를 실행하며 로그 및 보고서를 생성합니다. 로봇 프레임워크는 다음 그림처럼 테스트 데이터 구문(test data syntax)으로 작성된 테스트 데이터만 이해할 수 있습니다. 로봇 프레임워크를 지원하는 테스트 라이브러리 API(test library API)로 테스트 라이브러리를 작성하여 인터페이스를 맞출 수 있습니다. 시스템을 다루는 데 필요하다면 테스트 툴을 시스템 인터페이스(system interface)로 동작시켜 테스트 대상의 기능을 수행시킵니다.

그림 2-2 로봇 프레임워크 아키텍처

- URL http://robotframework.org/robotframework/latest/RobotFrameworkUserGuide.html#getting-started

2. 테스트 라이브러리

테스트 라이브러리는 테스트 대상 시스템과 직접 상호 작용하는 하위 레벨(low level) 키워드가 포함되어 있습니다. 모든 테스트 케이스는 항상 라이브러리 키워드를 사용하며 보통 상위 레벨(high level) 사용자 키워드로 작성됩니다. 테스트 라이브러리를 클래스로 보면 키워드는 그 클래스 내부에서 정의된 함수라고 생각할 수 있습니다. 키워드와 함수가 1:1 매칭이 되는 형태의 키워드를 하위 레벨 키워드라 말할 수 있습니다. 필요한 함수를 사용하려면 클래스에서 객체를 선언하고 사용하는 것처럼, 테스트 라이브러리를 사용하려면 로드(import)가 필요합니다.

우선 테스트 라이브러리의 종류를 알아보겠습니다. 테스트 라이브러리는 크게 3가지로 나눌 수 있습니다. 로봇 프레임워크에서 제공하는 표준 테스트 라이브러리, 필요에 따라 설치하여 사용할 수 있는 외부 라이브러리, 그리고 직접 만들어 쓸 수 있는 사용자 라이브러리입니다.

표준 라이브러리

표준 라이브러리(Standard library)는 로봇 프레임워크를 설치할 때 함께 제공되는 라이브러리입니다. 내장 라이브러리(Builtin library)를 비롯하여 컬렉션 라이브러리(Collections library), 다이얼로그 라이브러리(Dialogs library), 데이트 타임 라이브러리(Date Time library), 운영체제 라이브러리(OperatingSystem library, OS library), 프로세스 라이브러리(Process library), 원격 라이브러리(Remote library), 스크린샷 라이브러리(Screenshot library), 스트링 라이브러리(String library), 텔넷 라이브러리(Telnet library), XML 라이브러리가 있습니다.

내장 라이브러리는 인터페이스가 되는 키워드 집합으로 주로 결괏값에 대한 검증이나 타입 변환(convert) 등을 수행하기 위해 사용합니다. 다른 라이브러리들은 로드(import)를 해야 사용할 수 있지만 내장 라이브러리는 바로 사용할 수 있습니다. 원격 라이브러리는 로봇 프레임워크의 핵심 라이브러리로써 테스트 라이브러리 간의 프록시 역할을 합니다. 자세한 사용 방법은 3장에서 소개하겠습니다.

외부 라이브러리

외부 라이브러리는 로봇 프레임워크를 지원하도록 만든 라이브러리로 모바일부터 DB, 웹 브라우저, PC까지 새로운 기술이 등장할 때마다 지속적으로 추가되고 있습니다. 현재는 안드로이드 라이브러리, 애피움(Appium) 라이브러리, 아카이브(Archive) 라이브러리, 오토잇 라이브러리, 데이터베이스 라이브러리(Java, Python), 디프(Diff) 라이브러리, 장고(Django) 라이브러리, 이클립스 라이브러리, Faker 로봇 프레임워크, FTP 라이브러리, HTTP 라이브러리(livetest, Requests), HttpRequest 라이브러리(Java), iOS 라이브러리, ImageHorizon 라이브러리, 몽고 DB 라이브러리, MQTT 라이브러리, Ncclient 라이브러리, Rammbock, RemoteSwing 라이브러리, 셀레니움 (Selenium) 라이브러리, 셀레니움2(Selenium2) 라이브러리(for Java), ExtendedSelenium2 라이브러리, SSH 라이브러리, Suds 라이브러리, Swing 라이브러리, Watir Robot 라이브러리(watir-robot)가 있습니다. 외부 라이브러리에 대한 자세한 사용 방법은 4장에서 소개하겠습니다.

> **외부 라이브러리 정보**
>
> 로봇 프레임워크 외부 라이브러리는 계속 업데이트됩니다. 로봇 프레임워크 공식 홈페이지에 추가된 외부 라이브러리 정보를 참고하면 최신 자료를 볼 수 있습니다.
>
> • URL http://robotframework.org/

사용자 라이브러리

테스트 대상과 테스트 레벨에 따라 표준 라이브러리나 외부 라이브러리에 없는 키워드가 필요할 때가 있습니다. 사용자 라이브러리는 기존의 라이브러리에서 지원하지 못하는 키워드를 작성하거나 소스 코드의 함수나 클래스별로 사용자 라이브러리를 작성하여 단위 테스트를 할 때 사용합니다. 파이썬과 자이썬(Jython)을 이용하면 자바(Java)로 라이브러리를 구현할 수 있습니다. 순수 파이썬 코드는 파이썬과 자이썬에서 작동하며, 자이썬에서 사용할 수 없는 구문이나 모듈은 사용하지 못합니다. C 언어로 라이브러리를 구현할 경우 ctypes 모듈을 파이썬 라이브러리로 구현하거나 파이썬 C API를 사용하여 C 라이브러리를 구현할 수도 있습니다. 또한, 원격 라이브러리로 사용자 라이브러리를 외부 프로세스로 실행하여 사용할 수 있습니다.

3. 로봇 프레임워크 구문

로봇 프레임워크는 테이블 형태로 테스트 케이스와 키워드를 작성합니다. 로봇 프레임워크가 테스트 데이터를 파싱할 때는 테스트 케이스 이름 옆 셀에 있는 데이터를 실행하는 키워드

(keyword)나 인자(arguments)로 판단합니다. 테스트 케이스 이름에 빈 셀이 있을 경우에는 이전과 같은 테스트 케이스로 파악하고, 빈 셀이 아닌 경우에는 또 다른 테스트 케이스가 시작한다고 판단합니다. 로봇 프레임워크 키워드 테스트 케이스 작성 시 적용되는 구문 규칙(syntax)을 더 알아보겠습니다.

설정(Setting)

Setting 테이블의 구문(syntax)은 *** Settings ***입니다. 라이브러리 선언 시에는 Library로 리소스 선언 시에는 Resource로 선언합니다. 라이브러리 이름은 대소문자와 공백에 민감하므로 정확하게 작성합니다. 라이브러리를 구별하기 위해 별칭(alias)을 쓸 경우 WITH NAME을 이용하여 추가합니다. 라이브러리에 따라 인자(argument)를 갖는 경우도 있습니다. 다음에 나오는 테이블은 가장 많이 사용하는 운영체제 라이브러리를 OS 별칭(alias)으로 선언한 예시입니다.

라이브러리에 정의된 키워드를 사용할 때는 '라이브러리_별칭.(온점)키워드_이름'의 형태로 작성하는 것을 추천합니다. 예를 들어 운영체제 라이브러리의 Copy File(source | destination) 키워드로 파일 복사 기능을 작성한다면 OS.Copy File 형태로 작성합니다. 내장 라이브러리의 Import Library(name | *args) 키워드를 이용해서 테스트 케이스에서 직접 라이브러리를 설정할 수도 있습니다. 이렇게 사용하면 테스트 케이스 실행 도중에 동적으로 라이브러리가 로딩됩니다. 보통은 Setting 테이블에서 라이브러리를 설정하여 사용합니다.

그림 2-3 운영체제 라이브러리 로딩

Settings				
Library	OperatingSystem	WITH NAME	OS	

사용자 키워드

사용자 키워드는 기존의 키워드들을 조합하여 사용자가 직접 작성한 키워드입니다. 테스트 스윗이나 리소스 파일의 Keyword 테이블에 작성합니다. 사용자 키워드 구문(syntax)은 *** Keywords ***입니다. 사용자 키워드는 인자(arguments)와 반환(return) 구문을 이용하여 사용자 키워드를 호출한 테스트 케이스나 다른 사용자 키워드로부터 입력값을 받고 반환값을 전달해 줍니다.

예시에서는 인자를 변수 ${id}, ${pw}로 받고 반환값을 ${return}으로 설정했습니다. 입력된 인자는 사용자 키워드 내에서 사용되고 반환값은 OS.Copy File 키워드의 결괏값을 전달합니다. 리소스 파일에 정의된 사용자 키워드를 사용하려면 테스트 케이스가 포함된 테스트 스윗에 리소스 파일을 로드(import)합니다. 기존 라이브러리는 Library 구문으로 로드하나, 리소스 파일에 정의한 사용자 키워드는 Resource 구문을 이용하여 로드합니다. 사용자 키워드를 작성하는 실습을 보면 쉽게 이해할 수 있습니다.

그림 2-4 사용자 키워드 구문

Keywords				
User Keyword1	[Arguments]	${id}|${pw}		
	[Documentation]	Example keyword		
	input name	$(id)		
	input password	${pw}		
	${return}=	OS.copy File	${file1}	${file2}
	Log	Do User keyword		
	[Teardown]	Keyword_TEARDOWN		
	[Return]	${return}		

테스트 케이스(Test Case)

키워드 테스트 케이스 작성 시에는 Test Case 테이블(*** Test Cases ***)에 테스트 케이스 이름 다음 셀에 키워드 테스트 케이스에 대한 조건들(예: Documentation, Setup, Timeout, Teardown)과 키워드를 작성합니다. 각 픽스처(fixture)나 테스트 케이스는 라이브러리에서 제공하는 키워드와 직접 작성한 사용자 키워드의 인자와 반환값을 이용하여 제품 기능을 수행하도록 작성합니다.

앞서 살펴본 사용자 키워드 User Keyword1을 이용하여 키워드 테스트 케이스를 작성한 예시는 다음 테이블과 같습니다. User Keyword1에 id, pw를 인자로 입력합니다. 로봇 프레임워크는 테스트 케이스와 키워드, 변수 이름의 대소문자, 공백, 밑줄을 무시합니다. 다만 공동 작업을 할 때 이해하기 쉽도록 작성 규칙을 정하여 사용하는 것을 추천합니다.

그림 2-5 테스트 케이스 구문

Test Cases				
TestCase Example	[Documentation]	Example testcase		
	[Setup]	Example_SETUP		
	[Timeout]	1 hour 40 minutes 2 seconds		
	{ret}=	User Keyword1	id	pw
	run keyword if	'${ret}'='True'	PASS	
	[Teardown]	Example_TEARDOWN		

변수(Variables)

로봇 프레임워크에서 사용하는 변수는 스칼라 변수와 리스트 변수, 딕셔너리 변수가 있습니다. 사용하려는 변수는 변수 테이블(*** Variables ***)에 정의합니다. 스칼라 변수는 ${Variable} 형태로 표현하고 모든 형태의 변수를 하나로 정의합니다. 리스트 변수는 @{Variable} 형태로 표현하고 배열 형태의 값을 처리할 때 사용합니다. 딕셔너리 변수는 &{Variable} 형태로 표현하고 파이썬 딕셔너리 형태의 값을 처리할 때 사용합니다. 또한, 파일 위치(Path)를 지정할 때 역슬래시(\)를 사용할 경우 2개의 역슬래시(\\)로 작성합니다. 로봇 프레임워크는 'C:\\test\\test.txt'를 'C:\test\test.txt'로 인식합니다.

그림 2-6 변수 구문

Variables				
${file1}	c:\\test\\test.txt			
@{USER1}	robot	secret	# List	
&{USER2}	name=robot	pass=secret	# Dictionary	

리소스 파일(Resource File)

리소스 파일은 설정 테이블의 리소스 설정을 사용하여 가져옵니다. 리소스 파일의 경로는 설정 이름 뒤의 셀에 지정됩니다. 리소스 파일에 정의된 사용자 키워드 및 변수는 해당 리소스 파일을 사용하는 테스트 스윗이나 테스트 케이스에서 사용할 수 있습니다.

로봇 프레임워크 구문은 하나의 테스트 스윗으로 관리됩니다. 앞에서 살펴본 구문은 다음과 같이 하나의 robot 파일로 작성됩니다.

sample.robot

```
*** Settings ***
Library            OperatingSystem    WITH NAME    OS    # 표준 라이브러리 OS
Resource           Resource/common.robot

*** Variables ***
${file1}    c:\\test\\test.txt
@{USER1}    robot    secret    # List
&{USER2}    name=robot    pass=secret    # Dictionary

*** Test Cases ***
TestCase Example
    [Documentation]    Example testcase
    [Setup]    Example_SETUP
    [Timeout]    1 hour 40 minutes 2 seconds
    {ret}=    User Keyword1    id    pw
    run keyword if    '${ret}'='True'    PASS
    [Teardown]    Example_TEARDOWN

*** Keywords ***
User Keyword1
    [Arguments]    ${id}|${pw}
    [Documentation]    Example keyword
    input name    $(id)
    input password    ${pw}
    ${return}=    OS.copy File    ${file1}    ${file2}
    Log    Do User keyword
    [Teardown]    Keyword_TEARDOWN
    [Return]    ${return}
```

로봇 프레임워크 실행 환경

로봇 프레임워크를 사용하기 위해 파이썬, 로봇 프레임워크, 로봇 프레임워크의 편집기(Editor), 키워드 테스트 케이스 실행 환경을 구성하겠습니다. 그리고 실습용 키워드 테스트 케이스가 저장된 Git 설정을 하겠습니다.

1. 로봇 프레임워크 설치

이제부터 운영체제별로 로봇 프레임워크를 설치하는 방법을 알아보겠습니다.

윈도우 자동화 환경

파이썬은 3.6.x 버전과 2.7.x 버전(2018년 5월 기준)으로 구분되어 있습니다. 파이썬을 이용하는 애플리케이션에 따라 버전을 다르게 지원하기 때문에 잘 구분하여 설치해야 합니다. 다음 사이트에 접속하여 Windows, Mac, Linux 등 운영체제에 알맞은 설치본을 내려받아 설치합니다 (여기서는 Windows).

• URL https://www.python.org/downloads/windows/

기존에 파이썬을 사용하던 분들은 이 부분은 넘어가도 됩니다. 내려받은 파일 python-2.7.13. exe를 설치해 보겠습니다.

① 내려받은 설치 파일을 실행하고 [Next]를 클릭합니다. 다음 화면이 나오면 'Customize Python 2.7.13'에서 [Add Python.exe to Path]에 [Entire feature will be installed on local hard drive]를 선택해야 합니다. 그렇지 않으면 환경 변수를 직접 입력해야 합니다.

그림 2-7 파이썬 path 설정

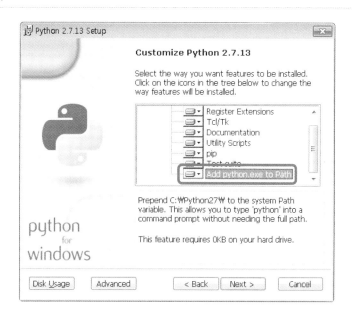

② [NEXT]를 클릭하여 설치를 진행합니다.

③ 설치가 완료되면 윈도우 명령 프롬프트에 'python'을 입력하여 설치가 완료된 것을 확인합니다.

④ [제어판] → [시스템] → [고급 시스템 설정] → [고급 탭]의 [환경 변수] 버튼을 클릭해 보면 Path에 'C:\Python27\;C:\Python27\Scripts;' 즉, Python27 설치 위치와 'Python27\Scripts'가 등록되어 있습니다. 이제부터 이 Path는 PYTHONPATH로 명명하겠습니다.

파이썬 3.x 역시 설치 시에 Path 설정을 사용하면 따로 환경 변수 설정을 하지 않아도 됩니다.

파이썬을 설치할 때 주의할 점

1. 테스트 PC 플랫폼에 상관없이 x32 버전 파이썬을 설치합니다. 파이썬을 x32로 설치하기 때문에 책에 설치하는 프로그램들도 파이썬 플랫폼에 맞는 것으로 설치합니다.

2. 파이썬을 설치할 때 버전에 따라 Path를 선택하는 옵션을 체크하는 위치가 다르기 때문에 주의해야 합니다. 책에서는 파이썬 2.7 기준으로 진행합니다.

pip가 설치되었는지 확인하여 설치되어 있다면 pip를 이용하여 로봇 프레임워크를 설치합니다. 특정 명령을 포함한 경로(path)를 환경 변수에 설정하면 명령 프롬프트의 경로에 상관없이 사용할 수 있습니다. 파이썬 설치 과정에서 환경 변수에 PYTHONPATH인 'C:\Python27\Scripts'와 'C:\Python27'을 설정했기 때문에 pip를 바로 사용할 수 있습니다. 윈도우 명령 프롬프트에 다음과 같이 'pip install 모듈명'을 입력하면 해당 모듈이 설치됩니다.

그림 2-8 로봇 프레임워크 설치 과정

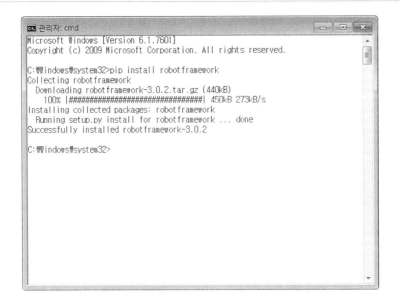

설치가 완료되면 'pip list' 명령을 통해 로봇 프레임워크 설치 여부를 확인하거나 '- version' 명령을 통해 확인합니다.

```
C:\>robot --version
Robot Framework 3.0.2 (Python 2.7.13 on win32)
C:\>rebot --version
Rebot 3.0.2 (Python 2.7.13 on win32)
```

설치가 완료되면 로봇 프레임워크 관련 파일은 파이썬의 라이브러리 폴더에 있습니다. pip로 설치하는 라이브러리는 모두 이곳에 설치됩니다. 이 위치는 PYTHONLIBPATH로 명명하겠습니다.

📁 C:\Python27\Lib\site-packages\robot

📁 C:\Python27\Lib\site-packages\robot\libraries

테스트 환경이 리눅스나 맥인 경우에도 로봇 프레임워크 키워드 테스트 케이스가 동작할 수 있도록 윈도우와 마찬가지로 자동화 수행 환경 구축이 필요합니다.

리눅스 자동화 환경

리눅스에는 센트OS(CentOS), 페도라(Fedora), 우분투(Ubuntu) 등 여러 가지 종류와 버전이 있습니다. 제품 테스트에서는 거의 모든 OS 커버리지를 만족해야 하기 때문에 운영체제 종류별로 로봇 프레임워크를 설치하고 실행하는 방법을 알아야 합니다. 로봇 프레임워크 실습을 위해 책에서는 Ubuntu 16.04 LTS x64 버전을 이용하여 환경 설정 및 라이브러리 설치를 수행하겠습니다. 다른 OS에서도 동일한 절차로 각 OS에 맞는 명령어를 사용하면 됩니다.

로봇 프레임워크와 관련된 애플리케이션을 설치하고 SSH 연동을 설정합니다. 책에서는 'root' 계정에 암호를 'keyword'로 설정하였습니다. root로 다시 로그인하고 설치를 계속 진행합니다. root를 설정하지 않을 경우에는 SSH 명령어에 'su'를 추가하여 동작시킵니다. 이 경우 역시 root

암호 설정이 필요합니다.

리눅스 root 설정

기본적으로 리눅스에 자동화 환경을 설정할 때는 root의 비밀번호를 설정하고 이를 이용합니다. 비밀번호는 'sudo passwd root'로 변경할 수 있습니다. 여기서는 암호를 'keyword'로 설정하겠습니다. 참고로 'sudo'를 꼭 입력해야 수행되는 점에 주의하기 바랍니다. root 암호 설정 후 'su'로 root 로그인을 한 후 'whoami'로 로그인이 된 것을 확인합니다.

```
# sudo passwd root
새 unix 암호 입력:
새 unix 암호 재입력:
passwd: 암호를 성공적으로 업데이트했습니다.
# su
암호:
# whoami
root
```

리눅스에서 로봇 프레임워크를 동작시키려면 윈도우와 마찬가지로 파이썬이 필요합니다. 리눅스에는 대부분 기본적으로 파이썬이 설치되어 있지만, 설치가 필요하다면 다음 사이트에서 내려받습니다.

- URL https://www.python.org/downloads/source/

파이썬 설치 여부를 확인하는 간단한 방법은 버전을 확인하는 것입니다. python 명령어를 수행하여 다음과 같은 결과가 나오는지 확인합니다.

```
# Python -V  ← 대문자
# Python 2.7.x
```

파이썬이 설치되었다면 'apt-get'으로 pip를 설치합니다. 로봇 프레임워크에서 제공하는 표준 라이브러리와 원격 서버(remote server)를 이용하여 분산 환경으로 테스트 환경을 구성해 보겠습니다. 먼저 pip가 설치되어 있다면 pip를 업데이트합니다. 그리고 pip를 이용하여 robotframework와 robotframeworkserver, robotfixml을 설치합니다.

```
# apt-get install python-pip
# pip install -U pip  ← U는 대문자
# pip install robotframework
# pip install robotremoteserver
# pip install robotfixml
# pip install -r 로봇_프레임워크.txt
```

참고로 필요한 프로그램을 한꺼번에 설치하는 방법이 있습니다. pip install 옵션 중에는 '-r *.txt'가 있습니다. 예를 들어 '로봇_프레임워크.txt' 파일에 설치가 필요한 프로그램 이름을 저장해 두고 'pip install -r 로봇_프레임워크.txt' 명령을 내리면 한꺼번에 여러 가지 프로그램을 설치할 수 있습니다.

맥 자동화 환경

맥 자동화 환경을 구축하기 위해서 책에서는 맥 10.11 El Capitan 버전을 기준으로 설명하겠습니다. 맥에는 기본적으로 파이썬이 설치되어 있습니다. 파이썬 버전이 과거 버전이라면 윈도우에서 파이썬을 설치한 과정을 참고하여 설치하면 최신 버전으로 업데이트됩니다. 이때 맥 버전을 고려하여 설치본을 내려받습니다.

• URL https://www.python.org/downloads/mac-osx/

2018년 5월 기준으로 파이썬 최신 버전은 2.7.15입니다.

그림 2-9 파이썬 버전 확인

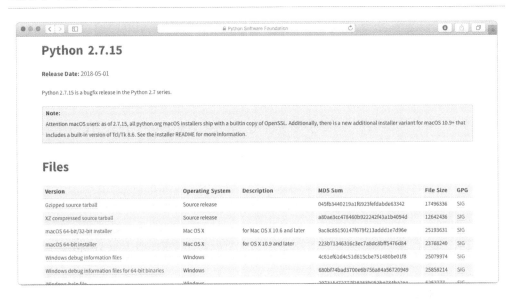

리눅스와 마찬가지로 애플리케이션 설치와 SSH 연동을 하기 위해서 맥에서도 root 권한을 추가해야 합니다. 책에서 실습할 때에는 root 암호를 리눅스와 동일하게 'keyword'로 설정합니다. 설정을 완료하고 로그아웃한 다음, 다시 root로 로그인하고 설치를 진행하겠습니다.

먼저 10.11 El Capitan 기준으로 root 권한 설정을 알아보겠습니다. 맥 메뉴 중 [시스템 환경설정]의 [사용자 및 그룹]에서 사용자 리스트 하단의 [로그인 옵션]을 선택합니다. 선택이 되지 않는다면 하단의 자물쇠를 클릭하여 수정할 수 있는 권한을 획득합니다. 네트워크 계정 서버 [연결] 버튼을 이용하여 [디렉토리 유틸리티 열기]를 실행합니다. [디렉토리 유틸리티] 상단의 [편집] 메뉴를 클릭하면 [Root 사용자 활성화] 메뉴가 있습니다. 클릭하여 활성화하고 암호 설정을 합니다. 맥에서 환경 설정이 완료되면 다시 자물쇠 아이콘을 클릭하여 저장합니다. 이렇게 맥에서 root 권한을 설정하는 내용은 다음 사이트를 참고하기 바랍니다.

- URL https://support.apple.com/ko-kr/HT204012

그림 2-10 맥의 root 권한 설정

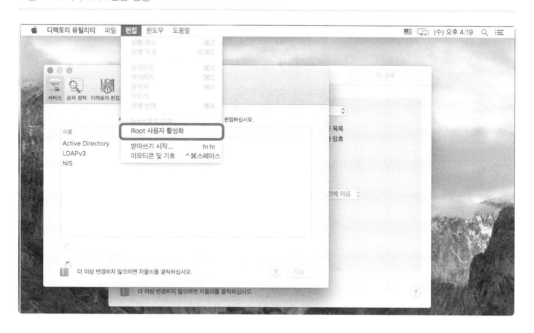

이제 설치된 파이썬 버전을 확인하고 'apt-get'으로 pip를 설치합니다. 설치되어 있다면 pip를 업데이트합니다. 만약 "Command not found"라는 경고창이 뜨면 pip가 없다는 뜻이므로 'easy_install'을 이용하여 설치를 수행합니다. pip 설치 후 다음과 같이 robotframework를 설치합니다. 설치가 완료되면 'pip list' 명령어를 통해 설치 항목을 확인합니다.

```
# pip --version ← -가 2개
# easy_install pip

# pip install robotframework
Collecting robotframework
..
```

```
Successfully installed robotframework-3.0.4

# pip list
Package          Version
---------------- -------
pip              10.0.1
robotframework   3.0.4
```

PIP

파이썬은 다양한 라이브러리를 제공합니다. pip는 파이썬으로 작성된 라이브러리를 관리하는 프로그램으로 라이브러리 설치와 업데이트 등을 관리합니다. 파이썬과 함께 설치되며 pip 위치는 'C:\Python27\Scripts\' 하위에 존재합니다. pip 버전은 'pip show pip'로 확인할 수 있습니다.

```
C:\>pip show pip
Name: pip
Version: 9.0.1
Summary: The PyPA recommended tool for installing Python packages.
Home-page: https://pip.pypa.io/
Author: The pip developers
Author-email: python-virtualenv@groups.google.com
License: MIT
Location: c:\python27\lib\site-packages
Requires:
```

'pip list'는 pip를 통해 설치된 프로그램 리스트를 보여줍니다. 설치된 라이브러리나 프로그램의 현재 버전 정보를 통해 업데이트가 필요한 프로그램을 확인합니다.

```
C:\>pip list
pip (9.0.1)
```

```
Pygments (2.2.0)
robotframework (3.0.2)
robotframework-ride (1.5.2.1)
setuptools (28.8.0)
```

'pip list'를 통해 설치된 라이브러리 이름을 확인하고 업데이트 대상 라이브러리를 확인하면 'pip install -U 라이브러리_이름' 혹은 'pip install -U 라이브러리_이름 == 버전' 명령어로 업데이트를 수행합니다.

```
C:\>pip install -U robotframework-ride
c:\python27\lib\site-packages\pip\_vendor\requests\packages\urllib3\util\
ssl_.py
…
Collecting robotframework-ride
  Downloading robotframework-ride-1.5.2.1.tar.gz (576kB)
    100% |###############################| 583kB 1.1MB/s
Installing collected packages: robotframework-ride
  Found existing installation: robotframework-ride 1.3
    Uninstalling robotframework-ride-1.3:
      Successfully uninstalled robotframework-ride-1.3
  Running setup.py install for robotframework-ride ... done
Successfully installed robotframework-ride-1.5.2.1
```

pip를 이용하여 업데이트할 대상이 많아지면 하나하나 업데이트하기 어려울 수 있습니다. pip-review를 설치하여 사용하면 전체 설치 리스트의 업데이트 현황을 볼 수 있습니다. 다음 옵션을 이용하여 실행하면 설치된 모듈 전체의 현재 버전과 최신 버전이 표시되고 업데이트 여부를 선택하는 [Y], [N], [A], [Q]가 나타납니다. 모든 모듈의 업데이트를 결정하면 한꺼번에 설치가 진행됩니다.

```
# pip install pip-review

# pip-review --local --interactive
Appium-Python-Client==0.26 is available (you have 0.24)
Upgrade now? [Y]es, [N]o, [A]ll, [Q]uit
```

> **pip search 검색 키워드**
>
> pip search 명령어를 이용하며 로봇 프레임워크 관련 라이브러리 등의 파일 정보를 볼 수 있습니다. 검색을
> 사용할 때는 보다 정교하게 필터링하기 위해 검색 키워드를 많이 추가하는 것이 좋습니다.
>
> 예) pip search robotframework

2. 자동화 테스트 케이스 편집기

RIDE 설치

RIDE는 로봇 프레임워크 IDE(RobotFramework IDE,이하 RIDE)로서 파이썬2.7 기반의 로봇 프레
임워크 전용 편집기(robot framework test data editor)입니다. GUI 기반으로 로봇 프레임워크를
이용하여 자동화 키워드 테스트 케이스를 설계하고 실행하는 데 편리하도록 제작되었습니다.
다만 RIDE를 사용하기 위해서는 파이썬뿐 아니라 wxPython까지 설치해야 합니다.

wxPython은 파이썬 Windows Extensions로 RIDE의 UI를 실행시키기 위한 툴킷이며 유니코드를
지원합니다. 다음 사이트에 접속하여 Windows, Mac, Linux의 운영체제에 따라 설치본을 내려받
아 설치합니다. wxPython 역시 파이썬2.7을 지원하는 버전을 설치합니다.

- URL https://sourceforge.net/projects/wxpython/files/wxPython/2.8.12.1/
  https://wxpython.org/

그림 2-11 wxPython 설치 화면

설치가 완료되면 파이썬 라이브러리에 다음과 같은 폴더가 생깁니다.

📁 C:₩Python27₩Lib₩site-packages₩wx-2.8-msw-unicode

wxPython을 설치한 후에는 pip를 이용하여 업데이트를 수행합니다. 한글 인코딩 등의 문제가 일어난다면 업데이트를 하지 않아 발생하는 문제일 수 있으므로, 키워드 테스트 케이스 작성 환경을 모두 설치한 후 꾸준히 업데이트를 해야 합니다. RIDE를 설치하고 ride.py를 실행하면 그림 2-12처럼 RIDE 화면이 나타납니다.

```
# pip install -U wxPython
# pip install robotframework-ride
# ride.py
```

그림 2–12 RIDE 최초 실행 화면

방화벽 설정

윈도우에서 실행할 때는 방화벽 경고창이 발생할 수 있습니다. 이런 상황에는 파이썬을 방화벽 허용 정책에 등록하고 사용하거나 방화벽을 끄고 사용합니다.

그림 2-13 윈도우 방화벽 설정

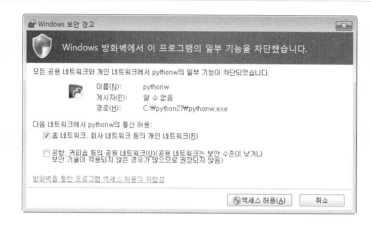

만약 편집기에서 코드의 색 등을 달리하고 싶다면 pygments를 설치하고 RIDE를 다시 열어야 적용됩니다.

```
# pip install pygments
```

RIDE 바로 가기 아이콘 만들기

RIDE로 자동화 테스트 케이스를 작성하기로 결정했다면 바탕 화면에 바로 가기를 만들어서 접근하기 쉽게 해 보겠습니다. 바탕 화면에서 마우스 오른쪽 클릭을 하여 [새로 만들기] → [바로 가기]를 선택합니다. [바로 가기 만들기] 창이 열리면 다음 항목을 입력하여 [바로 가기]를 생성합니다.

- [항목 위치 입력] C:\Python27\pythonw.exe -c "from robotide import main;main()"
- [바로 가기 이름] RIDE

이제 이렇게 만든 RIDE 바로 가기 아이콘의 속성창을 열고 [아이콘 변경]을 눌러 다음과 같이 아이콘의 위치를 입력합니다.

- [아이콘 찾기] %SystemDrive%\Python27\Lib\site-packages\robotide\widgets\robot.ico

그림 2-14 RIDE 바로 가기 아이콘 설정

RIDE 관련 정보

최신 RIDE 설치본 정보 등은 다음 사이트를 참고하기 바랍니다.

- URL https://github.com/robotframework/RIDE
   https://pypi.python.org/pypi/robotframework-ride
   https://github.com/robotframework/RIDE/wiki

만약 로컬 PC를 맥이나 리눅스에서 수행하길 원한다면 pip로 RIDE를 설치하고 맥과 리눅스용 wxPython을 내려받아 설치하면 됩니다.

RIDE 메뉴 구성

RIDE 화면 상단에는 메뉴, 왼쪽에는 탐색기, 오른쪽에는 [Edit], [Text Edit], [Run] 탭이 순서대로 있습니다. 또한, 로봇 프레임워크 키워드 테스트 케이스는 테스트 프로젝트 단위로 관리됩니다. 상단 메뉴는 RIDE 관련 설정과 프로젝트 실행, 관리, 키워드 검색 등의 기능을 지원합니다.

테스트 프로젝트는 RIDE 왼쪽 아카이브 구조처럼 크게 테스트 스윗(TestSuite1, TestSutie2)과 리소스(Resource)로 구분됩니다. 테스트 케이스의 묶음을 테스트 스윗(Test Suite)이라고 하며, 테스트 대상의 기능이나 목적에 따라 테스트 케이스를 모아서 관리할 수 있습니다. 하나의 테스트 스윗에 포함된 모든 테스트 케이스는 테스트 스윗의 설정을 따릅니다. 테스트 스윗은 테스트 케이스(TestCase)와 키워드(UserKeyword)로 구성됩니다.

리소스는 로봇 프레임워크의 특징인 다양한 라이브러리와 키워드 리소스, 키워드(UserKeyword)로 구성됩니다. RIDE 오른쪽의 Edit 기능은 표 형태의 [Edit]과 텍스트 형태의 [Text Edit] 탭으로 나뉩니다. Run 기능은 테스트 케이스를 작성하고 실행하고자 할 때 사용하며, [Run] 탭에 [Start] 버튼을 클릭하거나 상단 메뉴의 실행 버튼 아이콘(▶)을 이용하면 됩니다.

그림 2-15 RIDE 화면 구성

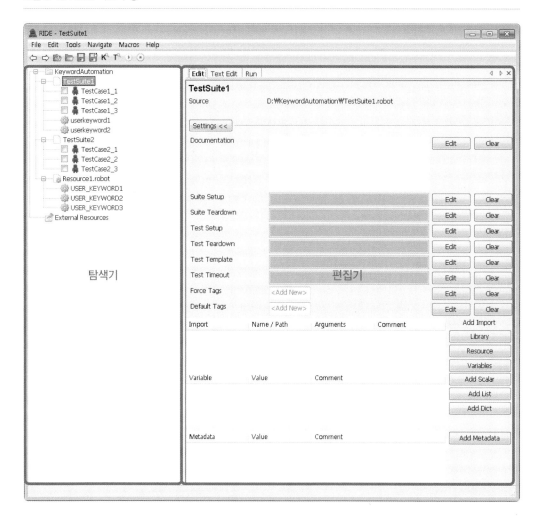

단축키

RIDE 메뉴에서 [Help] → [Shortcut keys]를 선택하면 단축키 정보가 나옵니다. 그중 RIDE를 이용하여 키워드 테스트 케이스 작성할 때 많이 사용하는 키보드 단축키는 Grid 단축키입니다.

그림 2-16 RIDE 단축키

필자가 가장 많이 사용하는 단축키는 RIDE의 테이블에서 한 줄을 넣을 때 사용하는 [Ctrl]+[I](insert)와 한 줄을 지울 때 사용하는 [Ctrl]+[D](delete)입니다. 한 셀을 추가할 때는 [Ctrl]+[Shift]+[I](insert), 한 셀을 지울 때는 [Ctrl]+[Shift]+[D](delete) 를 사용합니다. RIDE에서 키워드를 직접 입력할 때는 [F5]를 누르면 열리는 [Search Keywords] 팝업창을 살펴보거나, 빈칸에 [Ctrl]+[Space Bar]를 입력하여 사용 가능한 키워드 리스트를 찾아 이용합니다.

RIDE 로그

RIDE 메뉴에서 [Tools] → [View RIDE Log]를 선택하면 RIDE에 사용하는 프로그램에 대한 로그가 나옵니다. 외부 라이브러리를 사용할 때 로딩이 안 되는 문제 등이 발생할 경우, 원인을 찾을 때 로그를 활용합니다. 현재 확인해 보면, 설치한 파이썬과 파이썬 윈도우 익스텐션에 대한 로그가 남아 있습니다.

그림 2-17 RIDE Log 메뉴

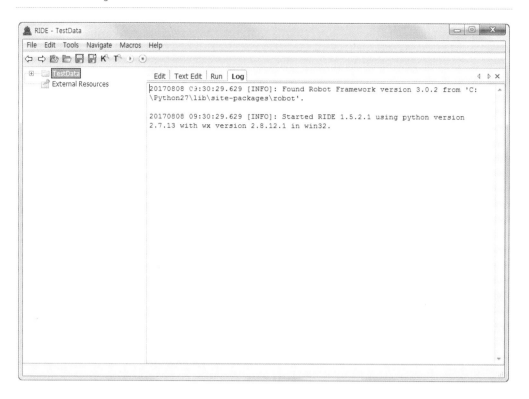

파이썬 IDLE

파이썬을 설치하면 [Windows] → [시작] → [모든 프로그램] → [Python 2.7] → [IDLE (Python GUI)] 메뉴가 나타납니다. IDLE을 실행하면 파이썬 셸이 나타나고 [File] → [New File]을 클릭하면 코딩할 수 있는 편집기 창이 열립니다. [Untitled]로 생성된 편집기에 코드를 입력하고 [F5]를 눌러 파일을 저장하고 실행하면 파이썬 셸에 실행 결과가 나타납니다. 그림 2-18처럼 편집기에 'print(5+1)'을 입력하고 실행시키면 셸에 결괏값 6이 나타나는 것을 볼 수 있습니다.

그림 2-18 Python IDLE 실행 예시

Python 3을 이용한 키워드 테스트 케이스 작성

RIDE는 Python 2.7 버전 기반으로 제작된 툴입니다. 만약 Python 3을 사용하려면 PyCharm이나 ATOM 등 다른 편집기를 사용해야 합니다. PyCharm을 사용할 경우 robot framework plugin을 설치하고 실행 옵션에 'python -m robot 테스트_스윗_이름.robot'과 같이 작성하여 실행합니다.

PyCharm 설치

표준 라이브러리와 테스트 라이브러리를 이용하여 테스트 케이스를 작성할 때는 RIDE로도 충분합니다. 그러나 사용자 라이브러리를 만들고 원격 라이브러리를 동시에 만들면서 테스트 케이스를 작성할 때는 기존의 편집기와 RIDE를 함께 사용하는 경우가 있습니다. 로봇 프레임워크는 RIDE 외에 다양한 편집기에서 사용할 수 있습니다. 파이참의 PyCharm Edu 버전은 오픈소스이며 무료로 사용할 수 있는 편집기입니다. 기존에 사용하던 편집기가 로봇 프레임워크 플러그인을 제공하면 그대로 사용해도 무방합니다. 다음 사이트에 접속하여 Windows, Mac, Linux의 운영체제에 따라 파이참 설치본을 내려받아 설치합니다.

• URL https://www.jetbrains.com/pycharm-edu/download/#section=windows

설치 완료 후 [File] → [Settings] → [Plugin] 메뉴에서 'robot'을 검색해 'IntelliBot'과 'Robot Framework Support' 플러그인을 설치하면 편리하게 사용할 수 있습니다. 이때 반드시 파이참을 다시 시작해야 설치한 플러그인이 적용됩니다.

그림 2-19 파이참 플러그인 설정

파이참을 실행하여 작성한 keyword 프로젝트를 열면 파이참이 로봇 프레임워크 확장자를 통해 로봇 프레임워크를 인식하여 보여줍니다.

그림 2-20 RF 스크립트 실행 조건 설정

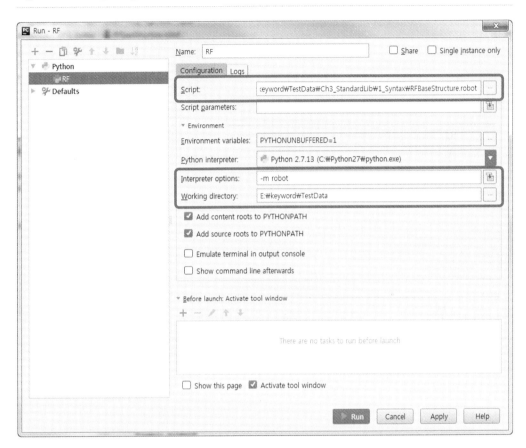

파이참을 실행하려면 먼저 [Run] → [Run] 메뉴를 클릭하여 [Edit Configuarations] 창을 엽니다. 이 창에서 [+]버튼을 클릭하여 [Python]을 선택하고 [Name]과 [Script] 위치, [Working directory] 위치 등을 입력합니다. 필자는 'RF'라는 이름의 Run을 만들었습니다. [Script] 위치는 파일 열기 기능에서 Robot 파일을 지원하지 않기 때문에 Robot 파일의 전체 경로를 직접 작성합니다. [Interpreter options]에는 '-m robot'을 입력합니다. [Python interpreter]의 파이썬 버전이 2.7로 설정된 것도 볼 수 있습니다. 이를 저장하고 Run을 실행하면 PyCharm 편집기 하단에 실행 결과가 나타납니다.

ATOM 편집기

많이 사용되는 편집기 중에 하나인 ATOM 편집기도 로봇 프레임워크 패키지를 지원합니다. 다음 사이트를 참고하여 ATOM 편집기를 설치합니다.

- URL https://atom.io/

설치를 완료하면 그림과 같이 Welcome 페이지와 Guide 페이지가 보입니다. 오른쪽 가이드 페이지에서 [Install a Package] 버튼을 클릭하면 파란색 [Open Installer] 버튼이 있습니다. 이 버튼을 클릭하면 Settings 페이지가 실행됩니다.

그림 2-21 ATOM 설정

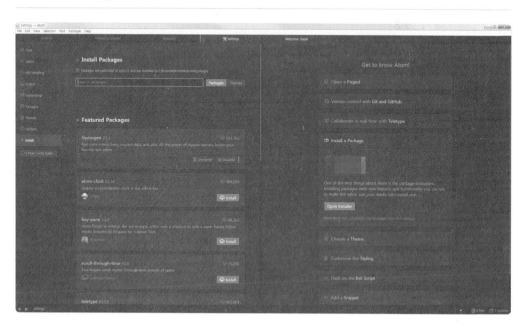

패키지 검색 창에 다음과 같은 로봇 프레임워크를 지원하는 패키지 3개를 설치합니다.

Language-robot-framework

Robot Framework 파일에 구문(syntax) 강조 표시 및 스니펫(snippet)을 추가하는 기능을 제공하여 테스트 케이스나 사용자 키워드의 색깔을 구분하여 줍니다.

- URL https://atom.io/packages/language-robot-framework

Autocomplete Robot Framework

로봇 프레임워크의 Builtin 키워드와 사용자 키워드 등을 자동으로 추천하고 완성해 주는 기능을 제공합니다.

- URL https://atom.io/packages/autocomplete-robot-framework

Platformio-ide-terminal

ATOM에서 많이 사용되는 패키지 중 하나로 터미널을 이용하여 테스트 케이스의 실행 명령을 할 때 사용합니다.

- URL https://atom.io/packages/platformio-ide-terminal

그림은 'Platformio-ide-terminal'을 이용하여 실행할 수 있도록 설정한 화면입니다. 'Platformio-ide-terminal'을 실행하려면 메뉴의 [Packages]에서 [Platformio-ide-terminal]을 클릭하고 [New Terminal]을 클릭하면 그림과 같이 프로젝트가 열린 디렉터리 위치로 터미널이 실행됩니다.

그림 2-22 ATOM 플러그인

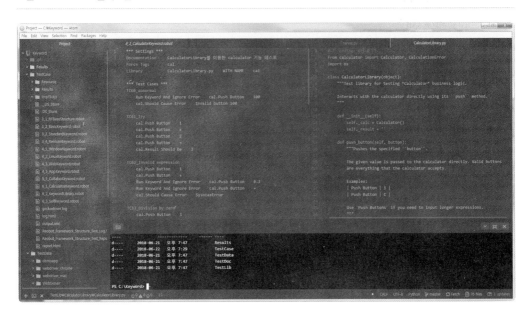

ATOM을 이용할 경우 테스트 케이스 실행은 PyCharm에서와 같이 터미널에서 'python -m robot' 명령어를 이용합니다. 이 외에도 다음 사이트의 [Editors] 탭을 보면 로봇 프레임워크를 지원하는 편집기가 많으니 참고하기 바랍니다.

- URL http://robotframework.org/#tools

3. 테스트 케이스 관리

Git 설치

편집기를 이용하여 작성한 키워드 테스트 케이스는 로컬 PC에 저장할 수 있습니다. 나아가, 다른 사람들과 공유하거나 다른 PC에서 사용하기 위해서 소스 관리 시스템을 활용할 수도 있습니다. Git은 무료 오픈소스 분산 버전 제어 시스템으로 성능이 좋고 배우기 쉬우며 여러 그룹의 사람들이 동시에 코드 작업을 할 수 있습니다.

책에서 사용하는 키워드 테스트 케이스와 설치본 등을 Github 프로젝트에 올려두었습니다. 이를 이용하기 위해 Git을 설치하여 내려받아(pull) 보겠습니다. 키워드 테스트 케이스를 개발하는 PC의 플랫폼(x86/x64)에 따라 설치본을 내려받습니다. 윈도우는 다음 사이트에 접속하면 자동으로 설치 파일을 내려받게 됩니다.

• URL https://git-scm.com/download/win

윈도우를 기준으로 내려받은 Git 버전은 2.13.0입니다. 실행하여 각 설정을 읽은 뒤, 원하는 설정으로 변경하여 설치를 완료합니다. 기본 설정으로 Git을 설치하고 가장 처음에 할 일은 키워드 테스트 케이스를 내려받을 위치를 정하는 것입니다. E 드라이브에 'keyword' 폴더에 내려받는다면 윈도우 탐색기에서 해당 폴더를 마우스 오른쪽 클릭을 하여 [Git Bash Here]를 선택하면 그림 2-23과 같이 명령 프롬프트가 나타납니다.

그림 2-23 Git Cmd

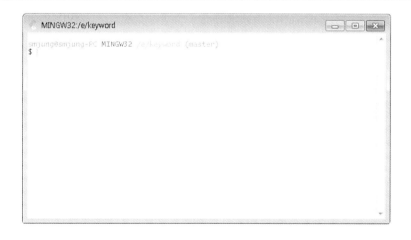

Git 저장소를 사용하기 위해 초기화를 수행하고 테스트 실습 키워드 테스트 케이스를 복제(clone)합니다.

```
git init
git clone http://github.com/smjung8710/keyword.git
```

Git을 통해 복제한 Github의 keyword 프로젝트는 TestData, TestLib, TestCase로 구성됩니다.

- TestData: 테스트 케이스에서 사용하는 테스트 서버나 파일 등의 데이터
- TestLib: 사용자 라이브러리, 원격 라이브러리 등의 라이브러리
- TestCase: 실습으로 진행하는 테스트 스윗과 Resource, Result 파일

Git을 설치하지 않아도 웹 사이트에 접속하여 필요한 파일을 내려받아 사용해도 상관없습니다. 다만 테스트에 필요한 프로그램 등을 키워드 테스트 케이스로 작성할 때 Git과 같은 저장소를 이용하는 것을 추천합니다. 그러면 Git의 간단한 사용법을 알아보겠습니다.

- git init: 내려받기 위해 초기화합니다.
- git clone 〈원격지 주소〉: 원격지의 데이터를 내려받을 로컬 디스크에 복제합니다.
- git config −global user.email 〈이메일〉: 이메일 정보를 저장합니다.(github 계정이 있는 경우)
- git add 〈파일명〉: 원격지에 로컬 데이터를 추가합니다.
- git commit −m 〈설명〉: 수정하는 데이터 정보를 남깁니다.
- git push origin master: 원격지에 로컬 데이터를 업로드합니다.
- git remote add origin 〈원격지 주소〉: 원격지에 로컬 데이터를 업로드합니다.
- git pull: 원격지의 내용을 로컬에 내려받습니다.
- git rm −〈로봇 프레임워크〉 *: 원격지의 내용을 전체 삭제합니다.
- git status: 현재 커밋 상태를 알려줍니다.

자세한 사용법은 다음 사이트를 참고하기 바랍니다.

- URL https://git-scm.com/docs

Git 사용 가이드

Git에서 제공하는 가이드 페이지에 접속하여 따라하면 Git을 사용하는 데 무리가 없을 것입니다.

그림 2-24 Git 온라인

- URL https://try.github.io/levels/1/challenges/1

테스트 데이터

RIDE는 로봇 프레임워크를 이용하여 키워드 기반 테스트 케이스를 편리하게 작성하도록 로봇 프레임워크 구문(syntax)을 GUI로 지원합니다. 테스트 스윗과 테스트 케이스, 키워드의 [Edit] 탭은 GUI로 설정할 수 있도록 지원하고 [Edit Text] 탭에서는 텍스트 형태를 지원합니다. 이번 절에서는 RIDE를 기반으로 로봇 프레임워크 테스트 데이터(Test Data)인 Settings, Variables, Test Cases, Keywords의 구성을 알아봅니다.

그림 2-25 RIDE 편집기 구성

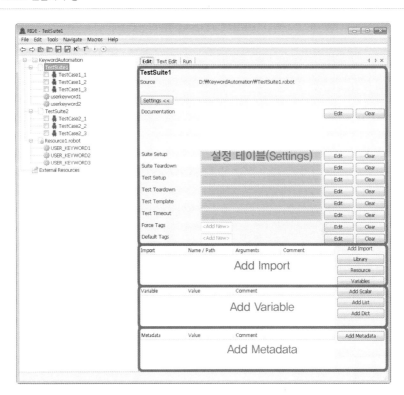

1. 설정 테이블

테스트 데이터 중 Settings 테이블은 테스트 케이스 수행을 위한 테스트 선행 조건, 테스트 라이브러리, 리소스, 태그, 변수 등을 설정하는 구문입니다. 이를 통해 테스트 환경을 일괄적으로 설정하여 전체 테스트의 수행 과정과 수행 결과의 신뢰성을 확보합니다. Settings는 Documentation, Suite Setup, Suite Teardown, Test Setup, Test Teardown, Test Timeout, Force/Default Tags로 구성됩니다. 이들을 테스트 스윗, 테스트 케이스, 키워드에 목적에 맞게 추가합니다. 각 설정의 기능에 대해 알아보겠습니다.

Settings

Documentation

이슈 트래킹 시스템의 이슈 번호(색인)나 테스트 케이스의 정보, 작성 날짜, 작성자 등 테스트 스윗, 테스트 케이스, 키워드에 대한 정보를 공유하는 데 사용합니다. 이 정보는 조직에서 여러 사람이 테스트를 이해하는 데 도움을 줍니다. 작성하는 사람에 따라 내용이 달라질 소지가 있으므로 최소한의 작성 기준을 만들어 공동으로 사용하는 것이 좋습니다. 말줄임표(...)를 이용하여 여러 줄로 표현할 수 있고 HTML 포맷을 지원합니다.

Documentation 예시

```
*** Settings ***
Documentation    example testsuite

*** Test Cases ***
ExampleDoc
    [Documentation] testcase documentation include testcase
    ...     information about create date, writer, issue number etc
    ...     issue#-1234
    ...     smjung
    ...     2017.06
    ...
```

```
    Do Something

*** Keywords ***
Example keyword
    [Documentation]    example keyword
```

Setup, Teardown

JAVA의 JUnit이나 파이썬의 unittest 모듈을 사용해 본 적이 있는 분은 Setup과 Teardown같은 테스트 픽스처(test fixture) 메서드가 익숙할 것입니다. 로봇 프레임워크에서도 테스트 스윗과 테스트 케이스, 사용자 키워드에 테스트 픽스처 메서드를 지원합니다.

Setup은 테스트 사전 환경을 설정하는 요소입니다. 보통 선행 조건(Precondition)으로 표현하는 영역입니다. 환경 설정 등의 전제 조건을 포함하는 키워드를 주로 설정합니다. Teardown에는 테스트 완료 후, 테스트 결과에 대한 로그 등을 저장소에 옮기는 등의 키워드를 설정합니다.

테스트 스윗에는 테스트 스윗의 Setup, Teardown과 테스트 케이스의 Setup, Teardown이 Settings 하위에 다음 예시처럼 표시됩니다. 각 테스트 케이스에서는 [Setup]과 [Teardown]으로 픽스처를 설정할 수 있습니다. 테스트 케이스에서 Setup과 Teardown이 설정된 경우에는 테스트 스윗의 Test Setup과 Test Teardown은 동작하지 않습니다. 테스트 케이스에 설정이 없는 경우에만 테스트 스윗의 Test Setup과 Test Teardown이 수행됩니다.

Setup, Teardown 예시

```
*** Settings ***
Documentation        standard library example testsuite
Suite Setup          TS_SETUP
Suite Teardown       TS_TEARDOWN
Test Setup           TC_SETUP
Test Teardown        TC_TEARDOWN

*** Test Cases ***
Example
```

```
    [Documentation]     example testcase
    [Setup]     Example_SETUP
    Example keyword
    [Teardown]     Example_TEARDOWN


*** Keywords ***
Example keyword
    [Documentation]     example keyword
    Log     doing keyword.....
    [Teardown]     K_TEARDOWN


*** Keywords ***
TS_SETUP
    log     1.TS_SETUP


TC_SETUP
    log     2.TC_SETUP


Example_SETUP
    log     3.Example_SETUP


K_TEARDOWN
    log     4.Keyword_TEARDOWN


Example_TEARDOWN
    log     5.Example_TEARDOWN


TC_TEARDOWN
    log     6.TC_TEARDOWN


TS_TEARDOWN
    log     7.TS_TEARDOWN
```

예시의 결과를 확인하면 Log 키워드로 설정한 1번부터 7번까지의 SETUP과 TEARDOWN 키워드 중 '2.TC_SETUP'과 '6.TC_TEARDOWN'을 제외하고 테스트 스윗의 Setup, Example 테스트 케이스의 Setup, 키워드의 Teardown, Example 테스트 케이스의 Teardown, 테스트 스윗의

Teardown이 수행됩니다. '3.Example_SETUP'과 '5.Example_TEARDOWN'이 테스트 케이스에서 설정되었기 때문에 테스트 스윗의 테스트 케이스에 설정된 Setup과 TearDown인 '2.TC_SETUP' 과 '6.TC_TEARDOWN'은 실행되지 않습니다. 테스트 케이스 실행 결과는 다음과 같습니다. 참고로 키워드 테스트 케이스 실행 방법은 3장에서 자세히 다루겠습니다.

실행 결과

```
INFO : 1.TS_SETUP
INFO : 3.Example_SETUP
INFO : doing keyword.....
INFO : 4.Keyword_TEARDOWN
INFO : 5.Example_TEARDOWN
INFO : 7.TS_TEARDOWN
```

Setup과 Teardown에 사용된 Log와 Log Many 키워드는 내장 라이브러리 키워드입니다. 다른 라이브러리처럼 따로 라이브러리를 불러올 필요 없이 로봇 프레임워크와 함께 설치되고 실행됩니다.

```
Log(message | level=INFO | html=False | console=False | repr=False)
Log To Console(message | stream=STDOUT | no_newline=Fals)
Log many(*messages)
Comment(*messages)
```

Log 키워드는 level에 따라 message를 표시합니다. level 인자에는 TRACE, DEBUG, INFO(default), HTML, WARN, ERROR가 있습니다. level이 WARN 또는 ERROR인 경우 기록된 message는 콘솔 및 로그 파일의 Test Execution Errors 섹션에서 자동으로 볼 수 있습니다. level 인자가 INFO이면 html 인자는 True로 인식됩니다. console 인자가 True이면 message 인자는 로그 파일 외에도 테스트 실행 콘솔에 기록됩니다.

Log To Console 키워드는 콘솔에 message를 기록하지만, 결과 로그 파일에는 남기지 않습니다. 콘솔과 로그 파일에 동시에 남기길 원한다면 Log 키워드의 인자 console을 설정하여 사용합니다. Log many 키워드는 리스트 변수와 딕셔너리 변수 등 여러 개의 변숫값 메시지를 볼 때 사용합니다. Comment 키워드는 주석 처리를 위한 키워드입니다. 소스 코드에 #(주석)을 표시한 것과 동일한 결과를 보여줍니다. 테스트 케이스나 사용자 키워드를 작성하다가 실행을 건너뛰고 싶은 키워드가 있다면 Comment 키워드를 제일 앞에 작성하면 실행하지 않고 그다음 액션을 수행합니다.

Log 키워드와 Comment 키워드는 실행 결과를 실행창에 보여주는지 여부가 다릅니다. 변수의 값이나 level 등의 로그 상세 정보를 원한다면 Log 키워드를 사용합니다. 앞선 'Setup, Teardown 예시' 테스트 케이스에서는 실행 결과를 용이하게 구분하기 위해서 Setup, Teardown의 실행 순서를 Log 키워드로 숫자와 이름을 출력하도록 하였습니다.

Test Timeout

자동화 테스트 실행 중에 테스트 케이스에 에러가 발생하여 데드락(deadlock) 상태가 될 경우 그 하위의 테스트 케이스들이 동작하지 못하는 것을 방지하기 위한 설정입니다. 테스트 스윗, 테스트 케이스와 사용자 키워드 모두에 설정할 수 있습니다. 기본 단위는 초 단위입니다. Timeout에 숫자만 입력하면 초로 인식합니다. 시간(hr), 분(min), 초(sec) 단위로 추가가 가능하며 가령 '1h 40m 30s'를 입력하면 '1 hour 40 minutes 2 seconds'로 인식됩니다.

각 테이블의 Timeout 설정 예

```
*** Settings ***
Documentation      standard library example testsuite
Test Setup         Open Application      App A
Test Teardown      Close Application
Test Timeout       2 hours

*** Test Cases ***
```

```
Example
    [Documentation]    example testcase
    [Setup]    Open Application    App B
    [Timeout]    1 hour 40 minutes 2 seconds
    Do Something
    [Teardown]

*** Keywords ***
Example keyword
    [Documentation]    example keyword
    [Timeout]    40 seconds
    [Teardown]    Close keyword
```

Test Template

지금까지 작성한 테스트 케이스는 키워드 기반입니다. 테스트 템플릿은 이러한 키워드 기반 테스트 케이스를 데이터 기반 테스트(data driven test, DDT)로 변환하는 역할을 합니다. 키워드 기반 테스트 케이스는 키워드와 인자(arguments)로 구성되지만, 템플릿이 있는 테스트 케이스에는 키워드 없이 템플릿 키워드에 대한 인자만 포함됩니다. 이 기능을 통해 키워드 기반 테스트와 데이터 기반 테스트를 하나의 테스트 스윗에서 수행할 수 있습니다. 템플릿 키워드에는 일반적인 위치 지정, 인자, 키워드 이름에 포함된 인자를 모두 사용할 수 있습니다.

> **Template 예**

```
*** Test Cases ***
Example Template
    [Documentation]    example testcase
    [Setup]    Example_SETUP
    [Template]    There is file.ext file in dir folder
    [Timeout]    1 hour 40 minutes 2 seconds
    1    txt    로봇 프레임워크_Template
    2    docx    로봇 프레임워크_Template
    3    xlsx    로봇 프레임워크_Template
    [Teardown]    Example_TEARDOWN
```

```
*** Keywords ***
There is file.ext file in dir folder
    [Arguments]     ${file}     ${ext}      ${dir}
    Do something
```

템플릿 키워드의 자세한 사용법은 175쪽 '2. 템플릿'에서 다루겠습니다.

Tag

RIDE는 테스트 케이스나 테스트 스윗을 체크 박스를 통해 선택하여 실행(run)시킬 수도 있고 태그(tag)를 붙여서 같은 태그를 가진 테스트 케이스만 실행시킬 수도 있습니다. 테스트 스윗에는 Force Tags와 Default Tags가 있습니다. Force Tags를 등록하면 하위 테스트 케이스 전체에 적용됩니다. [Tags] 설정이 없는 테스트 케이스가 있을 경우에는 Default Tags가 적용됩니다.

태그는 테스트 케이스 작성 완료 후, 자동화 수행 시에 테스트 케이스를 구분하여 동작시키거나 테스트 케이스 결과를 구분해서 확인하는 데 사용합니다. 여러 가지 설정도 가능해서 테스트 케이스를 조합하여 실행할 때도 유용합니다. 또한 테스트 보고서와 로그도 테스트 데이터에 표시되므로 테스트 케이스에 메타 데이터를 제공합니다.

> Tag 예
>
> ```
> *** Settings ***
> Force Tags      BVT
> Default Tags    critical    patch5
>
> *** Variables ***
> ${HOST}         10.0.1.42
>
> *** Test Cases ***
> Example Tag
>     [Documentation]     tag example
>     [Tags]      host-${HOST}
>     Log         host-${HOST}
> ```

다만 태그를 작성할 때 robot을 픽스처(fixture)로 사용하는 것은 로봇 프레임워크 사용자에서 이용하기 때문에 제한됩니다.

Add Import

키워드 테스트 케이스의 핵심인 테스트 라이브러리(Test library)와 리소스 파일(Resource), 변수 (Variables)는 RIDE 테스트 스윗의 [Edit] 탭에서 [Import] 버튼으로 추가합니다.

Library

[Library] 버튼은 표준 라이브러리와 외부 라이브러리, 그리고 사용자 라이브러리를 추가할 때 사용합니다. RIDE는 라이브러리 이름과 Arguments, Alias, Comment를 설정할 수 있도록 기능을 제공합니다. 먼저 [Name] 란에 라이브러리 이름을 입력합니다. 라이브러리가 PYTHONLIBPATH 에 있다면 이름만 입력해도 RIDE가 인식합니다. Arguments는 OR 연산자(|)로 여러 개를 추 가할 수 있습니다. Alias를 사용하면 다른 라이브러리에 설정된 동일한 키워드 이름을 구분할 수 있습니다. 다음은 표준 라이브러리 OperatingSystem에 Alias를 OS로 추가하는 예시입니다. WITH NAME 구문으로 Alias가 설정된 것을 볼 수 있습니다.

그림 2-26 라이브러리 설정

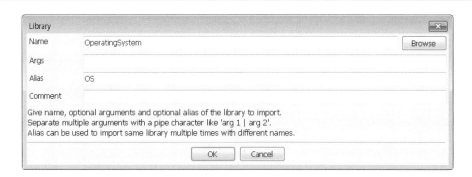

로봇 프레임워크 소개

Library 설정 예

```
*** Settings ***
Library              OperatingSystem     WITH NAME      OS
```

사용자 라이브러리를 설정할 때는 UI의 [Browse] 버튼을 이용하여 위치를 지정합니다.
PYTHONLIBPATH에 사용자 라이브러리를 저장하면 표준 라이브러리처럼 이름으로 로딩하여
설정할 수 있습니다.

Resource

리소스는 라이브러리, 사용자 키워드, 전역변수를 선언하는 파일입니다. 테스트 스윗이나 테
스트 케이스에서 리소스에 선언된 라이브러리의 키워드나 사용자 키워드, 변수를 사용하려면
[Resource] 버튼을 이용합니다. 다음은 테스트 스윗에서 'Resource1.robot'이라는 이름의 리소
스 파일을 추가하는 예시입니다.

그림 2-27 Resource 설정

Resource 설정 예

```
*** Settings ***
Resource             Resource1.robot
```

Variables

변수 테이블을 사용하여 변수를 정의하는 방법(add variable)과 변수 파일을 불러오는(import) 기능을 제공합니다. 변수 파일을 사용하면 변수를 동적으로 만들 수 있으며 변수에는 모든 개체가 포함될 수 있습니다. 변수는 [Variables] 버튼으로 생성하는 방법이 있으며, 또한 변수 선언 키워드를 이용하여 정의할 수도 있습니다. 변수 선언 키워드는 3장 '3.2 내장 라이브러리'를 참고하기 바랍니다.

그림 2-28 Variables 설정

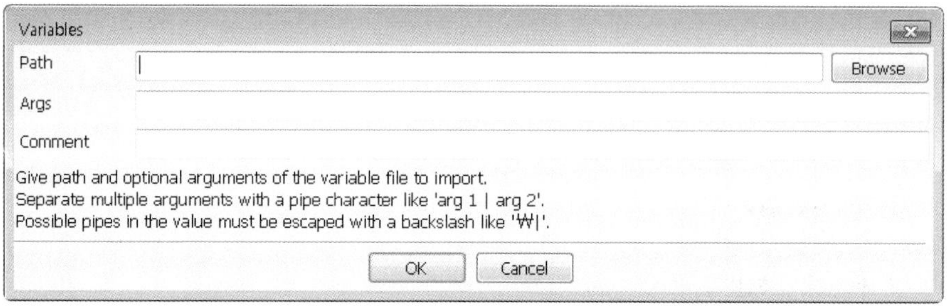

Add Variable

앞서 변수 파일로 변수를 선언하는 방법 외에 단일 변수를 선언하는 기능입니다. 여기에 정의된 변수는 전역변수로 모든 테스트 케이스에서 사용할 수 있습니다.

Add Scalar

스칼라 변수 ${variable}을 추가하는 기능을 제공합니다. 하나의 값을 변수로 선언할 때 사용합니다. 정수나 문자열을 변수에 저장하여 사용할 수 있습니다.

그림 2-29 Scalar Variable 설정

Scalar Variable 예

```
*** Variables ***
${USER_NAME}        robot
${USER_PASS}        secret

*** Test Cases ***
Scalar Variable Item
    Log many    ${USER_NAME}    ${USER_PASS}
    Log    Welcome ${USER_NAME}
```

Add List

리스트 변수 @{variable}을 추가하는 기능을 제공합니다. 열 개수를 조정하여 입력 개수를 늘리거나 줄일 수 있습니다. 또한, 리스트 변수의 배열을 사용하여 리스트의 각 항목을 개별 인자로 키워드에 전달할 수 있습니다. 예를 들어 그림 2-30에 @{USER1}의 첫 번째 값 'robot'을 사용하려면 @{USER1}[0]과 같은 변수를 사용할 수 있습니다.

그림 2-30 List Variable 설정

```
*** Variables ***
@{USER1}    ['robot', 'secret']

*** Test Cases ***
List Variable Item
    Log many    @{USER1}
    Log    Welcome @{USER1}[0]
```

Add Dict

딕셔너리 변수 &{variable}을 추가하는 기능으로 리스트 변수처럼 열 개수를 조정하여 입력 개수를 늘리거나 줄일 수 있습니다. 파이썬 딕셔너리나 딕셔너리형 객체를 포함하는 변수로 키(key)와 값(value)으로 구성됩니다. 딕셔너리 변수에 대한 자세한 사항은 다음 장에서 다루겠습니다. &{USER} 변수에 키에는 'name', 'password'를 넣고 각 키에 해당하는 값에는 'robot'과 'secret'을 할당하려면, 그림 2-31과 같이 'name=robot', 'password=secret'으로 정의하면 됩니다.

그림 2-31 Dictionary Variable 설정

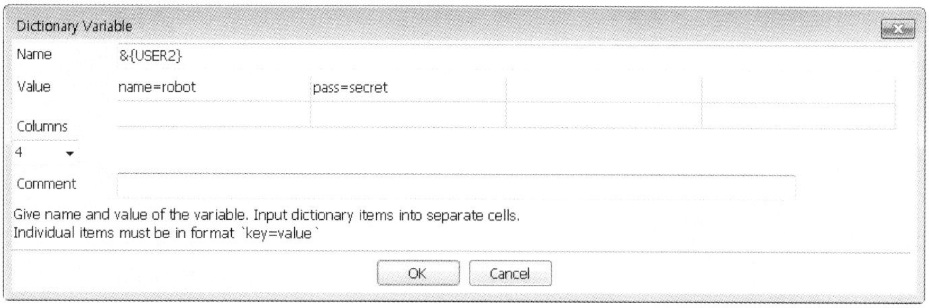

Dictionary Variable 예|

```
*** Variables ***
&{USER2}    name=robot    password=secret

*** Test Cases ***
Dict Variable Item
    Log many    &{USER2}
    Log    Welcome &{USER2}[name]
```

딕셔너리 변수의 키(key)에 해당하는 값을 얻고자 할 때는 &{변수_이름}[key]처럼 배열 형태로 사용합니다. [Add Dict] 기능은 RIDE 1.5 이상, RobotFramework 2.8.6 이상 버전에서 추가된 기능입니다. 하위 버전을 설치한 경우 변수 인식이 되지 않으므로 다음의 pip 업데이트 명령어를 이용하여 최신 버전으로 업데이트한 후 사용하기 바랍니다.

```
# pip install -U robotframework-ride
# pip install -U robotframework
```

Add Metadata

여러 셀(공백으로 결합) 또는 여러 행(줄 바꿈과 결합), 간단한 HTML 서식 작업 및 변수 등을 메타 데이터로 설정할 수 있습니다.

그림 2-32 Metadata 설정

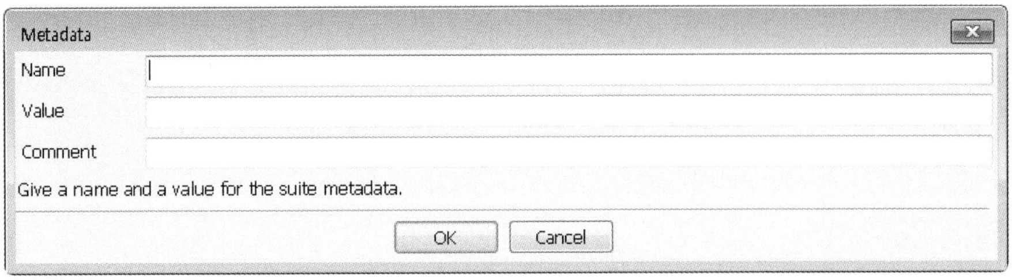

2. 테스트 케이스

테스트 케이스(Test Cases) 테이블은 Settings 테이블과 변수, 키워드로 구성됩니다. 그림 2-33 처럼 Settings 테이블은 앞선 절에서 살펴본 구문과 유사하게 구성됩니다. [Documentation], [Setup], [TearDown], [Tags], [Timeout], [Template]으로 구문에 대괄호 [ ]가 있으면 테스트 케이스 구문으로 구별할 수 있습니다.

테스트 케이스 테이블에서 사용자 키워드와 변수를 이용하여 키워드 테스트 케이스를 작성할 수 있습니다. 키워드 테스트 케이스는 한 셀에 한 개의 키워드와 인자로 작성하고 행마다 다른 작업을 수행합니다. 또한, 2.1절에서 소개한 로봇 프레임워크 구문(syntax)을 이용하여 *** Test Cases ***로 테스트 케이스를 작성할 수도 있습니다. RIDE에서 제공하는 테스트 케이스의 작성 편집창은 다음 그림과 같습니다. [Settings <<] 버튼 하단에 설정값을 넣고 아래쪽 테이블에 키워드를 이용하여 테스트 케이스를 작성합니다.

로봇 프레임워크 소개

그림 2-33 테스트 케이스 구성

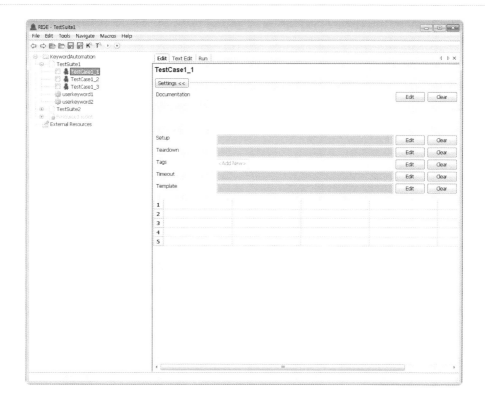

3. 사용자 키워드

사용자 키워드(User Keyword)는 라이브러리에서 제공하는 키워드를 조합하여 특징 기능을 수행하는 상위 레벨 사용자 키워드(high level user keyword)입니다. 사용자 키워드는 *** Keywords *** 구문 아래에 있으며 Settings 테이블과 키워드 테이블로 구성되어 있습니다. Settings 테이블에는 테스트 케이스처럼 [Documentation]과 [Tags], [TearDown], [Timeout]을 포함하고 특별히 [Arguments], [Return Value]를 선언할 수 있습니다.

[Arguments]에는 사용자 키워드에서 입력값으로 사용할 Input 변수 이름을 선언하고 [Return Value]에는 사용자 키워드를 수행한 결과를 전달할 Output 변수 이름을 선언합니다. 여기에서 정의한 변수는 사용자 키워드 안에서 테스트 케이스와 동일한 방법으로 사용합니다. 사용자 키워드는 주로 테스트 케이스에서 반복적으로 실행하는 기능을 추출하여 만듭니다. 따라서 테스트 케이스를 작성할 때 사용자 키워드 하나로 해당 기능을 구현할 수 있어서 유용합니다.

그림 2-34 사용자 키워드 설정

인자(Arguments)

테스트 케이스나 다른 키워드에서 사용자 키워드를 호출할 때 인자를 설정하여 기능을 처리하고자 할 경우 사용합니다. 메서드나 함수의 인자와 동일한 것으로 이해할 수 있습니다. 변수의 스칼라(scalar), 리스트(list), 딕셔너리(dictionary) 모두 지원합니다. 인잣값은 OR 연산자(|)를 이용하여 여러 개 변수를 설정할 수 있습니다. Template 키워드를 작성할 때 인자에 여러 개의 변수를 입력받아서 처리할 때 유용합니다. Comment에는 변수에 대한 사용법이나 제약 사항 등을 작성합니다.

그림 2-35 Arguments 설정

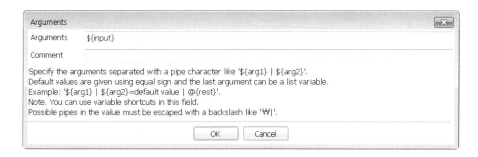

반환값(Return Value)

테스트 케이스에서 사용자 키워드를 호출하여 수행한 후, 사용자 키워드의 수행 결과를 변수로 저장하고 다시 테스트 케이스에 값을 전달하고자 할 때 반환값을 설정할 수 있습니다. 메서드나 함수의 return으로 이해하면 됩니다. 반환값 역시 변수의 형태는 스칼라(scalar), 리스트(list), 딕셔너리(dictionary) 모두 지원합니다. 보통 테스트 케이스에서 사용자 키워드에 반환값을 사용할 때는 이 반환값을 기준으로 다음 단계(스텝)에서 어떻게 동작할지 여부를 결정합니다.

그림 2-36 Return Value 설정

다음은 인자와 반환값을 이용한 UserKeyword 예시입니다. RIDE의 [Text Edit] 모드에서 확인하면 [Arguments], [Return] 구문으로 표시됨을 알 수 있습니다.

> **인자와 반환값 구문 예**

```
*** keywords ***
UserKeyword
    [Arguments]    ${input}
    ${output}    do something with ${input}
    [Return]    ${output}
```

2.4 내장 도구

지금까지 키워드 테스트 케이스를 작성하고 실행해 보았습니다. 이번 절에서는 로봇 프레임워크가 제공하는 내장 도구를 알아보겠습니다.

1. Rebot

앞에서는 윈도우 프롬프트에서 파이썬 명령 옵션 '-m'으로 robot 스크립트를 통해 테스트 스윗과 테스트 케이스를 실행하는 방법을 배웠습니다. 이때 rebot 스크립트는 로봇 프레임워크 로그와 보고서 생성 역할을 합니다. 또한 기존의 출력 결과를 모아서 상위 레벨의 새로운 xml 출력 파일을 생성할 수 있습니다. Robot Framework 3.0부터는 robot 스크립트를 통해 테스트가 실행되고 rebot 스크립트로 테스트 산출물이 처리됩니다. Robot Framework 3.0 이상 버전이 설치된 상태에서 RIDE로 테스트 케이스를 실행하면 자동으로 실행 결과 리포트가 생성되는 것을 볼 수 있습니다.

```
robot tests.robot
```

rebot의 중요한 기능은 서로 다른 테스트 실행 라운드의 결과를 결합하는 것입니다. 이 기능을 사용하면 서로 다른 환경에서 동일한 테스트 케이스를 실행하고, 각 출력 결과에서 하나의 전체 보고서를 생성할 수 있습니다. 다음 명령문과 같이 '--name' 옵션에 전체 보고서 이름을 정의하고 각 브라우저 테스트 케이스 실행 결과를 그다음 인자로 넣으면 4개의 xml 파일이 1개의 ALLBrowserResult 파일로 저장됩니다. 이밖에 다양한 옵션은 다음 사이트를 참고하기 바랍니다.

• URL http://robot-framework.readthedocs.io/en/3.0/_modules/robot/rebot.html

```
rebot --name ALLBrowserResult firefox.xml chrome.xml safari.xml ie.xml
rebot --include smoke --name Smoke_Tests c:\results\*.xml
```

로봇 프레임워크 키워드 테스트 케이스를 여러 OS에서 동시에 실행하려면 원격 서버(remote server)를 동시에 동작시키면 됩니다. 파이썬의 '-m' 명령 옵션을 사용하여 설치된 robot 모듈 또는 하위 모듈인 robot.run을 직접 실행합니다. 이는 로봇 프레임워크를 여러 파이썬 버전과 함께 사용하는 경우 특히 유용합니다.

```
C:\> python -m robot tests.robot
C:\> python3 -m robot.run tests.robot
```

2. Libdoc

사용자 키워드를 작성할 때 [Documentation]에 키워드 사용법 등을 작성한 것처럼 테스트 라이브러리 코드를 작성할 때도 주석을 통해 키워드 사용법을 제시하는 것이 좋습니다. 이렇게 작성된 라이브러리 키워드 정보는 html 등의 형식으로 참고할 수 있도록 문서화가 가능합니다. libdoc은 html 및 xml 형식의 테스트 라이브러리 및 리소스 파일의 키워드 문서를 생성하기 위한 로봇 프레임워크의 지원 도구입니다. 테스트 라이브러리 위치에서 다음 명령으로 html 형식의 libdoc 문서를 만들 수 있습니다.

```
테스트_라이브러리위치> python -m robot.libdoc 테스트_라이브러리_이름 테스트_라이브러리_이름.html
```

LoggingLibrary.py 테스트 라이브러리를 이용하여 로봇 프레임워크 문서 구문을 알아보겠습니다.

LoggingLibrary.py

```
① class LoggingLibrary:
② """Library for logging messages.

③ = Table of contents =
④  - `Usage`
    - `Valid log levels`
    - `Examples`
    - `Importing`
    - `Shortcuts`
    - `Keywords`

    = Usage =
    This library has several keyword, for example `Log Message`, for logging
    messages. In reality the library is used only for _Libdoc_ demonstration
    purposes.

    = Valid log levels =
⑤    Valid log levels are ``INFO``, ``DEBUG``, and ``TRACE``. The default log
     level can be set during `importing`.

    = Examples =
    Notice how keywords are linked from examples.

⑥    | `Log Message`       | My message   |                |               |
     | `Log Two Messages`  | My message   | Second message | level=DEBUG   |
     | `Log Messages`      | First message | Second message | Third message |

     Example library in HTML format.
"""

⑦   ROBOT_LIBRARY_VERSION = '0.1'

⑧   def __init__(self, default_level='INFO'):
        """The default log level can be given at library import time.
        See `Valid log levels` section for information about available log levels.

        Examples:
        | =Setting= |     =Value=    | =Value= |     =Comment=      |
```

```
                | Library   | LoggingLibrary |          | # Use default level (INFO) |
                | Library   | LoggingLibrary | DEBUG    | # Use the given level      |
            """
            self.default_level = self._verify_level(default_level)

        def _verify_level(self, level):
            level = level.upper()
            if level not in ['INFO', 'DEBUG', 'TRACE']:
                raise RuntimeError("Invalid log level'%s'. Valid levels are "
                                   "'INFO', 'DEBUG', and 'TRACE'")
            return level

⑨      def log_message(self, message, level=None):
            """Writes given message to the log file using the specified log level.
            The message to log and the log level to use are defined using
            ``message`` and ``level`` arguments, respectively.

            If no log level is given, the default level given during `library
            importing` is used.
            """
            level = self._verify_level(level) if level else self.default_level
            print "*%s* %s" % (level, message)
```

LoggingLibrary.py의 문서 제목은 클래스 이름(①)이 되고 문서의 내용은 주석문(②)(""" text """)
으로 시작합니다. 상단에는 로봇 프레임워크 문서 속성 정보가 나열됩니다. 로봇 프레임워크 속
성은 ROBOT_LIBRARY_*로 구분됩니다. ROBOT_LIBRARY_VERSION(⑦)을 이용한 버전 설정의 내
용이 보입니다. 로봇 프레임워크 속성값 설정이 없으면 default로 출력됩니다. =text=(③)는 bold
기능을 지원하고 역따옴표(④)(`text`)는 바로 가기 링크 기능을 지원합니다. 링크 대상을 찾을
수 없으면 libdoc이 텍스트를 기울임꼴로만 나타냅니다. 역따옴표 두 개(⑤)(``text``)는 강조 기
능을 지원합니다. 테이블을 표시(⑥)할 때는 파이프라인(|)을 사용합니다. _init_메서드(⑧)는
객체 속성을 초기화하는 역할을 합니다. libdoc에서는 ⑧처럼 Import 항목에 해당 Argument와
Documentation을 추가합니다. 각 키워드의 주석문들은 Keywords 항목에 테이블 형태로 작성
됩니다(⑨).

편집기에 LoggingLibrary.py 코드를 입력하고 명령어를 이용하여 라이브러리 문서를 만들어 봅니다. 라이브러리 문서의 전체 예시를 참고하는 링크는 다음의 그림 2-37과 같습니다. 접속하여 코드를 이용하여 실제로 libdoc 파일을 만들어 보기 바랍니다. 다음과 같은 형태의 html 파일을 확인하고 테스트 라이브러리 코드에 로봇 프레임워크 문서 구문을 다양하게 적용하면서 실제 동작되는 모습을 확인합니다.

그림 2-37 libdoc 예시

* URL http://robotframework.org/robotframework/latest/RobotFrameworkUserGuide.html#libdoc-example
  http://robotframework.org/robotframework/latest/images/LoggingLibrary.html

3. Tidy

tidy는 test data clean-up tool을 일컫는 용어로 로봇 프레임워크 테스트 데이터 파일을 정리하거나 파일 유형을 변환해 주는 도구입니다. HTML 편집기 등으로 작성한 테스트 케이스 파일은 tidy를 사용하여 정규화할 수 있습니다. tidy는 헤더와 설정의 순서 및 셀과 표 사이의 공백을 일관되게 작성합니다. html, tsv 및 txt 형식의 테스트 데이터를 지원하며 입력 형식은 항상 입력 파일의 확장자에 따라 결정됩니다. 다음은 자주 사용하는 실행 옵션을 나타낸 것입니다.

- −i, −−inplace ⟨file⟩: 원본 파일을 덮어 쓰도록 형식을 지정합니다. 형식이 변경되면 제거됩니다. 이 옵션을 사용하면 여러 입력 파일을 제공할 수 있습니다.
- −s, −−spacecount ⟨number⟩: txt 형식에서 셀 사이의 공백 수를 지정합니다. 예를 들어 '−s 4'로 쓰면 셀 사이의 공백이 4개로 표시됩니다.
- −−format ⟨옵션⟩: robot, txt, html, tsv와 같은 출력 형식을 설정하여 사용할 수 있으며 기본값은 가능한 출력 파일의 확장자에서 가져옵니다.

이제 sample.robot을 이용하여 다음 명령을 실행해 봅니다.

```
C:\> python −m robot.tidy −s 4 sample.robot sample.html
```

모든 출력 파일은 UTF-8 인코딩을 사용하여 작성됩니다. 콘솔에 기록된 출력은 현재 콘솔 인코딩을 사용합니다. 69쪽 '3. 로봇 프레임워크 구문'에 사용된 테이블은 tidy를 이용하여 생성한 포맷입니다.

그림 2-38 Tidy 예시

Sample

Settings				
Library	OperatingSystem	WITH NAME	OS	# 표준 라이브러리 OS
Resource	Resource/common.robot			

Variables				
${file1}	c:\\test\\test.txt			
@{USER1}	robot	secret	# List	
&{USER2}	name=robot	pass=secret	# Dictionary	

Test Cases				
TestCase Example	[Documentation]	Example testcase		
	[Setup]	Example_SETUP		
	[Timeout]	1 hour 40 minutes 2 seconds		
	{ret}=	User Keyword1	id	pw
	run keyword if	'${ret}'='True'	PASS	
	[Teardown]	Example_TEARDOWN		

Keywords				
User Keyword1	[Arguments]	${id}|${pw}		
	[Documentation]	Example keyword		
	input name	${id}		
	input password	${pw}		
	${return}=	OS copy File	${file1}	${file2}
	Log	Do User keyword		
	Teardown]	Keyword_TEARDOWN		
	Return]	${return}		

사용자 라이브러리 작성 튜토리얼

로봇 프레임워크 외부 라이브러리는 계속 업데이트됩니다. 로봇 프레임워크 공식 홈페이지에서 추가된 외부
라이브러리 정보를 참고하면 최신 자료를 볼 수 있습니다.

- URL https://code.google.com/archive/p/robotframework/wikis/PythonTutorial.wiki
    http://robotframework.org/robotframework/latest/RobotFrameworkUserGuide.html
    #creating-test-libraries

4. Testdoc

testdoc(test data documentation tool)은 테스트 케이스 문서를 생성하기 위한 로봇 프레임워크 내장 도구입니다. 작성된 문서는 html 형식으로 되어 있으며 최상위 레벨 키워드 및 해당 인자 뿐만 아니라 각 테스트 스윗 및 테스트 케이스의 이름, 문서 및 기타 메타 데이터를 포함합니다. testdoc은 Python과 Jython, IronPython을 지원합니다. 생성 방법은 다음과 같습니다.

```
# 포맷
C:\> python -m robot.testdoc [options] data_sources output_file
# 예시
C:\> python -m robot.testdoc my_test.html testdoc.html


C:\> jython -m robot.testdoc --name smoke_tests --include smoke path/to/my_
tests smoke.html


C:\> ipy path/to/robot/testdoc.py first_suite.txt second_suite.txt output.html
```

실행 옵션으로 로봇 프레임워크에서 사용하는 테스트 케이스의 정보(예를 들어, 제목이나 이름, 태그 등)를 설정할 수 있습니다.

- −T, −− title 〈제목〉: 생성된 문서의 제목을 설정합니다. 제목의 밑줄은 공백으로 변환됩니다. 기본 제목은 최상위 레벨 테스트 스윗의 이름입니다.
- −N, −−name 〈이름〉: 최상위 테스트 스윗의 이름을 재정의합니다.
- −D, −−doc 〈문서〉: 최상위 테스트 스윗의 문서를 재정의합니다.
- −G, −−settag 〈태그〉: 모든 테스트 케이스에 주어진 태그를 설정합니다.
- −t, −−test 〈이름〉: 이름에 따라 테스트를 포함합니다.
- −s, −−suite 〈이름〉: 이름에 따라 스윗을 포함합니다.
- −i, −−include 〈태그〉: 태그에 따라 테스트를 포함합니다.

- -e, --exclude 〈태그〉: 태그에 따라 테스트를 제외합니다.
- -A, --argumentfile 〈경로〉: 더 많은 인자를 읽을 수 있는 텍스트 파일. 테스트를 실행할 때 인자 파일 (argument files)과 동일하게 작동합니다.

sample.robot을 이용하여 testdoc을 실행합니다. '-T' 옵션으로 제목을 대문자로 변경하여 html 형태로 변경합니다.

```
C:\> python -m robot.testdoc -T SAMPLE sample.robot sample_testca
se.html
C:\Keyword\TestCase\sample_testcase.html
```

실행 결과는 다음처럼 생성됩니다. sample.robot의 다른 정보를 제외하고 테스트 케이스 내용 만 포함된 모습을 볼 수 있습니다.

그림 2-39 Testdoc 예시

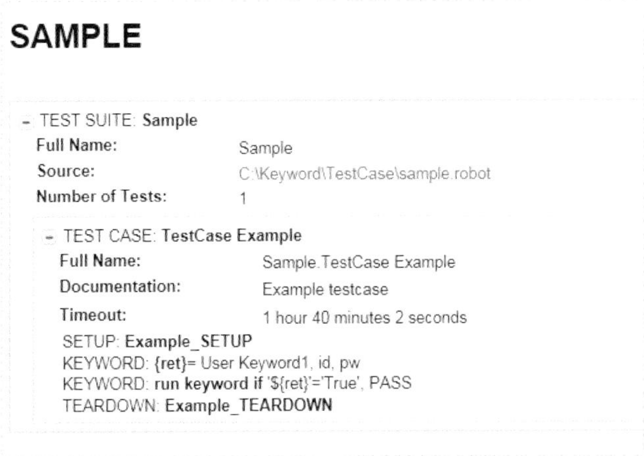

SAMPLE

- TEST SUITE: Sample
  - Full Name: Sample
  - Source: C:\Keyword\TestCase\sample.robot
  - Number of Tests: 1

  - TEST CASE: TestCase Example
    - Full Name: Sample.TestCase Example
    - Documentation: Example testcase
    - Timeout: 1 hour 40 minutes 2 seconds
    - SETUP: Example_SETUP
    - KEYWORD: {ret}= User Keyword1, id, pw
    - KEYWORD: run keyword if '${ret}'='True', PASS
    - TEARDOWN: Example_TEARDOWN

2장에서는 키워드 테스트 프레임워크인 로봇 프레임워크에 대해 알아보았습니다. 테스트 데이터에 해당하는 테스트 케이스, 키워드, 변수를 설정하는 방법을 RIDE를 기준으로 하여 로봇 프레임워크의 구문과 문법을 알아보았습니다. 자신이 사용하기에 편리한 편집기가 있다면 로봇 프레임워크 플러그인을 추가하여 키워드 테스트 케이스 작성에 사용하기 바랍니다.

03

로봇 프레임워크와 첫 만남은 어떠셨나요? 두 번째 만남은 더욱 기대해도 좋습니다. 로봇 프레임워크의 단짝인 표준 라이브러리를 만나보겠습니다. 표준 라이브러리는 내장 라이브러리를 포함하여 11개의 라이브러리가 있습니다. 각 라이브러리에는 목적에 따라 키워드가 미리 정의되어 있습니다. 이 중에서도 원격 라이브러리는 유일하게 키워드는 없지만 로봇 프레임워크의 핵심이라고 불립니다. 만남이 더욱 기대되지 않나요?

이번 장에서는 표준 라이브러리의 키워드를 이용하여 키워드 테스트 케이스를 작성하는 방법을 알아보고 다양한 실행 옵션을 이용하는 방법을 소개합니다.

로봇 프레임워크 사용하기

3장에 대한 예제 키워드 테스트 케이스는 Git으로 내려받은 다음 링크에서 3으로 시작하는 테스트 스윗에 해당합니다.

https://github.com/smjung8710/keyword

키워드 테스트 케이스 실행

테스트 스윗을 작성하여 테스트 케이스 구조를 이해해 봅시다. Git에서 실습용 코드를 내려받았다면 아마도 저장된 위치가 'C:\Keyword\TestCase\'와 'C:\Keyword\TestCase\Resource', 'C:\Keyword\TestCase\TestResult'일 것입니다. 직접 작성할 경우 동일하게 폴더를 만들어 사용하기 바랍니다. RIDE 아이콘을 클릭하여 RIDE를 실행한 후, [File] → [Open Directory]를 클릭하여 'C:\Keyword\TestCase\' 폴더를 열어 보겠습니다.

1. 키워드 테스트 케이스 작성

RIDE로 실습하기 위해서 'C:\Keyword\TestCase\'에 테스트 스윗과 리소스 파일을 생성하고 테스트 케이스를 추가해 보겠습니다. 개발 코드 작성 방법이 익숙하다면 Text Edit 사용을 추천합니다. Text Edit 사용 시 주의할 점은 키워드 사이 빈 칸을 4칸 이상으로 띄어 써야 로봇 프레임워크가 파싱할 때 인식한다는 점입니다. [Tab] 키보다는 [Space Bar]로 4칸을 띄어 쓰거나 테이블 포맷을 맞춰서 작성해야 실행할 때 에러가 나지 않습니다. 실습을 통해 로봇 프레임워크의 픽스처(fixture) 우선순위를 살펴보겠습니다.

1. RIDE에서 [File] → [Open Directory]로 'C:\Keyword\TestCase\' 디렉터리를 불러옵니다. 최상위 디렉터리 TestCase를 마우스 오른쪽 클릭하고 [New Suite]를 선택하여 '3_1_RFBaseStructure' 테스트 스윗을 만들고, 다시 테스트 스윗 이름을 마우스 오른쪽 클릭하고 [New Test Case]를 선택하여 4개의 테스트 케이스 'TC1_RF_TSFixture', 'TC2_RF_Variable', 'TC3_RF_UserKeyword', 'TC4_RF_MyFixture'를 생성합니다.

2. 같은 방식으로 '3_1_RFBaseStructure' 테스트 스윗을 마우스 오른쪽 클릭하고 [New Directory]를 선택하여 Resource 디렉터리를 만든 후, 역시 마우스 오른쪽 클릭으로 [New Resource]을 선택하여 리소스 파일 'common.robot'을 생성합니다.

3. 테스트 스윗에서 [Resource] 버튼을 이용해서 'common.robot' 파일을 불러오고 104쪽의 'Setup, Teardown'의 테스트 케이스를 참고하여 테스트 스윗의 Setup, TearDown과 테스트 케이스의 Setup, TearDown을 설정합니다. 그리고 스칼라 변수 name과 pass를 만들고 초깃값으로 robot, secret을 할당합니다.

4. 'TC1_RF_TSFixture' 테스트 케이스에는 메시지를 작성합니다.

5. 'TC2_RF_Variable' 테스트 케이스에는 name과 pass 변수의 값을 남깁니다.

6. 'TC3_RF_UserKeyword' 테스트 케이스에는 사용자 키워드를 호출합니다. 사용자 키워드는 104쪽의 'Setup, Teardown'의 테스트 케이스에서 Example keyword를 참고하여 작성합니다.

7. 'TC4_RF_MyFixture' 테스트 케이스에는 104쪽의 'Setup, Teardown'의 테스트 케이스에서 Example_SETUP, Example_TEARDOWN을 참고하여 테스트 케이스 자체의 Setup과 Teardown을 설정합니다. 내용에는 Log 키워드로 'my fixture'를 남깁니다.

스텝 2에서 리소스 파일 import는 [Text Edit] 탭에서 *** Settings *** 아래 'Resource Resource/commont.robot' 위치를 확인합니다.

스텝 3에서 변수는 ${USER_NAME}, ${USER_PASS}로 합니다.

스텝 4에서 메시지는 Log(message | level=INFO | html=False | console=False | repr=False) 키워드의 message 인자에 원하는 내용을 입력합니다. 콘솔 화면에서 로그를 보려면 console=true 인자를 넣거나 Log To Console 키워드로 메시지를 남깁니다.

스텝 5에서 Log Many(*messages) 키워드로 로그를 남기려는 메시지를 인자에 기록합니다. 변수의 값을 얻고자 하면 인잣값에 변수명을 입력하면 됩니다. 이 역시 콘솔 화면에서 로그를 보려면 Log To Console 키워드로 남깁니다.

실습 내용이 처음에는 복잡해 보여도 실제 코드를 보면 쉽게 이해할 수 있습니다. 모든 키워드 사용 방법은 실습으로 다룹니다. 몇 번 따라서 읽어 내려가다 보면 구조가 눈에 익게 될 것입니다. 실습 테스트 케이스 예시는 다음과 같습니다. RIDE의 [Text Edit] 탭에는 예시와 같이 나타납니다.

실습 3_1_RFBaseStructure.robot 테스트 스윗 예시

```
*** Settings ***
Documentation      Keyword Based Automation Test
Suite Setup        TestSuite_SETUP
Suite Teardown     TestSuite_TEARDOWN
Test Setup         TestCase_SETUP
Test Teardown      TestCase_TEARDOWN
Test Timeout       1 hour 40 minutes 2 seconds
Resource           Resource/common.robot
```

```
*** Variables ***
${USER_NAME}        robot      # Scalar Variable Example
${USER_PASS}        secret     # Scalar Variable Example
${HOST}             8.8.8.8

*** Test Cases ***
TC1_RF_TSFixture
    [Documentation]    3_1_RFBaseStructure : 테스트 스윗 픽스처 기능 확인
    Log     only TC     console=true

TC2_RF_Variable
    [Documentation]    3_1_RFBaseStructure : 변숫값 확인
    Log many    user name is ${USER_NAME}    pass is ${USER_PASS}

TC3_RF_UserKeyword
    [Documentation]    3_1_RFBaseStructure : 사용자 키워드 사용
    User Keyword    #Call User keyword

TC4_RF_MyFixture
    [Documentation]    3_1_RFBaseStructure : 테스트 케이스 픽스처 확인
    [Setup]    Example_SETUP
    log     my fixture     console=true
    [Teardown]    Example_TEARDOWN

*** Keywords ***
User Keyword
    [Documentation]    example keyword
    Log many    User keyword    user name is ${USER_NAME}    console=true
    [Teardown]    Keyword_TEARDOWN

TestSuite_SETUP
    log    1.TestSuite_SETUP    console=true

TestCase_SETUP
    log    2.TestSuite_TestCase_SETUP    console=true

Example_SETUP
    log    3.ExampleTC_SETUP    console=true

Keyword_TEARDOWN
    log    4. Keyword Teardown    console=true
```

```
Example_TEARDOWN
    log     5 .ExampleTC_TEARDOWN      console=true

TestCase_TEARDOWN
    log     6.TestSuite_TestCase_TEARDOWN      console=true

TestSuite_TEARDOWN
    log     7.TestSuite_TEARDOWN      console=true
```

테스트 케이스를 RIDE로 실행한 화면은 그림과 같습니다. 구문 값에 따라 RIDE의 UI로 구분된 것을 볼 수 있습니다. RIDE에서는 등록한 키워드는 파란색으로 표시되고 아직 등록하지 않은 키워드는 검은색으로 표시되어 구분할 수 있습니다. 리소스를 등록한 후에도 파란색으로 표시되지 않는다면 RIDE를 다시 시작하거나 프로젝트 폴더를 다시 열어봅니다.

그림 3-1 RIDE로 작성한 3_1_RFBaseStructure.robot

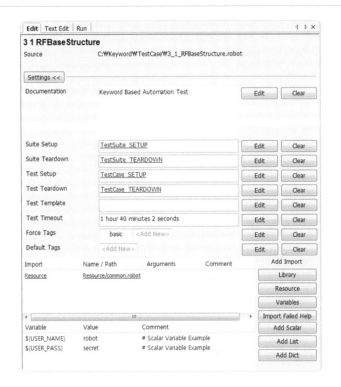

2. RIDE로 실행

RIDE로 실행하려면 [Run] 탭에 [Start] 버튼을 클릭하거나 키보드의 [F8] 키를 누릅니다.

그림 3-2 RIDE 실행

RIDE의 [Run] 탭의 [Start] 버튼을 클릭해 보겠습니다. 참고로 [Arguments]에 '--outputdir Results'를 추가한 것이 보입니다. 이렇게 하면 temp 폴더에 저장되는 결과 파일의 위치를 현재 테스트 케이스 실행 위치에 있는 'Results' 폴더로 변경할 수 있습니다. 이 실습에서는 테스트 결과 파일의 위치가 'C:\Keyword\Results'가 됩니다. RIDE의 실행 결과 로그를 살펴보겠습니다.

```
INFO : 1.TestSuite_SETUP
Starting test: 3_1_RFBaseStructure. TC1_RF_TSFixture
INFO : 2.TestSuite_TestCase_SETUP
INFO : only TC
INFO : 6.TestSuite_TestCase_TEARDOWN
Ending test:   3_1_RFBaseStructure. TC1_RF_TSFixture

Starting test: 3_1_RFBaseStructure.TC2_RF_Variable
INFO : 2.TestSuite_TestCase_SETUP
INFO : user name is robot
INFO : pass is secret
INFO : 6.TestSuite_TestCase_TEARDOWN
Ending test:   3_1_RFBaseStructure.TC2_RF_Variable

Starting test: 3_1_RFBaseStructure.TC3_RF_UserKeyword
INFO : 2.TestSuite_TestCase_SETUP
INFO : User keyword
INFO : user name is robot
INFO : 4. Keyword Teardown
INFO : 6.TestSuite_TestCase_TEARDOWN
Ending test:   3_1_RFBaseStructure.TC3_RF_UserKeyword

Starting test: 3_1_RFBaseStructure. TC4_RF_MyFixture
INFO : 3.ExampleTC_SETUP
INFO : my fixture
INFO : 5 .ExampleTC_TEARDOWN
Ending test:   3_1_RFBaseStructure. TC4_RF_MyFixture
INFO : 7.TestSuite_TEARDOWN
```

실행 결과를 통해 테스트 스윗의 실행 순서를 볼 수 있습니다. 테스트 스윗의 Setup과 Teardown
은 테스트 스윗 첫 번째와 마지막에 각 1번만 수행됩니다. 테스트 스윗에 설정된 테스트 케이
스의 Setup과 Teardown은 TC4_RF_MyFixture 테스트 케이스를 제외하고 각 테스트 케이스의
시작과 끝에 수행됩니다.

TC3_UserKeyword 테스트 케이스처럼 사용자 키워드에 있는 Teardown은 테스트 케이스 Teardown보다 먼저 실행됩니다. 여기에서 우리는 실행 우선순위를 확인할 수 있습니다. TC4 예시처럼 사용자의 픽스처가 있으면 테스트 스윗의 테스트 케이스 픽스처보다 우선순위가 높습니다. 로봇 프레임워크에서는 변수나 키워드에서 동일한 우선순위가 부여됩니다. 만약 같은 이름의 표준 라이브러리와 사용자 키워드가 있다면 테스트 케이스에서는 가장 가까운 사용자 키워드로 실행됩니다. 또한, 만약 테스트 라이브러리에 동일한 이름의 키워드가 있다면 에러가 발생할 것입니다. 이때는 별칭(alias)으로 구분하여 사용해야 합니다. 이와 관련된 사항은 '3.3 표준 라이브러리' 부분에서 자세히 설명하겠습니다.

만약 입력값 없이 테스트 케이스나 테스트 스윗의 구문(syntax)만 존재한다면 로봇 프레임워크는 'None'으로 인식하여 우선순위를 부여합니다. 다음 예시처럼 TC1_RF_TSFixture와 TC5_RF_TCFixture는 동일한 것처럼 보이지만 실행하면 결과는 다르게 나타납니다.

실습 **프리픽스 사용 오류**

```
*** Settings ***
Documentation     Keyword Based Automation Test
Suite Setup       TestSuite_SETUP
Suite Teardown    TestSuite_TEARDOWN
Test Setup        TestCase_SETUP
Test Teardown     TestCase_TEARDOWN

*** Test Cases ***
TC1_RF_TSFixture
    Log      only TC    console=true

TC5_RF_TCFixture
    [Setup]
    Log      only TC    console=true
    [Teardown]
```

RIDE에서 2개의 테스트 케이스만 실행해 봅니다. 그 결과 TC5_RF_TCFixture에 대한 테스트 스윗의 테스트 케이스 픽스처가 동작하지 않는 것을 볼 수 있습니다. 만약 RIDE를 이용하여 테스트 케이스를 작성할 때, TC5처럼 구문을 설정한 후에 값을 넣지 않으면 [Edit] 화면에서는 구문 설정이 되어 있는지 구별이 안 되는 경우가 있으므로 주의해야 합니다.

실행 결과

```
INFO : 1.TestSuite_SETUP
Starting test: 3_1_RFBaseStructure. TC1_RF_TSFixture
INFO : 2.TestSuite_TestCase_SETUP
INFO : only TC
INFO : 6.TestSuite_TestCase_TEARDOWN
Ending test:   3_1_RFBaseStructure. TC1_RF_TSFixture

Starting test: 3_1_RFBaseStructure. TC5_RF_TCFixture
INFO : only TC
Ending test:   3_1_RFBaseStructure. TC5_RF_TCFixture

INFO : 7.TestSuite_TEARDOWN
```

Report

출력 결과 파일은 'Output.xml', 'Log.html', 'Report.html' 3개의 파일이 생성되며 옵션에서 설정한 위치에 저장됩니다. Log, Report 및 xUnit 파일은 일반적으로 파일을 기반으로 생성되며 rebot을 사용하여 결합하거나 다른 방법으로 후처리를 할 수 있습니다. RIDE의 [Run] 탭에 [Report]나 [Log] 버튼을 클릭하면 더 상세한 내용을 볼 수 있습니다.

그림 3-3 테스트 케이스 결과 리포트

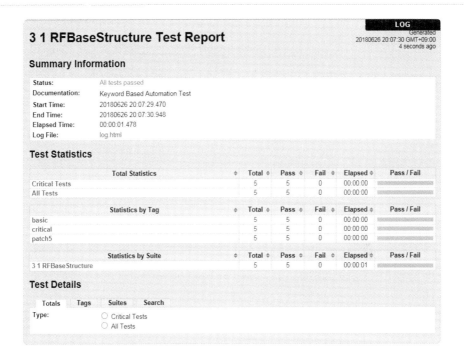

Report 파일에는 HTML 형식의 테스트 실행 결과 개요가 들어 있습니다. Report 파일에는 실행한 모든 테스트 케이스의 목록뿐만 아니라 Tag와 실행한 테스트 스윗을 기반으로 한 통계까지 들어 있습니다. 또한 자동화 소요 시간이나 테스트 결과 상태(Pass/Fail) 정보도 포함합니다. Report와 Log가 모두 생성되면 보고서에 로그 파일 링크가 있어서, 보다 자세한 정보를 쉽게 탐색할 수 있습니다.

모든 주요 테스트가 통과되면 배경색이 녹색이 되고, 그렇지 않은 경우에는 밝은 빨간색이기 때문에 전체 테스트 실행 상태를 보고서에서 쉽게 확인할 수 있습니다. 또한, Test Statistics에 있는 각 링크를 클릭하면 자세한 결과를 확인할 수 있습니다.

더불어 리포트 하단의 Test Detail에서 동일하게 결과를 볼 수도 있게 제공합니다. [Tags] 탭을 선택하면 Tag 리스트로 테스트 케이스를 구분하여 결과를 볼 수 있습니다. [Suites] 탭을 선택하면 테스트가 수행된 Suite 리스트에 따라 결과를 찾아볼 수 있습니다. 또한, [Search] 탭을 이용하면 Suite, Test, Include, Exclude로 검색할 수 있습니다.

Log

Report 상단의 [Log] 버튼이나 RIDE의 [Log] 버튼으로 간편하게 Log 파일을 열 수 있습니다. Log 파일에는 실행한 테스트 사례에 대한 세부 정보가 HTML 형식으로 포함되어 있습니다. 테스트 스윗, 테스트 케이스 및 키워드 세부 정보를 보여주는 계층 구조로 나타납니다. Log와 Log Many 키워드를 이용하여 메시지를 남기면, 실행 결과 Fail이 발생한 테스트 케이스가 있을 때 어느 위치에서 Fail이 발생했는지 알 수 있어 디버깅할 때 유용합니다.

우리가 만든 common.robot 파일처럼 아직 내용이 없는 빈 파일이거나 로드한 라이브러리가 없을 때, 또는 구문(syntax) 오류 등이 있을 때 로그에 Warning이 발생합니다. 이는 키워드 테스트 케이스 실행에는 큰 영향이 없으므로 경고 내용을 참고하여 수정이 필요한 부분은 업데이트합니다.

그림 3-4 테스트 결과 리포트

Test Statistics

Total Statistics		Total ⇩	Pass ⇩	Fail ⇩	Elapsed ⇩	Pass / Fail
Critical Tests		5	5	0	00:00:00	
All Tests		5	5	0	00:00:00	

Statistics by Tag		Total ⇩	Pass ⇩	Fail ⇩	Elapsed ⇩	Pass / Fail
basic		5	5	0	00:00:00	
patch5		5	5	0	00:00:00	

Statistics by Suite		Total ⇩	Pass ⇩	Fail ⇩	Elapsed ⇩	Pass / Fail
Keyword		5	5	0	00:00:02	
Keyword.TestCase		5	5	0	00:00:02	
Keyword.TestCase.3 1 RFBaseStructure		5	5	0	00:00:02	

Test Execution Log

- **SUITE Keyword**

Full Name:	Keyword
Source:	C:\Keyword
Start / End / Elapsed:	20180710 21:02:56.697 / 20180710 21:02:58.235 / 00:00:01.538
Status:	5 critical test, 5 passed, 0 failed 5 test total, 5 passed, 0 failed

  - **SUITE TestCase**

Full Name:	Keyword.TestCase
Source:	C:\Keyword\TestCase
Start / End / Elapsed:	20180710 21:02:56.724 / 20180710 21:02:58.234 / 00:00:01.510
Status:	5 critical test, 5 passed, 0 failed 5 test total, 5 passed, 0 failed

    - **SUITE 3 1 RFBaseStructure**

Full Name:	Keyword.TestCase.3 1 RFBaseStructure
Documentation:	Keyword Based Automation Test
Source:	C:\Keyword\TestCase\3_1_RFBaseStructure.robot
Start / End / Elapsed:	20180710 21:02:56.726 / 20180710 21:02:58.232 / 00:00:01.506
Status:	5 critical test, 5 passed, 0 failed 5 test total, 5 passed, 0 failed

      + **SETUP TestSuite_SETUP**

      + **TEARDOWN TestSuite_TEARDOWN**

      + **TEST TC1_RF_TSFixture**

      + **TEST TC2_RF_Variable**

IE에서 경고창이 발생한 경우

크롬에서 log.html나 report.html 파일을 열 때는 문제가 없으나 IE를 통해 확인하면 경우에 따라 경고창이 발생합니다. 만약 경고창이 발생하면 브라우저 하단의 [차단된 콘텐츠 허용] 버튼을 클릭하면 내용이 보입니다.

3. Robot으로 실행

robot 스크립트를 이용하면 윈도우 명령 프롬프트나 리눅스, 맥의 터미널에서 테스트 케이스를 실행할 수도 있습니다. 명령 프롬프트의 실행 위치를 테스트 케이스 파일이 있는 위치로 이동하고, 파이썬 명령어로 수행하면 됩니다. ATOM 편집기로 키워드 테스트 케이스를 작성한다면, 터미널 패키지를 설치한 다음 명령 프롬프트에서 실행하는 방법과 동일하게 파일 위치로 이동하고 명령어를 실행합니다.

이때 사용자 키워드에 Log 키워드로 작성한 메시지를 Log To Console 키워드로 로그를 추가하거나 Log 키워드의 인자를 'console=true'로 하여 콘솔에서 로그를 확인합니다. 실습에서는 'console=true'로 작성한 것을 볼 수 있습니다. 명령 프롬프트에서 'robot 3_1_RFBaseStructure.robot'을 실행합니다. 결과 파일은 테스트 케이스가 실행된 폴더에 생성됩니다.

그림 3-5 로봇 프레임워크 robot 스크립트로 실행

```
● ● ●                    TestCase — sh — 80×38
==============================================================================
3 1 RFBaseStructure :: Keyword Based Automation Test
==============================================================================
1.TestSuite_SETUP
TC1_RF_TSFixture :: 실습 1 RFStructure : 테 스 트  스 웻  픽 스 쳐  기 능  확 인  2.TestSuit
e_TestCase_SETUP
.only TC
.6.TestSuite_TestCase_TEARDOWN
TC1_RF_TSFixture :: 실습 1 RFStructure : 테 스 트  스 웻  픽 스 쳐  기 능  확 인  | PASS |
------------------------------------------------------------------------------
TC2_RF_Variable :: 실 습 1 RFStructure : 변 수 값  확 인              2.TestSuit
e_TestCase_SETUP
..user name is robot
.pass is secret
.6.TestSuite_TestCase_TEARDOWN
TC2_RF_Variable :: 실 습 1 RFStructure : 변 수 값  확 인            | PASS |
------------------------------------------------------------------------------
TC3_RF_UserKeyword :: 실 습 1 RFStructure  사 용 자  키 워 드  사 용    2.TestSuit
e_TestCase_SETUP
.4. Keyword Teardown
.6.TestSuite_TestCase_TEARDOWN
TC3_RF_UserKeyword :: 실 습 1 RFStructure  사 용 자  키 워 드  사 용  | PASS |
------------------------------------------------------------------------------
TC4_RF_MyFixture :: 실 습 1 RFStructure : 테 스 트  케 이 스  픽 스 쳐  기 능  ... 3.ExampleT
C_SETUP
.UserKeyword running...
.5 .ExampleTC_TEARDOWN
TC4_RF_MyFixture :: 실 습 1 RFStructure : 테 스 트  케 이 스  픽 스 쳐  기 능  ... | PASS |
------------------------------------------------------------------------------
7.TestSuite_TEARDOWN
3 1 RFBaseStructure :: Keyword Based Automation Test              | PASS |
4 critical tests, 4 passed, 0 failed
4 tests total, 4 passed, 0 failed
==============================================================================
Output:  /Users/user/Documents/2018/RFbook/Keyword/TestCase/output.xml
Log:     /Users/user/Documents/2018/RFbook/Keyword/TestCase/log.html
Report:  /Users/user/Documents/2018/RFbook/Keyword/TestCase/report.html
sh-3.2#
```

그림 3-5는 맥 터미널에서 실행한 결과입니다. 실행 결과 PASS이면 그림처럼 'PASS'라는 글자가 초록색으로 나타납니다. FAIL인 경우는 글자가 빨간색으로 나타납니다.

4. Robot 실행 옵션

로봇 프레임워크 3.0 이하 버전에서 Python, Jython, IronPython 등의 특정 키워드 테스트 케이스를 실행하려면 pybot, jybot, ipybot 등의 인터프리터를 사용합니다. 또한, 테스트 케이스를 실행할 때 실행 조건을 다르게 하고 싶을 경우 robot 명령어에 실행 옵션을 사용할 수 있습니다. 이러한 실행 옵션을 잘 사용하면 원하는 위치에 결과 로그를 저장하는 등의 커스터마이징을 할 수 있습니다. RIDE를 이용할 때는 [Run] 탭에 있는 [Arguments] 입력란에 실행 옵션을 넣습니다. 명령 프롬프트를 이용할 때는 robot 명령어 다음에 옵션을 바로 입력합니다.

이제부터 태그, 변수, 출력 파일 등의 실행 옵션을 사용하는 방법을 알아보겠습니다. 더 많은 옵션은 다음 사이트를 참고하기 바랍니다.

- URL http://robot-framework.readthedocs.io/en/3.0/_modules/robot/run.html

태그 옵션: -e,--exlude, -i, --include, --critical

태그 옵션에는 '-e(exclude tags)'와 '-i(include tags)'가 있습니다. '-e'는 태그가 설정된 테스트 케이스를 실행에서 제외하라는 옵션이고, 반대로 '-i'는 태그가 설정된 테스트 케이스만 실행하라는 옵션입니다. RIDE에서 [Only run tests with these tags]를 체크하고 태그를 입력하면 [Arguments] 입력란에서 '-i' 실행 옵션으로 수행한 것과 동일한 동작을 합니다. 역시 RIDE의 [Skip tests with these tags]를 체크하고 태그를 입력하면 '-e' 실행 옵션과 동일한 동작을 합니다. 여기서는 실습을 위해 다음과 같이 테스트 케이스를 추가하겠습니다.

실습 | 실행 옵션 '-i'

3_1_RFBaseStructure 테스트 스윗에 'TC6_Arg_Tag' 테스트 케이스를 추가합니다.

1. 3_1_RFBaseStructure 테스트 스윗에 'basic'과 'critical', 'patch5'를 태그로 설정합니다.

2. 'TC6_Arg_Tag' 테스트 케이스의 [Tags]에 'ex'를 추가합니다.

3. Log 키워드로 host-${HOST}를 남깁니다.

4. 3_1_RFBaseStructure 테스트 스윗의 Force Tags에 'basic'을 추가하고 변수에 '${HOST}'를 만들고 초깃값을 넣습니다.

5. RIDE에서 테스트 케이스를 선택하지 않고 태그가 'basic'인 테스트 케이스만 실행해 봅니다.

<hr>

스텝 1에서 3_1_RFBaseStructure 테스트 스윗의 Force Tags에 'basic'을 넣고 나머지는 Default Tags에 할당합니다. Force Tags는 테스트 스윗의 테스트 케이스 전체에 적용되고 Default Tags는 [Tags] 설정이 없는 테스트 케이스에 적용됩니다.

스텝 3에서 ${HOST}는 common.robot 리소스에 [Add Scalar] 버튼을 이용하여 추가합니다. 초깃값을 넣어 실행 결과에 표시되도록 합니다.

스탭 5에서는 RIDE에서 [Run] 탭의 [Arguments] 입력란에 '-i'나 '—inclue' 옵션을 넣어 실행하거나 [Only run tests with these tags] 기능을 체크하고 'basic' 태그를 추가하여 실행합니다.

실습 실행 옵션 '-i' 테스트 케이스 예시

```
*** Settings ***
Force Tags          basic
Default Tags        patch5
Resource            Resource/common.robot

*** Variables ***
${HOST}             8.8.8.8

*** Test Cases ***
TC6_Arg_Tag_i
    [Documentation]    tag example
    [Tags]    ex
    Log    host-${HOST}    console=true
```

basic 태그로 실행하면 3_1_RFBaseStructure 테스트 스윗에 속한 모든 테스트 케이스가 다음 그림과 같은 실행 결과를 보일 것입니다. 제외하는 테스트 케이스가 존재한다면 '-e' 또는 '--exclude' 옵션을 이용하거나 [Skip tests with these tags] 기능을 이용합니다. common.robot 리소스 파일의 ${HOST} 변수는 전역변수로써 동일한 테스트 스윗의 어느 테스트 케이스에서도 사용할 수 있습니다.

그림 3-6 실행 옵션 '-i'로 실행

테스트 실행의 최종 결과는 우선순위가 높은 테스트 케이스의 결과를 기반으로 결정됩니다. 높은 우선순위의 테스트 케이스가 실패하면 전체 테스트 실행이 실패한 것으로 간주됩니다. 반면 중요하지 않은 테스트 케이스라면, 실패하더라도 전반적인 상태는 여전히 통과된 것으로 인식합니다.

모든 테스트 케이스는 기본적으로 critical로 간주되지만 '--critical(-c)' 및 '--noncritical(-n)' 옵션을 사용하여 변경할 수 있습니다. 이 옵션은 '--include'와 '--exclude'가 태그별로 테스트 케이스를 선택하는 것과 유사하게 태그를 기반으로 중요한 테스트 케이스를 지정합니다. '--critical'만 사용하는 경우에는 일치하는 태그가 있는 테스트 케이스의 우선순위를 높게 측정하고, '--noncritical'만 사용하는 경우에는 일치하는 태그가 없는 테스트 케이스의 우선순위를 높게 측정합니다. '--critical'과 '--noncritical'은 '--include'와 '--exclude'와 동일한 태그 패턴을 지원합니다. 즉, 패턴 일치는 대소문자를 구분하며, '*' 및 '?'는 와일드 카드로 지원되며 AND, OR 및 NOT 연산자를 사용하여 결합된 패턴을 만들 수 있습니다.

명령 프롬프트로 키워드 테스트 케이스를 실행할 때 태그 옵션을 이용하면 하나의 테스트 스윗에서 원하는 테스트 케이스만 실행할 수 있습니다. RFBaseStructure.robot 테스트 스윗의 non 태그를 '--noncritical' 옵션으로 설정하여 실행하면 다음과 같은 결과가 나옵니다.

실습 | 실행 옵션 '-n'

3_1_RFBaseStructure 테스트 스윗에 'TC7_Arg_Tag_n' 테스트 케이스를 추가합니다.

1. 임의로 실패하도록 작성합니다.

2. 테스트 케이스에 'non' 태그를 설정합니다.

◇◇

스텝 1에서 임의로 실패하도록 유도하여 디버깅 정보를 확인하기 위해 Fail 키워드를 이용합니다. 테스트가 실패해도 테스트 스윗과 테스트 케이스의 Teardown은 실행됩니다.

```
*** Test Cases ***
TC7_Arg_Tag_n
[Tags]     non
    Log     must fail     console=true
    Fail
```

실행 결과

```
C:\Keyword\TestCase>robot -n non 3_1_RFBaseStructure.robot
==============================================================
3_1_RFBaseStructure :: Keyword Based Automation Test
==============================================================
TC1_RF_TSFixture                                      | PASS |
--------------------------------------------------------------
(생략)
--------------------------------------------------------------
TC7_Arg_Tag_n
2.TestSuite_TestCase_SETUP
must fail
6.TestSuite_TestCase_TEARDOWN
TC7_Arg_Tag                                           | FAIL |
AssertionError
--------------------------------------------------------------
7.TestSuite_TEARDOWN
3_1_RFBaseStructure :: Keyword Based Automation Test  | PASS |
6 critical tests, 6 passed, 0 failed
7 tests total, 6 passed, 1 failed
==============================================================
Output:  C:\Keyword\TestCase\output.xml
Log:     C:\Keyword\TestCase\log.html
Report:  C:\Keyword\TestCase\report.html
```

RFBaseStructure.robot 테스트 스윗의 7개 테스트 케이스 중 FAIL이 되는 TC7의 Log 태그를 '-n'으로 설정하여 실행하면 테스트 결과에서 제외되어 전체 테스트 결과가 PASS로 지정됩니다. 테스트 결과 로그의 Critical 여부를 표시하는 영역에서 TC7만 'no'로 되어 있고 로그 전체는 초록색으로 표시되는 것을 알 수 있습니다.

그림 3-7 실행 옵션 '-n' 실행 결과

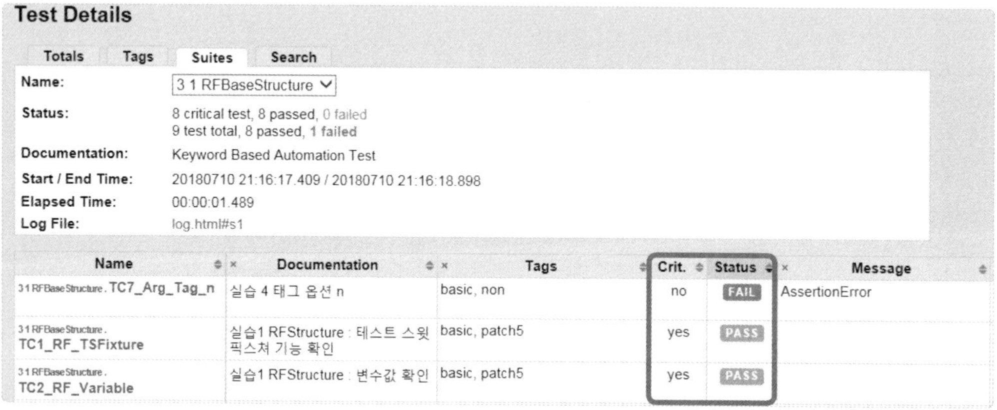

Test Details

Totals	Tags	Suites	Search

Name: 3 1 RFBaseStructure ∨

Status: 8 critical test, 8 passed, 0 failed
9 test total, 8 passed, 1 failed

Documentation: Keyword Based Automation Test

Start / End Time: 20180710 21:16:17.409 / 20180710 21:16:18.898

Elapsed Time: 00:00:01.489

Log File: log.html#s1

Name	Documentation	Tags	Crit.	Status	Message
3 1 RFBaseStructure . TC7_Arg_Tag_n	실습 4 태그 옵션 n	basic, non	no	FAIL	AssertionError
3 1 RFBaseStructure . TC1_RF_TSFixture	실습1 RFStructure : 테스트 스윗 픽스쳐 기능 확인	basic, patch5	yes	PASS	
3 1 RFBaseStructure . TC2_RF_Variable	실습1 RFStructure : 변수값 확인	basic, patch5	yes	PASS	

변수 옵션: -v, --variable

테스트 케이스에서 키워드를 사용할 때, 변수를 이용하는 경우가 많습니다. 이때 변수 옵션으로 변숫값을 지정하는 경우는 전역변수로 지정된 변수의 값을 다시 설정할 때입니다. 주로 테스트 버전이나 빌드 위치같은 테스트 환경 설정이나 플래그(flag) 설정으로 테스트 케이스 분기가 일어나는 경우에 많이 사용합니다. 변수는 명령 프롬프트에서 '--variable(-v)' 옵션을 사용하여 개별적으로 설정하거나 '--variablefile(-V)' 옵션을 사용하여 변수 파일을 통해 설정할 수 있습니다. 이때 변수 뒤에 값을 넣을 때는 콜론(:)을 사용합니다.

3_1_RFBaseStructure 테스트 스윗에 'TC8_Arg_Variable' 테스트 케이스를 추가합니다.

1. 3_1_RFBaseStructure 테스트 스윗에서 전역변수 ${HOST}에 값을 8.8.8.8로 설정합니다.

2. 지역변수 ${local_host}에 값을 9.9.9.9로 설정합니다.

3. Log 키워드로 ${HOST}, ${local_host} 값을 확인할 수 있도록 합니다.

4. 실행 옵션으로 ${HOST}와 ${local_host}에 다른 값을 입력하고 실행합니다.

스텝 2에서 변수의 값 설정에는 Set Variable 키워드를 이용합니다.

스텝 4에서 실행 옵션에 '-v HOST:10.10.10.10 -v local_host:7.7.7.7'처럼 입력합니다.

실습 실행 옵션 '-v' 테스트 케이스 예시

```
*** Settings ***
Resource                Resource/common.robot

*** Variables ***
${HOST}                 8.8.8.8

*** Test Cases ***
TC8_Arg_Variable
    [Documentation]     Vaiable example
```

```
[Tags]    var
${local_host}=    Set Variable    9.9.9.9
Log Many    global host-${HOST}    local host-${local_host}
```

실습 코드를 입력한 후 '-v'와 '-i' 변수 옵션을 이용하여 실행하면 다음과 같이 '-v' 옵션으로 할
당한 2개의 변수 중 ${HOST}만 변경된 것을 확인할 수 있습니다. '-v' 변수 옵션은 전역변수에
만 적용됩니다. 다음의 실행 결과처럼 실행 옵션 '-v local_host' 값을 추가해도 결과는 키워드
테스트 케이스에서 할당한 값으로 출력됩니다. 참고로 Log To Console 키워드의 출력 메시지는
로그에 남지 않는 것을 볼 수 있습니다.

실행 결과

```
C:\Keyword\TestCase>robot -i var -v HOST:10.10.10.10 -v Local_host:7.7.7.7 3_1_
RFBaseStructure.robot
==============================================================
3_1_RFBaseStructure :: Keyword Based Automation Test
==============================================================
1.TestSuite_SETUP
TC8_Arg_Variable :: Vaiable example
2.TestSuite_TestCase_SETUP
global host-10.10.10.10
local host-9.9.9.9
6.TestSuite_TestCase_TEARDOWN
TC8_Arg_Variable :: Vaiable example                              | PASS |
--------------------------------------------------------------
7.TestSuite_TEARDOWN
3_1_RFBaseStructure :: Keyword Based Automation Test             | PASS |
1 critical test, 1 passed, 0 failed
1 test total, 1 passed, 0 failed
==============================================================
Output:  C:\Keyword\TestCase\output.xml
Log:     C:\Keyword\TestCase\log.html
Report:  C:\Keyword\TestCase\report.html
```

테스트 케이스 옵션: -t, --test, -s, --suite

로봇 프레임워크는 실행할 테스트 케이스를 선택하기 위한 몇 가지 명령 프롬프트 옵션을 제공합니다. rebot을 사용하여 실행할 때도 동일한 옵션이 작동합니다. 테스트 스윗 및 테스트 케이스는 명령 프롬프트에 '--suite(-s)' 및 '--test(-t)'를 이름별로 여러 번 사용하여 여러 테스트 스윗 또는 케이스를 선택할 수 있습니다. 대소문자와 공백을 구분하지 않으며 '--suite' 및 '--test' 옵션을 모두 사용하면 일치하는 이름과 일치하는 스윗의 테스트 케이스만 선택됩니다.

조건에 맞게 키워드 테스트 케이스를 실행해 보겠습니다. 테스트 케이스의 실행 순서는 옵션이 정의된 순서입니다. 명령 끝에는 실행하는 테스트 스윗명을 함께 작성합니다. 실습으로 'TC3_RF_UserKeyword' 테스트 케이스를 실행해 봅니다.

실행 결과

```
C:\Keyword\TestCase>robot -t TC3_RF_UserKeyword 3_1_RFBaseStructure.robot
==============================================================
3_1_RFBaseStructure :: Keyword Based Automation Test
==============================================================
TC3_RF_UserKeyword                                       | PASS |
--------------------------------------------------------------
3_1_RFBaseStructure :: Keyword Based Automation Test      | PASS |
1 critical test, 1 passed, 0 failed
1 test total, 1 passed, 0 failed
==============================================================
Output:  C:\Keyword\TestCase\output.xml
Log:     C:\Keyword\TestCase\log.html
Report:  C:\Keyword\TestCase\report.html
```

출력 파일 옵션: -o,--output, -l, --log, -r, --report

지금까지 RIDE로 실행한 로봇 프레임워크 파일의 결과 파일 Output, Report, Log 파일은 '%TEMP%'에 위치합니다. 출력 파일 옵션을 이용하면 실행 결과의 저장 위치를 변경하거나 출력 파일 유형을 변경할 수 있습니다. 출력 파일의 상대 경로 옵션은 '--output(-o)', 보고서 파일의 상대 경로 옵션은 '--report(-r)', 로그 파일의 상대 경로 옵션은 '--log(-l)'입니다. 출력이 필요하지 않으면 '--output NONE --report NONE --log NONE'을 사용하여 모두 비활성화할 수 있습니다.

RIDE는 xUnit 형태의 결과 파일도 제공합니다. xUnit 호환 XML 형식으로 테스트 실행 요약을 포함합니다. 예를 들어, xUnit 결과 파일은 Jenkins 연속 통합 서버에서 xUnit 호환 결과를 기반으로 통계를 생성하는 것을 지원합니다. 다른 출력 파일과 달리 xUnit은 자동으로 생성되지 않아 명령 프롬프트 옵션 '--xunit(-x)'을 이용합니다. 옵션을 사용할 때 파일 위치를 함께 작성합니다. 이름만 작성하면 키워드 테스트 케이스가 실행된 폴더 아래에 결과 파일이 생성됩니다.

보고서의 파일 이름을 변경하고자 할 때는 '-- report' 옵션을 사용하고, 보고서의 제목을 변경할 때는 '--reporttitle' 옵션을 사용합니다. 3_1_RFBaseStructure.robot 실행 결과의 보고서 제목과 파일 이름, 로그 제목과 파일 이름을 'Robot Framework Structure Test Report'로 변경하려면 다음과 같이 실행합니다.

실행 결과

```
C:\Keyword\TestCase>robot --log Robot_Framework_Structure_Test_Report.html
--logtitle Robot_Framework_Structure_Test_Report --report Robot_Framework_
Structure_Test_Report.html --reporttitle Robot_Framework_Structure_Test_Report
3_1_RFBaseStructure.robot
==============================================================
3_1_RFBaseStructure :: Keyword Based Automation Test
==============================================================
TC1_RF_TSFixture                                              | PASS |
--------------------------------------------------------------
(생략)
3_1_RFBaseStructure :: Keyword Based Automation Test          | PASS |
7 critical tests, 7 passed, 0 failed
7 tests total, 7 passed, 0 failed
==============================================================
Output:  C:\Keyword\TestCase\output.xml
Log:     C:\Keyword\TestCase\Robot_Framework_Structure_Test_Report.html
Report:  C:\Keyword\TestCase\Robot_Framework_Structure_Test_Report.html
```

실행 결과에서 출력 로그와 보고서의 파일 이름이 주어진 값으로 생성됨을 확인할 수 있습니다. 실제 보고서 파일을 실행하면 이전의 테스트 결과인 **그림 3-3**과 비교하여 보고서 제목과 파일 이름이 다른 것을 확인할 수 있습니다.

그림 3-8 보고서 제목 변경

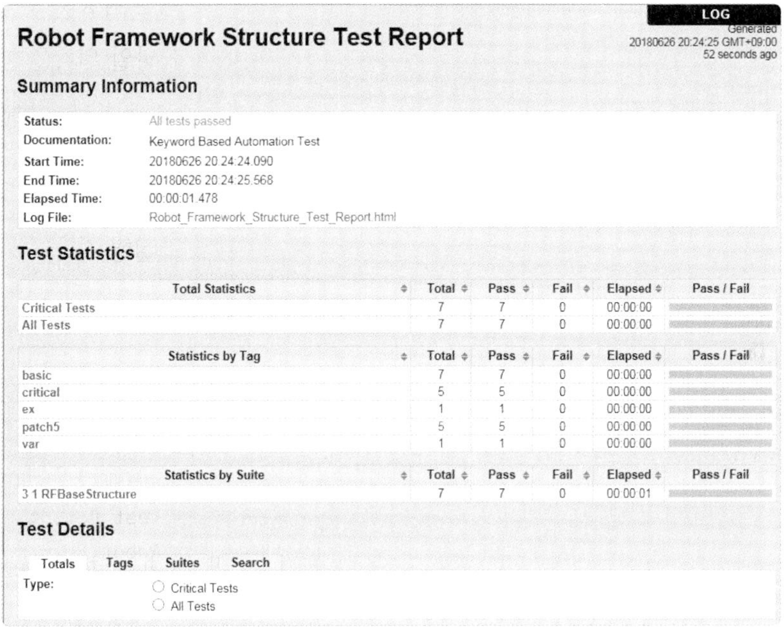

기본 출력 폴더는 실행되는 폴더이지만 '--outputdir (-d)' 옵션을 사용하여 변경할 수 있습니다. 설정한 폴더가 없다면 자동으로 만들어집니다.

시간별 결과 파일 옵션: -T, --timestampoutputs

출력 옵션 없이 테스트 케이스를 실행하면 동일한 파일에 결과를 덮어쓰므로, 자동으로 결과 파일이 다르게 저장되는 기능이 필요할 때가 있습니다. 이럴 때 이 옵션을 사용하면 'YYYYMMDD-hhmmss' 형식의 '날짜-시간'이 각 파일의 확장자와 기본 이름 사이에 생성됩니다.

예를 들어 다음 예는 output-20080604-163225.xml 및 mylog-20080604-163225.html과 같은 출력 파일을 만듭니다.

```
robot --timestampoutputs --log mylog.html --report NONE tests.robot
```

로그 옵션: -L, --loglevel

로그 옵션 '-L', '--loglevel'을 사용하여 로그 레벨을 변경할 수 있습니다. 로봇 프레임워크에서 지원하는 로그 레벨은 FAIL, WARN, INFO, DEBUG, TRACE, NONE이 있습니다. FAIL 레벨은 키워드가 실패할 때 사용되며, 로봇 프레임워크 자체에서만 사용할 수 있습니다. WARN 레벨은 경고를 표시하는 데 사용되며, 콘솔과 로그 파일의 Test Execution Errors 섹션에도 표시되지만 테스트 케이스 상태에는 영향을 주지 않습니다. INFO 레벨은 일반 메시지의 기본값으로써 기본적으로 이 수준 아래의 메시지는 로그 파일에 표시되지 않습니다.

DEBUG 레벨은 디버깅 목적으로 사용되며, 키워드가 실패하면 이 레벨을 사용하여 코드에서 오류가 발생한 위치를 나타내는 추적이 자동으로 기록됩니다. TRACE 레벨은 더 자세한 디버깅 수준과 키워드 인자 및 반환값을 자동으로 기록합니다. NONE을 사용하면 로깅을 비활성화할 수 있습니다. 로그 옵션 외에 로그 레벨을 변경할 수 있는 또 다른 방법은 테스트 데이터에서 내장 키워드 Set Log Level을 사용하는 것입니다. '--loglevel' 옵션과 동일한 인자를 사용하며 나중에 복원할 수 있도록 이전 수준도 반환합니다.

실습 | 실행 옵션 '—loglevel'

3_1_RFBaseStructure 테스트 스윗에 'TC9_Arg_Log' 테스트 케이스를 추가합니다.

1. 로그 레벨은 TRACE로 설정합니다.

2. 임의로 실패하도록 작성합니다.

3. 테스트 케이스에 'log' 태그를 설정합니다.

스텝 1에서 Set Log Level 키워드를 이용합니다.
스텝 2에서 임의로 실패하도록 유도하여 디버깅 정보를 확인하기 위해 Fail 키워드를 이용합니다.

실습 실행 옵션 '-L' 테스트 케이스 예시

```
*** Test Cases ***
TC9_Arg_Log
    [Tags]      log
    log     change log level     console=true
    Set Log Level      TRACE
    Fail
```

태그 'log'를 이용하여 실습 코드를 실행하고 보고서를 열어봅니다. 기존과 다르게 오른쪽 상단에 [Log level]을 선택하는 메뉴가 있습니다. 로봇 프레임워크에서 로그 레벨을 'TRACE'로 선택하면 보고서에서 INFO 레벨까지 보여줍니다. 'TRACE'를 선택하고 Fail 위치의 내용을 확인합니다. Set Log Level 키워드를 주석 처리하고 동일한 실행 옵션에 '--loglevel TRACE'로 실행해도 실행 결과는 다음 그림과 같습니다.

그림 3-9 실행 결과 화면

5. 한글로 테스트 케이스 작성

파이썬은 한글을 지원합니다. 3_1_RFBaseStructure.robot에 작성한 테스트 케이스와 사용자 키워드, 변수들은 모두 한글로도 작성할 수 있습니다. 예시로 TC1~TC4 테스트 케이스를 한글로 작성하면 다음과 같습니다.

3_1_RF기본구조.robot

```
*** Settings ***
Suite Setup          테스트스윗_SETUP
Suite Teardown       테스트스윗_TEARDOWN
Test Setup           테스트스윗_하위의_테스트케이스_SETUP
Test Teardown        테스트스윗_하위의_테스트케이스_TEARDOWN
Resource             Resource/common.robot

*** Variables ***
${이름}                robot    # Scalar Variable Example
${암호}                secret   # Scalar Variable Example

*** Test Cases ***
TC1_RF_테스트스윗픽스쳐
    [Tags]      structure
    Log     테스트 스윗 설정만 실행     console=true

TC2_RF_변수
    [Tags]      structure
    Log many     사용자 이름 변수는 ${이름}     사용자 암호는 ${암호}
    Log To Console     사용자 이름 변수는 ${이름}
    Log To Console     사용자 암호는 ${암호}

TC3_RF_사용자키워드
    [Tags]      structure
    사용자키워드      #Call User keyword

TC4_RF_테스트케이스픽스쳐
    [Tags]      structure
    [Setup]     테스트케이스_SETUP
    log     테스트 케이스 픽스처 예시 테스트 케이스     console=true
    [Teardown]     테스트케이스_TEARDOWN

*** Keywords ***
사용자키워드
    Log many     사용자 키워드입니다.     사용자 이름은 ${이름}입니다.
    Log To Console     사용자 키워드입니다.
    Log To Console     사용자이름은 ${이름}입니다.
    [Teardown]     사용자키워드_TEARDOWN
```

테스트스윗_SETUP
    log   1.테스트스윗_SETUP   console=true

테스트스윗_하위의_테스트케이스_SETUP
    log   2.테스트스윗_하위의_테스트케이스_SETUP   console=true

테스트케이스_SETUP
    log   3.예시_SETUP   console=true

사용자키워드_TEARDOWN
    log   4.사용자키워드 Teardown   console=true

테스트케이스_TEARDOWN
    log   5.예시_TEARDOWN   console=true

테스트스윗_하위의_테스트케이스_TEARDOWN
    log   6.테스트스윗_하위의_테스트케이스_TEARDOWN   console=true

테스트스윗_TEARDOWN
    log   7.테스트스윗_TEARDOWN   console=true

명령 프롬프트를 이용하여 실행하면 다음과 같이 한글 사용자 키워드와 한글로 정의한 암호가 오류 없이 실행된 것을 볼 수 있습니다.

실행 결과

```
C:\Keyword\TestCase>robot 3_1_RF기본구조.robot
==============================================================
3_1_RF기본구조 :: Keyword Based Automation Test
==============================================================
1.테스트스윗_SETUP
TC1_RF_테스트스윗픽스쳐
2.테스트스윗_하위의_테스트케이스_SETUP
테스트 스윗 설정만 실행
6.테스트스윗_하위의_테스트케이스_TEARDOWN
TC1_RF_테스트스윗픽스쳐                                              | PASS |
--------------------------------------------------------------------------
```

```
TC2_RF_변수
2.테스트스윗_하위의_테스트케이스_SETUP
사용자 이름 변수는 robot
사용자 암호는 secret
6.테스트스윗_하위의_테스트케이스_TEARDOWN
TC2_RF_변수                                                            | PASS |
------------------------------------------------------------------------------
TC3_RF_사용자키워드
2.테스트스윗_하위의_테스트케이스_SETUP
사용자 키워드입니다.
사용자 이름은 robot입니다.
4.사용자키워드 Teardown
6.테스트스윗_하위의_테스트케이스_TEARDOWN
TC3_RF_사용자키워드                                                     | PASS |
------------------------------------------------------------------------------
TC4_RF_테스트케이스픽스쳐
3.예시_SETUP
테스트 케이스 픽스쳐 예시 테스트 케이스
5.예시_TEARDOWN
TC4_RF_테스트케이스픽스쳐                                               | PASS |
------------------------------------------------------------------------------
7.테스트스윗_TEARDOWN
3_1_RF기본구조 :: Keyword Based Automation Test                        | PASS |
4 critical tests, 4 passed, 0 failed
4 tests total, 4 passed, 0 failed
==============================================================
Output:  C:\Keyword\TestCase\output.xml
Log:     C:\Keyword\TestCase\log.html
Report:  C:\Keyword\TestCase\report.html
```

예시에서는 테스트 스윗부터 테스트 케이스, 사용자 키워드, 변수까지 모두 한글로 작성하였습니다. 일부 한글 인코딩 설정이 안 되어 있는 명령 프롬프트나 IDE를 이용하여 실행할 때는 한글이 깨져 보이는 경우가 발생할 가능성이 있습니다. 또한 테스트 스윗이나 테스트 케이스를 개별로 실행할 때 어려움이 있습니다. 이를 피하려면 한글 인코딩 설정을 하거나 테스트 스윗이나 테스트 케이스 이름은 영문으로 작성하는 것을 추천합니다.

내장 라이브러리

파이썬의 내장 함수나 기본 문법처럼 내장(builtin) 라이브러리에는 검증 키워드, 변환 키워드, 조건 키워드 등 테스트 케이스를 작성할 때 필요한 키워드가 많습니다. 앞서 살펴본 변수 선언 키워드나 Log, Log Many 키워드 역시 내장 라이브러리 키워드로 따로 설정하지 않아도 로봇 프레임워크와 함께 설치되기 때문에 자동으로 가져와 사용할 수 있습니다. 내장 라이브러리에서 유용하게 사용할 수 있는 키워드를 좀 더 소개하겠습니다.

1. 변수

로봇 프레임워크에서 지원하는 변수(Variable)는 3가지입니다. 선언하는 형태에 따라 ${scalar}는 스칼라 변수, @{list}는 리스트 변수, &{dictionary}는 딕셔너리 변수입니다. 다음의 키워드 테스트 케이스는 112쪽의 'Add Variable'에 있는 변수 예제 테스트 케이스를 하나의 케이스로 합친 것입니다. 실행을 위해 '3_2_BasicKeyword' 테스트 스윗을 새로 만들고 하위에 'TC10_Builtin_Variable_Set' 테스트 케이스를 추가합니다. 변수는 테스트 스윗에 선언하고 리소스 common.robot 파일을 불러옵니다. 참고로 실습 예시는 테스트 스윗 파일에 전역변수로 선언하였기 때문에 변수를 대문자로 작성하여 다른 변수들과 구분하여 사용할 수 있도록 하였습니다.

실습 **Variable 테스트 케이스 예시**

```
*** Settings ***
Resource         Resource/common.robot

*** Variables ***
${USER_NAME}     robot     # Scalar Variable Example
```

```
${USER_PASS}        secret     # Scalar Variable Example
@{USER1}            robot     secret    # List Variable Example
&{USER2}            name=robot    pass=secret    # Dictionary Variable Example
*** Test Cases ***
TC10_Builtin_Variable_Set
    [Documentation]    변수 선언 예시
    [Tags]    var
    #scalar variable
    Log    scalar:${USER_NAME}    console=true
    Log    scalar:${USER_PASS}    console=true
    Log    name:${USER_NAME}    console=true
    #list variable
    Log    list: @{USER1}    console=true
    Log    name: @{USER1}[0]    console=true
    #dictionary variable
    Log    dic: &{USER2}    console=true
    Log    name: &{USER2}[name]    console=true
```

키워드 테스트 케이스를 실행하여 결괏값을 비교하면 USER_NAME을 호출하는 방법의 차이를 확인할 수 있습니다. 우선 name과 password를 2개의 스칼라 변수 형태로 선언하고 각 변수의 초깃값을 추가하였습니다. 스칼라 변수는 값을 1개만 가질 수 있으므로 2개의 변수로 나눠서 처리합니다. 리스트 변수의 값은 배열처럼 순서대로 추가되고 출력할 때 인덱스로 구분하여 사용합니다. 딕셔너리 변수는 name, pass 딕셔너리 구분자로 초기화합니다. 딕셔너리 변수 구분자를 이용하면 딕셔너리 변수를 스칼라 변수처럼 사용할 수 있는 특징이 있습니다. 키워드 테스트 케이스에서 'name:' 하위에 표시된 변수들은 리스트 변수에서 name 값을 @{USER1}[0]으로 얻을 수 있고 딕셔너리 변수에서는 &{USER2}[name]으로 얻습니다.

모든 로봇 프레임워크 변수는 동일한 네임 스페이스에 저장되기 때문에 딕셔너리 변수를 스칼라 변수에 할당하고 필요할 때 딕셔너리 변수로 사용할 수 있습니다. 다시 말하면, 로봇 프레임워크는 &{USER2}[name]과 ${USER2.name}를 동일하게 인식합니다. 실행 결과 로그 파일에는 Log 키워드가 출력한 로그가 보입니다.

```
TC10_Builtin_Variable_Set :: 변수 선언 예시
scalar:robot
scalar:secret
name:robot
list: [u'robot', u'secret']
name: robot
dic: {u'name': u'robot', u'pass': u'secret'}
name: robot
TC10_Builtin_Variable_Set :: 변수 선언 예시                      | PASS |
```

변수 선언

변수 선언은 앞서 변수 구문인 *** Variables *** 하위에 로봇 프레임워크에서 정의하는 변수 형태인 ${variable}, @{variable}, &{variable}로 정의하는 것을 살펴보았습니다. 로봇 프레임워크에서는 변수 선언을 위한 변수 키워드와 변수 타입별 스칼라, 리스트, 딕셔너리 생성 키워드를 제공합니다. *** Variables *** 구문 하위에 정의된 변수는 전역변수가 되고 테스트 케이스 내부에서 선언되는 변수는 지역변수가 되어 테스트 케이스 내부에서 일회성으로 사용됩니다.

```
Set Test Variable(name | *values)
Set Variable(*values)
Set Suite Variable(name | *values)
Set Global Variable(name | *values)
```

Set Test Variable 키워드로 설정된 변수는 현재 실행된 테스트 케이스의 범위 내에서 사용할 수 있습니다. 사용자 키워드에 변수를 설정하면 테스트 케이스 레벨과 현재 테스트에 사용된 다른 모든 사용자 키워드에서 변수를 사용할 수 있습니다. 다른 테스트 케이스는 Set Test Variable 키워드로 설정된 변수를 확인하지 않습니다.

Set Suite Variable 키워드로 설정된 변수는 현재 실행되는 테스트 스윗의 범위 내에서 사용할수 있습니다. 따라서 이 키워드로 변수를 설정하면 테스트 데이터 파일의 변수 테이블을 사용하거나 변수 파일에서 변수 테이블을 가져오는 것과 동일한 결과를 얻게 됩니다. 변수 이름은일반 변수 이름(예: ${NAME}) 또는 \${NAME} 또는 $NAME과 같은 이스케이프 형식으로 지정할 수 있습니다.

변숫값은 변수 테이블에 변수를 만들 때와 같은 구문을 사용하여 지정할 수 있습니다. 새 범위내에 이미 변수가 있으면 해당 값을 덮어씁니다. 그렇지 않으면 새로운 변수가 생성됩니다. 현재범위 내에 변수가 이미 존재하면 값을 비워 둘 수 있고 새 범위 내의 변수는 현재 범위 내의 값을 가져옵니다.

Set Variable 키워드는 스칼라 변수 선언에 사용됩니다. 리스트 변수 선언은 Create List 키워드,딕셔너리 변수는 Create Dictionary 키워드를 이용합니다. 각 변수를 선언할 때 변수의 타입은선언하려는 변수에 따라 정해진 타입 ${variable}, @{variable}, &{variable}으로 작성합니다. SetVariable 키워드는 리스트를 포함하는 스칼라 변수를 리스트 변수 또는 여러 개의 스칼라 변수로 변환하는 데 사용할 수 있습니다.

리소스 파일이나 테스트 스윗 하위에 정의된 변수를 전역변수로 값을 변경하려면 선언된 위치를 바꾸거나 Set Global Variable 키워드로 변경할 수 있습니다. Set Variable, Create List, CreateDictionary 키워드는 반환값으로 변수를 할당하고 설정값은 인자로 받습니다. 다시 말하면 첫번째 셀에 변수 이름을 선언하고 두 번째 셀에 키워드를 입력하고 세 번째 셀에 설정값을 입력합니다. Set Global Variable 키워드는 이미 정의된 변수와 설정값을 인자로 사용합니다. 이제 이러한 변수 키워드를 이용하여 테스트 스윗에 정의한 변수를 수정하는 실습을 해보겠습니다.

3_2_BasicKeyword 테스트 스윗의 'TC10_Builtin_Variable Set' 테스트 케이스에 다음 내용을 추가합니다.

1. 스칼라 변수인 ${USER_NAME}, ${USER_PASS}를 각각 keyword, automation 값을 지닌 지역변수로 변경합니다.

2. 리스트, 딕셔너리 변수는 keyword, automation 값을 지닌 전역변수로 변경합니다.

3. TC11_Builtin_Variable_Check 테스트 케이스를 추가하고 스칼라 리스트, 딕셔너리 변숫값의 변경 여부를 확인합니다.

스텝 1에서 스칼라 변수 변경에는 Set Test Variable(name | *values)와 Set Variable(*values) 키워드를 이용합니다.

스텝 2에서 리스트 변수와 딕셔너리 변수는 Set Suite Variable(name | *values)와 Set Global Variable(name | *values) 키워드를 이용합니다.

스텝 3에서 변숫값의 변화를 확인하기 위해서 Log 키워드나 Log Many 키워드를 이용합니다.

스텝 3는 전역변수가 다른 테스트 케이스에도 영향을 미치고, 지역변수는 해당 테스트 케이스에서 동작하는 것을 확인하는 테스트 케이스를 추가하는 단계입니다. 키워드 테스트 케이스 예시는 다음과 같습니다.

```
*** Variables ***
${USER_NAME}      robot     # Scalar Variable Example
${USER_PASS}      secret     # Scalar Variable Example
@{USER1}          robot     secret      # List Variable Example
&{USER2}          name=robot     pass=secret      # Dictionary Variable Example


*** Test Cases ***
TC10_ Builtin_Variable_Set
    [Documentation]     변수 선언 예시
    [Tags]     var
    #scalar variable
    Log     scalar:${USER_NAME}     console=true
    Log     scalar:${USER_PASS}     console=true
    Log     name:${USER_NAME}     console=true
    #list variable
    Log     list: @{USER1}     console=true
    Log     name: @{USER1}[0]     console=true
    #dictionary variable
    Log     dic: &{USER2}     console=true
    Log     name: &{USER2}[name]     console=true
    #지역변수로 변경
    Set Test Variable     ${USER_NAME}     keyword
    ${USER_PASS}     Set Variable     automation
    #전역변수로 변경
    Set Suite Variable     @{USER1}     keyword     automation
    Set Global Variable     &{USER2}     name=keyword     pass=automation


TC11_ Builtin_Variable_Check
    [Documentation]     variable option example
    [Tags]     var
    Log Many     scalar:${USER_NAME}     scalar:${USER_PASS}     list:@{USER1}
        dic:&{USER2}
    Log To Console     scalar:${USER_NAME}
    Log To Console     scalar:${USER_PASS}
    Log To Console     list:@{USER1}
    Log To Console     dic:&{USER2}
```

TC11에서 Log To Console(message | stream=STDOUT | no_newline=False) 키워드를 사용하여 message 인자가 콘솔에 표시되도록 하였습니다. stream 인자의 기본값은 STDOUT입니다. 콘솔에 오류를 표시하고 싶다면 STDERR로 변경하여 사용합니다. no_newline 인자는 줄바꿈을 나타내고 기본값은 줄바꿈입니다. True로 하면 줄바꿈 없이 message 인잣값을 표시할 수 있습니다. 이 키워드는 자동화 키워드 테스트 케이스 실행 과정을 콘솔로 모니터링할 때 사용합니다. 참고로 message는 로그 파일에 남지 않습니다.

두 개의 키워드 테스트 케이스를 동시에 실행한 결과입니다. 같습니다. 전역변수, 지역변수의 설정값이 어떤 영향을 주는지 확인하는 테스트 케이스이기 때문에 반드시 2개를 동시에 실행합니다. RIDE로 실행할 때는 테스트 케이스 체크박스를 2개 선택하거나 동일한 태그 var로 태그 옵션을 지정해서 실행합니다. 명령 프롬프트나 터미널로 실행할 때 역시 태그 옵션을 사용할 수 있습니다.

실행 결과

```
Starting test: TestCase.3_2_BasicKeyword.TC10_Builtin_Variable_Set
TC10_Builtin_Variable_Set :: 변수 선언 예시
scalar:robot
scalar:secret
name:robot
list: [u'robot', u'secret']
name: robot
dic: {u'name': u'robot', u'pass': u'secret'}
name: robot
TC10_Builtin_Variable_Set :: 변수 선언 예시                      | PASS |
------------------------------------------------------------
TC11_Builtin_Variable_Check
scalar:robot
scalar:secret
list:[u'keyword', u'automation']
dic:{u'name': u'keyword', u'pass': u'automation'}
TC11_Builtin_Variable_Check                                    | PASS |
```

실행 결과 TC10에서 Set Variable로 설정한 스칼라 변숫값은 keyword, automation입니다. TC11의 스칼라 변숫값은 robot, secret으로 테스트 스윗에 설정된 값 그대로임을 알 수 있습니다. 반면 Set Global Variable 키워드로 설정한 리스트와 딕셔너리 변수는 그 값이 TC10에서 업데이트되어 TC11에서도 그대로 반영되었습니다.

지역변수는 범위가 테스트 케이스나 사용자 키워드로 한정되기 때문에 같은 이름으로 여러 번 정의해도 사용에 무방합니다. 그러나 전역변수는 동일한 이름으로 정의하여 사용할 수 없습니다. 또한, 키워드 테스트 케이스는 하나의 매뉴얼 테스트 케이스로 인식될 수 있습니다. 변수 이름 작성 시 의미를 알 수 있는 이름으로 작성하는 것이 가독성 면에서 좋습니다.

리스트, 딕셔너리 변수

파이썬에서 리스트와 딕셔너리 변수는 저장하는 방식에 차이가 있습니다. 리스트 변수는 임의의 값들을 순서대로 저장하는 변수고, 딕셔너리 변수는 색인(key)으로 값들을 저장하는 변수입니다.

```
Create List(*items)
Create Dictionary(*items)
```

리스트 변수는 값을 사용할 때 인덱스(index)를 이용하고 딕셔너리는 키(key) 값을 이용한다는 점에서 차이가 있습니다. 로봇 프레임워크에서 리스트 변수의 형태는 @{list}로 Set Variable 키워드와 Create List(*items) 키워드로 정의합니다. 딕셔너리 변수는 &{dic} 형태로, Create Dictionary(*items) 키워드로 정의합니다. 값을 입력할 때 키를 지정하여 값을 구분할 수 있습니다. 다음 키워드 테스트 케이스를 실행한 결과는 @{list} = [a | b | c], @{list2} = [a | b | c]로 동일합니다 리스트 변수뿐 아니라 스칼라 변수에도 여러 값을 넣고자 할 때 Create List 키워드를 사용할 수 있습니다.

```
TC12_Builtin_Variable_List_Dic
    [Tags]    Variable
    #리스트 변수
    @{list} =    Set Variable    a    b    c
    @{list2} =    Create List    a    b    c
    #스칼라 변수를 리스트로
    ${scalar} =    Create List    a    b    c
    #리스트 변숫값을 숫자로
    ${ints} =    Create List    ${1}    ${2}    ${3}
    Log Many    @{list}    @{list2}    ${scalar}    ${ints}
    #딕셔너리 변수
    &{dic}    Create Dictionary    table_id=0    device_id='12f123'
        name=admin
    Log Many    &{dic}
```

각 예시를 TC12 테스트 케이스에 작성하고 실행한 결과, 스칼라 변수를 이용하여 리스트 값을 입력하면 입력 타입이 string으로 표시됩니다. 리스트 변수는 [ ] 형태로, 딕셔너리 변수는 { } 형태로 값을 저장합니다.

```
INFO : @{list} = [ a | b | c ]
INFO : @{list2} = [ a | b | c ]
INFO : ${scalar} = [u'a', u'b', u'c']
INFO : ${ints} = [1, 2, 3]
INFO : &{dic} = { table_id=0 | device_id='12f123' | name=admin }
```

내장 변수

운영체제와 관련된 변수는 내장(builtin) 변수로 정의되어 있습니다. 이 변수는 전역변수로써 모든 테스트 케이스에서 추가적인 정의 없이 사용할 수 있습니다. 또한, 원격 라이브러리를 통해 원격 PC에서 이 변수를 사용할 경우에는 로컬 PC와 동일한 위치에 파일이나 데이터가 존재해야 합니다. 이제부터 이러한 몇 가지 변수에 대해 알아보겠습니다.

- ${CURDIR}: 테스트 데이터 파일이 있는 디렉터리의 절대 경로를 나타냅니다. 이 변수는 대소문자를 구분합니다.
- ${TEMPDIR}: 시스템 임시 디렉터리의 절대 경로를 나타냅니다. Windows 시스템에서는 'C:₩Documents and Settings₩〈사용자〉₩Local Settings₩Temp'이고 UNIX 계열 시스템에서는 일반적으로 '/tmp'입니다.
- ${EXECDIR}: 테스트가 실행된 디렉터리의 절대 경로를 나타냅니다.
- ${/}: 시스템 디렉터리 경로 구분 기호로써 UNIX 계열 시스템에서는 '/'로, Windows에서는 '₩'로 표현됩니다.
- ${:}: 시스템 경로 요소 구분 기호로써 UNIX 계열 시스템에서는 콜론(:)으로, Windows에서는 세미콜론(;)으로 표현됩니다.
- ${₩n}: 시스템 행 구분 기호로써 UNIX 계열 시스템에서는 '₩n'이고 Windows에서는 '₩r₩n'으로 표현됩니다.

다음 코드는 내장 변수를 사용한 예시로써, 환경 변수를 설정하는 테스트 케이스입니다.

```
Set Environment Variable    CLASSPATH    ${TEMPDIR}${:}${CURDIR}${/}key.jar
```

이 외에도 변수 구문은 정수와 부동 소수점 숫자를 만드는 데 사용할 수 있습니다. 이는 키워드가 실제 숫자를 얻거나 숫자처럼 보이는 문자열을 인자로 기대할 때 유용합니다. 각각 '0b', '0o' 및 '0x' 등의 접두사를 사용하여 2진수, 8진수 및 16진수 값을 정수로 표현합니다. 예를 들어 ${255}는 ${0xff}와 동일합니다. 공백 값을 처리할 때는 빈 스칼라 변수 ${EMPTY}와 빈 리스트 변수 @{EMPTY}, 빈딕셔너리 변수 &{EMPTY}를 사용합니다. 불 방식의(boolean) 변수는 ${None}, ${NULL}, ${true}, ${false}로 나타냅니다. 문자열과 숫자를 포함한 많은 표준 파이썬 객체에는 확장 변수 구문과 함께 사용할 수 있는 메서드가 있습니다. 다음 코드는 upper( ) 나 _abs_( ) 메서드로 연산을 수행하여 변숫값을 변경하는 실습입니다.

실습 Log 테스트 케이스 예시

```
*** Test Cases ***
TC13_Builtin_Variable_String_Number
    #String
    ${string} =    Set Variable    abc
    Log    ${string.upper()}
    Log    ${string * 2}
    Log    ${string}
    #Number
    ${number} =    Set Variable    ${-2}
    Log    ${number * 10}
    Log    ${number.__abs__()}
    Log    ${number}
```

실행 결과는 다음과 같습니다. 로그에 보이는 내용의 변화가 있을뿐 실제 변수에는 영향을 주지 않습니다. 이 외에도 변수 파일을 이용하는 방법이나 변수 안에 변수를 이용하는 방법 등 변수를 사용하는 방법은 다양합니다. 자세한 내용은 다음 사이트를 참고하기 바랍니다.

- URL http://robotframework.org/robotframework/latest/RobotFrameworkUserGuide.html#variables

실행 결과

```
INFO : ${string} = abc
INFO : ABC
INFO : abcabc
INFO : abc
INFO : ${number} = -2
INFO : -20
INFO : 2
INFO : -2
```

로봇 프레임워크는 변수를 파일 형태로도 지원합니다. 변수 파일은 일반적으로 파이썬 모듈로 구현되고 테스트 데이터에 사용할 수 있는 변수가 들어 있습니다. 변수 테이블을 사용하여 변수를 만들거나 명령 프롬프트에서 설정할 수도 있지만, 변수 파일을 사용하면 변수를 동적으로 만들 수 있습니다. 또한, 변수에는 모든 객체가 포함될 수 있습니다. 자세한 내용은 다음 사이트를 참고하기 바랍니다.

- URL http://robotframework.org/robotframework/latest/RobotFrameworkUserGuide.html#resource-and-variable-files

2. 템플릿

템플릿(Template) 키워드는 키워드 기반 테스트 케이스를 데이터 기반 테스트 케이스로 변환합니다. 키워드 기반 테스트 케이스는 키워드와 인자로 구성되지만 템플릿을 이용하면 테스트 케이스에 템플릿 키워드의 인잣값만 포함합니다. 예를 들어 동일한 키워드를 인자를 변경해서 반복할 경우에, 이 키워드를 템플릿 키워드로 등록해서 사용합니다.

그림 3-10 실습 Template 실행 결과 생성 파일

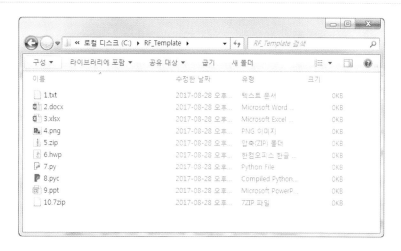

이때 템플릿 키워드의 설정 위치에 따라 사용 범위가 결정됩니다. 테스트 케이스의 설정 테이블 [Settings]에서 [Template]을 설정하면 해당 테스트 케이스에 한정해서 사용할 수 있고, 테스

트 스윗의 설정 테이블에 등록하면 전체 테스트 스윗에서 테스트 템플릿을 사용할 수 있습니다. 템플릿으로 테스트 케이스를 작성하는 경우는 데이터 중심으로 기능을 검증하거나 테스트하는 대상의 안정성이나 신뢰성 등의 성능을 측정할 때, 혹은 테스트 데이터를 만들 때 주로 사용합니다. 특히, 그림 3-10처럼 유형이 다른 샘플 데이터를 만들 때 템플릿을 이용합니다.

폴더명, 파일명, 확장자를 인자로 입력받아서 그림 3-10처럼 새로운 파일을 만드는 키워드 테스트 케이스를 살펴보겠습니다. 실습으로 만든 템플릿 키워드의 이름은 'There is file.ext file in dir folder'입니다. 입력값으로 ${file}, ${ext}, ${dir} 3개의 변수를 선언하였습니다. ${file} 변수는 파일명을 나타내고, ${ext} 변수는 확장자, ${dir}은 저장된 드라이브 위치를 받는 변수입니다. ${dir}과 ${file}을 사용하는 방법을 보면 '\(역슬래시)'가 2개로 표시되는 것을 볼수 있습니다. 로봇 프레임워크에서 '\(역슬래시)' 문자를 인식하려면 '\\'와 같이 2개로 표시해야 합니다. 'There is file.ext file in dir folder' 키워드에서 OS.xxx로 사용되는 키워드는 OperatingSystem 라이브러리 키워드입니다. 필자는 라이브러리를 선언할 때 별칭(alias)을 붙입니다. 그렇게 하면 라이브러리 키워드를 별칭으로 구분하여 작성할 수 있습니다. 로봇 프레임워크에서 지원하는 라이브러리 설정이나 사용 방법은 다음 절에서 다루겠습니다.

실습 Template 테스트 케이스 예시

```
*** Settings ***
Resource            Resource/common.robot

*** Test Cases ***
TC14_Builtin_Template
    [Documentation]    test
    [Tags]    Template    continue    ftp
    [Template]    There is file.ext file in dir folder
    #file index    #ext    #dir
    1    txt    RF_Template
    2    docx    RF_Template
    3    xlsx    RF_Template
    4    png    RF_Template
    5    zip    RF_Template
```

```
6    hwp     RF_Template
7    py      RF_Template
8    pyc     RF_Template
9    ppt     RF_Template
10   7zip    RF_Template
```

```
*** Keywords ***
There is file.ext file in dir folder
    [Arguments]    ${file}    ${ext}    ${dir}
    ${ret}=    Run Keyword And Return Status    OS.Directory Should Exist
        C:\\${dir}
    Run Keyword If    '${ret}'=='False'    OS.Create Directory    C:\\${dir}
    OS.Directory Should Exist    C:\\${dir}    No Directory
    OS.Create File    C:\\${dir}\\${file}.${ext}
    OS.File Should Exist    C:\\${dir}\\${file}.${ext}    No Files
```

템플릿은 사용자 키워드로 정의하고 키워드 테스트 케이스에서 데이터만 인자로 받아 처리하는 구조입니다. 실습 코드를 RIDE의 테이블 형태로 보면 다음과 같습니다.

그림 3-11 Template 예시

Test Cases				
Template	[Documentation]	test		
	[Template]	There is file.ext file in dir folder		
	#file index	#ext	#dir	
	1	txt	RF_Template	
	2	docx	RF_Template	
	3	xlsx	RF_Template	
	4	png	RF_Template	
	5	zip	RF_Template	
	6	hwp	RF_Template	
	7	py	RF_Template	
	8	pyc	RF_Template	
	9	ppt	RF_Template	
	10	7zip	RF_Template	

Keywords				
There is file.ext file in dir folder	[Arguments]	${file}	${ext}	${dir}
	${ret}=	Run Keyword And Return Status	OS.Directory Should Exist	C:\\${dir}
	Run Keyword If	'${ret}'=='False'	OS.Create Directory	C:\\${dir}
	OS.Directory Should Exist	C:\\${dir}	No Directory	
	OS.Create File	C:\\${dir}\\${file}.${ext}		
	OS.File Should Exist	C:\\${dir}\\${file}.${ext}	No Files	

TC14_Builtin_Template을 RIDE로 실행하면 'C:\RF_Template'이라는 디렉터리가 생성되고 그 하위에 10개의 서로 다른 확장자를 지닌 파일이 **그림 3-10**과 같이 생성됩니다. 예시처럼 파일 생성뿐 아니라 다양한 버전을 테스트해야 하는 상황이나, 파일을 바꿔서 테스트해야 하는 시나리오에서 템플릿 키워드를 사용하면 유용합니다.

현재 크기를 보면 0KB입니다. 내용이 필요한 파일을 만들어야 할 경우 Create File 키워드의 인자로 값을 입력합니다. 예시 코드를 살펴보면 Run Keyword And Return Status(name | *args)로 폴더 존재 여부를 확인하고, Directory Should Exist(path | msg=None) 키워드로 폴더가 없으면 생성하도록 하여 코드 신뢰성을 높였습니다. 또한 파일을 생성한 후에는 File Should Exist(path | msg=None) 키워드로 실제로 생성되었는지 한번 더 확인하도록 했습니다. 실습 코드와 같이 주석(#)을 이용하거나 다음처럼 테스트 케이스 구문에 입력 식별자를 입력하면 RIDE에서 값을 입력할 때 식별이 가능합니다.

```
*** Test Cases ***    File          Extension      Directory
```

다만 이렇게 식별자를 테스트 케이스 구문에 작성하면 같은 테스트 스윗 아래에 있는 다른 테스트 케이스에도 동일한 식별자가 노출되어 테스트 케이스의 목적과 관련이 없는 정보가 보일 수 있습니다. 템플릿 기반으로 테스트 케이스를 작성할 때는 다른 목적을 가진 테스트 스윗과 구분하여 작성하는 것도 좋은 방법입니다.

템플릿 키워드

템플릿 키워드는 변수를 사용하여 템플릿을 정의할 수는 없으므로 변수를 사용할 때는 주의해야 합니다. 또한 하나 이상의 테스트가 실패하더라도 모든 라운드가 실행됩니다. 정상적인 테스트에서도 이렇게 중간에 실패하더라도 모두 실행하는 모드를 사용할 수 있지만, 템플릿 테스트에서는 이러한 모드가 자동으로 켜집니다. 템플릿 키워드는 주로 성능 테스트 수행에 사용합니다.

그림 3-12 Template RIDE 화면

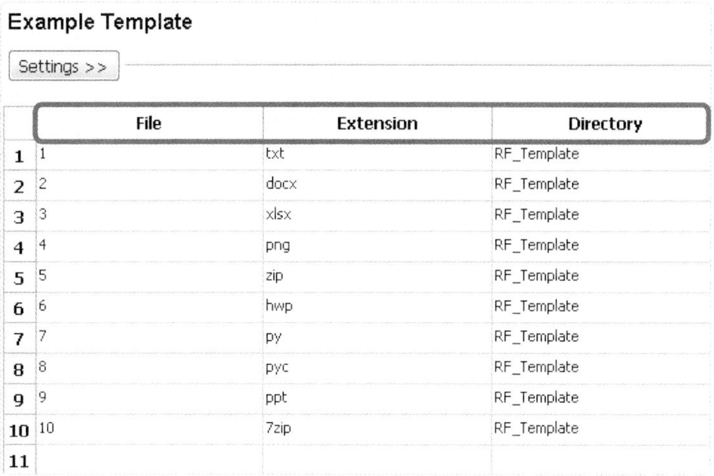

Example Template

Settings >>

	File	Extension	Directory
1	1	txt	RF_Template
2	2	docx	RF_Template
3	3	xlsx	RF_Template
4	4	png	RF_Template
5	5	zip	RF_Template
6	6	hwp	RF_Template
7	7	py	RF_Template
8	8	pyc	RF_Template
9	9	ppt	RF_Template
10	10	7zip	RF_Template
11			

3. 반복문과 조건문

로봇 프레임워크에서 제공하는 문법에서 중요한 기능은 FOR 반복문입니다. FOR 반복문은 표준 라이브러리 키워드뿐 아니라 사용자 키워드에도 사용할 수 있습니다. 사용 방법은 일반 코딩 방법과 유사하게 다음 예시처럼 ':(콜론)FOR'로 구문을 시작하고 'IN'으로 범위를 설정합니다. 여기서 콜론(:)은 구문을 일반 키워드와 구분하는 데 필요합니다. FOR 다음 셀에는 루프 변수(${member})를 두고 IN 다음 셀에는 반복 범위를 작성합니다. 파이썬에서 사용하는 구문처럼 반복을 위해 사용하는 변수(${member})는 따로 정의하지 않고 FOR 반복문 다음 셀에 정의하여 사용할 수 있습니다. 다음 줄은 한 셀 정도 들여쓰기해서 반복문을 다른 키워드 테스트 케이스와 구분합니다. 테스트 케이스가 *.txt 형식이면 들여쓰기 대신 역슬래시로 표시하고 다른 데이터 형식(*.robot 등)을 사용하면 셀을 비워 둡니다. 들여쓰기가 없거나 테이블이 끝나면 반복이 끝납니다.

```
*** Test Cases ***
BestMember
    :FOR    ${member}    IN    suuny    sam    brian    ruck    anne
    \    Log    ${member}
    \    Do something..
    Log    Outside loop
```

TC의 FOR 루프는 첫 번째로 루프 변수 ${member} 값에 'sunny'를 넣고 Log 키워드를 포함한 FOR 반복문에 포함된 키워드를 수행합니다. 두 번째 루프에서는 ${member}에 'sam'을 넣고 수행하며, 이어서 순서대로 IN 다음에 표시된 데이터를 모두 반복문으로 수행합니다. IN 다음에 주어진 모든 데이터를 수행하면 Log 키워드에 Outside loop를 표시하고 테스트 케이스를 종료합니다. IN 다음에는 각 변수의 데이터를 입력할 수도 있지만, 리스트 변수를 이용할 수도 있습니다.

리스트 변수를 이용한 반복문

보통 FOR 반복문에서 반복 범위를 정할 때 리스트 변수를 이용할 수 있습니다. 여기서는 운영체제 라이브러리의 키워드를 사용하여, 특정 디렉터리에 포함된 디렉터리와 파일의 개수를 세는 테스트 케이스를 작성해 보겠습니다.

실습	Loop

3_2_BasicKeyword 테스트 스윗에 'TC15_Builtin_For_Loop' 테스트 케이스를 추가합니다.

1. 리스트 변수로 파이썬 디렉터리를 지정합니다. 운영체제가 윈도우라면 대개 'C:₩Python27' 디렉터리에 있습니다.

2. 각 디렉터리의 파일 개수를 계산하는 사용자 키워드 'Count Files'를 만들고 입력값 ${dir_path}에는 디렉터리를 넣고 출력값 ${count}에는 각 디렉터리의 파일 개수를 반환하도록 작성합니다.

3. FOR 반복문을 이용해서 Count Files 키워드를 디렉터리 개수만큼 호출하고 그 결괏값은 딕셔너리 변수로 받아 Log 키워드로 출력합니다.

스텝 1에서 디렉터리 리스트는 OS.List Directories In Directory(path | pattern=None | absolute=False) 키워드를 이용합니다. 이는 디렉터리 안에 있는 디렉터리 정보를 리스트 변수로 반환합니다.

스텝 2에서 Count Files 키워드의 파일 개수는 OS.Count Files In Directory(path | pattern=None) 키워드를 이용합니다. 반환값에는 스칼라 변수를 이용합니다.

그림 3-13 TC15_Builtin_For_Loop 테이블

Test Cases				
For Loop	${path}=	Set Variable	C:\\Python27	
	@{elements}	OS List Directories In Directory	${path}	
	: FOR	${directory}	IN	@{elements}
		${file_count}	Count Files	${path}\\${directory}
		&{list}=	Create Dictionary	path=${directory}
		...	count=${file_count}	
		log many	&{list}	

Keywords				
Count Files	[Arguments]	${dir_path}		
	${count}=	OS.Count Files In Directory	${dir_path}	
	[Return]	${count}		

앞선 키워드 테스트 케이스에서 FOR 반복문의 범위는 @{elements} 리스트 변수로 입력받았습니다. 테스트 케이스의 수행 결과, @{elements}를 살펴보면 대체로 @{elements} = [DLLs | Doc | FileManagement | Lib | Scripts | Tools | include | libs | selenium | sut | tcl | test | testlibs]를 포함합니다. 물론, PC마다 Python27 하위에 위치한 디렉터리가 다를 수는 있습니다.

FOR 반복문은 @{elements}의 리스트를 순서대로 호출하여 각 디렉터리의 파일 개수를 사용자 키워드 Count Files의 반환값으로 받아 딕셔너리 변수 &{list} = {path=testlibs | count=2}와 같은 결과를 나타냅니다. Count Files 사용자 키워드의 ${dir_path} 변수는 '${path}\\${directory}'로 경로 전체를 입력받도록 하였습니다.

조건문과 RANGE 문을 이용한 반복문

반복문은 일정 횟수 이상 반복적인 시도를 통해 안정된 테스트 케이스를 작성할 때도 많이 사용합니다. 예를 들어 네트워크 연결을 통해 데이터를 입력받거나 결과를 내보내야 하는 경우가 있습니다. 이때 RANGE를 이용하면 반복 횟수를 정할 수 있습니다. FOR 반복문의 IN RANGE 뒤에 5로 설정하면 0부터 4까지 5회 반복하는 키워드 테스트 케이스가 됩니다. 여기서는 조건문과 RANGE 문을 이용하여 지정된 횟수 동안 공유 폴더에 접속을 시도하고 종료하는 테스트 케이스를 작성해 보겠습니다.

실습	RANGE

3_2_BasicKeyword 테스트 스윗에 'TC16_Builtin_Loop_Range' 테스트 케이스를 추가합니다.

1. 사용자 키워드 'Connect Share Folder'를 만들어 입력 변수에 ${ip}, ${id}, ${pwd}를 설정하고 반환 변수에 ${output}을 설정합니다.

2. Connect Share Folder 사용자 키워드에 공유 폴더로 접근하는 키워드 테스트 케이스를 작성합니다. 5회 접속을 시도하고 접속이 되면 반복문을 빠져나오도록 합니다.

3. 공유 폴더 접근을 위해서 'net use' 명령어를 사용합니다.

4. TC16_Builtin_Loop_Range 테스트 케이스에서 스텝 1에서 작성한 Connect Share Folder 사용자 키워드를 호출하고 결괏값 ${output}을 받아 0이면 Pass, 1이면 Fail이 되도록 설정합니다.

스텝 2에서 반복문을 종료할 때는 조건문과 Exit For Loop를 이용하거나 Exit For Loop If(condition)를 키워드로 조건에 맞을 때 종료하도록 작성합니다.

스텝 3에서 명령어를 수행할 때는 OS.Run And Return RC(command)을 사용합니다.

스텝 4에서 테스트 결과 Pass는 Pass Execution(message | *tags) 키워드를 사용하고 Fail은 Fatal Error(msg=None) 키워드를 사용하여 테스트 케이스 종료합니다.

실습 RANGE 테스트 케이스 예시

```
*** Variables ***
${SHARE_IP}        ${EMPTY}
${SHARE_ID}        ${EMPTY}
${SHARE_PW}        ${EMPTY}


*** Test Cases ***
TC16_Builtin_Loop_Range
    ${output}=    Connect Share Folder    ${SHARE_IP}    ${SHARE_ID}
        ${SHARE_PW}
    Run Keyword If    '${output}'!='0'    Fail    Pass Execution


*** Keywords ***
```

```
Connect Share Folder
    [Arguments]    ${ip}     ${id}      ${pwd}
    : FOR     ${count}     IN RANGE     5
    \     ${output}     OS.Run And Return Rc     net use \\\\${ip} /user:${id}
              ${pwd} /PERSISTENT:YES
    \     Exit For Loop If     '${output}' == '0'
    \     log     count:${count}     console=true
    \     Sleep     0.5s
    \     OS.Run     net use * /delete /yes
    [Return]     ${output}
```

Connect Share Folder 사용자 키워드의 ${ip}, ${id}, ${pwd}에는 테스트를 위한 공유 폴더의 위치 IP 주소와 접속 권한을 가진 ID, 그리고 Password를 입력해서 실행해야 합니다. 접속에 성공한다면 'net use \\${ip} /user:${id} ${pwd} /PERSISTENT:YES'의 결괏값 ${output}=0이 반환됩니다. 그러면 Exit For Loop If 구문의 조건이 맞으므로 'log count:${count}'가 실행되지 않고 실행 로그에 나타나지 않습니다. 접속이 불가능하다면 ${output}=1이 되어 Fail이 발생합니다.

키워드 테스트 케이스에서는 'OS.Run net use * /delete /yes'를 한번 더 수행하여, 네트워크 연결의 신뢰성을 높이도록 하였습니다. 테스트 케이스에서 Connect Share Folder 사용자 키워드와 같이 테스트 환경을 설정하는 키워드를 사용할 경우에는 테스트 신뢰성을 위해서 반드시 성공, 실패 여부를 판단하여 그다음 키워드를 수행하도록 하는 것이 필요합니다. 실패가 발생하도록 사용자 키워드 ${ip}, ${id}, ${pwd} 변수에 임의의 값을 넣고 실행한 결과는 다음과 같습니다. RANGE에 설정한 값대로 5번의 count를 수행하고 종료된 것을 볼 수 있습니다.

실행 결과

```
INFO : ${SHARE_IP} = 1.1.1.1
INFO : ${SHARE_ID} = robot
INFO : ${SHARE_PW} = secret
INFO : Running command 'net use \\1.1.1.1 /user:robot secret /PERSISTENT:YES
2>&1'.
INFO : ${output} = 2
```

```
INFO : count:0
INFO : Slept 500 milliseconds
INFO : Running command 'net use * /delete /yes 2>&1'
INFO : Running command 'net use \\1.1.1.1 /user:robot secret /PERSISTENT:YES
2>&1'.
INFO : ${output} = 2
...
(생략)
...
INFO : count:4
INFO : Slept 500 milliseconds
INFO : Running command 'net use * /delete /yes 2>&1'
INFO : Running command 'net use \\1.1.1.1 /user:robot secret /PERSISTENT:YES
2>&1'.
INFO : ${output} = 2
FAIL : Pass Execution
```

실습에서 사용자 키워드 ${ip}, ${id}, ${pwd} 변수에 값을 설정할 때 테스트 케이스에서 전역변수 ${SHARE_IP}, ${SHARE_ID}, ${PW} 를 사용한 것을 참고하기 바랍니다.

Pass Execution 키워드와 Fail 키워드는 테스트 종료를 수행하는 것입니다. 실제 테스트 케이스에 적용할 경우 Pass인 경우에는 원래 목적을 가진 키워드를 수행하도록 하고 Fail인 경우에는 Fail 키워드로 테스트 케이스를 종료하도록 작성합니다. Connect Share Folder 사용자 키워드는 3_2_BasicKeyword 테스트 스윗에 작성하면 해당 테스트 스윗 안에서만 사용할 수 있고 common.robot 하위에 두면 리소스를 사용하는 다른 테스트 케이스에서 모두 사용할 수 있습니다.

조건 반복문

일반적으로 키워드 테스트 케이스에서 반복문은 IN RANGE나 IN의 경우처럼 모든 루프 변수를 반복하거나 반복문 내에서 사용하는 키워드가 Fail될 때까지 실행합니다. 하지만 로봇 프레임워크에서도 일반 프로그래밍 언어의 break 문같이 반복문 중간에 반복을 종료하는 키워드를 지원합니다.

```
Exit For Loop
Exit For Loop If(condition)
```

Exit For Loop 키워드는 인자가 없고 다음 실습처럼 Run Keyword If와 함께 사용합니다. Exit
For Loop If 키워드의 condition 인자에는 종료 조건을 지정할 수 있습니다.

실습 Exit For Loop 테스트 케이스 예시

```
*** Test Cases ***
TC17_Builtin_Loop_Simple
    [Tags]      loop
    [Setup]     account
    ${output}=    Connect Share Folder Simple    ${SHARE_IP}    ${SHARE_ID}
        ${SHARE_PW}
    Run Keyword If    '${output}'!='0'    Fail    Pass Execution


*** Keywords ***
account
    Set Global Variable ${SHARE_IP} 1.1.1.1
    Set Global Variable ${SHARE_ID} robot
    Set Global Variable ${SHARE_PW} secret

Connect Share Folder Simple
    [Arguments]    ${ip}    ${id}    ${pwd}
    : FOR    ${count}    IN RANGE    5
    \    ${output}    OS.Run And Return Rc    net use \\\\${ip} /user:${id}
            ${pwd} /PERSISTENT:YES
    \    Run Keyword If    '${output}' == '0'    Exit For Loop
    \    log    count:${count}
    \    Sleep    0.5s
    \    OS.Run    net use * /delete /yes
    [Return]    ${output}
```

프로그래밍 언어에서 continue 문에 해당하는 키워드는 Continue For Loop 키워드와 Continue For Loop If(condition) 키워드입니다. 작성 방법은 Exit For Loop와 동일합니다. 이러한 키워드는 반복문에서 현재의 FOR 반복을 건너뛰고 다음 반복을 수행합니다. 즉, 모든 키워드가 실행되기 전에 반복문에서 다음 반복을 수행하는 기능을 제공합니다. Continue For Loop If 키워드 역시 조건이 true가 되면 현재 반복은 건너 뛰고 다음 반복을 수행합니다. Continue For Loop 키워드 실습을 위해 폴더에서 확장자가 txt인 파일을 제외한 다른 파일을 삭제하는 테스트 케이스를 작성해 보겠습니다.

실습 | Continue

BasicKeyword 테스트 스윗에 'TC18_Bultin_Loop_Continue' 테스트 케이스를 추가합니다.

1. For 반복문을 이용하여 템플릿 실습에서 만든 'RF_Template' 폴더의 파일을 모두 삭제합니다.

2. 이때 '1.txt' 파일은 삭제 대상에서 제외합니다.

3. '1.txt' 파일이 있는 것을 확인합니다.

스텝 1에서 파일 삭제는 OS.Remove Fils(path) 키워드를 이용합니다.
스텝 2에서 삭제 대상에서 제외하기 위해 Continue For Loop If(condition) 키워드를 이용합니다.
스텝 3에서 파일 확인은 Should Exist(path | msg=None) 키워드를 이용합니다.

아직 표준 라이브러리 사용하는 방법에 대해 살펴보지 않았기 때문에 키워드의 구성이나 역할을 중심으로 예시 키워드 테스트 케이스를 읽어보는 것이 좋습니다.

실습 반복문 Continue 키워드 테스트 케이스 예시

```
TC18_Builtin_Loop_Continue
    [Tags]    loop    continue
    @{files}    OS.List Files In Directory    C:\\RF_Template
    : FOR    ${count}    IN    @{files}
    \    Log To Console    ${count}
    \    Continue For Loop If    '${count}'=='1.txt'
    \    OS.Remove File    C:\\RF_Template\\${count}
    Should Exist    C:\\RF_Template\\1.txt
    Should Not Exist    C:\\RF_Template\\2.docx
```

이 테스트 케이스를 실행하여 확인하려면 TC14 템플릿 실습 테스트 케이스와 함께 실행합니다. 실습에서는 continue 태그를 두 개의 테스트 케이스에 정의하여 실행하였습니다. 실행하게 되면 '1.txt' 파일을 제외하고 모두 삭제합니다. 따라서 실제로 폴더를 확인해 보면 '1.txt' 파일만 남아 있습니다.

테스트 결과를 더 명확하게 하고 싶다면 Should Exist 키워드와 함께 Should Not Exist(path | msg=None) 키워드를 사용합니다. 이는 path 인잣값에 해당하는 디렉터리나 파일이 존재하지 않는 것을 확인하는 키워드입니다. 예를 들어, 앞선 실습에서는 'Should Not Exist C:\\RF_Template\\2.docx'를 마지막에 한 줄 더 추가하여 사용할 수 있습니다.

실행 결과

```
Starting test: TestCase.3_2_BasicKeyword.TC14_Builtin_Template
INFO : Directory '<a href="file://C:\RF_Template">C:\RF_Template</a>' exists.
INFO : Created file '<a href="file://C:\RF_Template\1.txt">C:\RF_Template\1.txt</a>'.
INFO : Created file '<a href="file://C:\RF_Template\2.docx">C:\RF_Template\2.
```

로봇 프레임워크 사용하기

docx</a>'.
(생략)
INFO : Created file '<a href="file://C:\RF_Template\10.7zip">C:\RF_
Template\10.7zip</a>'.
INFO : File '<a href="file://C:\RF_Template\10.7zip">C:\RF_Template\10.7zip</
a>' exists.
Ending test: TestCase.3_2_BasicKeyword.TC14_Builtin_Template

Starting test: TestCase.3_2_BasicKeyword.TC18_Builtin_Loop_Continue
INFO : Listing contents of directory '<a href="file://C:\RF_Template">C:\RF_
Template</a>'.
INFO :
10 files:
1.txt
10.7zip
2.docx
3.xlsx
4.png
5.zip
6.hwp
7.py
8.pyc
9.ppt
INFO : @{files} = [1.txt | 10.7zip | 2.docx | 3.xlsx | 4.png | 5.zip | 6.hwp |
7.py | 8.pyc | 9.ppt]
INFO : Continuing for loop from the next iteration.
INFO : Removed file '<a href="file://C:\RF_Template\10.7zip">C:\RF_
Template\10.7zip</a>'.
INFO : Removed file '<a href="file://C:\RF_Template\2.docx">C:\RF_Template\2.
docx</a>'.
INFO : Removed file '<a href="file://C:\RF_Template\3.xlsx">C:\RF_Template\3.
xlsx</a>'.
INFO : Removed file '<a href="file://C:\RF_Template\4.png">C:\RF_Template\4.
png</a>'.
INFO : Removed file '<a href="file://C:\RF_Template\5.zip">C:\RF_Template\5.
zip</a>'.
INFO : Removed file '<a href="file://C:\RF_Template\6.hwp">C:\RF_Template\6.
hwp</a>'.
INFO : Removed file '<a href="file://C:\RF_Template\7.py">C:\RF_Template\7.py</

```
a>'.
INFO : Removed file '<a href="file://C:\RF_Template\8.pyc">C:\RF_Template\8.
pyc</a>'.
INFO : Removed file '<a href="file://C:\RF_Template\9.ppt">C:\RF_Template\9.
ppt</a>'.
INFO : Removed file '<a href="file://C:\RF_Template\1.txt">C:\RF_Template\1.
txt</a>' exists.
INFO : Removed file '<a href="file://C:\RF_Template\2.docx">C:\RF_Template\2.
docx</a>' does not exist.
Ending test:   TestCase.3_2_BasicKeyword.TC18_Builtin_Loop_Continue
```

Repeat 반복문

키워드 1개만 반복할 때는 FOR 반복문 대신 Repeat Keyword 키워드를 이용합니다.

```
Repeat Keyword(repeat | name | *args)
```

이 키워드는 반복 횟수와 수행할 키워드만으로 작성합니다. repeat 인자에는 반복하려는 횟수나 timeout 시간을 입력하고 name 인자에는 반복하려는 키워드 *args 인자에는 name 인잣값에 맞는 인자를 입력합니다. Repeat Keyword 키워드를 알아보기 위해 Log 키워드를 이용하여 인자로 횟수를 받는 경우와 시간을 받는 경우의 실습 테스트 케이스를 작성합니다.

실습 Repeat Keyword 테스트 케이스 예시

```
*** Test Cases ***
TC19_Builtin_Loop_Repeat
    [Tags]    loop
    ${count}    Set Variable    3
    Repeat Keyword    ${count}    Log    반복 횟수를 이용한 경우
    ${count}    Set Variable    5ms
    Repeat Keyword    ${count}    Log    반복 시간을 이용한 경우
```

이 키워드는 성공 여부와 관계없이 무조건 정해진 횟수만큼 반복 수행하므로 사용에 주의해야 합니다. 테스트 결과 로그를 보면 반복 횟수를 인자로 입력한 경우에는 round로 반복 횟수가 나타나고, 시간 단위를 이용한 시간으로 인잣값을 입력한 경우에는 남아 있는 시간이 ms 단위로 표시됩니다. 실습에서 5ms의 시간 제한을 둔 경우 1ms 단위로 로그가 남는 것을 볼 수 있습니다.

실행 결과

```
INFO : ${count} = 3
INFO : Repeating keyword, round 1/3.
INFO : 반복 횟수를 이용한 경우
INFO : Repeating keyword, round 2/3.
INFO : 반복 횟수를 이용한 경우
INFO : Repeating keyword, round 3/3.
INFO : 반복 횟수를 이용한 경우
INFO : ${count} = 5ms
INFO : Repeating keyword, round 1, 5ms remaining.
INFO : 반복 시간을 이용한 경우
INFO : Repeating keyword, round 2, 4ms remaining.
INFO : 반복 시간을 이용한 경우
INFO : Repeating keyword, round 3, 3ms remaining.
INFO : 반복 시간을 이용한 경우
INFO : Repeating keyword, round 4, 2ms remaining.
INFO : 반복 시간을 이용한 경우
INFO : Repeating keyword, round 5, 2ms remaining.
INFO : 반복 시간을 이용한 경우
INFO : Repeating keyword, round 6, 1ms remaining.
INFO : 반복 시간을 이용한 경우
```

조건문

앞서 반복문에서 빠져 나올 때 사용했던 Exit For Loop If, Run Keyword If, Continue For Loop If 키워드는 조건문 키워드입니다. 소프트웨어에서 기능을 수행할 때 예외 처리가 필요하거나, 특정 조건에서 다른 기능을 수행할 때 조건문을 사용합니다. 내장 라이브러리에는 여러 조건에 따라 반환값을 받을 수 있도록 Run Keyword If, Run Keyword Unless 등의 키워드가 정의되어 있습니다. 조건에는 true, false 같은 불(boolean) 조건을 사용하거나 변수를 이용하여 변수가 특정 값과 일치하는지의 조건을 둘 수 있습니다.

```
Run Keyword If(condition, name, *args)
```

condition 인자가 true이면 name 인자에 해당하는 키워드를 *args 인자를 이용하여 수행합니다. condition 인자에는 비교 연산자와 함께 &(AND)와 |(OR)를 이용하여 복잡한 조건을 넣을 수 있습니다. 또한 로봇 프레임워크에는 프로그래밍 언어에서 사용하는 If ... Else If ... Else 문도 지원합니다.

```
${var1} =     Run Keyword If ${rc} == 0     Some keyword returning a value
...     ELSE IF  0 < ${rc} < 42        Another keyword
...     ELSE IF ${rc} < 0    Another keyword with args      ${rc}   arg2
...     ELSE    Final keyword to handle abnormal cases       ${rc}
```

지정된 키워드를 지정된 인자로 실행한 결과로 오류가 발생하면 무시하고 다음 키워드를 동작하고자 할 때 Run Keyword And Ignore Error 키워드를 사용합니다.

```
Run Keyword And Ignore Error(name, *args)
```

이 키워드는 두 개의 값을 반환합니다. 첫 번째 문자열은 실행된 키워드의 상태에 따라 Pass 또는 Fail이고, 두 번째 값은 키워드의 반환값 또는 수신된 오류 메시지입니다.

```
@{status}=    Run Keyword And Ignore Error  net use \\\\${ip} /user:${id}
    ${pwd} /PERSISTENT:YES
Run Keyword If   '@{status}[0]'=='FAIL'    Sleep    10s
```

> **Sleep 키워드**
>
> UI를 제어하거나 네트워크를 제어하는 테스트 케이스의 경우 시간 지연이 발생할 확률이 높습니다. 이때
> Sleep 키워드로 키워드와 키워드의 수행 사이에 간격을 조절합니다. Sleep 0.5s이면 500milliseconds를 의
> 미합니다. Sleep과 유사하게 자동화 수행 성공률을 높이기 위해 사용하는 키워드는 대표적으로 Wait Until
> Keyword Succeeds(retry | retry_interval | name | *args)가 있습니다. 키워드 이름 그대로 재시도 횟수를
> 설정하고 제한 시간 안에 재시도하여 키워드의 성공률을 높입니다. 인자 retry에는 실행 횟수를 넣고 인자
> retry_interval에는 횟수 간격을 입력합니다. name에는 실행하려는 키워드를 넣고 *args에는 키워드의 인자
> 를 넣습니다.

4. 검증 키워드

Should Be Equal 키워드는 Should Contain 키워드와 함께 키워드 테스트 케이스에서 기능을 수
행한 후 결과를 확인하는 데 사용하는 검증 키워드입니다. Should Be Equal 키워드와 Should
Not Be Equal 키워드가 있습니다. Should Be Equal 키워드는 first와 second 인자로 지정된 객체
가 동일하지 않은 경우엔 FAIL을 반환합니다. 반대로 키워드 이름에 Not을 포함하는 키워드는
지정된 객체가 동일하면 FAIL을 반환합니다. 이때 비교 대상 인자는 변수로 지정할 수 있습니다.

```
Should (Not) Be Equal(first | second | msg=None | values=True | ignore_
case=Fals)
Should (Not) Be Equal As Integers(first | second | msg=None | values=True
| base=None)
Should (Not) Be Equal As Numbers(first | second | msg=None | values=True |
precision=6)
Should (Not) Be Equal As Strings(first | second | msg=None | values=True |
ignore_case=Fals)
```

msg와 values 인자에는 키워드가 Fail할 경우 오류 메시지를 정의하는 데 사용합니다. 이 키워드를 사용할 때의 특징은 기대하는 결과(expected result)를 알고 있다는 전제하에 사용한다는 것입니다. 기대 결과가 실제 테스트 결과와 일치하는지를 보는 것이 목적입니다. 이전 실습이었던 단순히 디렉터리의 아이템 개수를 알아내는 테스트 케이스 TC15에 실제 예상한 개수와 동일한지를 검증하는 구문을 추가하여 테스트 케이스를 작성하겠습니다. 윈도우가 아닌 맥이나 리눅스 환경에서 진행한다면, ${path} 변수에는 PC 환경에 맞는 디렉터리 경로를 입력합니다.

실습 Should Be Equal 테스트 케이스 예시

```
TC20_Builtin_Should_Be_Equal
    [Documentation]    Count Items in Directory fail example
    [Tags]     remote
    ${path}=    Set Variable    C:\\Python27    #for windows
    ${ret}=    OS.Count Files In Directory    ${path}
    Should Be Equal As Integers    ${ret}    36
    Should Be Equal    ${ret}    36
```

이러한 TC20 테스트 케이스를 실행한 결과는 FAIL이 발생합니다.

```
INFO : ${path} = C:\Python27
INFO : Listing contents of directory '<a href="file://C:\Python27">C:\
Python27</a>'.
INFO : 36 files
INFO :
Argument types are:
<type 'int'>
<type 'unicode'>
FAIL : 36 (integer) != 36 (string)
```

Should Be Equal As Integers 키워드는 정상적으로 동작하였으나 Should Be Equal 키워드의
first 인잣값이 integer이고 second 인잣값이 string으로 타입이 맞지 않아 비교하지 못하고 FAIL
이 발생했습니다. 여기에서 Integers, Numbers, Strings에 대한 비교 키워드가 따로 존재하는 것
을 알 수 있습니다. 이 키워드를 사용하지 않으면 비교하려는 first와 second 인잣값을 변환하는
과정을 추가해야 합니다. 로그를 보면 실패의 원인이 변수 타입이 하나는 integer이고 다른 하
나는 string으로 다르기 때문이라고 나타납니다. 변수 타입을 하나로 맞추기 위해 string 변수를
integer로 변환하겠습니다. 변환을 위해 Convert To Integer 키워드를 이용하여 키워드 테스트
케이스를 수정합니다.

실습 Convert To Integer 테스트 케이스 예시

```
TC21_Builtin_Convert To Integer
    [Documentation]    Count Items In Directory pass example
    [Tags]    remote
    ${path}=    Set Variable    C:\\Python27    #for windows
    ${ret}=    OS.Count Files In Directory    ${path}
    # 비교 대상의 타입 변환
    ${int1}    Convert To Integer    ${ret}
    ${int2}    Convert To Integer    36
    Should Be Equal    ${int1}    ${int2}
    # 변환해주는 검증 키워드
    Should Be Equal As Integers    ${ret}    36
```

Convert To Integer(item | base=None) 키워드 역시 내장 키워드로 base 인잣값에 따라 item 인자에 입력된 값을 정수로 변환합니다. base 인자가 none이면 10으로 간주되어 십진수(decimal), 2이면 이진수(binary), 8이면 8진수(octal), 16이면 16진수(hex) 값으로 변환됩니다. 이 밖에도 변환 관련 키워드가 타입에 따라 존재합니다. 값의 타입을 변경하고자 할 때 이러한 키워드를 사용합니다.

```
Convert To Number(item,precision=None)
Convert To Binary(input,input_type=text)
Convert To Octal(item, base=None,prefix=None,length=None)
Convert To Hex(tem, base=None,prefix=None,length=None,lowercase=False)
Convert To Bytes(input,input_type=text)
```

Should Be Equal 키워드는 비교 키워드로 사용됩니다. 패키지를 설치할 때 설치할 파일 개수와 실제 설치된 개수를 비교할 때 사용하거나, 날짜별로 새로운 로그가 생성되는지 확인하는 테스트 케이스에서 생성 로그 개수를 비교할 때 사용합니다. Should Be Equal 키워드는 실습에서 빈번하게 사용합니다. 이후에 실습에서 사용할 때마다 구체적인 사용 방법을 살펴보겠습니다.

5. 연산 키워드

Evaluate 키워드는 파이썬 수식을 사용할 때 유용합니다. 가장 간단한 예로 99 빼기 1(99-1)의 결괏값이 98인지를 확인하는 사칙 연산 등의 수식을 로봇 프레임워크로 작성할 때 이 키워드를 사용합니다.

```
Evaluate(expression, modules=None, namespace=None)
```

인자 expression에 연산식을 추가하면 동작합니다. 실습으로 키워드 테스트 케이스를 작성하여 사용 방법을 알아보겠습니다.

실습 | Evaluate

3_2_BasicKeyword 테스트 스윗에 'TC22_Builin_Evaluate' 테스트 케이스를 추가합니다.

1. 변수 ${count}에 초깃값 99를 입력하고 '99-1'이라는 수식을 수행하는 키워드 테스트 케이스를 작성합니다.

2. 스텝 1의 결과가 98인지 확인하는 키워드 테스트 케이스를 작성합니다.

스텝 1에서 수식 처리는 Evaluate(expression, modules=None, namespace=None) 키워드를 이용합니다.

스텝 2는 실수(real number)로 변환한 후에 객체가 동일하지 않으면 Fail이 되는 Should Be Equal As Numbers(first | second | msg=None | values=True | precision=6) 키워드를 이용합니다.

실습 Evaluate 테스트 케이스 예시

```
*** Settings ***
Resource                Resource/common.robot

*** Test Cases ***
TC22_ Builin_Evaluate
    ${count}=    Set Variable    99
    ${ret}=    Evaluate    ${count}-1
    Should Be Equal As Numbers    ${ret}    98
```

ATOM 편집기로 테스트 케이스를 작성하고 실행해 보겠습니다. 터미널에서 결과를 확인하기 위해 Log To Console 키워드를 사용하였습니다.

```
python -m robot -t TC22_Builtin_Evaluate ./3_2_BasicKeyword.robot
```

실행 결과

```
INFO : ${count} = 99
INFO : ${ret} = 98
```

Evaluate 키워드를 사용하면 파이썬의 os 모듈, sys 모듈을 자동으로 사용할 수 있습니다. Evaluate(expression, modules=None, namespace=None) 키워드는 expression 인자에 수행하려는 내용을 작성하면, 파이썬으로 수행하고 결과를 반환합니다. modules 인자에는 불러오려는 (import) 파이썬 모듈을 작성합니다. 예를 들어 random 모듈을 이용하고자 한다면 다음과 같이 modules 인자에 random을 할당합니다. 이때, 예시처럼 쉼표로 구분하여 여러 개를 할당할 수도 있습니다. 다음 예에서는 expression에는 수행하려는 random.randint( ) 를 작성했습니다.

```
${random int} =    Evaluate    random.randint(0, sys.maxint)
        modules=random, sys
```

namespace 인자는 딕셔너리 형태로 네임스페이스를 전달하는 데 사용할 수 있습니다. 예를 들어, 변수를 딕셔너리 형태로 지정하여 여러 개의 변숫값을 넣어 계산할 때 사용할 수 있습니다.

```
${ns} =    Create Dictionary    x=${4}    y=${2}
${result} =    Evaluate    x*10 + y    namespace=${ns}
```

정규식(regular expression)을 사용하고자 할 때 파이썬 re 모듈을 Evaluate 키워드로 사용할 수 있습니다.

```
${string}=    Set Variable    \\ 1234,00
${result}=    Evaluate    re.search(r'\\d+', '''${string}''').group(0)
modules=re
Should Be Equal As Strings    ${result}    1234
```

코드를 동작시켜 각 변수의 값을 확인하면 ${string} = \ 1234,00이 되고 ${result} = 1234가 됩니다. 파이썬 정규식에서 많이 사용하는 규칙 중에서 숫자는 '\d'로 표현합니다. '+'는 바로 앞 문자가 1번 이상 반복됨을 나타냅니다. 따라서 '\d+'는 숫자의 반복을 나타내는 식이 됩니다. re.search(pattern, string, flags=0)은 문자열(string)을 스캔하여 정규 표현식 패턴(pattern)이 일치하는 첫 번째 위치를 찾고 일치하는 해당 객체를 반환합니다. group은 일치하는 문자열을 그룹으로 반환하는 메서드입니다. 예시에서는 변수로 설정한 ${string}과 패턴을 매치하여 결괏값 group(0)을 ${result} 변수로 받고 있습니다. 그래서 ${result} = 1234가 반환됩니다.

참고로 문자열을 표현할 때 예시처럼 r'문자열'로 쓰면 raw string을 직접 사용할 수 있습니다. 에러(error)가 아니라 실패(fail)가 발생할 경우에도 무시하고 키워드 수행을 하고자 할 때는 Run Keyword And Continue On Failure(name, *args) 키워드를 사용합니다. 단, 잘못된 구문, 시간 초과 또는 심각한 예외로 인해 오류가 발생한 경우에는 실행이 계속되지 않습니다.

내장 라이브러리의 업데이트 정보와 관련한 내용은 다음의 표준 설명 문서를 참고하기 바랍니다.

- URL http://robotframework.org/robotframework/latest/libraries/BuiltIn.html

3.3 표준 라이브러리

로봇 프레임워크는 기본 테스트 라이브러리를 제공합니다. 실습에서 사용한 키워드 모임인 내장 라이브러리는 로봇 프레임워크 사용 시에 별도의 설정 없이 자동으로 사용할 수 있습니다. 로봇 프레임워크 기본 문법에서 사용한 키워드들은 거의 내장 라이브러리에 속한다고 볼 수 있습니다. 로봇 프레임워크는 내장 라이브러리 외에도 표준 라이브러리를 제공합니다. 표준 라이브러리 키워드는 테스트 인터페이스를 위한 공통 키워드로 Collections, Dialogs, Date Time, Operating System, Process, Screenshot, String, Telnet, XML 라이브러리가 있습니다.

키워드 기반 자동화는 키워드를 얼마나 알고 사용할 수 있느냐에 따라서 키워드 테스트 케이스로 작성할 수 있는 테스트 케이스의 범위와 깊이가 결정됩니다. 표준 라이브러리는 로봇 프레임워크와 함께 파이썬 라이브러리 폴더 아래에 'C:\Python27\Lib\site-packages\robot\libraries' 경로에 설치됩니다. 각 라이브러리는 파이썬으로 작성되어 있습니다. 파이썬 구문을 알고 있다면, 각 파일을 열어 구조를 이해하는 것도 키워드 테스트 케이스 작성에 도움이 됩니다.

그림 3-14 표준 라이브러리 Settings

Settings				
Library	OperatingSystem	WITH NAME	OS	# 표준 라이브러리 OS
Library	Collections	WITH NAME	Collections	# 표준 라이브러리
Library	DateTime	WITH NAME	DateTime	# 표준 라이브러리
Library	Dialogs	WITH NAME	Dialogs	# 표준 라이브러리
Library	Process	WITH NAME	Process	# 표준 라이브러리
Library	Screenshot	WITH NAME	Screenshot	# 표준 라이브러리
Library	String	WITH NAME	String	# 표준 라이브러리
Library	Telnet	WITH NAME	Telnet	# 표준 라이브러리
Library	XML	WITH NAME	XML	# 표준 라이브러리

이제 RIDE에서 표준 라이브러리를 불러와서 키워드를 사용할 수 있도록 설정합니다. common.
robot 리소스에 그림과 같이 라이브러리를 추가합니다. 대소문자를 구분하므로 정확히 작성해
야 합니다. 이때 WITH NAME 구문 다음 셀에 별칭(alias)을 정의하여 키워드를 사용할 때 라이
브러리를 구분하여 사용할 수 있습니다.

Operating System 라이브러리

로봇 프레임워크가 실행되는 시스템에서 운영체제 관련 작업을 수행하는 키워드 집합을 제
공합니다. 명령을 실행하는 Run(command) 키워드와 파일 및 폴더 생성, 삭제, 존재 유무, 내
용을 검증하는 Create File(path | content= | encoding=UTF-8), Remove Directory(path |
recursive=False), File Should Exist(path), Directory Should Be Empty(path) 키워드를 제공합니다.
또한 운영체제의 환경 변수를 설정하는 Set Environment Variable(name, value) 키워드를 제공
합니다.

Process 라이브러리

프로세스 실행과 관련된 키워드 집합입니다. 시스템에서 프로세스를 실행하고 완료를 기다리
는 Run Process(command, *arguments, **configuration) 키워드, 백그라운드에서 프로세스를 시
작하는 Start Process(command, *arguments, **configuration) 키워드, 그리고 시작한 프로세
스의 대기, 종료 및 중지 기능을 수행하는 Wait For Process(handle=None, timeout=None, on_
timeout=continue), Terminate Process(handle=None, kill=False) 등의 키워드를 제공합니다.

String 라이브러리

문자열 조작 및 검증을 위한 키워드를 제공합니다. 문자열을 조작하는 Replace String Using
Regexp(string, pattern, replace_with, count=-1), Split To Lines(string, start=0, end=None) 키워드,
내용을 검증하는 Should Be String(item, msg=None) 키워드를 제공합니다.

Dialogs 라이브러리

대화 상자로 테스트 실행을 일시 중지하고 사용자로부터 입력받는 수단을 제공하는 라이브러리입니다. Execute Manual Step(message | default_error=), Get Selection From User(message | *values), Get Value From User(message | default_value= | hidden=False), Pause Execution(message=Test execution paused. Press OK to continue)와 같은 총 4개의 키워드를 제공합니다.

Collections 라이브러리

파이썬 리스트 변수와 딕셔너리 변수를 처리하기 위한 키워드 집합을 제공합니다. 리스트, 딕셔너리 변수에서 값을 수정하고 가져오는 Append To List(list_, *values), Get From Dictionary(dictionary, key) 키워드나 내용을 검증하는 Lists Should Be Equal(list1, list2, msg=None, values=True, names=None), Dictionary Should Contain Value(dictionary, value, msg=None) 키워드 등을 제공합니다.

DateTime 라이브러리

날짜와 시간 값을 만들고 변환하는 Get Current Date(time_zone=local | increment=0 | result_format=timestamp | exclude_millis=False), Convert Time(time | result_format=number | exclude_millis=False) 키워드, 간단한 계산을 지원하는 Subtract Time From Date(date | time | result_format=timestamp | exclude_millis=False | date_format=None), Add Time To Time(time1 | time2 | result_format=number | exclude_millis=False) 키워드를 제공합니다.

Screenshot 라이브러리

테스트가 실행되는 시스템에서 스크린샷을 찍기 위한 Set Screenshot Directory(path), Take Screenshot(name=screenshot, width=800px), Take Screenshot Without Embedding(name=screenshot)과 같은 총 3개의 키워드를 제공합니다. 참고로 화면 캡처를 성공적으로 수행하려면 물리적 또는 가상 디스플레이에서 테스트를 해야 합니다.

Telnet 라이브러리

Telnet 연결을 통한 통신을 제공하는 테스트 라이브러리입니다. Telnet 서버에 연결하고, 열린 연결에서 명령을 실행할 수 있게 하는 Open Connection(host, alias=None, port=23, timeout=None, newline=None, prompt=None, prompt_is_regexp=False, encoding=None, encoding_errors=None, default_log_level=None, window_size=None, environ_user=None, terminal_emulation=None, terminal_type=None, telnetlib_log_level=None, connection_timeout=None) 키워드와 Close Connection(loglevel=None) 키워드를 제공합니다.

XML 라이브러리

XML 파일 또는 XML을 포함하는 문자열을 XML 요소 구조로 파싱하고 추가 분석을 위해 특정 요소를 찾는 Parse XML(source, keep_clark_notation=False, strip_namespaces=False), Get Element(source, xpath=) 키워드, 요소의 텍스트나 속성을 가져오는 Get Element Text(source, xpath=, normalize_whitespace=False), Get Element Attribute(source, xpath=) 키워드, XML을 수정하고 저장하는 Add Element(source, element, index=None, xpath=), Save Xml(source, path, encoding=UTF-8) 키워드를 제공합니다. 이 라이브러리는 파이썬 ElementTree XML API를 기반으로 동작합니다.

각 라이브러리 모듈은 다음 그림과 같이 각 라이브러리의 이름으로 존재합니다. 표준 라이브러리의 키워드에 대한 내부 로직을 알아보고 싶을 때, 편집기를 통해 살펴볼 수 있습니다.

그림 3-15 로봇 프레임워크의 표준 라이브러리 모듈

키워드를 정상적으로 로드하면 RIDE에서 해당 라이브러리의 키워드를 사용할 수 있습니다.
RIDE에서 키워드를 검색하는 방법은 여러 가지가 있습니다. 첫 번째 방법으로는 RIDE의 [K] 버
튼을 클릭하거나 키보드 [F5]를 누르면 나오는 [Search Keywords] 창을 이용하는 것입니다. 이
창에서는 불러온 라이브러리의 키워드 목록을 볼 수 있습니다. [Name]에는 키워드 이름이 표
시되고 [Source]에는 라이브러리 정보가 표시됩니다. [Desciption]에는 키워드 사용법이 있습
니다. [Arguments:]는 키워드와 함께 주어져야 할 인자를 말합니다. 그림 3-16 예시처럼 Split
String 키워드는 String 라이브러리의 키워드이고, 인자로는 string, separator, max_split이 있습니
다. 여기에서 OR 조건(|)으로 표시된 인자는 추가하지 않아도 키워드 동작에 문제가 없습니다.

그림 3-16 Search Keywords 창

두 번째 방법은 빠른 입력 도움말을 활용하는 것입니다. 이미 등록된 라이브러리나 키워드를 사용할 때, 테이블에 커서를 두고 [Ctrl]+[Space Bar]를 누르면 노란색의 빠른 입력 도움말이 나타납니다. 이때 별칭(alias)이나 키워드 이름의 일부를 작성하고 [Ctrl]+[Space Bar]를 눌러도 됩니다. 그림 3-17 예시처럼 STD라는 별칭을 가진 라이브러리의 키워드를 찾고자 하면 'STD.(온점)'을 입력하고 나서 [Crtl]+[Space Bar]를 누르면 해당 키워드 리스트가 설명과 함께 노란색 리스트 형태로 나타납니다. 여기서 원하는 키워드를 더블클릭하여 사용합니다.

그림 3-17 빠른 입력 도움말

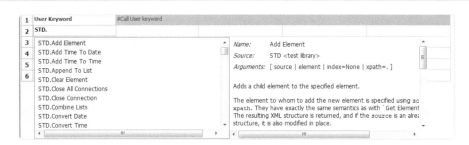

만약 이미 작성된 키워드 테스트 케이스가 있다면, 특정 키워드의 설명을 볼 수도 있습니다. Set Global Variable의 사용 방법을 알고 싶다면 다음 그림 3-18처럼 마우스로 선택하고 [Ctrl] 키를 누르면 선택한 키워드에 대한 노란색 설명창이 나타납니다.

그림 3-18 RIDE 키워드 설명 Tip

[Ctrl] 키를 누른 상태에서 노란색 창을 클릭하면 그림 3-19처럼 설명창이 분리되어 표시됩니다.

그림 3-19 RIDE 설명창

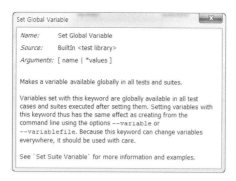

또한, 웹사이트에서 제공하는 User Guide의 내용으로 사용법을 익힐 수도 있습니다. 로봇 프레임워크는 오픈소스이며, 최신 버전을 확인하여 라이브러리를 사용해야 합니다. 로봇 프레임워크 버전에 따라 지원하는 라이브러리 키워드가 다르기 때문에 표준 라이브러리 정보를 확인하여 지원하는 버전인지를 확인해야 합니다. 다음 사이트에서 [View] 버튼을 클릭하면 관련 라이브러리의 최신 키워드 사용법이 표시됩니다. 자세한 사항은 부록 A '표준 라이브러리 키워드 리스트'를 참고하기 바랍니다.

* URL http://robotframework.org/robotframework/#standard-libraries

이번 절에서는 테스트 라이브러리를 사용하는 방법과 테스트 라이브러리가 제공하는 키워드를 사용하는 방법에 대해 설명하겠습니다.

1. OS 라이브러리

표준 라이브러리에서 운영체제의 파일과 디렉터리를 생성하거나 삭제하는 일을 수행하는 키워드는 운영체제 라이브러리 키워드입니다. RIDE의 [Search Keywords] 창에서 검색어로 'file' 혹은 'directory'를 사용하거나 [Source]를 'OS'로 선택하면 OperatingSystem 라이브러리 키워드들을 볼 수 있습니다.

디렉터리 생성

운영체제 키워드는 디렉터리나 파일과 같이 운영체제에서 데이터를 관리할 때 기본이 되는 단위를 만드는 키워드를 제공합니다. OS.Create Directory 키워드는 파일 시스템에 디렉터리를 생성하는 키워드입니다.

```
OS.Create Directory(path)
OS.Create File(path | content= | encoding=UTF-8)
```

각 키워드의 인자 path에 폴더나 파일을 생성하려는 위치 정보를 넣습니다. OS.Create File 키워드의 content를 비워두면 사이즈가 0인 파일이 생성되고 내용을 넣으면 파일 안에 내용이 저장되어 생성됩니다. 인코딩 정보가 없으면 깨져 보일 수 있기 때문에 기본값이 UTF-8로 설정되어 있습니다. 변경하려면 다른 인코딩 값을 넣습니다. 지금부터 폴더를 만들어 파일을 추가하는 키워드 테스트 케이스를 작성해 보겠습니다.

실습 | **Create Directory**

1. 새로운 테스트 스윗 '3_3_StandardKeyword.robot'을 만들고 common.robot 리소스를 로딩합니다. 하위에는 'TC23_OS_File Management' 테스트 케이스를 추가합니다.

2. 'C:\Python27' 폴더 아래에 'FileManagement' 폴더를 생성합니다. 'FileManagement' 폴더 아래에 "this is file management" 문장이 작성된 Files.txt 파일을 추가합니다.

3. Files.txt 파일에 제시된 문장이 저장되었는지 확인합니다.

로봇 프레임워크 사용하기

스텝 1에서 우선 'C:₩Python27'이라는 폴더가 존재하는지 확인해야 합니다. OS.Directory Should Exist(path | msg=None) 키워드의 path 인자에 확인하려는 폴더 정보를 넣어 사용합니다. 폴더를 생성하는 키워드는 OS.Create Directory(path)를 이용합니다.

스텝 2에서 파일을 생성하는 키워드는 OS.Create File(path | content= | encoding=UTF-8)입니다. path 인자에는 폴더 위치를 넣고 content에 추가하려는 메시지를 입력합니다.

스텝 3에서 문장이 저장되어 있는지 확인하는 방법은 notepad.exe 등으로 열어서 내용을 확인하는 방법이 있고, OS.Get File(path | encoding=UTF-8 | encoding_errors=strict) 키워드를 이용하여 path에 파일 위치를 쓰고 내용을 반환받아서 Should Contain(container | item | msg=None | values=True | ignore_case=False) 키워드로 내용이 포함되어 있는지 확인하는 방법이 있습니다. 실습에서는 후자의 방법을 이용하여 작성하였습니다.

완성된 키워드 테스트 케이스는 다음과 같습니다. 키워드 테스트 케이스 작성 시 path에 '\'를 사용할 경우에는 예시 코드처럼 두 번 작성해야 합니다. path가 긴 경우에는 앞서 살펴본 Set Variable 키워드로 변수를 만들어 지정하여 사용할 수 있습니다.

실습 Create Directory 테스트 케이스 예시

```
*** Settings ***
Library          OperatingSystem     WITH NAME     OS
Resource         Resource/common.robot


*** Test Cases ***
TC23_OS_File Management
    OS.Directory Should Exist    C:\\Python27    No Python27
    OS.Create Directory    C:\\Python27\\FileManagement
    OS.Directory Should Exist    C:\\Python27\\FileManagement    No
    ${dir}=    Set Variable    C:\\Python27\\FileManagement
    OS.Create File    ${dir}\\Files.txt    this is file management
    OS.File Should Exist    ${dir}\\Files.txt
    OS.File Should Not Be Empty    ${dir}\\Files.txt
    ${contents}    OS.Get File    ${dir}\\Files.txt
    Should Contain    ${contents}    this is file management
```

새로운 폴더나 파일을 만들어 사용할 때는 C 드라이브 하위에 생성되도록 작성합니다. 현업에서는 테스트 장비마다 D, E 드라이브가 없는 경우나 CD ROM이나 DVD 등으로 사용되는 등 다양한 환경이 존재하기 때문에 테스트 결과의 안정성을 고려하여 파일 생성이나 실행은 C 드라이브를 이용합니다.

폴더나 파일을 생성한 후에는 제대로 생성되었는지 확인하는 키워드 OS.Directory Should Exist(path | msg=None)나 OS.File Should Exist(path | msg=None)를 추가하여 테스트 케이스가 Fail되는 것을 예방합니다. 테스트 케이스 작성 시에 동작을 수행하고 그 결과를 확인하는 패턴을 가진 키워드 테스트 케이스를 작성하면 테스트 대상(SUT)의 에러가 아닌 키워드 테스트 케이스 내부에서 발생하는 에러 때문에 유지 보수하는 데 시간을 소요하는 일을 예방할 수 있습니다.

파일의 내용을 확인할 때는 OS.Get File(path | encoding=UTF-8 | encoding_errors=strict) 키워드를 이용합니다. 이 키워드는 지정된 파일의 내용을 반환합니다. 다음의 테스트 실행 결과 로그에서 키워드 테스트 케이스에서 Creat File 키워드에 입력한 인자 content의 값 "this is file management"이 저장된 것을 확인할 수 있습니다.

실행 결과

```
INFO : Directory '<a href="file://C:\Python27">C:\Python27</a>' exists.
INFO : Directory '<a href="file://C:\Python27\FileManagement">C:\Python27\
FileManagement</a>' exists.
INFO : ${dir} = C:\Python27\FileManagement
INFO : Created file '<a href="file://C:\Python27\FileManagement\Files.txt">C:\
Python27\FileManagement\Files.txt</a>'.
INFO : File '<a href="file://C:\Python27\FileManagement\Files.txt">C:\Python27\
FileManagement\Files.txt</a>' exists.
INFO : File '<a href="file://C:\Python27\FileManagement\Files.txt">C:\Python27\
FileManagement\Files.txt</a>' contains 23 bytes.
INFO : Getting file '<a href="file://C:\Python27\FileManagement\Files.txt">C:\
Python27\FileManagement\Files.txt</a>'.
INFO : ${contents} = this is file management
```

파일 추가

이미 존재하는 파일에 내용(content)을 추가해야 할 경우가 발생한다면 Append To File 키워드로 해결할 수 있습니다. 만약 파일이 존재하지 않으면 Create File 키워드와 동일한 방식으로 작동합니다.

```
Append To File(path | content | encoding=UTF-8)
```

이 키워드는 path 인자에 지정된 파일을 대상으로 content 인자에 지정된 내용을 추가합니다. 여기서는 윈도우 파일인 hosts 파일에 값을 추가하는 테스트 케이스를 작성해 보겠습니다. 참고로 hosts 파일은 운영체제가 호스트 이름을 IP 주소에 매핑할 때 사용하는 운영체제 파일입니다. 테스트 업무에서는 서비스가 아직 오픈되지 않은 URL이나 테스트 서버 IP와 특정 도메인을 매핑시킬 때 hosts 파일을 이용합니다. 이때 hosts 파일을 임의로 수정하여 테스트 서버 IP와 특정 URL을 연결하여 사용합니다.

실습 | Append To File

'TC24_OS_HostsFile Control' 테스트 케이스를 추가하고 다음과 같이 작성합니다.

1. 윈도우 OS에 hosts 파일이 존재하는지 확인합니다.

2. 파일이 있다면 테스트 정보인 '127.0.0.1 keywordautomation.com'을 추가합니다.

3. hosts 파일에 테스트 도메인이 저장되었는지 정보를 확인합니다.

스텝 1에서 테스트 대상 파일인 host가 존재하는지 확인할 때는 OS.File Should Exist(path | msg=None) 키워드를 이용합니다.

스텝 2에서 추가 정보를 입력할 때는 OS.Append To File(path | content | encoding=UTF-8) 키워드를 이용합니다.

스텝 3에서 내용을 확인할 때는 앞서 테스트 케이스에서 사용한 OS.Get File 키워드를 이용합니다.

실습 Append To File 테스트 케이스 예시

```
*** Test Cases ***
TC24_OS_HostsFile Control
    ${dir}=    Set Variable    C:\\Windows\\System32\\drivers\\etc
    ${ret}=    Run Keyword And Return Status    OS.File Should Exist
        ${dir}\\hosts
    Run Keyword If    '${ret}'=='True'    OS.Append To File    ${dir}\\hosts
        127.0.0.1 keywordautomation.com
    ${contents}    OS.Get File    ${dir}\\hosts
    Should Contain    ${contents}    keywordautomation.com
```

실습 키워드 테스트 케이스에서는 ${dir} 변수를 만들어 hosts 파일의 path를 저장했습니다. path가 긴 경우나 변경되지 않는 경우, 변수를 이용하여 사용하면 오타를 방지하고 가독성을 높일 수 있습니다.

실행 결과

```
INFO : ${dir} = C:\Windows\System32\drivers\etc
INFO : File '<a href="file://C:\Windows\System32\drivers\etc\hosts">C:\Windows\
System32\drivers\etc\hosts</a>' exists.
INFO : ${ret} = True
INFO : Appended to file '<a href="file://C:\Windows\System32\drivers\etc\
hosts">C:\Windows\System32\drivers\etc\hosts</a>'.
INFO : Getting file '<a href="file://C:\Windows\System32\drivers\etc\hosts">C:\
```

```
Windows\System32\drivers\etc\hosts</a>'.
INFO :
${contents} = # Copyright (c) 1993-2009 Microsoft Corp.
#
# This is a sample HOSTS file used by Microsoft TCP/IP for Windows.
(생략)
# localhost name resolution is handled within DNS itself.
#      127.0.0.1          localhost
#      ::1                localhost
127.0.0.1 keywordautomation.com
```

Run Keyword And Return Status(name | *args) 키워드는 내장 라이브러리로 name 인자에 지정된 키워드를 실행하고 상태를 불값(true, false)으로 반환합니다. 실습 키워드 테스트 케이스처럼 변수(${ret})를 이용하여 반환값을 얻어 조건식으로 사용합니다. Run Keyword If(condition | name | *args) 키워드는 조건이 맞는 경우 다음 키워드를 수행할 때 사용합니다. 이때 true, false 뿐 아니라 다양한 변수의 조건을 둘 수 있습니다. 여러 조건들을 추가하면 키워드 테스트 케이스가 길어질 수 있으며, 이럴 때는 말줄임표(...)를 이용하여 한눈에 볼 수 있도록 줄을 나눠 작성할 수 있습니다.

그림 3-20 말줄임표 사용 예시

Test Cases				
HostsFile Control	${dir}=	Set Variable	C:\\Windows\\System32\\drivers\\etc	
	${ret}=	Run Keyword And Return Status	OS.File Should Exist	${dir}\\hosts
	Run Keyword If	'${ret}'=='True'	OS.Append To File	${dir}\\hosts
	...	127.0.0.1 keywordautomation.com		
	${contents}	OS.Get File	${dir}\\hosts	
	Should Contain	${contents}	keywordautomation.com	

윈도우 UAC(사용자 계정 컨트롤)가 켜져 있는 경우 disable시킨 상태에서만 파일을 수정할 수 있습니다. 만약 키워드 테스트 케이스 실행 결과 로그에서 다음과 같은 IOError가 나타나면

UAC가 enable된 상태입니다. 윈도우 7이면 [제어판] → [사용자 계정 및 가족 보호] → [사용자 계정] → [사용자 계정 컨트롤 설정]을 [disable]로 하고 재실행하면 정상 작동할 것입니다.

테스트 케이스 실패

```
FAIL : IOError: [Errno 13] Permission denied: u'C:\\Windows\\System32\\
drivers\\etc\\hosts'
```

파일 개수 비교

제품 테스트를 시작할 때 제일 먼저 하는 일은 이전 빌드와 비교하여 파일이나 폴더의 개수가 맞는지 확인하는 작업입니다. 기능 추가나 삭제로 인해 파일의 차이가 생긴다면 더욱 이 과정을 거쳐야 합니다. 수동으로 확인할 때는 보통 Beyond Compare 같은 툴을 이용하여 하나씩 파일 이름과 생성 날짜, 개수를 비교하여 확인합니다. 이 부분을 로봇 프레임워크를 이용하여 자동화하면 클릭 한번으로 결과를 확인할 수 있습니다. OS 라이브러리에는 이때 사용할 수 있는 3개의 Count 키워드가 있습니다.

```
OS.Count Files In Directory(path | pattern=None)
OS.Count Directories In Directory(path | pattern=None)
OS.Count Items In Directory(path | pattern=None)
```

각 키워드의 차이점을 살펴보면 Count Files In Directory 키워드는 파일 개수만 반환하고 Count Directories In Directory 키워드는 폴더 개수만 반환한다는 것입니다. Count Items In Directory 키워드는 폴더 안에 포함된 파일과 폴더 전체의 개수를 반환하는데 OS.List Directory(path | pattern=None | absolute=False) 키워드와 동일한 결과를 보입니다. 실습으로 내장 변수를 이용하여 폴더 안에 아이템의 개수를 세는 키워드 테스트 케이스를 작성해 보겠습니다.

'TC25_OS_Count' 테스트 케이스를 추가하고 다음과 같이 작성합니다.

1. 현재 폴더의 파일 개수를 카운팅합니다.

2. 임시 폴더의 파일 개수를 카운팅합니다.

3. 현재 폴더의 위치 정보와 파일 개수, 임시 폴더의 위치 정보와 파일 개수를 확인합니다.

스텝 1에서 현재 폴더의 위치는 내장 변수 ${CURDIR}을 이용합니다. 파일 개수는 OS.Count Items In Directory(path | pattern=None) 키워드를 이용합니다.

스텝 2에서 임시 폴더의 위치는 내장 변수 ${TEMPDIR}을 이용합니다. 파일 개수는 스텝 1과 동일한 키워드를 사용합니다.

스텝 3에서 내용 확인은 Log 키워드를 이용합니다.

실습 Count Files In Directory 테스트 케이스 예시

```
*** Settings ***
Force Tags
Resource            Resource/common.robot

*** Test Cases ***
TC25_OS_Count
    [Documentation]    내장 변수를 이용한 Count 키워드 사용
    ${items1} =     OS.Count Items In Directory     ${CURDIR}
    ${items2} =     OS.Count Items In Directory     ${TEMPDIR}
    Log     ${items1} items in '${CURDIR}' and ${items2} items in '${TEMPDIR}'
```

실행 결과 로그를 보면 현재 폴더와 임시 폴더의 위치와 파일 개수를 확인할 수 있습니다. 현업에서 제품 빌드에 대해 비교한다면 이전 빌드의 아이템 수(파일, 폴더 수) 결과와 최신 빌드의 아이템 수가 동일한지 비교하도록 작성할 수 있습니다.

실행 결과

```
INFO : Listing contents of directory '<a href="file://C:\Keyword\TestCase">C:\
Keyword\TestCase</a>'.
INFO : 32 items.
INFO : ${items1} = 32
INFO : Listing contents of directory '<a href="file://c:\users\key\appdata\
local\temp">c:\users\key\appdata\local\temp</a>'.
INFO : 3071 items.
INFO : ${items2} = 3071
INFO : 32 items in 'C:\Keyword\TestCase' and 3071 items in 'c:\users\key\
appdata\local\temp'
```

이러한 OS 라이브러리의 업데이트 정보는 표준 설명 문서를 참고하기 바랍니다.

- URL http://robotframework.org/robotframework/latest/libraries/OperatingSystem.html

2. Process 라이브러리

실행 중인 프로세스 제어에 사용하는 테스트 라이브러리입니다. 특정 프로세스의 실행 절차에 따라 실행, 대기, 종료, 중지 등을 제어할 수 있습니다. 모든 프로세스에 대해 종료할 수도 있습니다. 이제부터 프로세스 키워드에 대해 알아보겠습니다.

프로세스 시작

백그라운드로 새로운 프로세스를 시작할 때 Start Process 키워드를 사용합니다.

```
Start Process(command, *arguments, **configuration)
Run Process(command, *arguments, **configuration)
```

Run Process 키워드는 프로세스를 실행하는 기능은 Start Process 키워드와 동일하나, 프로세스가 완료될 때까지 대기한다는 차이가 있습니다. 두 키워드의 인자는 동일합니다. command 인자에 실행할 명령을 넣고 *arguments 인자에 전달할 명령의 인자를 지정합니다. **configuration 인자는 키워드 마지막에 지정하고, name = value와 같은 구문을 사용합니다. shell, cwd, env, stdout, stderr, output_encoding, alias 등의 구성 요소를 설정할 수 있습니다. shell은 셸에서 명령을 실행할지 여부를 표시하고, cwd는 작업 디렉터리를 지정합니다. env에는 프로세스에 대한 환경 변수를 설정합니다.

```
Is Process Running(handle=None)
Get Process Result(handle=None, rc=False,stdout=False,stderr=False,stdout_
path=False,stderr_path=False)
```

프로세스 중에는 UI가 있어서 눈으로 확인할 수 있는 프로세스가 있는가 하면 백그라운드로 실행되는 프로세스도 있어서 실제 프로세스가 실행되고 있는지 결과를 직접 확인해야 하는 경우가 있습니다. Is Process Running 키워드는 handle 인자로 받은 프로그램의 별칭(alias) 정보로 프로그램의 실행 여부를 확인합니다. 이 키워드를 사용하려면 프로세스를 시작할 때 alias 인잣값을 넣어 주어야 합니다. handle 인자에 값이 없다면 현재 활성화되어 있는 프로그램을 handle로 받아서 실행 여부를 보여줍니다. Get Process Result 키워드는 지정된 객체나 또는 속성을 반환합니다.

StandardKeyword 테스트 스윗에 'TC26_Process_Start' 테스트 케이스를 추가합니다.

1. 인터넷 익스플로러가 존재하는지 확인합니다.

2. 인터넷 익스플로러로 'robotframework.org' 페이지에 접속합니다.

3. 프로세스가 실행 중인지 확인합니다.

스텝 1에서 내장 라이브러리의 Should Exist 키워드를 이용합니다.

스텝 2에서 웹 페이지 접속은 Start Process 키워드에 인터넷 익스플로러 위치와 웹 페이지 주소를 인자로 넣으면 됩니다.

스텝 3에서 Is Process Running 키워드를 이용합니다.

실습 Start Process 테스트 케이스 예시

```
*** Settings ***
Resource          Resource/common.robot

*** Test Cases ***
TC26_Process_Start
    [Tags]    process
    Should Exist    C:\\Program Files\\Internet Explorer\\iexplore.exe
    ${url}    set variable    https://robotframework.org
    Start Process    C:\\Program Files\\Internet Explorer\\iexplore.exe
        ${url}    alias=robot
    Is Process Running    robot
```

코드를 실행한 결과는 다음과 같습니다.

실행 결과

```
INFO : Path '<a href="file://C:\Program Files\Internet Explorer\iexplore.
exe">C:\Program Files\Internet Explorer\iexplore.exe</a>' exists.
INFO : ${url} = https://robotframework.org
INFO : Starting process:
"C:\Program Files\Internet Explorer\iexplore.exe" https://robotframework.org
```

프로세스 종료

Terminate Process 키워드는 특정 프로세스를 종료하는 기능을 제공합니다.

```
Terminate Process(handle=None, kill=False)
Terminate All Processes(kill=False)
```

반면 Terminate All Processes 키워드는 실행 중인 모든 프로세스를 종료합니다. Terminate Process 키워드는 handle 인자로 별칭(alias)을 받아 프로세스를 구분합니다. 기본적으로 먼저 프로세스를 종료한 후 프로세스가 중지될 때까지 기다립니다. 프로세스가 30초 내에 멈추지 않거나 'kill=True'이면 프로세스와 모든 하위 프로세스를 강제로 중지합니다. 실행이 완료되면 실행에 대한 정보를 반환합니다. 만약 프로세스를 기다리지 않고 정상적인 종료를 하려면 Send Signal To Process(signal, handle=None, group=False) 키워드를 이용합니다.

3_3_StandardKeyword 테스트 스윗에 'TC27_Process_Terminate' 테스트 케이스를 추가합니다.

1. TC26 테스트 케이스를 복사합니다.

2. 별칭(alias)이 robot인 프로세스를 종료합니다.

3. 프로세스가 종료되었는지 확인합니다.

스텝 1에서 이전 실습의 테스트 케이스를 그대로 이용합니다.

스텝 2에서 Terminate Process 키워드를 이용합니다.

스텝 3에서 결과 확인은 Get Process Result 키워드를 이용합니다.

실습 Terminate Process 테스트 케이스 예시

```
*** Settings ***
Resource            Resource/common.robot

*** Test Cases ***
TC27_Process_Terminate
    Should Exist    C:\\Program Files\\Internet Explorer\\iexplore.exe
    ${url}    set variable    https://robotframework.org
    Start Process    C:\\Program Files\\Internet Explorer\\iexplore.exe
        ${url}    alias=robot
    Is Process Running    robot
    Terminate Process    robot
    Get Process Result    robot
```

코드를 실행시킨 결과는 다음과 같습니다. Terminate Process를 시도한 후 30초가 흐른 뒤 프로세스가 종료되지 않았고 강제 종료가 실행되었음을 'Graceful termination failed'와 'Forcefully killing process' 로그를 통해 알 수 있습니다. 정상적으로 종료되었다면 2개의 로그는 발생하지 않습니다.

실행 결과

```
INFO : Path '<a href="file://C:\Program Files\Internet Explorer\iexplore.
exe">C:\Program Files\Internet Explorer\iexplore.exe</a>' exists.
INFO : ${url} = https://robotframework.org
INFO : Starting process:
"C:\Program Files\Internet Explorer\iexplore.exe" https://robotframework.org
21:11:38.171 : INFO : Gracefully terminating process.
21:12:08.173 : INFO : Graceful termination failed. #30초 경과
INFO : Forcefully killing process.
INFO : Process completed.
```

이러한 Process 라이브러리의 업데이트 정보는 표준 설명 문서를 참고하기 바랍니다.

- URL http://robotframework.org/robotframework/latest/libraries/Process.html

3. String 라이브러리

문자열 변경과 검증 기능을 제공하는 테스트 라이브러리입니다. 이제부터 하나씩 살펴보겠습니다.

정규식 키워드

앞서 Evaluate 키워드에서 소개한 정규식은 String 라이브러리의 Get Regexp Matches 키워드로 대체할 수 있습니다. 이 키워드는 string 인자로 넣은 문자열에서 정규식 패턴을 기준으로 매치되는 문자열을 반환합니다.

```
String.Get Regexp Matches(string, pattern, *groups)
```

string 인자는 일치 항목을 찾을 문자열이며 pattern 인자는 정규 표현식입니다. groups 인자를 사용하지 않으면 반환한 리스트 변수에 전체 일치 항목이 포함됩니다. 하나의 group 인자를 사용하면 리스트에는 해당 그룹의 내용만 포함됩니다. 여러 group 인자를 사용하면 리스트에는 개별 group 인자 내용을 포함하는 튜플(tuple)이 포함됩니다. 모든 그룹은 인덱스(1부터 시작)로 지정하거나 이름이 있는 그룹이라면 이름으로 지정할 수 있습니다. 실습으로 '\ 1234,00'을 '1234'로 가격 표시를 없애는 키워드 테스트 케이스를 작성해 보겠습니다.

실습 | Get Regexp Matches

3_3_StandardKeyword 테스트 스윗에 'TC28_String_GetRegexp' 테스트 케이스를 추가합니다.

1. ${sting} 변수를 정의하고 '\ 1234,00'을 입력합니다.

2. '\ 1234,00'에서 '1234'만 추출하는 키워드 테스트 케이스를 작성합니다.

3. 이전 스텝의 결과가 '1234'인지 확인하는 키워드 테스트 케이스를 작성합니다.

스텝 1에서 Get Regexp Matches(string, pattern, *groups) 키워드를 이용합니다. 정규식 패턴에서 숫자는 '\d'로 표시하고 '\D'는 숫자를 제외한 것들을 표시합니다. 정규식은 대소문자를 구분하여 작성하므로 사용할 때 주의해야 합니다. 로봇 프레임워크에서 '\'(역슬래시) 문자를 인식하려면 '\\'와 같이 2개로 표시해야 합니다.

스텝 3에서 Should Be Equal As Strings(first | second | msg=None | values=True | ignore_case=False) 키워드를 이용합니다.

실습 Get Regexp Matches 테스트 케이스 예시

```
*** Settings ***
Resource              Resource/common.robot

*** Test Cases ***
TC28_String_GetRegexp
    ${string}=     Set Variable     \\ 1234,00
    ${matches}=     String.Get Regexp Matches     ${string}     \\d+
    Should Be Equal As Strings     ${matches[0]}     1234
```

코드를 실행한 결과는 각 변수의 값을 확인하면 ${string} = \ 1234,00이 되고 ${matches} = [u'1234', u'00']이 됩니다. ${matches[0]}을 다른 키워드에 사용할 때는 그대로 사용하거나 변수를 새로 만들어서 값으로 넣어 사용합니다.

실행 결과

```
INFO : ${string} = \ 1234,00
INFO : ${matches} = [u'1234', u'00']
```

정규식과 관련한 다른 키워드는 내장 라이브러리의 Should Match Regexp 키워드가 있습니다.

```
Should Match Regexp(string | pattern | msg=None | values=True)
```

string 인잣값이 정규식 pattern 인자와 일치하지 않으면 Fail을 반환합니다. 성공하면 패턴과 일치하는 문자열 부분을 반환합니다. 실습을 위해 변수가 숫자 6개를 포함하는지, 그리고 숫자 6개로만 구성되었는지를 구분하는 키워드 테스트 케이스를 작성해 보겠습니다.

| 실습 | Should Match Regexp |

3_3_StandardKeyword 테스트 스윗에 'TC29_String_MatchRegexp' 테스트 케이스를 추가합니다.

1. ${output1} 변수를 정의하고 '\\ 123456,78900'을 입력합니다.

2. ${output2} 변수를 정의하고 '123456'을 입력합니다.

3. ${output1} 변수가 숫자 6개를 포함하는지 확인하는 키워드 테스트 케이스를 작성합니다.

4. ${output2} 변수가 숫자 6개로만 구성되었는지 확인하는 키워드 테스트 케이스를 작성합니다.

◇◇

스텝 3에서 Should Match Regexp(string | pattern | msg=None | values=True) 키워드를 이용합니다. 정규식에서 {숫자}로 표시하면 숫자만큼의 횟수를 나타냅니다. 따라서 숫자 6개를 pattern으로 표시하면 '\d{6}'이 됩니다. 로봇 프레임워크에서는 '\\d{6}'으로 사용합니다.

스텝 4에서는 정규식에서 사용하는 시작 표시 '^'와 끝 표시 '$'를 이용하여 pattern을 만듭니다.

실습 Should Match Regexp 테스트 케이스 예시

```
*** Settings ***
Resource            Resource/common.robot

*** Test Cases ***
TC29_String_MatchRegexp
    ${output1}=    Set Variable    \\ 123456,78900
    ${output2}=    Set Variable    123456
    ${ret1}    Should Match Regexp    ${output1}    \\d{6}
    ${ret2}    Should Match Regexp    ${output2}    ^\\d{6}$
    Log Many    ${ret1}    ${ret2}
```

실습 테스트 케이스를 실행하면 Should Match Regexp 키워드는 패턴 인자에 넣은 정규식에 따라 결괏값을 반환합니다. 다음의 실습 결과 로그로 정규식 매칭 결과가 동일함을 알 수 있습니다.

실행 결과

```
INFO : ${output1} = \ 123456,78900
INFO : ${output2} = 123456
INFO : ${ret1} = 123456
INFO : ${ret2} = 123456
```

앞선 예시 코드에서 ${output1}은 6개의 숫자를 포함한다면 Pass가 되고 ${output2}는 6개의 숫자로만 구성되어 있어야 Pass가 됩니다. String 라이브러리에서 사용하는 정규식을 더욱 상세하게 사용하고자 한다면 파이썬 re 모듈을 이용하여 사용자 라이브러리를 만들어 사용하는 것을 추천합니다.

re 모듈

re(regular expression)는 정규식을 이용하여 직접 사용자 키워드를 만들 때 사용합니다. 로그나 설정 파일 등의 파일을 이용하여 특정값을 찾거나 테스트 데이터 형태를 형식화할 수 있습니다. 셀레니움(selenium)에서 URL 주소를 사용하거나 운영체제(operatingsystem)에서 파일, 디렉터리 경로(path)를 설정할 때도 많이 사용합니다. 예를 들어 로그에 IP 주소가 존재하는지 확인하는 테스트가 있다고 해 봅시다. 이때 IP에 대한 정규식을 ^((2[0-4]\d|25[0-5]|[01]?\d\d?)\.){3}(2[0-4]\d|25[0-5]|[01]?\d\d?)$로 표시(예: re.IGNORECASE, re.MULTILINE)를 설정할 수 있습니다. 다음 사이트를 참고하여 원하는 정규식을 만들어 보기 바랍니다.

- URL https://docs.python.org/2/library/re.html
  https://docs.python.org/3/library/re.html
  https://www.regexpal.com/

로봇 프레임워크 키워드 테스트 데이터의 정규식 구문 작성 시에는 다음 사항을 주의해야 합니다.

- 역슬래시(₩)는 테스트 데이터에서 이스케이프 문자이므로 패턴에 역슬래시 자체를 사용하려면 역슬래시에 또 다른 역슬래시를 이스케이프 문자열(₩₩)로 써야합니다. (예: ₩₩d, ₩₩w+)
- 특수 문자를 포함한 문자열을 리터럴 문자열로 처리해야 할 경우 re.escape()의 기능을 하는 Regexp Escape(*patterns) 키워드를 사용합니다.
- 주어진 패턴이 전체 문자열과 일치할 필요는 없습니다. 예를 들어 패턴 'ello'는 문자열 'Hello world!'와 일치합니다. 전체 일치가 필요한 경우 '^' 및 '$' 문자를 사용하여 문자열의 시작과 끝을 각각 나타낼 수 있습니다. 예를 들어 '^ ello $'는 정확한 문자열 'ello'와 일치합니다.
- 패턴을 (? iLmsux) 그룹 앞에 (? im) 패턴을 접두사로 사용하여 표현식 분석 방법을 변경하는 가능한 플래그(예 : re.IGNORECASE, re.MULTILINE)를 설정할 수 있습니다. 사용 가능한 플래그는 i(대소문자 구별 없음), m(다중 행 모드), s(점 찍기 모드), x(상세 정보), u(유니 코드 종속) 및 L(로케일 종속)입니다.

문자열 분할 키워드

파이썬을 배우면 연산자를 이용한 수식 계산과 더불어 문자열 처리까지 기본 구문을 익히게 됩니다. 지금까지 살펴본 것처럼 로봇 프레임워크는 파이썬으로 구현되어 있습니다. 따라서 표준 라이브러리에서 파이썬 구문을 키워드로 사용할 수 있도록 제공하고 있습니다. 파이썬에서 split[sep, [maxsplit]] 메서드는 문자열을 분할하는 기능을 수행합니다. 로봇 프레임워크에서는 동일한 기능을 하는 Split String 키워드를 제공합니다.

```
Split String(string | separator=None | max_split=-1)
```

Split String 키워드는 string 인잣값을 separator 인자를 구분 기호 문자열로 하여 분할합니다. 만약 separator=None과 같이 지정되지 않으면 공백(빈칸)을 기준으로 분할합니다. 이때 앞, 뒤 공백과 연속 공백은 포함하지 않습니다. 이 키워드는 분할한 string 인잣값을 리스트 형태로 반환합니다. 이제부터 시간 문자열의 시, 분, 초를 각각 변수로 할당하는 키워드를 만들어 각각의 값을 반환하는 테스트 케이스를 작성해 보겠습니다.

실습	Split String

3_3_StandardKeyword 테스트 스윗에 'TC30_String_Split' 테스트 케이스를 추가합니다.

1. 시간을 입력받아 시, 분, 초의 변수 3개로 반환하는 Split Log Time 사용자 키워드를 만듭니다.

2. 테스트 케이스에 Split Log Time의 입력값으로 '18:55:43'을 작성합니다.

3. Split Log Time 사용자 키워드는 입력값을 시간 표시(:)를 기준으로 분할합니다.

4. 각 분할 결과는 return 변수 3개에 각각 저장합니다.

◇◇

스텝 3에서 시간 분할하는 기능은 Split String(string | separator=None | max_split=−1) 키워드를 이용합니다. 실습에서 separator는 시간 표시(:)를 사용합니다.

스텝 4에서 리스트 변숫값을 각 변수로 가져올 때 Collections 라이브러리의 Get From List(list | index) 키워드를 사용합니다. 이 키워드는 list 인자로부터 index 인자로 지정된 값을 반환합니다. 반환값은 list 값에 영향을 주지 않습니다. 인덱스 0은 첫 번째 위치를 의미하고, 1은 두 번째 위치를 의미합니다. 마찬가지로, −1은 마지막 위치이고, −2는 두 번째 마지막 위치입니다. list 인자에 없는 index 인자를 사용하면 오류가 발생합니다.

실습 Split String 테스트 케이스 예시

```
*** Settings ***
Resource          Resource/common.robot
Library           String
Library           Collections


*** Test Cases ***
TC30_String_Split
    ${hour}    ${minute}    ${second}    Split Log Time    18:55:43


*** Keywords ***
Split Log Time
    [Arguments]    ${log_time}
    ${split_time}    String.Split String    ${log_time}    :    2
    ${H}    Collections.Get From List    ${split_time}    0
    ${M}    Collections.Get From List    ${split_time}    1
    ${S}    Collections.Get From List    ${split_time}    2
    [Return]    ${H}    ${M}    ${S}
```

실습에서는 입력값 '18:55:43'을 분리하는 사용자 키워드 Split Log Time에서 Split String 키워드를 사용합니다. 구분자(:)를 기준으로 인덱스 0은 시간 변수 ${H}, 인덱스 1은 분 변수 ${M}, 인덱스 2는 초 변수 ${S}에 값을 넣었습니다.

자세한 과정을 살펴보면 먼저 실행 결과 ${split_time} = [u'18', u'55', u'43']이 문자열로 나옵니다. 이 값을 Get From List 키워드로 ${H} = 18, ${M} = 55, ${S} = 43으로 각각 할당합니다. 여기서 Split Log Time의 입력값은 '18:55:43'이라는 임의의 시간을 넣었으나, 실제 테스트에서 적용할 때는 로그에서 시간을 찾아오거나 별도의 변수로 설정하여 사용합니다.

실행 결과

```
INFO : ${split_time} = [u'18', u'55', u'43']
INFO : [u'18', u'55', u'43']
INFO : ${H} = 18
INFO : ${M} = 55
INFO : ${S} = 43
INFO : ${hour} = 18
INFO : ${minute} = 55
INFO : ${second} = 43
```

시간 입력값을 PC에서 얻어 사용하려면 time 명령어를 이용합니다. 명령 프롬프트에서 'time'을 입력하면 현재 PC의 시간이 나타납니다. 참고로 time은 윈도우에서 사용하는 명령어로 맥에서 사용하려면 터미널에서 date '+%H:%M:%S'로 수행합니다.

```
${rc}    ${time}    Remote.Run And Return Rc And Output    time
```

실행 결과

```
TRACE : Arguments: [ 'time' ]
TRACE : Return: [1, b'The current time is: 13:56:13.52\nEnter the new time: ']
INFO : ${rc} = 1
```

```
INFO :
${time} = The current time is: 13:56:13.52
Enter the new time:
```

${time} 변수에 입력된 값은 '\n'으로 구분된 값입니다. 이중 시간 값을 얻기 위해 첫 번째 줄만 남기려면 다음과 같이 Get Line 키워드를 이용합니다.

```
${time}     Get Line     ${time}     0
```

실행 결과

```
TRACE : Arguments: [ b'The current time is: 13:56:13.52\nEnter the new time: '
| '0' ]
TRACE : Return: b'The current time is: 13:56:13.52'
INFO : ${time} = The current time is: 13:56:13.52
```

여기서 '시:분:초' 값만 남기려면 Get Substring(string | start | end=None) 키워드를 이용합니다. 이때 파이썬에서 리스트 변수의 값을 얻기 위해 사용하는 슬라이싱을 동일하게 적용합니다. ${time} 값의 마지막을 나타내는 값은 '-1'입니다. '.52'를 제거하고 13까지의 값을 얻기 위해 start 값에 '-11', end 값에 '-3'을 넣습니다.

```
${time}     Get Substring     ${time}     -11     -3     #초 단위 제거
```

실행 결과

```
TRACE : Arguments: [ b'The current time is: 13:56:13.52' | '-11' | '-3' ]
TRACE : Return: b'13:56:13'
INFO : ${time} = 13:56:13
```

이렇게 실행한 결과는 이와 같이 ${time} 값을 콜론(:)으로 구분된 값으로 얻을 수 있습니다. 실습 TC30_String_Split 의 시간 값 대신에 이 사용자 케이스를 사용하여 필요한 경우 자동으로 현재 시간 값을 얻을 수 있습니다. 테스트 케이스와 사용자 키워드는 한글을 모두 지원하므로, 한글로 이름을 붙여서 다음과 같이 사용할 수 있습니다.

```
*** Settings ***
Resource          Resource/common.robot
Library           String
Library           Collections


*** Test Cases ***
TC30_String_Split
    ${hour}     ${minute}     ${second}     Split Log Time     18:55:43
    ${time}     현재시간
    ${hour}     ${minute}     ${second}     시간 얻기     ${time}


*** Keywords ***
Split Log Time
    [Arguments]     ${log_time}
    ${split_time}     string.Split String     ${log_time}     :     2
    log     ${split_time}     console=true
    ${H}     Collections.Get From List     ${split_time}     0
    log     ${H}     console=true
    ${M}     Collections.Get From List     ${split_time}     1
    log     ${M}     console=true
    ${S}     Collections.Get From List     ${split_time}     2
    log     ${S}     console=true
    [Return]     ${H}     ${M}     ${S}


시간 얻기
    [Arguments]     ${log_time}
    ${split_time}     String.Split String     ${log_time}     :     2
    ${H}     Collections.Get From List     ${split_time}     0
    ${M}     Collections.Get From List     ${split_time}     1
    ${S}     Collections.Get From List     ${split_time}     2
    [Return]     ${H}     ${M}     ${S}
```

현재시간
```
${rc}     ${time}    Remote.Run And Return Rc And Output    time
${time}    Get Line    ${time}    0
${time}    Get Substring    ${time}    -11    -3    #초 단위 제거
[Return]    ${time}
```

내장 키워드에서 사용하는 String 키워드

정규식을 이용한 String.Get Regexp Matches(string, pattern, *groups) 키워드와 Builtin.Should Match Regexp(string | pattern | msg=None | values=True) 키워드처럼 내장 키워드에는 string을 제어하는 여러 키워드가 있습니다. 앞서 살펴본 Should Be Equal 키워드도 여기에 해당합니다.

- Catenate(*items): space로 아이템을 연결하여 문자열을 반환합니다.
- Get Length(item): 아이템의 길이 정보를 정수로 반환합니다.
- Length Should Be(item | length | msg=None): item 인자가 length 인잣값과 같은지 비교합니다. Get Length 키워드와 함께 사용합니다.
- Should (Not) Be Empty/Equal/As Strings/Integers/Numbers)(item | msg=None): 주어진 item 인자에 대한 키워드의 기능을 비교하여 결과를 반환합니다.
- Should (Not) Contain(container | item | msg=None | values=True | ignore_case=False): item 인자를 포함하는지를 검증합니다.
- Should (Not) Start With/End With(str1 | str2 | msg=None | values=True | ignore_case=False): 주어진 str1과 str2 인자를 비교하여 결과를 반환합니다.
- Convert To String/Bytes(item): 주어진 item 인자를 string이나 byte로 변환하여 그 값을 반환합니다.

이러한 String 라이브러리의 업데이트 정보는 표준 설명 문서를 참고하기 바랍니다.

- URL http://robotframework.org/robotframework/latest/libraries/String.html

4. Dialogs 라이브러리

Dialogs 라이브러리는 자동으로 테스트를 실행하면서 에러 등이 발생했을 때 경고창을 발생시켜서 알려주거나 입력값을 수동으로 처리할 수 있도록 하는 기능을 제공합니다. 또한 테스트 실행을 일시 중지하고 다이얼로그 팝업창을 발생시켜 사용자 입력을 받을 수 있습니다. 테스트 과정에서 결과를 수동으로 확인할 때, 자동화로 테스트 환경을 구축하고 완료를 알릴 때도 이용합니다. Dialogs 라이브러리에서 제공하는 키워드는 총 4개입니다. 각 키워드에서 message 인자는 대화 상자에 표시될 내용으로, 테스트를 실제 수행하는 사람이 기능을 이해하는 데 도움이 되도록 작성합니다.

```
Dialogs.Get Selection From User(message | *values)
Dialogs.Get Value From User(message, default_value=, hidden=False )
Dialogs.Execute Manual Step(message, default_error= )
Dialogs.Pause Execution(message=Test execution paused. Press OK to
continue.)
```

Get Selection From User 키워드에서 value 인자는 사용자에게 주어지는 옵션입니다. 의도에 따라 선택하고자 하는 데이터를 넣습니다. 사용자가 [Cancel] 버튼을 누르면 테스트 결과는 Fail입니다. Get Value From User 키워드의 default_value 인자는 입력 필드에 표시되는 설명 문구입니다. 만약 입력값이 노출이 되어선 안 될 암호일 경우 hidden=True로 인자를 설정하면 '*'로 표시되어 화면에 값이 보이지 않습니다. Execute Manual Step 키워드는 그림 3-21처럼 [PASS]와 [FAIL] 버튼으로 사용자에게 테스트를 멈출 수 있는 기회를 제공합니다. Pause Execution 키워드는 테스트를 멈추는 역할을 하며 [OK] 버튼으로 구성되어 있습니다. 이 버튼은 테스트 결과가 Pass로 남기 때문에 사용할 때 주의해야 합니다.

그림 3-21 Execute Manual Step 키워드 예시

Execute Manual Step 키워드를 사용할 때 [PASS]를 선택하면 테스트가 Pass로 완료되고 [FAIL]을 선택하면 그림 3-22와 같은 다이얼로그에 구체적인 Fail 이유를 작성할 수 있습니다. 이 메시지는 RIDE 결과로 저장되어 전체 테스트를 완료한 후 확인할 수 있습니다. default_error 인자에 메시지를 입력하면 [FAIL]을 선택한 경우의 편집기 창에 메시지가 입력되어 있습니다.

그림 3-22 Execute Manual Step 키워드 [FAIL] 선택 예시

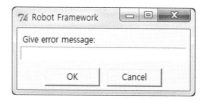

사용자 입력 팝업 키워드

Dialogs 라이브러리를 이용하여 사용자의 입력값을 받아 처리하는 테스트 케이스를 작성해 보겠습니다.

실습	Run Keyword If 조건문

3_3_StandardKeyword 테스트 스윗 아래에 'TC31_Dialog_Condition' 테스트 케이스를 추가하고 common.robot에는 Dialogs 라이브러리를 추가합니다.

1. 사용자가 user01, user02, user03 중 선택할 수 있도록 팝업창을 만듭니다.

2. 사용자를 선택하면 암호를 입력할 수 있도록 팝업창을 만듭니다. 이때 입력받는 암호 정보는 보이지 않도록 합니다.

3. 암호가 맞다면 테스트를 시작하는 메시지 창을 발생시킵니다.

4. 암호가 틀리면 테스트 결과를 Fail로 처리합니다.

스텝 1에서 Dialogs 라이브러리의 Dialogs.Get Selection From User(message | *values) 키워드로 사용자 선택 팝업창을 발생시킵니다.

스텝 2에서 사용자 암호 입력을 받기 위해서 Dialogs.Get Value From User(message, default_value=, hidden=False) 키워드를 이용합니다. 이 키워드는 테스트 실행을 일시 중지하고 사용자에게 값을 입력하도록 요청합니다. 사용자가 입력한 값 또는 기본값이 반환됩니다. 빈 값을 반환해도 문제가 없지만 취소를 누르면 키워드가 실패합니다.

스텝 3에서 Run Keyword If 키워드를 이용하여 암호 조건에 따라 Dialogs.Execute Manual Step(message, default_error=) 키워드로 메시지를 표시합니다. 조건은 임의로 지정합니다.

스텝 4에서 테스트 결과는 Fail(msg=None | *tags) 키워드를 이용합니다.

예시로 작성한 키워드 테스트 케이스는 조건문에서 변수로 다양한 입력값을 받아 처리하기 때문에 string 타입 '${variable}'로 처리하여 구문상에 에러가 발생하지 않도록 작성하였습니다.

실습 Run Keyword If 테스트 케이스 예시

```
*** Test Cases ***
TC31_Dialog_Condition
    ${username}    Dialogs.Get Selection From User    사용자를 선택하세요
    ...    user01    user02    user03
    ${password}    Dialogs.Get Value From User    암호를 입력하세요    hidden=yes
```

```
Run Keyword If      '${password}'=='1234'     Dialogs.Execute Manual Step
...     계정을 확인하였습니다. 테스트를 시작합니다.     테스트 전제 조건이 잘못되었습니다.
Run Keyword Unless  '${password}'=='1234'     Fail
...     입력하신 암호가 틀렸습니다. 테스트를 중지합니다.
```

조건문에서 조건 변수가 동일하지 않은 경우는 예시처럼 'unless'를 쓰거나 조건문에서 '!='으로 쓰기도 합니다. 두 조건문의 결과는 동일합니다.

```
Run Keyword Unless  '${condition}'=='${input}'   do something
Run Keyword If      '${condition}'!='${input}'   do something
```

실행하면 **그림 3-23**처럼 우선 입력창이 표시됩니다. 이후 입력값에 따라 다음 화면이 나타납니다.

그림 3-23 Run Keyword If 조건문 실행 결과

일반적인 프로그래밍 언어에는 조건문에 'If … Else If … Else' 구문이 있습니다. 로봇 프레임워크에서도 동일하게 사용할 수 있습니다. 사용자 ID에 따라 암호가 맞는지 확인하는 키워드 테스트 케이스를 추가해 보겠습니다. 다음 예시는 이전 예시에서 사용자에 따라 암호를 달리하여 조건을 추가하였습니다. user01의 암호를 1234, user02의 암호는 5678, user03의 암호는 0123으로 설정하고 'If … Else If … Else' 구문으로 작성했습니다.

그림 3-24 TC33 MultiCondition 테스트 케이스 예시

Test Cases				
TC_MultiCondition	${username} =	Dialogs.Get Selection From User	사용자를 선택하세요	user01
	...	user02	user03	
	${password} =	Dialogs.Get Value From User	암호를 입력하세요	hidden=yes
	Run Keyword If	'${username}' =='user01' and '${password}'=='1234'	Dialogs.Execute Manual Step	안녕하세요 user01님!
	...	테스트를 시작합니다.		
	...	ELSE IF	'${username}' =='user02' and '${password}'=='5678'	Dialogs.Execute Manual Step
	...	안녕하세요 user02님! 테스트를 시작합니다.		
	...	ELSE IF	'${username}' =='user03' and '${password}'=='0123'	Dialogs.Execute Manual Step
	...	안녕하세요 user03님! 테스트를 시작합니다.		
	...	ELSE	FAIL	암호가 틀렸습니다. 테스트를 중지합니다.

조건문의 인자로 입력되는 변수는 앞서 본 것처럼 특정값뿐만 아니라 AND, OR 같은 연산도 가능합니다. 또한 변수를 선언할 때도 조건문을 사용할 수 있습니다. 이러한 Dialogs 라이브러리의 업데이트 정보는 표준 설명 문서를 참고하기 바랍니다.

- URL http://robotframework.org/robotframework/latest/libraries/Dialogs.html

키워드 테스트 케이스 예시

로봇 프레임워크에서 제공하는 깃허브 오픈소스에는 키워드 테스트 케이스도 함께 포함되어 있습니다. 예를 들어 변수를 사용하는 테스트 케이스는 다음 링크를 참고하기 바랍니다.

- URL https://github.com/robotframework/robotframework

변수 사용 예시:
- URL https://github.com/robotframework/robotframework/blob/master/atest/testdata/standard_
  libraries/builtin/setting_variables/variables.robot

원격 라이브러리

원격 라이브러리(remote library)는 로봇 프레임워크의 가장 큰 특징으로 다른 언어로 작성된 라이브러리를 지원합니다. 그리고 여러 단말에서 테스트를 동시에 진행할 수 있도록 분산 테스트를 지원합니다. 이 기능을 지원하기 위해서는 원격 서버(remote server)가 필요합니다. 원격 서버는 실제 테스트 라이브러리가 제공하는 키워드를 원격 라이브러리에 전달합니다.

1. 원격 라이브러리 아키텍처

원격 라이브러리 아키텍처는 로컬 테스트와 원격 테스트로 구분할 수 있습니다. 여기에서 공통적으로 원격 라이브러리와 원격 서버의 통신 방식은 XML-RPC 프로토콜을 이용합니다. XML-RPC 프로토콜은 RPC 프로토콜의 일종으로 인코딩 형식은 XML로 하고 전송은 HTTP 프로토콜을 사용합니다.

그림 3-25 XML-RPC 프로토콜

원격 서버와 원격 라이브러리 간에 XML-PRC 통신을 함으로써 이종 언어를 지원합니다. 원격 프로토콜이 사용하는 기본 포트는 8270이며 IANA에 의해 등록되었습니다. 포트 번호는 아스

키(ASCII) 코드표에서 82가 R을 나타내고 70이 F를 나타냅니다. 또한 원격 서버는 외부 프로세스로 수행할 수 있습니다. 다른 원격 시스템에서 원격 서버를 실행하여 테스트 케이스를 실행함으로써 다중 테스팅이 가능합니다. 로봇 프레임워크는 다음과 같은 다양한 언어로 원격 서버를 지원합니다.

Python(remoteserver)
: https://github.com/robotframework/PythonRemoteServer

Java(jrobotremoteserver)
: https://github.com/ombre42/jrobotremoteserver

.NET(NRobotRemote)
: http://nrobot-server.readthedocs.io/en/latest/

Ruby(robot—remote—server—rb)
: https://github.com/semperos/robot-remote-server-rb

Clojure(robot—remote—server—clj)
: https://github.com/semperos/robot-remote-server-clj

Perl(plrobotremoteserver)
: https://github.com/daluu/plrobotremoteserver

node.js(node—robotremoteserver)
: https://github.com/comick/node-robotremoteserver

PHP(phrrs)
: https://github.com/daluu/phrrs

이 책에서는 파이썬으로 원격 서버를 설치하고 원격 라이브러리를 작성하겠습니다. 다중 실행을 위해 윈도우, 리눅스, 맥에 원격 서버를 설치합니다.

```
# pip install robotremoteserver
Collecting robotremoteserver
```

```
..
Successfully installed robotremoteserver-1.1

# pip install robotfixml
Collecting robotfixml
..
Successfully installed BeautifulSoup-3.2.1 robotfixml-1.0.1

# pip list
Package            Version
---------------- -------
pip                10.0.1
robotfixml         1.0.1
robotframework     3.0.4
robotremoteserver  1.1
```

윈도우에 원격 서버를 설치하면 'C:\Python27\Lib\site-packages\robotremoteserver.py'가 생성됩니다. 리눅스와 맥 역시 설치된 파이썬 라이브러리 패키지 경로 아래에 동일한 파일이 생성됩니다. 이제 로봇 프레임워크에서 제공하는 표준 라이브러리와 원격 서버를 이용하여 원격 환경으로 테스트 환경을 구성하여 사용할 수 있습니다.

로컬 테스트

원격 라이브러리와 원격 서버가 동일한 PC에 있다는 것은 원격 서버가 실행되는 위치와 테스트 데이터가 동일한 위치에 있다는 뜻입니다. 한 대의 PC에서 테스트 대상(SUT)과 로봇 프레임워크(Remote library) 사이에서 원격 서버가 연계하는 기능을 수행합니다. 지금까지의 실습은 모두 로컬 테스트 형태입니다.

그림 3-26 로컬 테스트

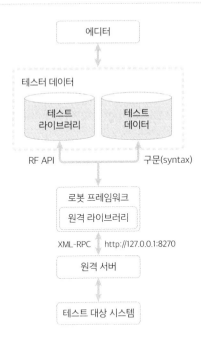

원격 서버와 통신을 하는 원격 라이브러리는 표준 라이브러리와 동일한 방식으로 테스트 데이터에 추가하여 사용합니다.

원격 테스트

로컬 테스트와 달리 원격 테스트는 테스트 대상을 테스트 데이터가 있는 로컬 PC와 분리하여 테스트를 수행하는 형태입니다. 로컬 PC에 원격 라이브러리가 불러온 테스트 데이터가 있고, 원격 PC에서 원격 서버를 실행하여 테스트 대상(SUT)과 로봇 프레임워크(Remote library)를 연계하는 형태입니다. 다음에 살펴볼 SSH를 이용하는 테스트 실행 구조가 원격 테스트 구조와 유사합니다.

그림 3-27 분산 테스트 원격 서버

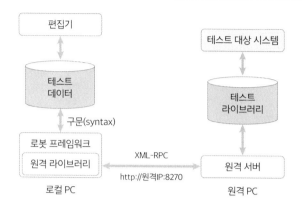

원격 PC에는 로컬 PC와 마찬가지로 로봇 프레임워크 수행을 위한 파이썬, 로봇 프레임워크, 원격 서버가 설치되어 있어야 합니다. 원격 라이브러리와 원격 서버는 약간 헷갈릴 수 있습니다. 그 아키텍처를 살펴보면 좀 더 구분하기 쉬울 것입니다. 원격 서버는 테스트 라이브러리가 제공한 키워드를 실행할 수 있도록 원격 라이브러리와 XML-RPC 채널 위에 원격 프로토콜을 사용하여 통신합니다.

2. 원격 라이브러리 작성

이제 파이썬으로 원격 라이브러리를 실행하는 테스트 라이브러리를 작성하겠습니다. 테스트 라이브러리에 포함할 사항은 원격 PC에서 사용하고자 하는 라이브러리, 키워드 함수, robotremoteserver 모듈입니다. 예시로 작성한 테스트 라이브러리 ExampleRemoteLib.py를 알아보겠습니다.

ExampleRemoteLib.py

```
# -*- coding: utf-8 -*-
#!/usr/bin/env python
```

```python
from __future__ import print_function
import os
import sys
from robot.libraries.OperatingSystem import OperatingSystem
from robot.libraries.Screenshot import Screenshot
from robot.libraries.XML import XML
from robot.libraries.Process import Process
import robot.libraries
import re
from robotremoteserver import RobotRemoteServer
try:
    from collections import OrderedDict as _default_dict
except ImportError:
    # fallback for setup.py which hasn't yet built _collections
    _default_dict = dict

try:
    basestring
except NameError:    # Python 3
    basestring = str

class ExampleRemoteLib(Process, OperatingSystem, Screenshot, XML, Telnet):
    def __init__(self):
        Screenshot.__init__(self,"C:\\WebServer\\Results")
        XML.__init__(self,use_lxml=True)
        Process.__init__(self)

    def count_items_in_directory(self, path):
        """Returns the number of items in the directory specified by `path`."""
        items = [i for i in os.listdir(path) if not i.startswith('.')]
        return len(items)

    def strings_should_be_equal(self, str1, str2):
        print("Comparing '%s' to '%s'." % (str1, str2))
        if not (isinstance(str1, basestring) and isinstance(str2, basestring)):
            raise AssertionError("Given strings are not strings.")
        if str1 != str2:
            raise AssertionError("Given strings are not equal.")

if __name__ == '__main__':
    RobotRemoteServer(ExampleRemoteLib(), *sys.argv[1:])
```

ExampleRemoteLib.py 구조와 각 줄을 알아보겠습니다.

```
# -*- coding: utf-8 -*-
#!/usr/bin/env <실행 프로그램 이름>
```

소스 코드 처음 2줄은 실행 환경의 제한 조건입니다. 주석에 한글을 많이 사용하기 때문에 인코딩 오류를 예방하기 위해 인코딩을 추가하고, 실행할 프로그램 경로를 파이썬으로 지정하였습니다. 파이썬 말고도 bash, perl, php 등 다양한 실행 프로그램을 이용하여 키워드 테스트 케이스를 작성할 때도 이러한 구문을 사용해야 합니다. 리눅스나 맥에서 원격 서버를 실행할 때도 이 구문이 필요합니다.

```
Import <모듈 이름>
From <모듈 이름> import <함수 이름>
Import <모듈 이름> as <별명(alias)>
```

모듈은 쉽게 생각하면 자주 사용하는 함수를 묶어 놓은 파일입니다. 파이썬에서는 import를 이용하여 불러옵니다. 모듈을 로드하는 방법은 앞서와 같이 3가지가 있습니다. ExampleRemoteLib.py에서는 원격 서버와 표준 라이브러리를 사용하기 위해 모듈을 불러옵니다.

로봇 프레임워크의 표준 라이브러리 모듈은 다음 위치에 있습니다.

📁 C:\Python27\Lib\site-packages\robot\libraries\

```
try:
    <예외 발생 가능성 있는 구문>
except <예외의 종류>:
    <예외 처리 수행 구문>
```

Try-Except 구문은 예외 처리 예약어 구문입니다. 잠재적인 오류가 있는 구문을 try절 아래에 배치합니다. 오류가 발생하는 경우 프로그램은 except절을 실행하고 아래 코드를 이어서 실행합니다. 예시에서 사용하는 Basestring은 파이썬3에서는 str로 사용되므로 NameError가 발생하는 것을 처리하기 위해 try절을 사용하였고, Collections 라이브러리 로딩에 사용하였습니다.

```
Class <클래스이름>(<상속 클래스 이름>):
def __init__(self, 인자):
def 함수 이름(인자):
```

클래스(class)를 이용할 때, 모듈에서 상속받은 함수를 사용하기 위해서 상속 클래스 이름에 불러온 모듈명을 추가할 수 있습니다. 예시에서는 표준 라이브러리를 사용하기 위해 불러오고 상속 클래스에 추가했습니다. 기존에 없던 키워드를 파이썬으로 만들어 사용하고 싶다면 Class 아래 def 문으로 새로운 함수를 만들어 키워드로 사용할 수 있습니다. ExampleRemoteLib 클래스에서는 원격 서버 테스트를 위한 count_items_in_directory와 strings_should_be_equal 2개 키워드를 만들었습니다. _init_(self) 함수는 클래스가 생성될 때 기본으로 호출되는 생성자로써 초기화가 필요한 경우 사용합니다. 이때, 인자로 self를 반드시 추가해야 합니다.

```
if __name__ == '__main__':
    RobotRemoteServer(ExampleRemoteLib(), *sys.argv[1:])
```

파이썬에서는 테스트를 위해 내장 변수 _name_을 이용하여 _main_을 호출하고 그 하위에 print 문 등을 이용하여 작성한 함수를 호출하여 제대로 함수가 작성되었는지 확인합니다. 로봇 프레임워크에서는 테스트 용도 이외에 작성한 클래스에 함수를 직접 호출하기 위해 사용합니다. 원격 서버를 이용하여 작성한 라이브러리를 호출함으로써 직접 호출하는 구조가 됩니다. 직접 작성할 때는 앞선 소스 코드에 표시한 대로 호출하는 클래스가 ExampleRemoteLib( ) 인 것을 주의해야 합니다. 만약 다른 파이썬 코드에서 로드(import)하여 사용한다면 이 main 부분은 수행되지 않습니다.

원격 서버 데모

로봇 프레임워크에서 제공하는 원격 서버(remoteserver) 정보에는 원격 서버 데모 코드가 있습니다. 데모 코드는 간단한 원격 라이브러리 예제 examplelibrary.py와 tests.robot 키워드 테스트 케이스로 구성됩니다. 예제 라이브러리는 Python(2와 3 모두), Jython, IronPython 또는 PyPi로 실행할 수 있습니다.

- URL https://github.com/robotframework/PythonRemoteServer/tree/master/example

3. 원격 서버 실행

원격 라이브러리를 가져오기 전에 실제 키워드를 제공하는 원격 서버를 시작해야 합니다. 원격 서버는 파이썬 명령어로 다음과 같이 실행합니다.

```
python <라이브러리 이름> <타겟 IP> <타겟 Port>
```

로컬 테스트를 실행할 경우 원격 서버의 디폴트 IP(127.0.0.1)와 Port(8270)로 라이브러리를 실행하면 로봇 프레임워크 메시지가 나타나고 원격 서버가 실행됩니다.

```
> python .\ExampleRemoteLib.py 127.0.0.1 8270
Robot Framework remote server at 127.0.0.1:8270 started.
```

명령 프롬프트를 이용하여 'netstat -na'로 통신 상태를 확인하면 TCP 프로토콜에서 127.0.0.1:8270 포트가 listening 상태가 된 것을 볼 수 있습니다.

그림 3-28 원격 서버 실행 결과

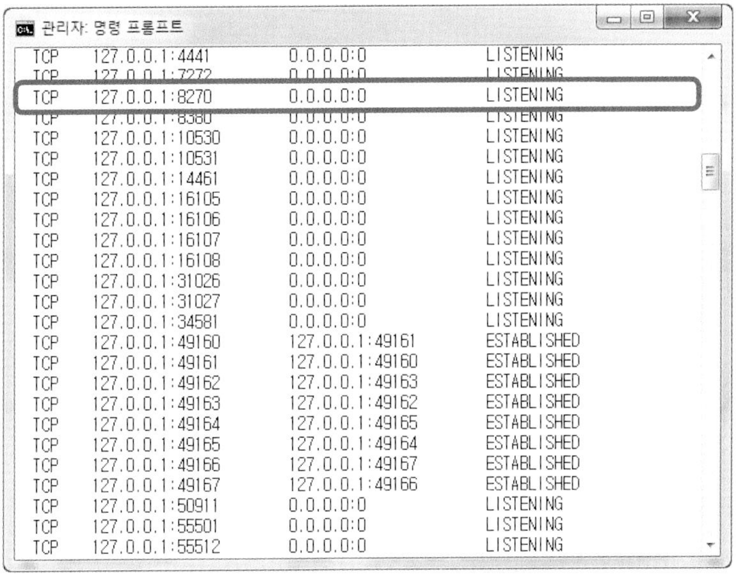

원격 서버가 정상적으로 작동한다면 RIDE의 [Search Keywords] 창에서 Remote 키워드를 불러와서 사용 가능한 상태가 되고, 키워드 함수로 정의한 'count_items_in_directory'를 검색할 수 있습니다.

그림 3-29 원격 라이브러리 키워드

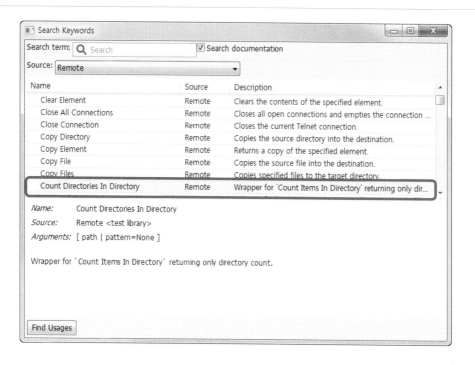

리눅스와 맥에서도 윈도우와 마찬가지로 원격 서버로 원격 테스트를 수행할 수 있습니다. 리눅스 원격 PC에 ExampleRemoteLib.py 파일을 저장합니다. '/keyword/TestLib' 하위에 ExampleRemoteLib.py 파일을 복사해 두었다면 윈도우에서 원격 라이브러리를 실행한 것처럼 리눅스에서 터미널을 이용해 실행시킵니다.

```
/keyword/TestLib#python ExampleRemoteLib.py hostIP
Robot Framework remote server at hostIP:8270 started.
```

바로 python 명령어로 실행하는 방법 외에 다음과 같이 배치 파일을 만들어 실행하기도 합니다. 리눅스에서 파일을 직접 생성하고 실행할 때는 파일의 권한을 할당한 후에 가능합니다.

> remote.sh 예시

```
#!/bin/bash
python /keyword/TestLib/ExampleRemoteLib.py $1
```

리눅스에서 배치 파일 이름이 'remote.sh'이고 hostIP가 '192.168.0.200'인 경우 원격 서버를 실행하면 다음과 같이 시작됨(started)을 알 수 있습니다.

```
/keyword/TestLib#./remote.sh 192.168.0.200 8270
Robot Framework remote server at 192.168.0.200:8270 started.
```

이 상태에 대해 'ps -ef | grep remote' 명령을 실행하면 그림 3-30처럼 실행 중인 상태를 확인할 수 있습니다. 만약 실행이 되지 않는다면 실행 권한이 있는지 확인합니다. 실행 권한이 없다면 'chmod' 명령어를 이용하여 파일의 실행 권한을 부여합니다.

그림 3-30 리눅스에서 원격 라이브러리 실행 화면

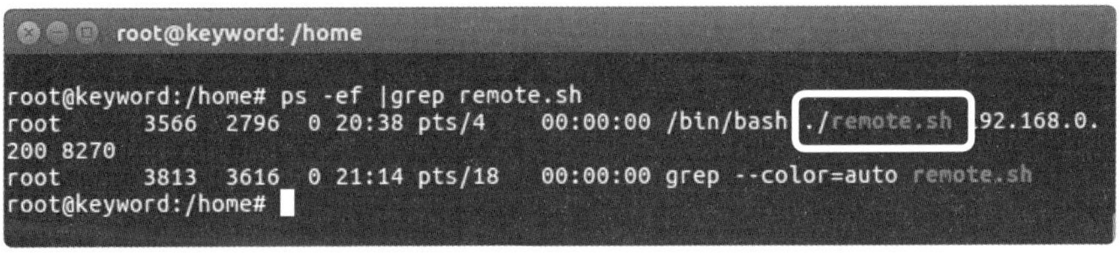

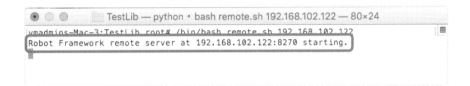

IP가 '192.168.102.122'인 맥 환경에서 원격 서버를 실행한 결과는 그림 3-31과 같습니다.

그림 3-31 맥에서 원격 라이브러리 실행

원격 서버 실행

원격 서버를 실행하고 ping으로 네트워크 연결도 확인했음에도 로봇 프레임워크 테스트 케이스의 키워드를 인식하지 못한다면, Target OS의 방화벽 문제를 확인해 봐야 합니다. 각 리눅스 OS별로 방화벽을 끄고 실행하거나 허용 정책을 추가해야 합니다.

원격 테스트를 동시에 여러 대에서 수행할 경우에 대해 생각해 보겠습니다. 예시처럼 원격 서버를 여러 대의 원격 PC에 실행하고 로컬 PC에서 동시에 실행 명령을 내리면 **그림 3-32**와 같이 테스트가 가능합니다. 이때 로컬 PC에 RIDE가 원격 PC의 수만큼 동작해야 합니다. 좀 더 프로그래밍에 관심이 있는 분들은 여러 원격 PC를 조정하는 명령 프로그램을 만들어 보는 것도 좋습니다.

그림 3-32 다중 원격 테스트

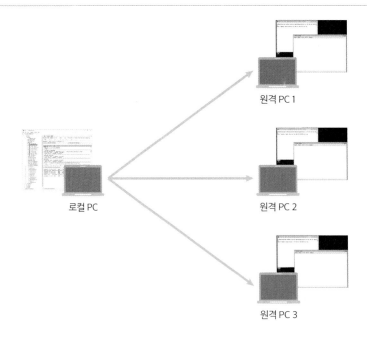

로컬 PC

원격 PC 1

원격 PC 2

원격 PC 3

로컬 PC(Commander)

테스트 데이터(test data)가 위치하는 PC로 보통 Commander라고 부르기도 합니다. 책에서는 로컬 PC 환경을 윈도우 7로 설정하였습니다. 윈도우가 아닌 운영체제에서 Commander를 운영할 경우 OS에 맞게 로봇 프레임워크 환경을 구축하여 사용합니다.

원격 PC(Target)

테스트 대상이 되는 단말을 의미합니다. 윈도우를 포함한 리눅스, 맥, 안드로이드, 웹 브라우저 등 다양한 형태의 단말이 있을 수 있습니다.

실습으로 윈도우, 맥, 리눅스 기반의 원격 PC에 동일한 테스트 케이스를 실행하겠습니다. 이를 위해 각 원격 PC에는 원격 서버를 설치하고 원격 라이브러리를 저장해야 합니다.

로컬 PC에서 실행

OS 라이브러리에서 실습했던 'TC25_OS_Count' 테스트 케이스를 원격 라이브러리로 실행하겠습니다. 이를 위해 새로운 테스트 케이스를 작성합니다.

실습 | Local Remote Library

새로운 테스트 스윗 '3_4_RemoteKeyword.robot'과 리소스 파일 'remote.robot'을 만들고 'TC33_Remote_Count' 테스트 케이스를 정의합니다.

1. remote.robot 리소스 파일에 원격 서버를 설정합니다. 이때 IP, Port는 변수를 이용하여 정의합니다.

2. RemoteKeyword.robot 테스트 스윗에는 리소스를 로딩합니다.

3. TC33_Remote_Count 테스트 케이스에는 'TC25_OS_Count'의 내용을 작성합니다. 원격 서버에서 테스트 케이스를 실행하려면 키워드 별칭(alias)을 remote.robot에서 정의한 별칭으로 작성합니다.

4. 로컬 PC에서 원격 서버를 실행시킵니다.

스텝 1에서 remote.robot에 라이브러리 설정은 'Library'에 'Remote'로 합니다. 이때 로컬 PC의 ${ADDRESS}는 127.0.0.1이고 ${PORT}는 8270입니다.

스텝 3에서 Count Items In Directory 키워드의 라이브러리를 OS에서 Remote로 변경합니다.

스텝 4에서 원격 서버는 ExampleRemoteLib.py로 로컬 PC상에서 실행합니다.

실습 Local Remote Library 테스트 케이스 예시

```
### RemoteKeyword.robot 테스트 스윗

*** Settings ***
Resource            Resource/remote.robot

*** Test Cases ***
TC33_Remote_Count
    [Documentation]    Count Items in Directory
    [Tags]     remote
    ${items1} =    Remote.Count Items In Directory    ${CURDIR}
    ${items2} =    Remote.Count Items In Directory    ${TEMPDIR}
    Log    ${items1} items in '${CURDIR}' and ${items2} items in '${TEMPDIR}'


### remote.robot 리소스 파일

*** Settings ***
Library            Remote    http://${ADDRESS}:${PORT}    WITH NAME    Remote
```

```
*** Variables ***
${ADDRESS}        127.0.0.1
${PORT}           8270
```

실행하기 위해 원격 서버가 동작하는지 확인하고 프로세스가 없으면 원격 라이브러리 실행 방법을 참고하여 실행합니다. 이때 ${ADDRESS} 변수를 이용하여 불러오면 테스트 대상 단말이 변경될 경우 robot 옵션 '-v'로 설정할 수 있으므로 변수를 이용하여 작성합니다. Port 역시 변수로 지정하여 사용할 수 있습니다.

원격 서버와 원격 라이브러리 통신이 정상적이지 않으면 RIDE에서 라이브러리가 붉은색으로 표시됩니다. 이 경우 네트워크 연결을 확인해 보거나 서버에 원격 서버가 동작하는지 확인해 보아야 합니다. RIDE의 [Tools] → [View RIDE Log] 메뉴에 로그의 오류 내용이 나와있습니다. 라이브러리 이름이 'Remotelibrary'가 아니라 'Remote'임을 주의해서 사용합니다. 라이브러리 이름을 'Remotelibrary'로 잘못 입력하면 RIDE에서 라이브러리가 존재하지 않아 인식되지 않는다는 다음과 같은 오류가 RIDE 로그에 발생합니다.

RIDE Log 라이브러리 이름 잘못 기재 예시

```
[WARN]: Importing test library "RemoteLibrary" failed
Traceback (most recent call last):
Importing test library 'RemoteLibrary' failed: ImportError: No module named
RemoteLibrary
Traceback (most recent call last):
  File "C:\Python27\lib\site-packages\robotide\lib\robot\utils\importer.py",
line 143, in _import
    return __import__(name, fromlist=fromlist)
PYTHONPATH:
C:\Python27\lib\site-packages\wx-2.8-msw-unicode
(생략)
```

원격 서버 실행

원격 서버는 포트를 기반으로 라이브러리를 구분하기 때문에 여러 개의 라이브러리를 이용할 경우 여러 대
의 원격 서버에 대해 포트를 다르게 하여 수행해야 합니다.

* URL https://pypi.python.org/pypi/robotremoteserver

원격 PC로 실행

원격 PC의 명령 프롬프트에서 파이썬으로 라이브러리 이름, 원격 PC의 IP, Port를 호출하여 실
행합니다.

```
Python <라이브러리 이름> <원격지 타겟 IP> <원격지 타겟 port>
```

다음 그림은 원격 PC에 로봇 프레임워크의 표준 라이브러리를 사용하여 원격 서버를 실행한
모습입니다. 원격 PC에서 표준 라이브러리를 사용하지 않는다면 원격 PC에 로봇 프레임워크를
설치하지 않아도 됩니다.

그림 3-33 원격 테스트

로컬 PC 예시에서 사용한 키워드 테스트 케이스에서 ${ADDRESS} 변수만 원격 PC의 IP로 설정하여 '-v' 옵션으로 실행해 봅니다. 원격에서 동작하는 것을 확인하기 위해 Notepad를 실행하는 테스트 케이스를 만들어 원격 PC에서 UI가 보이도록 작성하겠습니다. 표준 라이브러리 중 OperatingSystem(OS) 라이브러리를 이용하면 Notepad 프로그램을 실행시킬 수 있습니다. OS 모듈은 robot.libraries.OperatingSystem에 있습니다.

실습 원격 라이브러리 - 윈도우 테스트 케이스 예시

```
*** Settings ***
Documentation      standard library example testsuite
Test Timeout       2 hours
Library            Remote    http://${ADDRESS}:${PORT}    WITH NAME    Remote

*** Variables ***
${ADDRESS}      192.168.0.195
${PORT}         8270

*** Test Cases ***
TC34_Remote_Win
    [Documentation]    Remote example testcase
    [Tags]    remote    win
    [Timeout]    40 minutes
    ${file}=    Set Variable    C:\\remote.txt
    remote.Create File    ${file}    this is the keyword world
    remote.File Should Exist    ${file}    No File
    ${contents}    Remote.Get File    ${file}
    Should Contain    ${contents}    this is the keyword world
    remote.run    ${file}
```

ADDRESS가 '192.168.0.104'인 원격 PC에는 ExampleRemoteLib.py로 원격 서버가 실행된 상태이고 로컬 PC에는 RIDE에 실행 코드가 준비된 상태입니다. 로컬 PC에서 RIDE로 실행하면 명령어는 원격 PC로 전송되어 C 드라이브에 'remote.txt' 파일을 생성하고 Notepad로 실행되는 것을 볼 수 있습니다. Notepad를 종료하면 테스트가 종료됩니다. 실습 키워드 테스트 케이스를 실행해 보겠습니다. 그림 3-34에서 실행 옵션에 '-v ADDRESS: 192.168.0.104'를 넣어 실행한 화면을 볼 수 있습니다. 하단 실행 로그에서 'c:\remote.txt' 파일 정보를 확인할 수 있습니다.

그림 3-34 원격 PC로 명령 수행

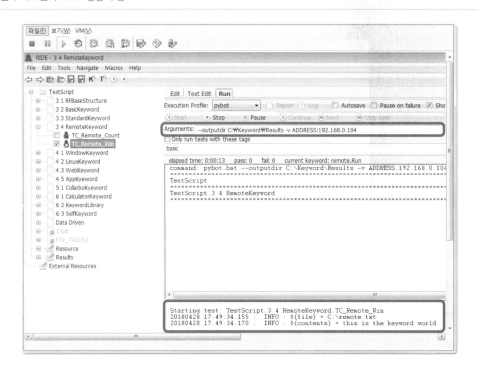

변수 ${ADDRESS}에 초깃값은 192.168.0.195로 되어 있지만 그림 3-34와 같이 Commander PC에서 '-v' 실행 옵션에 192.168.0.104로 설정하여 실행하면 192.168.0.104의 원격 서버와 통신을 하여 테스트 케이스가 실행됩니다.

그림 3-35는 원격 PC 192.168.0.104의 모습입니다. 원격 서버가 실행된 명령창의 IP를 보면 알 수 있습니다. 실행 결과 Notepad가 동작하고 그 위에 "this is the keyword world" 문구가 작성된 것을 볼 수 있습니다. 참고로 필자가 사용한 가상머신 환경은 RIDE를 실행하는 Commander PC는 윈도우 7이고 그림 3-35의 원격 PC는 윈도우 10입니다.

그림 3-35 원격 PC

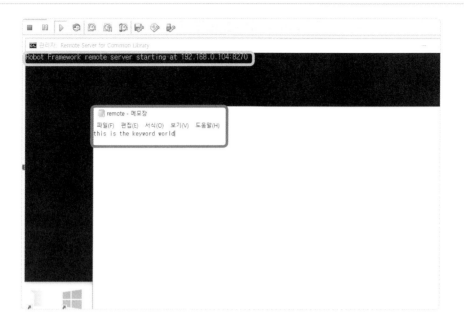

원격 라이브러리 인터페이스

로봇 프레임워크에서 공식적으로 제시하는 원격 라이브러리 아키텍처입니다. 책에서 설명한 아키텍처와 비교해서 원격 라이브러리를 이해하는 데 도움이 되길 바랍니다.

그림 3-36 원격 라이브러리 아키텍처

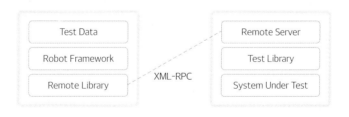

원격 서버와 하나 이상의 라이브러리를 하나의 배포본으로 결합하는 솔루션을 만들 수도 있습니다. 예를 들어 RemoteSwingLibrary는 SwingLibrary, jrobotremoteserver 및 원격 라이브러리 사용자를 번들로 제공합니다.

- URL https://github.com/robotframework/RemoteInterface
  https://github.com/robotframework/PythonRemoteServer

리눅스 PC에서 원격 서버를 실행하고 윈도우 로컬 PC에서 리눅스 원격 PC로 테스트 케이스 실행 명령을 내리는 실습을 해보겠습니다.

실습 | 원격 서버 – 리눅스, 맥

3_4_RemoteKeyword 테스트 스윗에 'TC35_Remote_Linux_Mac' 테스트 케이스를 추가합니다.

1. '/tmp' 디렉터리 하위에 'keyword' 디렉터리를 만듭니다.

2. 'keyword' 디렉터리가 생성되었는지 확인합니다.

3. 'keyword' 디렉터리 아래 'remote.txt' 파일을 만들고 내용은 "hello world"를 입력합니다.

4. 'test.txt' 파일이 생성되었는지 확인합니다.

◇◇

스텝 1에서 Remote.Create Directory 키워드를 이용하여 디렉터리를 만듭니다.
스텝 2에서 디렉터리 생성 확인은 Remote.Directory Should Exist 키워드를 이용합니다.

스텝 3에서 파일 생성은 Remote.Create File 키워드를 이용합니다.

스텝 4에서 파일 생성 확인은 Remote.File Should Exist 키워드를 이용합니다.

실습 원격 서버 - 리눅스, 맥 테스트 케이스 예시

```
### RemoteKeyword.robot 테스트 스윗

*** Settings ***
Resource                Resource/remote.robot

*** Test Cases ***
TC35_Remote_Linux_MAC
    ${dir}=     Set Variable    /tmp/keyword
    ${file}=    Set Variable    ${dir}/remote.txt
    remote.Create Directory     ${dir}
    remote.Create File    ${file}    hello world\n
    remote.Directory Should Exist    ${dir}
    remote.File Should Exist    ${file}    No FileManagement


###remote.robot 리소스 파일

*** Settings ***
Library             Remote    http://${ADDRESS}:${PORT}    WITH NAME    remote

*** Variables ***
${ADDRESS}          192.168.0.200
${PORT}             8270
```

테스트 케이스를 실행하기 전에 원격 서버를 실행했는지 확인해야 합니다. 실행하지 않았다면 remote.sh를 테스트 대상 IP와 8270 포트로 다음과 같이 실행합니다.

```
root@keyword:/home/remote# ./remote.sh 192.168.0.200 8270
Robot Framework remote server at 192.168.0.200:8270 started.
```

앞선 테스트 케이스 실행 결과 그림 3-37과 같이 '/tmp/keyword/remote.txt' 파일이 생성된 것을 볼 수 있습니다. 원격 서버를 이용하여 윈도우에서 사용했던 로봇 프레임워크 표준 라이브러리를 리눅스와 맥에서도 사용할 수 있습니다.

실행 결과

```
INFO : ${dir} = /tmp/keyword
INFO : ${file} = /tmp/keyword/remote.txt
```

그림 3-37 실제 생성 파일 확인

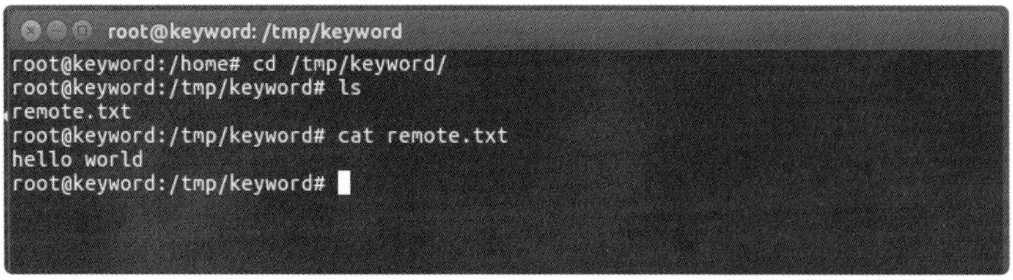

원격 서버 재실행

테스트 라이브러리를 작성하고 실행하는 과정은 일반 파이썬 프로그래밍과 동일합니다. 테스트 라이브러리를 변경한 후에는 반드시 원격 서버를 다시 실행해 주어야 합니다. 원격 서버 실행 중에 종료하려면 [Ctrl] + [C] 키를 누르거나 편집기에서 [중지] 버튼을 누릅니다. 그 외에 종료하는 방법은 다음 링크를 참고하기 바랍니다.

• URL https://github.com/robotframework/PythonRemoteServer#stopping-remote-server

다중 원격 실행

원격 PC로 실행할 때 RIDE로 각 윈도우 PC와 리눅스 PC에 원격 라이브러리 실행 IP 주소를 변경하여 실행하였습니다. 앞서 살펴본 것처럼 로봇 프레임워크는 터미널에서 robot 명령으로 순차적으로 여러 개의 원격 PC에 실행하면, 그림과 같이 다양한 환경의 테스트를 동시에 진행할 수 있습니다.

그림 3-38 다중 원격 실행

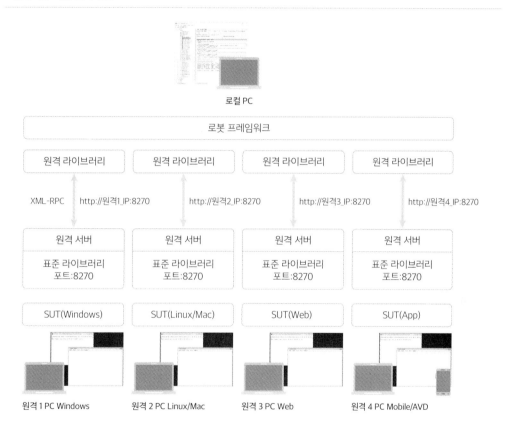

앞서 살펴본 TC34 윈도우 원격 라이브러리 테스트 케이스와 TC35 리눅스 원격 라이브러리 테스트 케이스를 터미널로 실행해 봅니다. 특정 테스트 케이스만 동작시키려면 태그 옵션이나 테

스트 케이스 옵션을 이용합니다. 실습을 위해 태그 'linux'와 'win'을 미리 설정하고 다음과 같이 차례로 TC34와 TC35를 실행하였습니다.

```
C:\Keyword\TestCase>robot -i win -v ADDRESS:192.168.0.200 3_4_RemoteKeyword.
robot
```

```
C:\Keyword\TestCase>robot -i linux -v ADDRESS:192.168.0.104 3_4_
RemoteKeyword.robot
```

각 원격 PC에서 실행 결과를 볼 수 있습니다. 실패한다면 원격 서버가 실행되어 있는지 확인해야 합니다. 원격 라이브러리로 원격 수행을 Jenkins와 연동하여 여러 대에 동시에 실행하면 병렬 실행을 하게 되어 테스트 시간을 줄일 수 있습니다.

---

1. 먼저 파이썬 실행 파일을 배치 파일(*.bat) 형태로 만듭니다.
2. 가상머신이나 실제 PC에 원격 서버를 실행합니다.
3. Jenkins에서 배치 파일을 실행하도록 설정하여 CI를 구축하면 원클릭으로 동작합니다.

원격 서버 실행 역시 배치 파일로 만들어 실행하면 여러 라이브러리를 동시에 실행할 때 유용합니다. 라이브러리별로 포트를 다르게 하여 실행시켜야 하므로 사용할 때 라이브러리별로 포트를 미리 약속해 두는 것이 좋습니다. 기본 원격 서버의 포트는 8270이고 외부 라이브러리 Autoit library는 8271, Selenium library는 8272와 같이 정의합니다. 실행 옵션을 추가하여 테스트 케이스를 실행해 보겠습니다.

유효성 검사: Dry Run

로봇 프레임워크에서 키워드 기반 테스트 수행 시 Dry Run 모드는 해석기와 데이터 시퀀서 역할을 합니다. Dry Run 모드에서는 실제 테스트 라이브러리의 키워드를 실행하지 않고 테스트 데이터의 구문 오류 등을 확인하는 유효성을 검사합니다. 예를 들어 존재하지 않는 키워드를 사용했다거나 작성한 키워드의 인자 개수 오류, 사용자 키워드 사용 오류 등을 검사합니다. 단, 사용자가 작성한 변수의 유효성은 검사하지 않습니다. 이 모드는 '--dryrun' 옵션을 사용하여 작동시킵니다. 특정 사용자 키워드의 실행 유효성 검사를 비활성화하기 원할 경우 'robot:no-dry-run'을 키워드 태그에 설정합니다.

디버깅 옵션: -b, --debug

디버그 파일은 테스트 실행 중에 작성되는 일반 텍스트 파일입니다. 테스트 라이브러리에서 가져온 모든 메시지는 시작 및 종료된 테스트 스윗, 테스트 케이스 및 키워드에 대한 정보와 함께 작성됩니다. 디버그 파일은 테스트 실행을 모니터링하는 데 사용할 수 있습니다. 디버깅 모드는 '-b debug.txt'를 입력하면 출력 파일의 위치에 저장됩니다. 이때 파일 유형은 확장자에 따라 결정됩니다. '-b debug.html'로 설정하면 html 파일로 생성됩니다. '--outputdir'과 '-b' 옵션을 같이 사용한다면 outputdir 설정 위치에 파일이 저장됩니다. 테스트 케이스가 동작하는 중간에 중단되거나 보류되는 상황이 발생하면 로그 파일이 생성이 되지 않는 경우가 있습니다. 이때 디버깅 옵션을 설정하면 디버깅 파일에 기록이 남아 오류의 원인을 찾는 데 사용할 수 있습니다.

종료 옵션: -X, --exitonfailure, --exitonerror

'--exitonfailure(-X)' 옵션을 사용하면 중요한 테스트가 실패했을 때, 테스트 실행이 즉시 중지됩니다. 나머지 테스트는 실제로 실행하지 않고 실패로 표시됩니다. 로봇 프레임워크는 실패한 키워드로 인한 Fail과 잘못된 설정이나 테스트 라이브러리 가져오기 실패로 인한 오류를 구분합니다. 기본적으로 이러한 오류는 테스트 실행 오류로 보고되지만 테스트 결과에는 영향을 주지 않습니다. 설정 오류에 대해 '--exitonerror' 옵션을 사용하면 이러한 모든 오류는 치명적으로 간주되고 실행이 중지되므로 나머지 테스트는 실패로 표시됩니다. 실행 전에 파싱 오류가 발생하더라도 실제로는 테스트가 실행되지 않는다는 것을 의미합니다.

| 실습 | 실행 옵션 '-X' |

3_1_RFBaseStructure 테스트 스윗에 'TC36_Arg_Exit' 테스트 케이스를 추가합니다.

1. 임의로 실패하도록 작성합니다.

2. 테스트 케이스를 테스트 스윗의 제일 상단에 배치합니다.

3. '--exitonfailure' 옵션을 이용하여 전체 테스트 스윗을 실행합니다.

스텝 1에서 임의로 실패하도록 유도하여 디버깅 정보를 확인하기 위해 Fail 키워드를 이용합니다.

스텝 2에서는 테스트 스윗에서 위치에 따른 순서대로 테스트 케이스가 실행되므로 RIDE에서 테스트 케이스를 선택하고 단축키 [Ctrl] + [↑] 키로 최상단에 위치하도록 만듭니다.

실습 실행 옵션 '-X'

```
*** Test Cases ***
TC36_Arg_Exit
    log     the first tc    console=true
    Fail
```

실행한 결과 테스트 스윗 내의 전체 테스트 케이스가 'Critical failure occurred and exit-on-failure mode is in use.' 메시지와 함께 Fail이 된 것을 볼 수 있습니다. 테스트가 실패하더라도 테스트 스윗과 테스트 케이스의 Teardown은 실행됩니다.

실행 결과

```
C:\Keyword\TestCase>robot --exitonfailure 3_1_RFBaseStructure.robot
==============================================================
3_1_RFBaseStructure :: Keyword Based Automation Test
==============================================================
1.TestSuite_SETUP
TC36_Arg_Exit
2.TestSuite_TestCase_SETUP
the first tc
6.TestSuite_TestCase_TEARDOWN
TC36_Arg_Exit                                                 | FAIL |
AssertionError
--------------------------------------------------------------
TC1_RF_TSFixture                                              | FAIL |
Critical failure occurred and exit-on-failure mode is in use.
--------------------------------------------------------------
TC2_RF_Variable                                               | FAIL |
Critical failure occurred and exit-on-failure mode is in use.
--------------------------------------------------------------
(생략)
--------------------------------------------------------------
TC9_Arg_Log                                                   | FAIL |
Critical failure occurred and exit-on-failure mode is in use.
--------------------------------------------------------------
7.TestSuite_TEARDOWN
3_1_RFBaseStructure :: Keyword Based Automation Test          | FAIL |
10 critical tests, 0 passed, 10 failed
10 tests total, 0 passed, 10 failed
==============================================================
Output:  C:\Keyword\TestCase\output.xml
Log:     C:\Keyword\TestCase\log.html
Report:  C:\Keyword\TestCase\report.html
```

예시에서 사용한 Fail(msg=None, *tags) 키워드는 해당 테스트 케이스만 중지하는 기능을 가집니다. 유사한 키워드로 Fatal Error(msg=None) 키워드는 전체 테스트 실행을 중단합니다. Fatal Error 키워드를 사용하는 테스트 케이스의 에러 메시지는 AssertionError 메시지로 표시되고 동일한 테스트 스윗의 나머지 테스트는 Test execution stopped due to a fatal error 메시지로 표시됩니다. 이때에도 각 테스트 스윗과 테스트 케이스의 Teardown 설정은 실행됩니다.

실패 재실행: -R

실행 옵션 '--rerunfailed(-R)'는 재실행을 위해 이전 출력 파일에서 실패한 모든 테스트를 선택하는 데 사용할 수 있습니다. 이 옵션은 모든 테스트를 실행하는 데 많은 시간이 걸리고 실패한 테스트 케이스를 반복적으로 수정하려는 경우에 유용합니다.

```
robot tests                             # first execute all tests
robot --rerunfailed output.xml tests    # then re-execute failing
```

실행 옵션 '--rerunfailedsuites(-S)'를 사용하여 재실행을 위해 이전 출력 파일에서 실패한 모든 스윗을 선택할 수 있습니다. '--rerunfailed(-R)'와 마찬가지로 이 옵션은 전체 테스트 실행에 많은 시간이 소요될 때 유용합니다. '--rerunfailedsuites(-S)' 옵션을 사용하면 실패한 테스트 스윗의 모든 테스트가 재실행됩니다. 이 옵션은 테스트 스윗의 테스트가 서로 의존할 때 유용합니다. '--test', '--suite', '--include' 및 '--exclude' 옵션을 사용하여 선택한 테스트 목록을 세부적으로 조정할 수 있습니다. 또한, '--merge' 실행 옵션을 사용하면 재실행 결과와 원래 결과를 병합할 수 있습니다.

```
robot --output original.xml tests     # first execute all tests
robot --rerunfailed original.xml --output rerun.xml tests     # then re-
execute failing
rebot --merge original.xml rerun.xml     # finally merge results
```

3장에서는 로봇 프레임워크 사용 문법과 기본 라이브러리에 대해 알아보았습니다. 키워드 자동화를 처음 접하는 분들은 이번 장을 확실하게 이해하기 바랍니다. 그러면 다른 라이브러리를 적용하는 것이 어렵지 않을 것입니다. 표준 라이브러리의 키워드 종류와 사용법을 이해하고 여러 키워드를 조합하여 사용자 키워드를 만들어 사용하면 본인이 원하는 기능의 키워드 테스트 케이스를 만들 수 있습니다.

테스트 실행 시에는 원격 라이브러리와 원격 서버를 이용하여 병렬로 여러 환경을 동시에 진행할 수 있게 되어 자동화의 효율성을 극대화할 수 있기 때문에 관련 사항을 실습해 보는 것을 추천합니다. 외부 라이브러리를 이용한 원격 서버는 4장에서 다루겠습니다.

04

로봇 프레임워크의 장점 중 하나는 지원하는 라이브러리가 많다는 것입니다. 앞서 살펴본 표준 라이브러리 외에 각 플랫폼을 지원하는 외부 라이브러리로 운영체제와 애플리케이션을 제어할 수 있습니다.

사용자는 주로 윈도우, 리눅스, 맥 등의 운영체제에서 애플리케이션이나 웹의 GUI로 기능을 수행하거나 명령 프롬프트나 터미널로 직접 명령을 내려 애플리케이션을 제어합니다.

운영체제는 하드웨어와 애플리케이션 사이에서 메모리 관리, 프로세스 관리, 파일 관리, 입출력 관리 등의 기능을 지원합니다. 이번 장에서는 로봇 프레임워크를 지원하는 외부 라이브러리 중 운영체제와 웹 브라우저, 모바일 앱을 제어할 수 있는 라이브러리를 알아보겠습니다.

외부 라이브러리

윈도우 제어 키워드

리눅스, 맥 제어 키워드

웹 애플리케이션 제어 키워드

모바일 제어 키워드

4장에 대한 예제 키워드 테스트 케이스는 Git으로 내려받은 다음 링크에서 4로 시작하는 테스트 스윗에 해당합니다.

https://github.com/smjung8710/keyword

4.1 윈도우 제어 키워드

윈도우 기반으로 동작하는 애플리케이션은 윈도우 명령 프롬프트나 레지스트리, 파일 탐색기, 프로세스 상태에 따라 동작합니다. 윈도우를 지원하는 대표적인 오토잇 라이브러리를 통해 레지스트리, 파일, 디렉터리 등을 사용하는 테스트 케이스를 작성해 보겠습니다.

1. AutoIt 라이브러리

오토잇 라이브러리(AutoIt library)는 오토잇(AutoIt)을 로봇 프레임워크에 적용할 수 있도록 제작된 라이브러리입니다. 오토잇은 윈도우 GUI 자동화와 스크립팅을 위해 설계된 키워드 테스트 케이스 언어입니다. 오토잇은 베이직(BASIC) 계열의 프리웨어로 배우기 쉽고 설명서가 잘되어 있어서 자동화를 처음 시작하는 분이 다가가기 좋은 언어입니다. 윈도우의 모든 버전에서 키 입력, 마우스 이동, 창 및 컨트롤 조작을 조합하여 자동화 키워드 테스트 케이스를 작성할 수 있습니다.

또한, PyAutoIt도 제공하므로 파이썬을 이용하여 자동화를 만들 때도 유용하게 사용됩니다. COM 인터페이스 기반으로 환경 관리, 파일, 디렉터리, 디스크 관리, 레지스트리 관리, 윈도우 관리, 그래픽, 키보드, 마우스 제어 키워드를 제공합니다.

AutoIt 라이브러리 설치 및 설정

오토잇 라이브러리를 설치하기 위해 다음 링크에 접속하여 설치 파일을 내려받습니다. 오토잇 라이브러리 기능 중 스크린 캡처 기능을 이용하기 위해서는 Python Image Library(PIL) 툴을 설치합니다. 테스트 환경을 구성하는 PC 플랫폼이 x64이거나 과거 버전이 설치된 경우에는 pywin32 모듈이 필요합니다. 다음 링크에서 내려받아 설치한 후에 오토잇 라이브러리를 설치합니다.

- https://www.autoitscript.com/site/autoit/
- 오토잇 라이브러리: https://code.google.com/archive/p/robotframework-autoitlibrary/downloads
- PIL 툴: https://code.google.com/archive/p/robotframework-autoitlibrary/downloads
- pywin32 모듈: https://sourceforge.net/projects/pywin32/files/pywin32/

오토잇 라이브러리를 내려받아 압축을 풀고 관리자 권한으로 명령 프롬프트를 열어 내려받은 위치에서 실행합니다.

```
내려받은_위치\AutoItLibrary-1.1>python setup.py install
```

다음처럼 오토잇을 설치하다가 경고창이 발생하면 pywin32 모듈을 새로 설치해야 합니다. win32를 내려받은 위치에 접속하여 빌드 번호를 클릭하고 파이썬 설치 버전과 PC 버전을 확인한 후 설치본을 내려받습니다. 책에서는 x86 파이썬 2.7 버전의 pywin32 모듈을 사용하였습니다.

- https://sourceforge.net/projects/pywin32/files/pywin32/Build%20221/pywin32-221.win32-py2.7.exe/download

```
C:\Users\AutoItLibrary-1.1\AutoItLibrary-1.1>python setup.py install
Don't think we need to unregister the old one...
%SYSTEMROOT%\system32\regsvr32.exe /S C:\Python27\Lib\site-packages\
AutoItLibrary\lib\AutoItX3.dll
AutoItLibrary requires win32com. See http://starship.python.net/crew/
mhammond/win32/.
```

pywin32를 설치한 후 다시 AutoIt library를 설치하여 정상적으로 완료되면 다음 파일들이 설치되고 파이썬 라이브러리의 site-packages에 AutoItLibrary가 추가됩니다. 'RobotFramework\Extensions' 폴더 하위의 AutoItLibrary.html 파일에는 오토잇 라이브러리 키워드 정보가 있고 AutoItX.chm 파일에는 AutoIt 도움말이 있습니다.

📁 C:\Python27\Lib\site-packages\AutoItLibrary

📁 C:\RobotFramework\Extensions\AutoItLibrary\AutoItLibrary.html

📁 C:\RobotFramework\Extensions\AutoItLibrary\AutoItX.chm

📁 C:\RobotFramework\Extensions\AutoItLibrary\Au3Info.exe

Au3Info.exe 프로그램은 오토잇 라이브러리 설치 시 함께 설치되는 오토잇 윈도우 정보 도구(AutoIt Window Info Tool)입니다. 주어진 윈도우 GUI에서 컨트롤 식별자를 발견하기 위해 제공됩니다.

그림 4-1 오토잇 윈도우 정보 도구(AutoIt Window Info Tool)

왼쪽 중간에 [Finder Tool] 아이콘을 클릭하고 찾으려는 컨트롤 식별자 UI 위에 커서를 두면 컨트롤 값을 얻을 수 있습니다. 윈도우 계산기를 실행시키고 커서를 두면 **그림 4-1**처럼 정보가 출력됩니다. 오토잇 라이브러리를 사용하기 위해 RIDE에 테스트 스윗이나 테스트 케이스, 리소스에 라이브러리 import 메뉴를 이용하여 'AutoItLibrary'를 추가합니다. 별칭(alias)은 'AI'로 설정하겠습니다. 참고로 오토잇 라이브러리는 파이썬 라이브러리 폴더에 설치되기 때문에 자동으로 RIDE에서 인식됩니다. 만약 인식되지 않는 경우 RIDE를 닫고 다시 열어서 추가한 라이브러리가 로딩되도록 합니다.

```
*** Settings ***
Library             AutoItLibrary     WITH NAME     AI     # 오토잇 라이브러리
```

AutoIt 원격 라이브러리 설정

RIDE의 리소스 파일에 다음처럼 오토잇 라이브러리를 추가합니다. 로컬 PC에 사용할 때는 라이브러리 이름에 'AutoItLibrary'를 입력하고 원격 PC에서 원격 서버를 이용하여 사용할 때는 라이브러리 이름에 'Remote'를 입력하여 주소를 입력합니다. 이때 포트 번호가 하나 증가한 것을 주의해야 합니다. 애플리케이션은 포트로 구분되기 때문에 동일한 포트를 사용하지 않도록 합니다. 오토잇 라이브러리용 포트를 8271로 하겠습니다. ${ADDRESS}는 테스트 대상이 되는 PC 위치입니다.

```
*** Settings ***
Library             Remote        http://${ADDRESS}:8271     WITH NAME     AI

*** Variables ***
${ADDRESS}          127.0.0.1
```

원격 PC에서 오토잇 라이브러리 실행을 위한 원격 서버를 파이썬으로 작성하여 실행합니다.

AutoIt 원격 서버 예

```python
# -*- coding: utf-8 -*-
#!/usr/bin/env python

import os, sys
from AutoItLibrary import AutoItLibrary

class AutoItLib(AutoItLibrary):
    """Example library to be used with Robot Framework's remote server."""
    def __init__(self):
        AutoItLibrary.__init__(self, "library위치","60",True)

if __name__ == '__main__':
    from robotremoteserver import RobotRemoteServer
    RobotRemoteServer(AutoItLib(), *sys.argv[1:])
```

AutoItLib.py를 'E:\keywordAutomation\TestLib'에 둔 상태에서 원격 서버를 명령 프롬프트로 실행시키면 그림 4-2처럼 starting 화면이 나타납니다. 127.0.0.1은 ADDRESS에 해당하는 IP로 실제 테스트에서는 대상이 되는 원격 IP를 이용합니다. 배치 파일로 만들어 실행하면 더 간편합니다.

그림은 원격 라이브러리를 이용하여 로컬 PC에서 편집기로 작성한 테스트 케이스를 실행한 모습입니다. 원격 PC에서 구동한 표준 라이브러리의 원격 서버와 오토잇 라이브러리의 원격 서버, 2개의 서버가 통신을 합니다.

그림 4-2 오토잇 라이브러리 원격 서버 실행

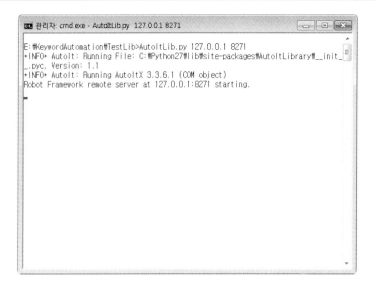

그림 4-3 오토잇 라이브러리 원격 실행

로봇 프레임워크
원격 라이브러리

로컬 PC

http://원격PC:8271

원격 PC 1

원격 서버
오토잇 라이브러리
SUT(Windows)

2. AutoIt 라이브러리 키워드

윈도우 레지스트리, 키보드 등을 제어하는 실습을 통해 오토잇 라이브러리 키워드를 사용하는 방법을 알아보겠습니다.

레지스트리 제어 키워드

윈도우 레지스트리(windows registry)는 PC의 모든 하드웨어, 운영체제, 소프트웨어, 사용자 PC 선호도 등에 대한 정보와 설정을 담고 있는 데이터베이스입니다. 사용자가 제어판 설정, 파일 연결, 시스템 정책 또는 설치된 소프트웨어를 변경하면 운영체제는 이 변경 사항들을 레지스트리에 저장하여 사용합니다. 운영체제의 이 구조를 이용하여 자동화 키워드 테스트 케이스를 작성할 때 레지스트리 정보를 많이 활용합니다. 오토잇 라이브러리는 레지스트리의 키와 서브 키, 자료인 키값에 대한 읽기, 쓰기, 삭제 등의 키워드를 다음처럼 제공합니다.

```
Reg Delete Key(strKeyname= method)
Reg Delete Val(strKeyname=, strValuename= method)
Reg Enum Key(strKeyname=, nInstance= method)
Reg Enum Val(strKeyname=, nInstance= method)
Reg Read(strKeyname=, strValuename= method)
Reg Write(strKeyname=, strValuename=, strType=, strValue= method)
```

윈도우의 레지스트리를 이용해서 PC의 플랫폼 정보를 얻어오는 사용자 키워드를 작성해 보겠습니다.

실습	RegRead

4_1_WindowKeyword 테스트 스윗을 만들고 common.robot 리소스 파일을 로드합니다. common. robot에는 AI 라이브러리를 추가합니다. 테스트 스윗 하위에는 'TC37_Autoit_RegRead' 테스트 케이스를 추가합니다.

1. 변수 ${key}를 정의하고 값에 레지스트리의 아키텍처 정보 위치를 넣습니다.

2. 변수 ${arch}에 플랫폼 값을 입력받도록 키워드 테스트 케이스를 작성합니다.

3. ${arch} 값이 x64, x86 둘 중에 한 개로 나타날 수 있도록 키워드 테스트 케이스를
   작성합니다.

4. 로그로 ${arch} 결과를 볼 수 있도록 합니다.

스텝 1에서 아키텍처 정보의 키(key)는 'HKLM\SYSTEM\CurrentControlSet\Control\Session
Manager\Environment'이고 값(value)은 'PROCESSOR_ARCHITECTURE'입니다.

스텝 2에서 레지스트리 값을 읽는 키워드는 Reg Read(strKeyname= | strValuename=)를 사용합니다.
strKeyname 인자에는 읽어들이려는 키값(key)을 넣고 strValuename 인자에는 키(key)에 해당하는 값
(value)을 넣습니다.

그림 4-4 레지스트리 편집기에서 플랫폼 정보 위치

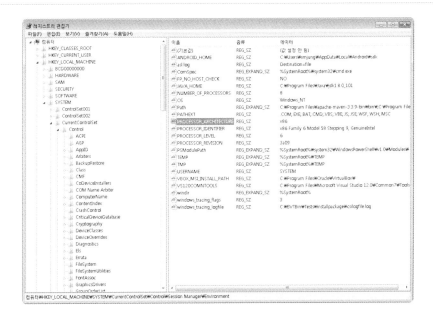

```
*** Settings ***
Library           AutoItLibrary    WITH NAME    AI    # 오토잇 라이브러리
Resource          Resource/common.robot

*** Test Cases ***
TC37_Autoit_RegRead
    ${key}=    Set Variable    HKEY_LOCAL_MACHINE\\SYSTEM\\CurrentControlSet
        \\Control\\Session Manager\\Environment
    ${arch}    AI.Reg Read    ${key}    PROCESSOR_ARCHITECTURE
    ${first}    ${second}    Run Keyword And Ignore Error    Should Contain
        ${arch}    x86
    ${arch}    Set Variable If    '${first}' == 'PASS'    x86    x64
    log    ${arch}
```

x64 머신에서 실행할 경우 결과는 '${first}=fail, ${secod}=AMD64'가 나옵니다. 이 경우 x64로 표시하기 위해서 앞의 코드와 같이 Set Variable If (condition | *values) 키워드를 사용합니다. Set Variable If 키워드는 변수를 선언할 때 If 조건을 이용하여 값을 추가하는 키워드입니다. 조건이 참이면 변수에 첫 번째 셀의 값이 할당되고 거짓이면 두 번째 셀의 값이 할당됩니다. 레지스트리 키를 이용할 때는 경로 구분자 '\'가 2개라는 것에 꼭 주의해야 합니다. 이 테스트 케이스는 사용자 키워드로 작성하여 다른 테스트 케이스에서 사용할 수 있도록 하는 것이 유용합니다. 따라서 common.robot 파일에 Get_Platform_Info 사용자 키워드를 추가하도록 하겠습니다.

사용자 키워드 설정 예시 common.robot

```
*** Settings ***
Library           OperatingSystem    WITH NAME    OS
Library           Collections
Library           DateTime
Library           Dialogs
Library           Process
Library           Screenshot
Library           String
```

```
Library          Telnet
Library          XML
Library          AutoItLibrary    WITH NAME    AI    # 오토잇라이브러리

*** Variables ***
${HOST}          8.8.8.8

*** Keywords ***
Get_Platform_Info
    ${key}=    Set Variable    HKEY_LOCAL_MACHINE\\SYSTEM\\CurrentControlSet
        \\Control\\Session Manager\\Environment
    ${arch}    AI.Reg Read    ${key}    PROCESSOR_ARCHITECTURE
    ${first}    ${second}    Run Keyword And Ignore Error    Should Contain
        ${arch}    x86
    ${arch}    Set Variable If    '${first}' == 'PASS'    x86    x64
    [Return]    ${arch}
```

테스트 케이스 TC_RegRead와 비교하면 반환값이 추가된 것을 볼 수 있습니다. Get_Platform_Info 사용자 키워드의 반환값은 플랫폼의 결과인 ${arch}로 설정하였습니다. common.robot의 사용자 키워드 Get_Platform_Info를 이용하여 반환된 플랫폼에 따라 MS activeSetup 레지스트리에 새로운 키를 추가하는 자동화 테스트 케이스 작성해 보겠습니다.

실습 | RegWrite

4_1_WindowKeyword 테스트 스윗에 'TC38_Autoit_RegWrite' 테스트 케이스를 추가합니다.

1. MS activeSetup 키에 새로운 'update' 키를 추가하고 값은 '1'을 설정하는 키워드 테스트 케이스를 작성합니다.

2. 설정이 제대로 되었는지 확인하는 키워드 테스트 케이스를 작성합니다.

스텝 1에서 MS activeSetup의 레지스트리는 플랫폼에 따라 위치가 다릅니다. x64 플랫폼일 때는 'HKEY_CURRENT_USER￦￦Software￦￦Wow6432Node￦￦Microsoft￦￦Active Setup'이고 x86 플랫폼일 때는 'HKEY_CURRENT_USER￦￦Software￦￦Microsoft￦￦Active Setup'입니다. 플랫폼에 따라 레지스트리 위치를 다르게 설정합니다. 레지스트리에 값을 설정하는 키워드는 Reg Write(strKeyname=| strValuename=| strType=| strValue=)를 이용합니다. strType 인자는 레지스트리 키의 데이터 형식을 나타냅니다. 윈도우에서 지원하는 키의 데이터 형식은 문자열값(REG_SZ), 이진값(REG_BINARY), DWORD(REG_DWORD), QWORD(REG_QWORD), 다중 문자열값(REG_MULTI_SZ), 확장 가능한 문자열값(REG_EXPAND_SZ)이 있습니다.

스텝 2에서 Should Contain(container | item | msg=None | values=True | ignore_case= False) 키워드를 이용합니다. 이 키워드는 container 항목이 하나 이상 포함되지 않으면 실패합니다. 문자열, 리스트 및 파이썬의 In 연산자를 지원하는 모든 것에 이 키워드를 사용할 수 있습니다. 'ignore_case=True'라면 문자열 비교인 경우 대소문자를 구분하여 비교합니다.

실습 RegWrite 테스트 케이스 예시

```
*** Settings ***
Resource                Resource/common.robot

*** Test Cases ***
TC38_AutoIt_RegWrite
    ${arch}=    Get_Platform_Info
    ${key}=     Set Variable If    '${arch}'=='x64'    HKEY_CURRENT_USER
        \\Software\\Wow6432Node\\Microsoft\\Active Setup
        HKEY_CURRENT_USER\\Software\\Microsoft\\Active Setup
    AI.Reg Write    ${key}    update    REG_DWORD    1
    ${check}    AI.Reg Read    ${key}    update
    Should Contain    ${check}    1
```

키워드 테스트 케이스를 실행하고 실제 regedit.exe를 통해 레지스트리 값을 확인해보겠습니다. 테스트 PC가 x64 머신인 경우 그림 4-5와 같이 나타납니다. 레지스트리 타입을 DWORD로 한 결과입니다.

그림 4-5 레지스트리 테스트 케이스 실행 결과

지금까지 오토잇 라이브러리 키워드로 레지스트리를 읽고 쓰는 방법을 알아보았습니다. 테스트를 위해 추가한 데이터는 삭제하거나 초기화를 통해 테스트 환경을 유지해야 합니다. 오토잇 라이브러리에서 제공하는 레지스트리를 삭제하는 키워드로 이전 실습에서 추가한 레지스트리를 삭제해 보겠습니다.

실습   RegDeleteVal

4_1_WindowKeyword 테스트 스윗에 'TC39_Autoit_RegDeleteVal' 테스트 케이스를 추가합니다.

1. MS activeSetup 키에 생성했던 update 키를 삭제합니다.

2. 설정이 제대로 되었는지 확인합니다.

스텝 1에서 레지스트리 삭제는 Reg Delete Val(strKeyname= | strValuename=) 키워드를 이용합니다. Reg Delete Key(strKeyname=)는 키 사용자를 삭제하므로 사용에 유의합니다.

스텝 2에서 레지스트리 삭제 확인은 Should Not Contain(container | item | msg=None | values=True | ignore_case= False) 키워드를 이용합니다.

실습 RegDeleteVal 테스트 케이스 예시

```
TC39_AutoIt_RegDeleteVal
    ${arch}=    Get_Platform_Info
    ${key}=    Set Variable If    '${arch}'=='x64'    HKEY_CURRENT_USER
        \\Software\\Wow6432Node\\Microsoft\\Active Setup
        HKEY_CURRENT_USER\\Software\\Microsoft\\Active Setup
    AI.Reg Delete Val    ${key}    update
    Should Not Contain    ${key}    update
```

레지스트리 삭제 결과를 확인하는 키워드 테스트 케이스는 다른 방법으로 작성할 수 있습니다. Run Keyword And Return Status(name | *args) 키워드를 이용하려면 name 인자에 지정된 키워드, args 인자에 name에 입력한 키워드의 인자를 넣어 실행합니다. 그러면 결과는 true나 false 값으로 반환됩니다. 다음 키워드 테스트 케이스에서 ${ret} 변수는 키워드 실행 결과를 나타내므로 실행 결과가 정상 작동했다면 true를 반환할 것입니다.

```
${ret}    Run Keyword And Return Status    AI.Reg Delete Val    ${key}    update
Should Contain    '${ret}'    True
```

또 다른 방법으로 레지스트리의 유무를 읽어오는 방법이 있습니다. AI.Reg Read 키워드로 키 (key)값을 읽어와서 값이 empty인지를 Should Contain 키워드로 확인합니다. 다음 키워드 테스

트 케이스에서 ${check} 변수는 실제 레지스트리 키에 해당하는 값을 나타내는데, 레지스트리를 삭제했기 때문에 ${check} 변수에는 아무런 값도 나타나지 않아야 하므로 null, 즉 ${empty}가 반환될 것입니다.

```
AI.Reg Delete Val      ${key}     update
${check}    AI.Reg Read     ${key}      update
Should Contain     ${check}     ${empty}
```

키워드 테스트 케이스 실행 결과 실제 regedit.exe를 통해 레지스트리 값을 확인해 보면 update가 삭제된 것을 확인할 수 있습니다. 지금까지 레지스트리 제어를 위해 3개의 테스트 케이스를 예시로 만들었습니다. 이 테스트 케이스의 공통점은 common.robot에 정의한 Get_Platform_Info 사용자 키워드를 사용하는 것입니다. Get_Platform_Info 사용자 키워드는 ${key} 변수를 선언하여 OS에서 제공하는 플랫폼 레지스트리 키값을 넣고 ${arch} 변수에는 플랫폼 레지스트리 키의 PROCESSOR_ARCHITECTURE 값을 넣습니다. ${arch} 변수는 반환 변수로 선언하여 플랫폼 정보 키워드를 통해 x86 혹은 x64값을 얻을 수 있도록 했습니다.

플랫폼 정보를 기준으로 예외 처리를 하는 것은 키워드 테스트 케이스 신뢰성을 높이는 작업입니다. x64 플랫폼일 때 Wow6432Node 하위에 레지스트리가 생성되는 것을 예외 처리하기 위해 Get_Platform_Info 사용자 키워드를 만들어서 사용하는 습관이 필요합니다. 필자는 패키지 프로그램에 대한 품질 활동을 주로 수행하면서 프로그램의 설정이나 변경 사항에 대해 레지스트리를 이용하는 경우가 많았습니다. 매뉴얼 테스트에서 값을 확인할 때 주로 regedit.exe로 레지스트리의 위치에 접근하여 직접 값을 확인합니다. 값을 추가할 때는 임의의 test.reg 파일을 만들어서 추가할 레지스트리 위치에 값을 넣어주고 동작을 확인합니다. 이 작업은 테스트 커버리지에 따라 운영체제의 버전과 서비스팩 버전을 중심으로 적게는 10개에서 많게는 40개 운영체제에서 확인하는 경우가 발생합니다.

레지스트리 편집기

윈도우는 레지스트리 값을 확인할 수 있도록 레지스트리 편집기를 제공합니다. 실행창[Windows] +[R] 키)
에 'regedit'를 입력하여 실행하면 사용할 수 있습니다.

그림 4-6 윈도우 실행창

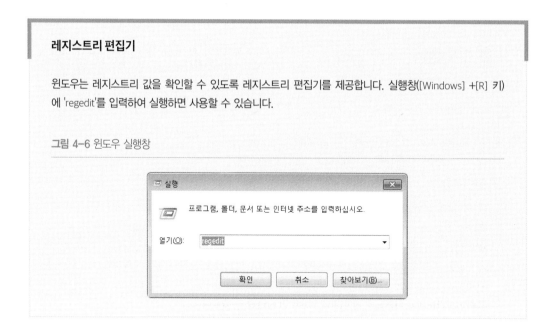

키보드 제어 키워드

오토잇 라이브러리는 레지스트리 제어뿐 아니라 윈도우 프로그램을 실행하는 Run 키워드나 윈
도우 실행 여부를 확인하는 키워드, 키보드로 입력한 것을 테스트 대상 프로그램에 넣어주는
Send 키워드를 제공합니다.

```
AI.Send(strSendText= | nMode=0)
```

먼저 Send 키워드를 알아보겠습니다. strSendText 인자에 입력하려는 값을 넣어 실행하면 활성
화된 창에 키보드에 입력한 문자가 입력됩니다. nMode 인자가 0일 때 strSendText 인자에 '+'
나 '!'가 입력되면 이 특수 문자를 [Shift]나 [Alt] 키로 인식합니다. nMode 인자가 1이면 특수 문
자로 인식하지 않고 실제 원시(raw)값 '+'나 '!'로 인식합니다.

- 특수 문자 '!' : AutoIt에 [Alt] 키 입력을 나타냅니다. 따라서 Send(This is text !a)는 "This text is text" 키를 보내고 [Alt] + [A] 키를 누르라는 명령으로 해석됩니다. 보통 애플리케이션에서 Send(!h)를 실행하면 help 도움말이 나타납니다.

- 특수 문자 '+' : AutoIt에 [Shift] 키 입력을 나타냅니다. 따라서 Send("Hell + o")는 "HellO"라는 텍스트를 보냅니다. Send(! + a)는 [Alt] + [Shift] + [A] 키를 보냅니다.

- 특수 문자 '^' : AutoIt에 [Ctrl] 키 입력을 나타냅니다. Send(^! a)는 [Ctrl] + [Alt] + [A] 키를 보냅니다. Send(^f)는 [Ctrl] + [F] 키로 찾기를 수행하고 Send(^c)는 [Ctrl] + [C] 키로 복사하기, Send(^v)는 [Ctrl] + [V] 키로 붙여넣기를 수행합니다.

- 특수 문자 '#' : [Windows] 키 입력을 나타냅니다. 따라서 Send(#r)은 윈도우 Run( ) 대화 상자를 시작하는 [Windows] + [R] 키를 보냅니다.

- 특수 문자 {키보드_이름} : 키보드 방향키와 [Enter] 키를 입력할 때 사용합니다. Send({enter})는 [Enter] 키 입력을 나타내고 {up}, {down}, {right}), {left}를 넣으면 방향키를 사용할 수 있습니다. 삭제키는 {DEL}이나 {DELETE}, 백스페이스는 {BS}나 {BACKSPACE}로 표시합니다. 키보드는 모두 중괄호를 이용하여 가운데에 키보드의 키 이름을 입력하여 사용할 수 있습니다.

더 자세한 내용은 다음 사이트를 참고하기 바랍니다.

- https://www.autoitscript.com/autoit3/docs/functions/Send.htm

오토잇 라이브러리를 이용하여 키보드를 입력할 때는 다음 표를 참고하여 사용하기 바랍니다.

Send( ) 입력값	키보드 결과
{!}	!
{#}	#
{+}	+
{^}	^
{{}	{
{}}	}
{SPACE}	스페이스 키

Send( ) 입력값	키보드 결과
{ENTER}	키보드 엔터 키
{ALT}	ALT 키
{BACKSPACE} or {BS}	BACKSPACE 키
{DELETE} or {DEL}	DELETE 키
{UP}	Up 화살표 키
{DOWN}	Down 화살표 키
{LEFT}	Left 화살표 키
{RIGHT}	Right 화살표 키
{HOME}	HOME 키
{END}	END 키
{ESCAPE} or {ESC}	ESCAPE 키
{INSERT} or {INS}	INSERT 키
{PGUP}	PageUp 키
{PGDN}	PageDown 키
{F1} ~ {F12}	Function keys 키
{TAB}	TAB 키
{PRINTSCREEN}	Print Screen key 키
{LWIN}	Left Windows key 키
{RWIN}	Right Windows key 키
{NUMLOCK on}	NUMLOCK (on/off/toggle) 키
{CAPSLOCK off}	CAPSLOCK (on/off/toggle) 키
{SCROLLLOCK toggle}	SCROLLLOCK (on/off/toggle) 키
{BREAK}	Ctrl + Break processing 키
{PAUSE}	PAUSE 키
{NUMPAD0} ~ {NUMPAD9}	Numpad digits 키
{NUMPADMULT}	Numpad Multiply 키
{NUMPADADD}	Numpad Add 키
{NUMPADSUB}	Numpad Subtract 키
{NUMPADDIV}	Numpad Divide 키
{NUMPADDOT}	Numpad period 키

Send( ) 입력값	키보드 결과
{NUMPADENTER}	Numpad 엔터 키
{APPSKEY}	Windows App key 키
{LALT}	Left ALT 키
{RALT}	Right ALT 키
{LCTRL}	Left CTRL 키
{RCTRL}	Right CTRL 키
{LSHIFT}	Left Shift 키
{RSHIFT}	Right Shift 키

이제 calc.exe 계산기 프로그램을 실행하는 테스트 케이스를 작성해 보겠습니다. 키보드 동작을 연상하면서 [실행창] → ['calc' 입력] → [확인] 버튼 클릭 과정을 AI.Send 키워드를 이용하여 작성합니다.

실습 | Send

4_1_WindowKeyword 테스트 스윗에 'TC40_Autoit_Keyboard' 테스트 케이스를 추가합니다.

1. 윈도우 바탕 화면에 활성화된 프로세스가 없도록 모두 최소화하는 키워드 테스트 케이스를 작성합니다.

2. 실행창을 여는 키워드 테스트 케이스를 작성합니다.

3. 'calc.exe'를 입력하고 [확인] 버튼을 클릭하는 키워드 테스트 케이스를 작성합니다.

4. 계산기가 실제로 실행되었는지 확인하는 키워드 테스트 케이스를 작성합니다.

5. 계산기 프로그램을 종료하는 키워드 테스트 케이스를 작성합니다.

스텝 1에서 윈도우를 최소화하는 키워드는 AI.Win Minimize All을 이용합니다.

스텝 2에서 실행창은 단축키를 키보드로 동작시키는 방식으로 AI.send(strSendText= | nMode=0) 키워드를 이용하여 실행합니다. Send 키워드로 키보드를 입력한 후에는 다음 동작을 수행할 UI가 실행되었는지 UI의 텍스트(text)로 확인합니다. AI.Win Get Title(strTitle= | strText=) 키워드는 윈도우 창의 타이틀을 반환합니다.

스텝 4에서 계산기가 정상 실행되었는지는 AI.Process Exists(strProcess=) 키워드를 이용합니다. strProcess 인자에는 실행된 프로세스 이름을 입력합니다.

스텝 5에서 계산기 종료 시에는 AI.Process Close(strProcess=) 키워드를 이용합니다.

실습 Send 테스트 케이스 예시

```
TC40_AutoIt_keyboard
    AI.Win Minimize All
    sleep    3
    AI.send    \#r
    ${ret}=    AI.Win Get Title    실행
    Should Contain    ${ret}    실행
    AI.send    calc
    AI.send    {enter}
    ${rc}    ${list}    Run And Return Rc And Output    tasklist
    Log Many    ${list}
    AI.Process Exists    calc.exe
    sleep    3
    AI.Process Close    calc.exe
```

AI.Win Minimize All 키워드는 원격 PC 화면상에 올라온 애플리케이션 모두를 최소화하는 기능을 제공합니다. UI 제어에서는 실행 중인 다른 애플리케이션에 영향을 가장 덜 받는 환경을 만드는 것이 중요합니다. 이를 위해 UI를 제어해야 하는 키워드 테스트 케이스에서는 보통 AI.Win Minimize All 키워드를 가장 처음에 위치하게 만듭니다.

실행 결과를 확인하기 위해 윈도우의 tasklist 명령어를 이용하여 테스트 로그에 실행 중인 프로세스를 남겨 두었습니다. 윈도우 명령어의 결괏값을 보기 원할 때는 실습에서처럼 OS.Run And Return Rc And Output(command) 키워드를 이용합니다. 이 키워드는 command 인잣값을 실행하고 그 결과 리턴 코드(return code)와 출력값을 반환합니다. 리턴 코드값만 원할 때는 Run And Return RC 키워드나 Run 키워드를 이용합니다. 실행 결과에서 calc.exe가 실행 중인 것을 알 수 있습니다.

실행 결과

```
INFO : ${ret} = 실행
INFO : Running command 'tasklist 2>&1'.
INFO : ${rc} = 0
INFO : ${list} =
이미지 이름                      PID    세션 이름                  세션#  메모리 사용
========================= ======== ======================= ====== ==========
System Idle Process             0 Services                   ...
INFO :

이미지 이름                      PID    세션 이름                  세션#  메모리 사용
========================= ======== ======================= ====== ==========
System Idle Process             0 Services                    0       24 K
System                          4 Services                    0   21,140 K
smss.exe                      372 Services                    0    1,448 K
(생략)
python.exe                  12344 Console                     1   76,852 K
cmd.exe                      4548 Console                     1    4,116 K
calc.exe                    11432 Console                     1   15,760 K
tasklist.exe                10068 Console                     1    6,136 K
WmiPrvSE.exe                11708 Services                    0    7,484 K
```

그림 4-7 TC40_AutoIt_keyboard 실행 결과 로그

```
                python.exe              15820 Console          1       76,948 K
                cmd.exe                  3700 Console          1        4,156 K
                calc.exe                  816 Console          1       13,392 K
                tasklist.exe            15828 Console          1        6,168 K
                WmiPrvSE.exe            16284 Services         0        7,776 K
+ KEYWORD  AI.Process Exists calc.exe
+ KEYWORD  Builtin.Sleep 3
+ KEYWORD  AI.Process Close calc.exe
```

계산기 애플리케이션을 실행하기 위해 실습 예시에서는 AI.Send 키워드를 이용하여 실행창을 켜는 단축키(\#r)와 키보드 입력, [Enter] 키({enter})를 사용하였습니다. 프로세스 실행 확인과 종료를 위해 AI.Process Exists(strProcess=)와 AI.Process Close(strProcess=) 키워드를 이용하였습니다.

실행한 애플리케이션을 종료하는 방법은 프로세스를 종료하는 방법 외에 taskkill 명령어를 이용하거나 [Alt] + [F4] 키를 이용하거나 UI 제어를 하는 등 다양한 방법이 있습니다. 실행 결과를 확인하기 위해 오토잇 라이브러리에서는 UI의 텍스트를 이용하거나 윈도우 프로세스 동작을 확인하는 키워드를 제공합니다.

프로그램 실행 제어 키워드

프로그램을 실행하는 방법은 AI.Send 키워드를 이용하여 키보드를 입력하는 방법과 프로그램을 실제로 클릭하여 실행하는 방법이 있습니다. TC40_AutoIt_keyboard 테스트 케이스에서 구현한 동작들을 AutoIt 라이브러리가 제공하는 다른 키워드를 이용하여 프로그램을 클릭하여 실행하는 것과 유사하게 동작하도록 작성해보겠습니다. 이때 사용하는 키워드는 AI.Run입니다.

```
AI.Run(FileName | [WorkingDir= | [Flag=]))
```

FileName 인자에는 '*.EXE', '*.BAT', '*.COM' 확장자를 가진 실행할 프로그램 이름을 입력합니다. WorkignDir 인자는 프로그램 경로를 의미하는 것이 아니라 작업 경로를 의미합니다. 공백이면 프로그램이 동작하는 디렉터리를 값으로 가집니다. flag 인자는 1이 기본값으로써 원래 프로그램 크기로 실행하고, flag 인자가 2이면 @SW_MINIMIZE로 인식하여 윈도우 최소화 기능을 실행합니다. AI.Run 키워드를 실행하면서 동시에 AI.Win Minimize All 키워드를 실행하는 형태입니다. flag가 3이면 @SW_MAXIMIZE로 프로그램을 최대화하여 실행합니다. 실행되는 대상 프로그램에 따라 flag 인자가 적용되기 때문에 옵션 처리되어 있습니다. 실제로 notepad.exe에는 이 flag 값 설정이 적용되지만 calc.exe에는 적용되지 않습니다. 다음은 AI.Run 키워드를 이용하여 계산기 프로그램 실행하는 테스트 케이스를 작성한 예시입니다.

실습 Run 테스트 케이스 예시

```
*** Test Cases ***
TC41_AutoIt_Run
    ${app}=      Set Variable     calc.exe
    ${app_title}=    Set Variable      계산기
    AI.run      ${app}
    AI.Win Wait Active     ${app_title}
    AI.Win Close      ${app_title}
```

'TC40_AutoIt_Keyboard'에서는 프로그램 실행과 종료를 AI.Process를 이용하여 확인했습니다. 이번 테스트 케이스에서는 AI.Win Wait Active(WindowTitle | WindowText= | TimeOut=-1) 키워드를 이용하여 AI.Process Exists calc.exe와 sleep 3의 기능을 만족시켰습니다. 프로그램 종료는 AI.Win Close(strTitle= | strText=) 키워드로 작성했습니다. AI.Run 테스트 케이스를 수행하면 계산기가 나타남을 확인할 수 있습니다. AI.Run 키워드와 유사한 키워드는 OS.Run(command)입니다. 두 키워드의 차이점은 사용하는 인자의 타입입니다. 오토잇의 Run 키워드는 파일 이름을 인자로 받고 OS 라이브러리의 Run 키워드는 인자로 명령어를 받습니다.

```
INFO : ${app} = calc.exe
INFO : ${app_title} = 계산기
INFO : AutoItLibrary.Run(FileName='calc.exe', WorkingDir='', Flag='')
INFO : AutoItLibrary.WinWaitActive(WindowTitle='\uacc4\uc0b0\uae30',
WindowText='', TimeOut=60)
```

사용할 수 있는 정보에 따라 키워드를 선택하여 키워드 테스트 케이스를 작성합니다. 소개한 키워드 외에도 오토잇 라이브러리 키워드의 종류는 많습니다. 참고로 오토잇 라이브러리 키워드 중에 x, y 좌표를 이용하는 키워드는 대상 운영체제나 해상도에 영향을 받을 수 있기 때문에, 고정값을 사용하지 않도록 키워드 테스트 케이스를 작성할 때 유의해야 합니다.

오토잇 키워드 정보

로봇 프레임워크에서 오토잇(autoit) 키워드에 설명이 오토잇 메서드 이름만 나온 경우가 있습니다. 예를 들어 Win Get Title 키워드에 대한 설명은 "method WinGetTitle"만 써 있습니다. 이때에는 다음 링크에서 관련 메서드의 설명을 참고하여 사용하기 바랍니다. Send 키워드의 키보드 값의 범위를 알고자 할 경우에는 마지막 링크를 참고하면 됩니다.

- https://www.autoitscript.com/autoit3/docs/functions.htm
- https://www.autoitscript.com/autoit3/docs/functions/WinGetTitle.htm
- https://www.autoitscript.com/autoit3/docs/functions/Send.htm

4.2 리눅스, 맥 제어 키워드

이번 절에서는 리눅스와 맥을 제어하는 키워드를 살펴보겠습니다. 리눅스와 맥 운영체제상에서 동작하는 애플리케이션은 셸로 제어할 수 있습니다. 이 특징을 이용하여 테스트 대상 제품이 설치되는 리눅스나 맥에 SSH 서버를 설치하고, 로봇 프레임워크를 지원하는 SSH 라이브러리로 테스트 케이스를 작성하여 SSH 서버와 통신하여 애플리케이션을 제어합니다. 물론 윈도우와 마찬가지로 리눅스와 맥에서도 표준 라이브러리를 외부 라이브러리와 동시에 사용할 수 있습니다. 이제 SSH 서버와 SSH 라이브러리를 설치해 보겠습니다.

1. SSH 라이브러리

리눅스 SSH 설치

리눅스 Ubuntu 16.04 LTS x64 버전 운영체제에 SSH(Secure Shell) 서버를 설치하여 자동화 환경을 구축합니다. SSH 서버가 설치된 원격 PC와 테스트 데이터가 있는 로컬 PC의 연동을 통해 리눅스 시스템에 접속합니다. 책에서는 openssh-server를 이용하겠습니다. 설치가 완료되면 ps 명령어를 이용하여 프로세스가 동작하는지 확인합니다. 프로세스명에 '/usr/sbin/sshd'가 있으면 수행 중입니다.

```
# apt-get install openssh-server
```

그림 4-8 SSH 설치 확인

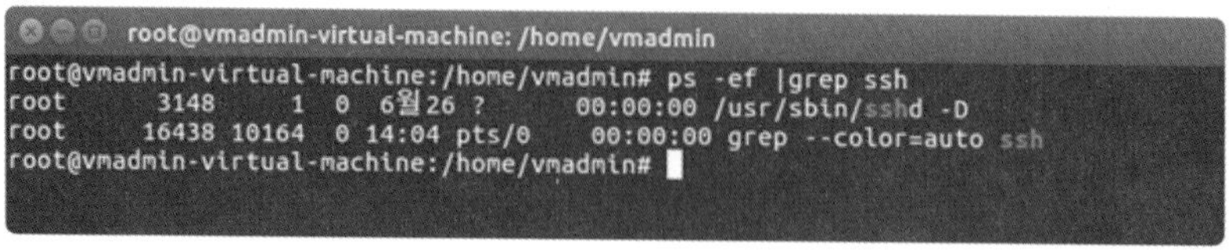

설치 후 ssh 설정 파일 '/etc/ssh/sshd_config'에서 PermitRootLogin을 'yes'로 변경합니다. Vim을 사용하려면 'apt-get install vim'으로 설치하여 'vim /etc/ssh/sshd_config'로 실행하면 **그림 4-9**와 같습니다.

그림 4-9 openssh 설정

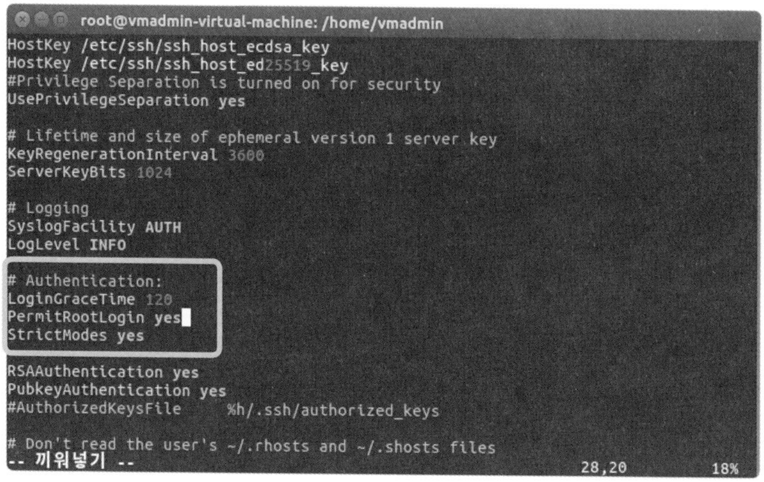

변경 사항을 적용하기 위해서 서비스를 재시작하고 서비스가 구동되었는지 확인합니다.

```
# service ssh restart
# ps -ef | grep ssh
```

맥 SSH 설치

맥에는 기본적으로 SSH가 설치되어 있습니다. 이를 사용하기 위해서는 [시스템 환경설정] → [공유] 메뉴의 [원격 로그인]을 '모든 사용자'가 접근할 수 있도록 설정합니다.

그림 4-10 맥 원격 설정

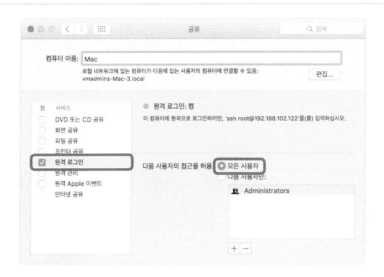

SSH 라이브러리 설치

SSH 라이브러리는 SSH 서버를 지원하는 플랫폼에서 모두 사용할 수 있는 SSH 및 SFTP용 로봇 프레임워크 라이브러리입니다. 네트워크 연결, 로그인, 설정, 명령어 실행, Shell 이용 명령 등의 키워드를 제공합니다. 로컬 PC에서 'robotframework-sshlibrary'로 SSH 라이브러리를 설치하고 'pip list'로 설치됨을 확인합니다.

```
# pip install robotframework-sshlibrary
# pip list
```

SSH 라이브러리 키워드와 표준 라이브러리 키워드를 이용하여 테스트 케이스를 실행하려면 그림처럼 원격 PC에 설치된 SSH 서버가 실행된 상태에서 표준 라이브러리에 대한 원격 서버를 실행합니다.

그림 4-11 SSH 라이브러리 실행 구성도

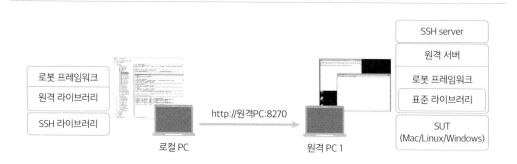

RIDE를 열어 SSHLibrary를 불러오고 [Search Keywords] 창에서 SSH 키워드가 나타나는 것을 확인합니다.

```
*** Settings ***
Library          SSHLibrary     WITH NAME     SSH
```

리눅스와 맥에서 자동화를 실행할 때 많이 사용하는 SSH 연결, 로그인, 종료, 실행, 설정 변경 등의 키워드를 이용하여 키워드 테스트 케이스를 작성해 보겠습니다.

SSH 라이브러리 정보

SSH 라이브러리에 최신 업데이트 소식이나 라이브러리 키워드에 대한 정보를 얻고자 할 때 다음 링크를 참고합니다. 2018년 현재 SSH 라이브러리 최신 버전은 3.0.0입니다. 버전에 따라 기존 키워드의 인자 개수나 새로운 키워드가 업데이트됩니다. 키워드 사용할 때 에러가 발생한다면 설치한 라이브러리의 버전과 키워드 지원 버전을 확인합니다.

- 라이브러리 정보: https://github.com/robotframework/SSHLibrary
- 키워드 정보: http://robotframework.org/SSHLibrary/SSHLibrary.html

2. SSH 라이브러리 키워드

SSH 세션 연결 키워드

클라이언트에서 SSH 서버와 연결하여 세션을 맺을 때는 Open Connection 키워드를 사용합니다.

```
Open Connection(host | alias=None | port=22 | timeout=None | newline=None
| prompt=None | term_type=None | width=None | height=None | path_
separator=None | encoding=None)
```

host 인자에 IP나 도메인을 추가하고 옵션 인자에 SSH 설정값을 넣으면 SSH 세션이 연결됩니다. Login(username | password | delay=0.5 seconds) 키워드는 사용자의 이름과 암호를 이용하여 호스트에 로그인을 지원합니다. Login With Public key 키워드는 공개/개인 키를 사용하여 호스트에 로그인하는 것을 지원합니다. 여기서는 SSH 서버에 연결하여 'hello'를 입력하는 테스트 케이스를 실습해 보겠습니다.

4_2_LinuxKeyword.robot 테스트 스윗을 만들고 common.robot에는 SSH 라이브러리를 추가하여 테스트 스윗에 불러옵니다. 'TC42_SSH_Open Connection' 테스트 케이스를 추가합니다.

1. SSH 연결을 위해 테스트 HOST 서버에 접속합니다.

2. ID, Password로 로그인합니다.

3. HOST에 'hello'를 작성합니다.

4. SSH 연결을 종료합니다.

스텝 1에서 HOST 접속은 SSH.Open Connection(${HOST}) 키워드를 이용합니다. ${HOST} 변수에는 테스트 서버의 IP나 호스트 이름을 넣습니다.

스텝 2에서 로그인은 SSH.Login(username | password | delay=0.5 seconds) 키워드를 이용합니다. 테스트하려는 대상의 username이 'root'이고 password가 'keyword'로 설정된 상태라면 SSH.Login(root, keyword)로 작성합니다.

스텝 3에서 명령 실행은 SSH.Execute Command 키워드를 이용하여 'echo hello'를 수행합니다.

스텝 4에서 연결 종료는 SSH.Close All Connections 키워드를 이용합니다.

실습 Open Connection 테스트 케이스 예시

```
*** Settings ***
Resource          common.robot
Library           SSHLibrary    WITH NAME    SSH
```

```
*** Variables ***
${HOST}          localhost
${ssh_id}        root
${ssh_pw}        keyword

*** Test Cases ***
TC42_SSH_Open Connection
    ssh.Open Connection     ${HOST}
    ${output}=    ssh.login    ${ssh_id}    ${ssh_pw}
    Should Contain    ${output}    Last login
    Should Contain    ${output}    ${ssh_id}
    ${ret}=    ssh.Execute Command    echo hello
    Should Be Equal    ${ret}    hello
    ssh.Close All Connections
```

실습 코드에서 SSH 연결은 Open Connection과 Login 키워드로 앞서 리눅스와 맥 머신에 설정한 root 계정에 keyword 암호로 접속하도록 작성하였습니다. host와 id, pw는 변수로 정의하여 만약 계정 정보나 호스트 정보가 변경될 경우 키워드 테스트 케이스를 수정할 필요가 없도록 하였습니다. 정상 로그인을 확인하기 위해 내장 키워드인 Should Contain(container | item | msg=None | values=True | ignore_case=False) 키워드를 이용하여 Login 키워드를 검증합니다.

예제에서는 item 인자로 Last login과 계정명 ${USERNAME}이 표시되는지 확인하였습니다. 'hello'를 작성하기 위해서 명령어 전송은 Execute Command(command | return_stdout=True | return_stderr=False | return_rc=False) 키워드를 이용합니다. 실행 결과 로그를 보면 ${ret} 값에 'hello'로 표시됨을 확인할 수 있습니다.

실행 결과

```
INFO : Executing command 'echo hello'.
INFO : Command exited with return code 0.
INFO : ${ret} = hello
```

SSH 서버 연결은 다른 키워드에서 공통으로 사용하므로 예제에서 SSH 연결 로그인을 ConnectSSH 사용자 키워드로, SSH 연결 종료를 DisconnectSSH 사용자 키워드로 작성하는 것이 좋습니다.

TC42 사용자 키워드 예시

```
*** Keywords ***
ConnectSSH
    ssh.Close All Connections      #session init
    ssh.Open Connection      ${HOST}      #try new session connect
    : FOR      ${count}      IN RANGE      20
    \      ${status}      Run Keyword And Return Status      ssh.Login
          ${SSH_USERNAME}      ${SSH_PASSWORD}
    \      Exit For Loop If      '${status}' == 'True

DisconnectSSH
    ssh.Close All Connections
```

SSH 셸 제어

원격 시스템에서 명령을 실행할 때는 두 가지 가능성이 있습니다. 대화형 모드 셸(interactive shell)과 비대화형 모드 셸(non-interactive shell)입니다. 대화형 모드의 셸은 명령어를 터미널을 통한 사용자 입력으로부터 읽어 프롬프트를 표시해 주고, 작업 제어를 해줍니다. 이때 사용자는 셸과 대화를 할 수 있게 됩니다. SSH 라이브러리에서 Write, Write Bare, Write Until Expected Output, Read, Read Until, Read Until Prompt, Read Until Regexp 키워드는 대화형 셸 키워드입니다. SSH 환경에 대한 변경 사항은 이 키워드를 이용하여 바로 확인할 수 있습니다.

Execute Command 키워드와 Start Command 키워드는 비대화형 셸 키워드입니다. 이 키워드로 셸 명령을 하면 명령은 원격 컴퓨터의 새로운 셸에서 실행됩니다. 즉, 환경에 대한 가능한 변경 사항(예: 작업 디렉터리 변경, 환경 변수 설정 등)은 후속 키워드에서 볼 수 없습니다. 대화형 셸 키워드인 Write 키워드와 Read 키워드 사용 방법을 알아보겠습니다.

```
ssh.Write(text | loglevel=None)
ssh.Read(loglevel=None | delay=None)
ssh.Read Until(expected | loglevel=None)
ssh.Read Until Prompt(loglevel=None)
```

Write 키워드로 text 인자에 명령어를 입력하여 실행합니다. 그 결과를 확인하는 방법은 Read 키워드입니다. Read Until 키워드로 명령 실행 결과가 expected 인자에 해당하는 값이 나올 때까지 기다립니다. 각 키워드에서 사용되는 loglevel 인자는 TRACE, DEBUG, INFO, WARN을 설정할 수 있습니다. 기본값은 INFO입니다. Read 키워드의 delay 인자는 주어진 시간만큼 대기하고 서버의 결괏값을 다시 읽어들입니다.

이제 실습을 통해 대화형 셸 키워드의 사용법을 알아보겠습니다. 우선 SSH 연결한 후 iptables 명령어를 이용하여 방화벽이 열려 있는지 확인하는 테스트 케이스 예시를 살펴보겠습니다.

실습 Write 테스트 케이스 예시

```
TC43_SSH_Write
    [Documentation]    Write 키워드 실습.
    [Setup] ConnectSSH
    [Template]
    ssh.Write    iptables -P INPUT ACCEPT    #방화벽 오픈
    ssh.Read Until    root@
    [Teardown]    DisconnectSSH
```

Read 키워드와 Read Until 키워드의 차이점은 반환값에 있습니다. Read 키워드는 서버의 출력값(output)에서 가능한 모든 것을 반환합니다. Read Until 키워드는 서버의 출력값이 인자 expected의 값을 포함하는지 바라봅니다. 만약 세션의 timeout 시간까지 발견하지 못한다면 Fail이 됩니다. 서버에서 중간에 expected가 반복적으로 등장할 경우에는 Read 키워드를 이용하는 것이 테스트 결과의 신뢰성을 높이는 방법입니다.

Read Until Prompt 키워드를 이용하는 것도 유용합니다. 이 키워드는 프롬프트 표시가 나타나는 시점까지 출력값을 읽어 들입니다. 리눅스 머신에 새로운 디렉터리를 만들고 파일을 생성하는 실습을 해 보겠습니다.

실습 | **Write, Read**

4_2_LinuxKeyword 테스트 스윗에 'TC44_SSH_Write_Read' 테스트 케이스를 추가합니다.

1. HOST 서버에 SSH를 연결하고 '/home/keyword' 아래 'automation' 디렉터리를 만들고 'test.txt' 파일을 저장합니다.

2. 'automation' 디렉터리가 생성되었는지 확인합니다.

3. 'test.txt' 파일이 생성되었는지 확인합니다.

4. SSH 연결을 종료합니다.

◇◇

스텝 1에서 Write 키워드를 이용하여 '/home/keyword'로 진입하여 'mkdir automation'으로 폴더를 만들고 'touch test.txt'로 파일을 생성합니다.
스텝 2에서 디렉터리 생성 확인은 SSH.Read Until, Should End With 키워드를 이용합니다.
스텝 3에서 파일 생성 확인은 SSH.File Should Exist 키워드를 이용합니다.

실습 Write, Read 테스트 케이스 예시

```
*** Test Cases ***
TC44_SSH Write Read
[Documentation]    Write 키워드, Read Until 키워드 실습.
    [Setup]    ConnectSSH
    [Template]
    ssh.Write    cd /home
    ssh.Write    mkdir automation
    ssh.Read
    ssh.Directory Should Exist    /home/automation
    ssh.Write    cd automation
    ssh.Write    touch test.txt
    ssh.Read
    ssh.Write    pwd
    ${output}=    ssh.Read
    log    output:${output}
    ssh.File Should Exist    /home/automation/test.txt
    [Teardown]    DisconnectSSH
```

그림 4-12 직접 실행한 결과

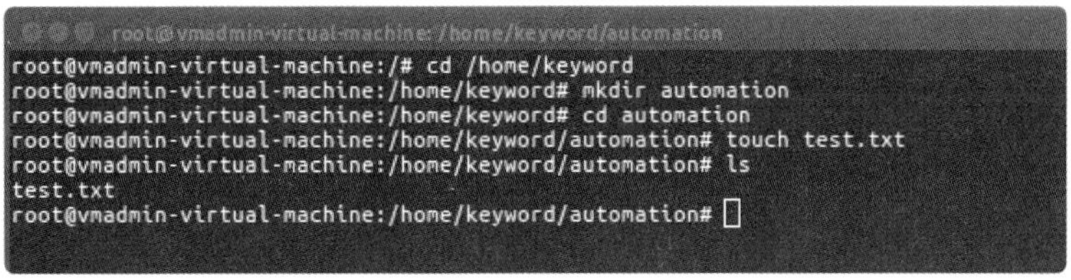

그림 4-12는 테스트 케이스로 작성한 순서대로 매뉴얼로 수행한 결과입니다. 이것을 자동화 테스트 케이스로 작성하려면 Read Until 키워드로 현재 'automation' 디렉터리가 생성되어 있는지 확인하고 File Should Exist 키워드로 'test.txt' 파일이 생성되었는지 확인합니다. SSH 서버의 연결과 종료는 Test Setup과 Teardown에 SSH 연결과 종료 사용자 키워드를 이용하여 테스트 환경 설정을 하도록 작성하였습니다. 테스트 케이스를 실행한 결과 로그는 다음처럼 표시됩니다.

```
INFO : ${HOST} = 192.168.0.200
INFO : Logging into '192.168.0.200:22' as 'root'.
INFO :
Read output: Welcome to Ubuntu 16.04 LTS (GNU/Linux 4.4.0-128-generic x86_64)

 * Documentation:  https://help.ubuntu.com/

360 packages can be updated.
0 updates are security updates.
Last login: Mon Jun 18 16:50:14 2018 from 192.168.0.178
root@keyword:~#
INFO : ${status} = True
INFO : Exiting for loop altogether.
INFO : cd /home
INFO : root@keyword:/home# mkdir automation
INFO : [chan 1] Opened sftp connection (server version 3)
INFO : mkdir: cannot create directory 'automation': File exists
INFO : root@keyword:/home# cd automation
INFO : root@keyword:/home/automation# touch test.txt
INFO :
${output} = root@keyword:/home/automation# pwd
/home/automation
root@keyword:/home/automation#
```

Write Until Expected Output(text, expected, timeout, retry_interval, loglevel=None) 키워드는 Write 키워드와 유사하지만 서버 출력에 나타날 때까지 주어진 텍스트를 반복적으로 작성합니다. timeout 인잣값 내에 예상대로 출력값이 나타나지 않으면 이 키워드는 Fail입니다. retry_interval 인자는 텍스트를 다시 쓰기 전의 시간을 정의합니다. timeout과 retry_interval 인자는 모두 로봇 프레임워크의 시간 형식으로 지정해야 합니다. 예를 들어 다음 코드는 출력값에 myscript.py가 나타날 때까지 'lsof -c python27\n'을 작성한 것입니다. 여기서 명령은 0.5초마다 작성되며 5초 안에 myscript.py가 서버 출력에 나타나지 않으면 키워드가 실패합니다.

```
Write Until Expected Output     lsof -c python27\n     myscript.py     5s     0.5s
```

Execute Command 키워드는 Write 키워드와 동일한 기능을 수행합니다. 다만 비대화형 셸 키워드로 실행 결과를 바로 확인할 수 없습니다.

```
Execute Command(command | return_stdout=True | return_stderr=False |
return_rc=False)
```

Write 키워드와 다른 점은 명령 실행 시 항상 새로운 셸에서 실행한다는 것입니다. cd 명령어로 시스템의 실행 위치를 변경하면 Write 키워드는 변경된 위치에서 다음 명령을 실행하지만, Execute Command 키워드는 이전 위치에 남아 있습니다. 다음 키워드 테스트 케이스를 실행하면 'cd /tmp'를 수행한 후 현재 디렉터리를 나타내는 pwd를 수행하더라도 ${pwd}는 '/tmp'가 되지 않습니다.

실습 Excute Command 테스트 케이스 예시

```
TC45_SSH Execute Command
    [Setup]  ConnectSSH
    ${pwd}=  SSH.Execute Command    pwd
    Should Be Equal    ${pwd}    /root
    SSH.Execute Command    cd /tmp
    ${pwd}=  SSH.Execute Command    pwd
    log    ${pwd}
    Should Not Be Equal    ${pwd}    /tmp
    [Teardown]    DisconnectSSH
```

Execute Command 키워드의 return_stdout, return_stderr, return_rc 인자를 이용하는 실습을 살펴보겠습니다. 예시처럼 명령어 'echo'를 실행하고 인자를 처리하도록 하고 ${rc} 변수에 값을 받아 처리합니다. Excute Command 키워드에서 return_rc=True로 인자를 주면 기대 결과가 달라지므로 비교 기준도 바뀌어야 합니다.

---

return_rc=True 인자 예시

```
${rc}=     SSH.Execute Command      echo Success guaranteed.
     return_stdout=False      return_rc=True
Should Be Equal     ${rc}     ${0}  # 혹은 Should Be Equal As Integers     ${rc}      0
```

내장 라이브러리에서 살펴본 Should Be Equal(first | second | msg=None | values=True | ignore_case=False) 키워드로 first 인잣값 ${rc}가 second 인잣값인 0인지 확인합니다. 문자열 대신 숫자로 비교하는 Should Be Equal As Integers(first | second | msg=None | values=True | base=None) 키워드를 사용할 경우에는 정숫값 0을 비교합니다.

세션 설정 키워드

SSH 설정은 Open Connection 키워드로 최초 연결을 시도할 때 변경할 수 있습니다. 하지만 연결 이후 설정을 변경하더라도 기존 연결에는 영향을 주지 않습니다. 연결된 상태에서 설정을 업데이트하기 위해서는 Set Client Configuration 키워드를 사용하여 연결 설정을 변경합니다.

```
Set Client Configuration(timeout=None | newline=None | prompt=None
| term_type=None | width=None | height=None | path_separator=None |
encoding=None)
```

예를 들어 timeout 인잣값을 10초로 변경한다면 다음 실습 코드와 같이 변경합니다.

실습 **Set Client Configuration 테스트 케이스 예시**

```
*** Test Cases ***
TC46_SSH Set Client Configuration
    [Setup]    ConnectSSH
    Set Client Configuration    timeout=10s
    ${output}=    Get Connection
    Should Be Equal As Integers    ${output.timeout}    10
    Should Be Equal As Strings    ${output.alias}    keyword
    [Teardown]    DisconnectSSH
```

예시 코드에서 timeout 설정값을 확인하려고 Get Connection 키워드의 반환값을 ${output}으로 받고 인자는 ${output.인자} 형식으로 읽어서, 원하는 값 10과 일치하는지 Should Be Equal As Integers(first | second | msg=None | values=True | base=None) 키워드로 확인합니다. 수행 결과 그림 4-13 로그의 Get Connection 정보를 보면 현재 연결된 SSH 네트워크의 설정 정보가 나타납니다.

Get Connection(index_or_alias=None | index=False | host=False | alias=False | port=False | timeout=False | newline=False | prompt=False | term_type=False | width=False | height=False | encoding=False) 키워드를 이용하면 SSH 설정값을 읽어서 그림 4-13과 같이 'timeout=10 seconds'로 표시됨을 알 수 있습니다. string 타입의 인자 alias 정보를 확인할 때는 Should Be Equal As Strings(first | second | msg=None | values=True | ignore_case=False) 키워드를 이용합니다. 첫 번째 인자에 ${output.alias}를 넣습니다. 별칭(alias)은 하나의 테스트 케이스에서 2개 이상의 다른 호스트에 연결하였을 때 호스트를 구분하는 용도로 사용합니다. SSH 연결 인자 타입에 따라 Should Be Equal As xxx 키워드로 확인할 수 있습니다.

그림 4-13 Set Client Configuration 실습 결과

```
+ KEYWORD SSH.Set Client Configuration timeout=10s
- KEYWORD ${output} = SSH.Get Connection
Documentation:          Return information about the connection.
Start / End / Elapsed:  20180327 19:30:02.283 / 20180327 19:30:02.284 / 00:00:00.001
19:30:02.283   INFO    index=1
                       path_separator=/
                       prompt=$
                       width=80
                       newline=

                       height=24
                       encoding=UTF-8
                       alias=keyword
                       host=10.1.1.110
                       timeout=10 seconds
                       term_type=vt100
                       port=22
19:30:02.284   INFO    ${output} = index=1
                       path_separator=/
                       prompt=$
                       width=80
                       newline=

                       height=24
                       encoding=UTF-8
                       alias=keyword
                       host=10.1.1.110
                       timeout=10 seconds
                       term_type=vt100
                       port=22
- KEYWORD BuiltIn.Should Be Equal As Integers ${output.timeout}, 10
```

4.3 웹 애플리케이션 제어 키워드

웹 애플리케이션을 테스트할 때는 셀레니움(Selenium)을 사용합니다. 셀레니움은 웹 애플리케이션 테스트를 위한 오픈소스 프레임워크입니다. 다양한 웹 브라우저(Chrome, IE, Fierfox, Safari, Opera)와 다양한 언어(Java, C#, Perl, PHP, Python, Ruby), 다양한 플랫폼(Linux, Windows, Mac, Android, iOS)을 지원합니다.

1. 셀레니움 아키텍처

셀레니움은 Selenium1격인 셀레니움 RC와 Selenium2격인 셀레니움 RC + Web Driver 버전이 있습니다. RC(selenium remote control)는 HTTP 기반으로 동작하는 웹 애플리케이션의 UI 테스트를 자동화하는 테스트 도구입니다. JavaScript를 지원하는 브라우저를 이용하여 클라이언트에서 키워드 테스트 케이스를 작성합니다. 그리고 Remote Control 서버를 통해 자동으로 브라우저를 시작하고 종료합니다. Selenium2는 Selenium1에 웹 드라이버(web driver)를 추가한 버전입니다. ID, Class, XPath, CSS 등을 이용해 Element를 지정하여 테스트를 수행하는 웹 드라이버는 페이지 사용자를 다시 불러오지 않고 페이지의 요소를 변경할 수 있는 동적 웹 페이지를 지원합니다.

- https://www.seleniumhq.org
- https://www.seleniumhq.org/docs/04_webdriver_advanced.jsp#

웹 드라이버는 프로그래밍 인터페이스로 로봇 프레임워크용 셀레니움 테스트 라이브러리인 Selenium2library 키워드로 작성한 테스트 케이스를 실행하는 데 도움을 줍니다. 각 브라우저는

그림 4-14와 같이 브라우저에 맞는 웹 드라이버가 필요합니다. 자동화 키워드 테스트 케이스로 특정 웹 페이지 로딩과 같은 명령을 웹 드라이버를 통해 전달하면,브라우저는 웹 페이지를 로딩하고 그 결과를 웹 드라이버에 알려줍니다.

그림 4-14 셀레니움 라이브러리와 웹 드라이버 간 인터페이스

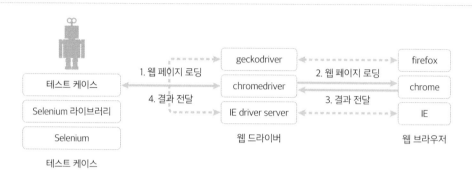

테스트 결과는 이 웹 드라이버의 결과로 Pass나 Fail을 결정합니다. 특별히 웹 브라우저의 웹 드라이버를 이용하는 자동화 키워드 테스트 케이스를 실행할 때는 드라이버의 실행, 종료에 따라 키워드 테스트 케이스가 제대로 동작하지 않을 수 있기 때문에 브라우저 종료와 웹 드라이버 실행 여부를 판단하는 보완 코드를 추가해야 합니다.

웹 드라이버를 PYTHONPATH 하위에 저장하면 로봇 프레임워크 키워드 테스트 케이스 실행 시 웹 드라이버도 함께 자동으로 동작합니다. 다른 위치로 설정하려면 로봇 프레임워크 키워드 테스트 케이스에 웹 드라이버의 경로(path) 설정을 추가합니다.

셀레니움은 각 브라우저별로 API를 지원합니다. 셀레니움을 설치하면 다음 위치에 셀레니움 웹 드라이버를 지원하기 위한 파일이 브라우저 종류별로 나타납니다. 셀레니움 API는 PC용 브라우저를 비롯하여 모바일 단말용 드라이버를 지원합니다.

C:\Python27\Lib\site-packages\selenium\webdriver\

그림 4-15 웹 드라이버 파일

각 브라우저명 하위에는 지원하는 API 파일이 있습니다. 지원하는 API는 뒤에서 드라이버별로 소개하겠습니다. 셀레니움으로 브라우저 드라이버를 제어할 때 이 API를 로드(import)하여 이용합니다. 로드할 때는 다음 코드와 같이 작성합니다.

```
from selenium import webdriver
```

Selenium2library는 로봇 프레임워크 전용으로 제작된 라이브러리로써 웹 브라우저 제어 기능을 추가하려 할 때, 다음 사이트의 셀레니움 API를 이용하여 사용자 라이브러리를 제작하여 사용할 수 있습니다. 사용자 라이브러리를 제작하는 방법은 5장을 참고하기 바랍니다.

• 셀레니움 API: https://seleniumhq.github.io/selenium/docs/api/py/api.html

웹 브라우저와 드라이버 사용 시 웹 브라우저가 업데이트되는 것에 따라 드라이버도 업데이트가 필요합니다. 웹 브라우저 자동 업데이트를 끄고(off) 사용하거나 브라우저 업데이트 시에 웹 드라이버도 함께 최신 버전을 유지하여 사용해야 합니다. 이제부터 브라우저별 드라이버를 알아보겠습니다.

Firefox 드라이버: GeckoDriver

웹 자동화 테스트에 사용하려는 브라우저를 설치합니다. 셀레니움의 경우 파이어폭스를 이용하면 키워드 테스트 케이스를 작성하기가 용이하므로 설치합니다. 파이어폭스를 로봇 프레임워크로 이용하기 위해서는 파이어폭스 웹 드라이버인 geckodriver를 설치해야 합니다. 작업하는 PC의 플랫폼에 맞게 내려받아야 에러 없이 사용할 수 있습니다.

파이어폭스 WebDriver(firefox_profile=None, firefox_binary=None, timeout=30, capabilities=None, proxy=None, executable_path='geckodriver', options=None, log_path='geckodriver.log', firefox_options=None)는 파이어폭스의 세션을 시작합니다. 인자로 설정한 firefox_profile 및 options. profile은 상호 배타적으로 설정이 얼마나 구체적인지에 따라 우선순위가 달라집니다. capabilities 인자가 우선순위가 가장 높고 그다음은 순서대로 option 인자, firefox_binary 인자, firefox_profile 인자입니다.

WebDriver 인자의 기본값(default)을 확인하고 테스트 시에 수정이 필요한 부분은 셀레니움 Create Webdriver 키워드를 이용하여 추가합니다. 최신 파이어폭스 드라이버는 다음 사이트를 참고하기 바랍니다.

- 드라이버 다운로드: https://github.com/mozilla/geckodriver/releases

Chrome 드라이버: ChromeDriver

ChromeDriver는 Chromium용 웹 드라이버의 와이어 프로토콜을 구현하는 독립 실행형 서버입니다. ChromeDriver는 안드로이드용 크롬 및 데스크톱용 크롬(맥, 리눅스, 윈도우)에서 사용할 수 있습니다. 기능은 ChromeDriver 세션을 사용자 정의하고 구성하는 데 사용할 수 있는 Capabilities 옵션을 이용하여 드라이버를 구동합니다. 옵션을 설정하는 방법은 ChromeOptions

클래스를 이용하거나 DesiredCapabilities의 일부로 직접 기능을 지정합니다. ChromeOptions의 인스턴스를 만들어 ChromeOptions 객체를 ChromeDriver 생성자에 직접 전달하여 사용합니다. 기본적으로 ChromeDriver는 각 세션에 대해 새로운 임시 프로파일을 만듭니다.

크롬 WebDriver(executable_path='chromedriver', port=0, options=None, service_args=None, desired_capabilities=None, service_log_path=None, chrome_options=None)는 ChromeDriver를 제어하고 브라우저를 구동할 수 있습니다. 다른 브라우저와 차이점은 WebDriver의 인자에 timeout이 없다는 것입니다. options 인자에 add_argument 메서드를 이용하면 argument를 추가할 수 있습니다. Service(executable_path, port=0, service_args=None, log_path=None, env=None)는 ChromeDriver의 시작 및 중지를 관리하는 객체입니다.

다음 사이트에 접속하면 그림 4-16처럼 크롬 웹 드라이버 버전과 지원되는 크롬 버전 정보가 나타납니다. 사용하는 버전에 맞는 웹 드라이버를 내려받아 사용합니다.

- 최신 버전: https://sites.google.com/a/chromium.org/chromedriver/downloads
- 이전 버전: http://chromedriver.storage.googleapis.com/index.html

그림 4-16 크롬 웹 드라이버 사이트

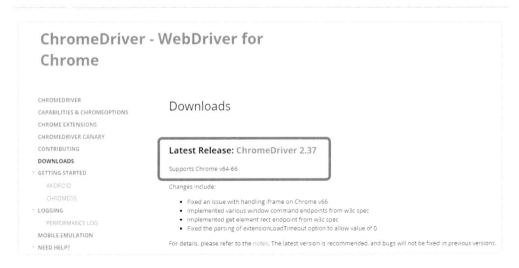

크롬 드라이버 버전 확인

다음 예시와 같이 크롬 버전과 드라이버 버전이 지원되지 않는 버전으로 동작할 경우 테스트 케이스 실행 오류가 발생합니다.

그림 4-17 크롬 드라이버 오류

```
FAIL   WebDriverException: Message: unknown error: call function result missing 'value'
       (Session info: chrome=65.0.3325.181)
       (Driver info: chromedriver=2.32.498550
    (9dec58e66c31bcc53a9ce3c7226f0c1c5810906a),platform=Windows NT 10.0.16299 x86_64)
```

크롬 웹 브라우저 버전은 [설정] → [도움말] → [Chrome 정보] 메뉴에서 확인할 수 있습니다. 크롬 웹 드라이버 버전은 내려받은 위치에서 크롬 드라이버를 '-v' 옵션과 함께 실행하여 확인할 수 있습니다.

그림 4-18 크롬 드라이버 버전 확인

IE 드라이버: IEDriverServer

IE(Internet Explorer) Driver는 웹 드라이버의 유선 프로토콜을 구현하는 독립 실행형 서버입니다. 이 드라이버는 Vista, Windows 7, Windows 8 및 Windows 8.1의 조합에 따라 IE 7, 8, 9, 10 및 11에서 테스트되었습니다. 2014년 4월 15일부터 IE 6은 더는 지원하지 않습니다. 드라이버는 32비트 및 64비트 버전의 브라우저 실행을 지원합니다. 브라우저를 시작할 때 사용할 '비트'를 결정하는 방법은 IEDriverServer.exe의 버전이 시작될 때 결정됩니다. IEDriverServer.exe의

32비트 버전이 시작되면 32비트 버전의 IE가 시작됩니다. 마찬가지로 IEDriverServer.exe의 64비트 버전이 시작되면 64비트 버전의 IE가 시작됩니다. 필자가 글을 작성하는 시점에는 해당 드라이버 내려받기 경로가 연결되지 않았습니다.

IE용 WebDriver(executable_path='IEDriverServer.exe', capabilities=None, port=0, timeout=30, host=None, log_level=None, log_file=None, options=None, ie_options=None)는 IEServerDriver를 제어하고 IE를 구동할 수 있습니다. options 인자에는 IE 브라우저의 BROWSER_ATTACH_TIMEOUT과 같은 추가 옵션을 설정할 수 있습니다. 자세한 옵션 정보는 다음 사이트를 참고하기 바랍니다.

- 드라이버 정보: https://github.com/SeleniumHQ/selenium/wiki/InternetExplorerDriver
- 드라이버 다운로드: https://developer.microsoft.com/en-us/microsoft-edge/tools/webdriver/
- IE 드라이버 옵션 정보: https://seleniumhq.github.io/selenium/docs/api/java/org/openqa/selenium/ie/InternetExplorerDriver.html

Selenium IDE

웹 브라우저의 개발도구 이외에 셀레니움으로 자동화 테스트를 수행한 경험이 있는 분이라면 셀레니움 IDE도 가능하다는 사실이 떠오를 것입니다. 셀레니움 IDE는 파이어폭스에서 셀레니움 키워드 테스트 케이스를 기록하고 재생하는 데 사용하는 파이어폭스 플러그인입니다. 이는 파이어폭스를 사용하여 사용자 작업을 기록하는 GUI를 제공합니다. 셀레니움을 배우고 사용하기에 좋은 도구지만 파이어폭스에서만 사용할 수 있으며 다른 브라우저는 지원하지 않습니다.

그러나 자동으로 작성된 테스트 케이스를 셀레니움이 지원하는 프로그래밍 언어로 변환할 수 있으며 이 변환된 테스트 케이스는 다른 브라우저에서 실행할 수 있습니다. Selenium IDE button을 설치하여 팝업으로 사용하면 더 쉽게 접근할 수 있습니다. 파이어폭스 [부가 기능 관리자] 메뉴의 [플러그인]에서 'Selenium IDE button'을 검색하여 설정합니다. 참고로 책을 작성할 당시 셀레니움 IDE를 지원하는 파이어폭스 버전이 제한되는 문제가 있었습니다. 파이어폭스가 최신 버전일 경우 format 에러가 발생하고 있습니다. 파이어폭스 55 이하 버전에서 동작하니 만약 사용하고자 한다면 다음 링크에서 구버전(52.0.1)을 내려받아 사용하길 바랍니다.

- https://addons.mozilla.org/en-US/firefox/addon/selenium-ide/
- https://ftp.mozilla.org/pub/firefox/releases/52.0.1/
- http://selenium-python.readthedocs.io/locating-elements.html#locating-elements

지금부터 셀레니움 IDE로 'www.google.co.kr' 이미지 검색을 이용하여 'robotframework'를 검색하는 테스트 케이스를 작성해 보겠습니다. 셀레니움 IDE에서 상단의 base URL은 처음 테스트를 시작하는 위치를 알려줍니다. 녹화 완료는 빨간 원형 버튼을 누르면 완료되고 [실행] 버튼으로 테스트 케이스를 실행할 수 있습니다. 지금부터 구글 웹 페이지에 접속하여 [이미지] 검색을 클릭하고 'robotframework'를 검색하고 결과를 확인하는 테스트를 실행하고 이 테스트 케이스를 파이썬으로 내보내기(export)를 해 보겠습니다.

그림 4-19 셀레니움 IDE 내보내기

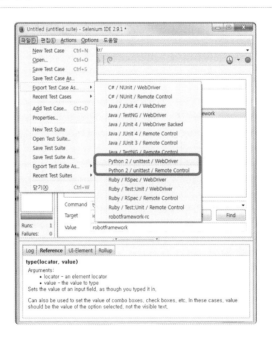

[파일] 메뉴에서 [Export Test Case As]에 [Python2 / unittest / WebDriver]를 선택하여 파이썬 으로 저장합니다. unittest 형태의 자동으로 생성된 코드는 다음과 같습니다.

구글에서 robotframework를 검색하는 테스트 케이스 예시

```python
# -*- coding: utf-8 -*-
from selenium import webdriver
from selenium.webdriver.common.by import By
from selenium.webdriver.common.keys import Keys
from selenium.webdriver.support.ui import Select
from selenium.common.exceptions import NoSuchElementException
from selenium.common.exceptions import NoAlertPresentException
import unittest, time, re

class keyword (unittest.TestCase):
    def setUp(self):
        self.driver = webdriver.Firefox()
        self.driver.implicitly_wait(30)
        self.base_url = "https://www.google.co.kr/"
        self.verificationErrors = []
        self.accept_next_alert = True

    def test_keyword (self):
        driver = self.driver
        driver.get(self.base_url + "/?gfe_rd=cr&dcr=0&ei=qcQCWsDzF8_EXrGZquAP")
        driver.find_element_by_link_text(u"이미지").click()
        driver.find_element_by_id("lst-ib").clear()
        driver.find_element_by_id("lst-ib").send_keys("robotframework")

    def is_element_present(self, how, what):
        try: self.driver.find_element(by=how, value=what)
        except NoSuchElementException as e: return False
        return True

    def is_alert_present(self):
        try: self.driver.switch_to_alert()
        except NoAlertPresentException as e: return False
        return True
```

```
    def close_alert_and_get_its_text(self):
        try:
            alert = self.driver.switch_to_alert()
            alert_text = alert.text
            if self.accept_next_alert:
                alert.accept()
            else:
                alert.dismiss()
            return alert_text
        finally: self.accept_next_alert = True

    def tearDown(self):
        self.driver.quit()
        self.assertEqual([], self.verificationErrors)

if __name__ == "__main__":
    unittest.main()
```

setup( ) 에 base url이 'http://www.google.co.kr'이고 브라우저는 파이어폭스로 설정되어 있습니다. 이 코드를 잘 이해하면 다음의 설명하는 로봇 프레임워크 기반 셀레니움 라이브러리를 사용하지 않고 직접 자신이 라이브러리를 만들어 사용할 수 있습니다.

2. 웹 자동화 환경 설정

웹 애플리케이션 자동화를 실습하기 위한 환경을 구성하기 위해 테스트 웹 서버와 셀레니움 라이브러리를 설치하고 셀레니움 원격 서버를 사용하는 방법을 알아보겠습니다.

테스트 웹 서버

웹 애플리케이션 테스트를 위해 웹 서비스가 필요합니다. 로봇 프레임워크에서 데모로 지원하는 웹 서버로 셀레니움 키워드 사용법을 알아보겠습니다. 다음의 링크에서 WebDemo 데모 파일을 내려받아 압축을 풀면 'Demoapp'과 'Login_tests' 폴더로 구성되어 있습니다. 'Demoapp' 폴더에는 웹 서버 동작을 위한 파일들이 있고, 'Login_tests' 폴더에는 웹 서버를 테스트하기 위한 키워드 테스트 케이스가 있습니다. 'Demoapp' 폴더에 있는 WebServer는 파이썬으로 제작된 서버입니다. server.py 파일은 server_forever 메서드로 서버를 실행시키고 html 폴더에 HTML 페이지를 로딩하고 server_close 메서드로 종료합니다.

- https://bitbucket.org/robotframework/webdemo/downloads/

테스트 웹 서버 구조

```python
#!/usr/bin/env python

"""로봇 프레임워크 웹 테스팅 데모를 위한 간단한 HTTP 서버. 사용법:  server.py [port]
"""

from __future__ import print_function
from os import chdir
from os.path import abspath, dirname, join
try:
    from SocketServer import ThreadingMixIn
    from BaseHTTPServer import HTTPServer
    from SimpleHTTPServer import SimpleHTTPRequestHandler
except ImportError:
    from socketserver import ThreadingMixIn
    from http.server import SimpleHTTPRequestHandler, HTTPServer

ROOT = join(dirname(abspath(__file__)), 'html')
PORT = 7272

class DemoServer(ThreadingMixIn, HTTPServer):
    allow_reuse_address = True
    def __init__(self, port=PORT):
        HTTPServer.__init__(self, ('localhost', int(port)),
                            SimpleHTTPRequestHandler)
```

```python
    def serve(self, directory=ROOT):
        chdir(directory)
        print('Demo server starting on port %d.' % self.server_address[1])
        try:
            server.serve_forever()
        except KeyboardInterrupt:
            server.server_close()
        print('Demo server stopped.')


if __name__ == '__main__':
    import sys
    try:
        server = DemoServer(*sys.argv[1:])
    except (TypeError, ValueError):
        print(__doc__)
    else:
        server.serve()
```

그림 4-20 테스트 웹 서버 실행 결과

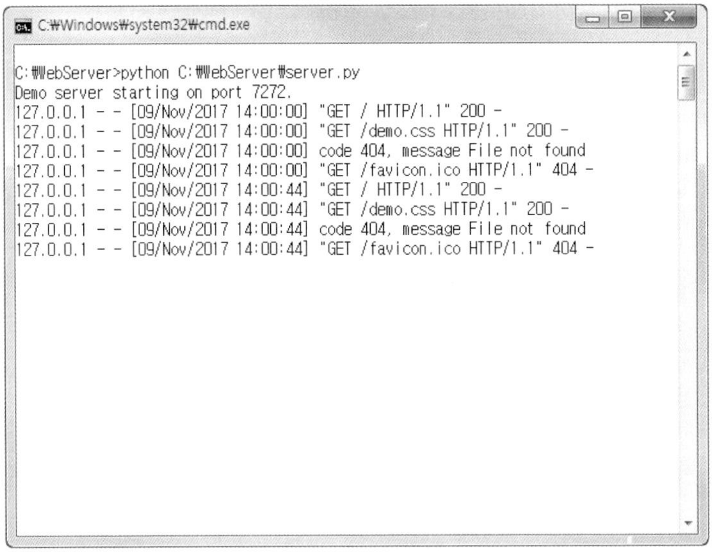

내려받은 'Demoapp' 폴더를 C 드라이브에 넣고 server.py를 실행하면 그림 4-21과 같이 웹 서버가 동작합니다. 실행하려면 명령창에서 키워드 테스트 케이스를 실행하고 종료 시에는 [Ctrl] + [C]를 입력합니다. 파일 관리자에서 키워드 테스트 케이스를 두 번 클릭하여 시작한 경우 열린 창을 닫아서 서버를 종료할 수 있습니다. 기본적으로 서버는 포트 7272를 사용하지만 사용자 정의 포트는 명령 프롬프트에서 인자로 제공할 수 있습니다.

참고로 다음 코드와 같이 bat 파일을 만들어 사용하면 테스트 서버 실행을 간편하게 할 수 있습니다.

server.bat 테스트 웹 서버 실행 파일

```
@echo off
title Keyword WebServer
python C:\WebServer\server.py
pause
```

웹 브라우저로 'http://localhost:7272/'에 접속하면 로그인을 위한 ID, Password를 입력할 수 있는 웹 페이지가 나타납니다. 테스트 서버는 3개 HTML 페이지로 구성되어 있습니다. Login Page는 첫 화면으로 User Name, 즉 ID에 'demo'를 넣고 Password에 'mode'를 입력하면 Welcome. html을 불러옵니다. User Name이나 Password가 틀리면 Error.html을 불러옵니다.

테스트를 위한 웹 서버를 구현해야 하는 경우 데모 페이지에 기능을 추가하여 사용하면 편리합니다. 334쪽의 '3. 셀레니움 라이브러리 키워드'에서는 주어진 3개의 화면 Welcome Page, Login Page, Error Page를 이용하여 브라우저를 이용한 웹 페이지 접속, 정상 로그인과 비정상 로그인으로 구분하여 테스트 케이스를 작성해 보겠습니다.

그림 4-21 index.html 테스트 페이지 접속 화면

웹 페이지 구조

웹 페이지를 이용한 자동화를 수행할 때 처음 겪었던 어려움은 웹 페이지의 구조를 파악하기 어렵다는 것입니다. 셀레니움이나 애피움은 엘리먼트를 이용하여 locator를 찾는데 id, name, value 속성 이외에 xpath를 얻을 때 어려움이 있습니다. <html>의 <head>, <title>, <body>와 같은 큰 구조 외에 웹 페이지를 구성하는 <div>, <a>, <ul> 태그들에 대한 정보를 좀 더 가지고 있으면 테스트 케이스를 작성할 때 유용하게 사용됩니다.

그림 4-21 index.html의 소스 구조는 그림 4-22와 같습니다. <html>은 문서 내용을 나타냅니다. <head>는 문서에 대한 정보를 <title>, <meta>, <script>, <style>, <link> 등으로 나타냅니다. 문서의 실제 내용은 <body>에 있습니다. <body>는 다시 여러 크기의 단락 제목과 단락, 목록, 표를 구성하는 태그로 구성됩니다. 이렇게 웹 페이지는 태그로 표현되는 엘리먼트(element)로 구성됩니다. 엘리먼트는 시작 태그, 엘리먼트의 내용, 종료 태그로 구성됩니다. 엘리먼트의

내용은 속성(attribute)으로 이름_태그="값"의 쌍으로 구성됩니다. 그림 4-22의 <head>에 있는 <link> 엘리먼트는 다음과 같습니다.

```
<link href="demo.css" rel="stylesheet" type="text/css" media="all"></link>
```

엘리먼트의 시작 태그인 <link>와 종료 태그인 </link>가 보입니다. 엘리먼트의 내용은 시작 태그 안에 표시하고, 태그 속성 이름과 각 태그에 부여된 값의 쌍으로 표시하는 것을 알 수 있습니다. 예시처럼 여러 개 속성은 빈 칸으로 구분합니다.

그림 4-22 테스트 웹 페이지 index.html 소스 구조

그림 4-22에 표시된 태그를 중심으로 살펴보겠습니다. 그림에 없는 태그 중 중요하게 사용하는 태그는 실습에서 알아보겠습니다. 우선 <body> 태그 안에 가장 먼저 보이는 태그는 <div>입니다. <div>는 웹 페이지 구조상 콘텐츠를 그룹화하여 블록(block) 단위로 표시할 수 있도록 합니다. 유사한 태그인 <span>은 인라인(inline) 단위로 영역을 표시해 줍니다.

<div> 안에 있는 id 속성은 문서에 대한 하나의 요소를 참고할 수 있도록 합니다. 여러 개의 요소를 참고할 때는 class 속성을 이용할 수 있습니다. class는 빈칸으로 값을 여러 개 넣을 수 있습니다. 예시에는 없지만 <div> 안에는 style 속성으로 테두리, 정렬, 문단 모양 등을 지정할 수 있습니다.

<form>은 사용자가 입력하는 정보를 하나로 묶어서 애플리케이션에 전달할 수 있도록 그룹화하고 전달하는 방법을 표시하는 기능을 합니다.

```
<form name="login_form" onsubmit="login(this.username_field.value, this.password_
    field.value); return false;">      … 내용 생략 …     </form>
```

onsubmit 속성에는 <head>에 <script>로 정의한 login 자바 스크립트를 이용하여 username_field.value와 password_field.value의 입력값을 전달하고 있습니다. 수행 결과는 입력값이 동일하면 welcome.html이 표시되고 그렇지 않으면 error.html이 표시됩니다. <form> 안에서는 <input> 태그로 사용자의 입력값을 받습니다. 속성은 name, type, value가 있습니다. 그림 4-22에 <table>, <tr>, <td> 안에 우리가 찾는 <input>이 3개가 있습니다. id로 구분된 각 <input> 태그를 살펴보겠습니다.

```
<input id="username_field" type="text" size="30"></input>
<input id="password_field" type="password" size="30">
<input id="login_button" type="submit" value="LOGIN">
```

type 속성은 입력 폼의 유형을 결정합니다. 예시에 값이 "text", "password", "submit"으로 다른 것을 볼 수 있습니다. 입력값의 유형에 따라 type 값을 다르게 지정하면 그림 4-22와 같이 UI에 표시되는 타입이 달라집니다. 이외에도 type에는 checkbox, image, file, email, url, color, range 등 여러 가지가 있습니다. 테스트 케이스 작성 시에는 type에 따라 입력값을 검증하는 범위가 달라지므로 태그 값을 확인하는 것이 좋습니다. 입력값은 태그에 표시되진 않지만 value 속성에 저장되어 name과 함께 애플리케이션에 전달됩니다. 예시에서는 name이 아닌 id를 이용하여 전달하였습니다. 참고로 서버를 이용할 경우에는 name이 있어야 합니다.

<table> 태그는 표로 나타내고 싶을 때 사용합니다. <tr> 태그는 table row로 행을 표시하고 <td> 태그는 table data로 각 셀을 만들어 데이터를 나타냅니다. <th> 태그는 table header로 이 태그를 이용하면 표 상단에 굵은 글씨로 표 제목을 표시할 수 있습니다. <tbody>는 표의 본문을 나타냅니다. 유사하게 표의 머리말을 표시하는 <thead>와 표의 꼬리말을 표시하는 <tfoot>이 있습니다. 예시에는 없지만 목록을 나타낼 때는 <ul>과 <ol> 태그도 많이 사용합니다. <ul> 태그는 unordered list로 순서 없이 점으로 목록을 표현할 때 사용하고 <ol> 태그는 ordered list로 번호를 추가하여 목록을 표시합니다. 둘 다 <li>로 나타냅니다. 웹 테스트 케이스를 작성할 때 동작 구조는 다음과 같습니다.

1. 웹 브라우저를 연다.
2. 웹 사이트에 접속한다.
3. 테스트 메뉴에 접근하여 기능을 테스트한다.
4. 테스트 결과를 확인한다.
5. 브라우저를 닫는다.

스텝 2에서 웹 사이트에 접속할 때, 제대로 사이트에 접속했는지 검증할 수 있는 것이 무엇일까요? 바로, 태그 정보를 이용하는 것이 가장 확실한 방법입니다. 많이 사용하는 것은 웹 페이지의 <title> 태그 정보입니다. 이것은 웹 페이지에 접속했을 때 브라우저 상단에 노출되는 정보입니다. 그림 4-22에서 <title> 태그의 'Login Page' 값을 이용하여 실습에서 사용할 것입니다.

스텝 3에서 기능을 수행할 때도 웹 페이지의 원하는 위치에 접근하기 위해서 태그를 사용합니다. Login Page의 User Name 옆에 값을 입력하려면 입력창에 접근을 해야 합니다. 그림 4-22에서 선택된 id가 "username_field"이고 type이 "text"인 태그가 우리가 원하는 입력창입니다. 이때 그림 아래쪽에서는 선택한 곳의 위치를 확인할 수 있습니다. User Name 입력창의 xpath와 [LOGIN] 버튼의 xpath를 표시하면 다음과 같습니다. 같은 <form> 태그 안에 <tr>, <td>의 위치로 구분되는 것을 볼 수 있습니다.

```
/html/body/div/form/table/tbody/tr[1]/td[2]/input
/html/body/div/form/table/tbody/tr[3]/td[2]/input
```

셀레니움 라이브러리를 이용하여 웹 페이지에 값을 입력할 때 이러한 태그를 이용하여 제어할 수 있습니다. 각 태그에 대한 자세한 정보는 다음 사이트를 참고하기 바랍니다.

- https://www.w3schools.com/htmL/
- https://www.w3schools.com/htmL/html_form_input_types.asp

Selenium2Library

로봇 프레임워크에서 셀레니움 웹 드라이버를 사용할 수 있는 Selenium2Library를 이용하여 테스트 케이스를 작성해보겠습니다. Selenium2Library는 셀레니움 프로젝트의 셀레니움 2(WebDriver) 라이브러리를 활용하는 로봇 프레임워크용 웹 테스트 라이브러리입니다. 먼저 Selenium2Library를 이용하여 키워드 테스트 케이스를 작성하기 위한 환경을 구축하겠습니다. 우선 pip를 이용하여 셀레니움을 설치합니다. 그리고 역시 pip를 이용하여 로봇 프레임워크용

Selenium2Library를 설치해 보겠습니다. 구버전이 설치되어 있다면 최신 버전으로 업데이트를 수행합니다. 버전은 'pip list' 명령을 통해 알 수 있습니다.

```
pip install selenium      #셀레니움 설치
pip install -U selenium      #셀레니움 업데이트
pip install robotframework-selenium2library  #셀레니움 라이브러리 설치
pip install -U robotframework-selenium2library    #셀레니움 라이브러리 업데이트
```

설치를 했다면 셀레니움 라이브러리의 키워드 중 Open Browser 키워드가 정의된 파일 _browsermanagerment.py를 열어 실제 라이브러리 파이썬 코드를 살펴보겠습니다. 참고로 이 파일은 다음 위치에서 찾을 수 있습니다.

📁 C:\Python27\Lib\site-packages\Selenium2Library\keywords

셀레니움 라이브러리 중 _browsermanagement.py

```python
# ① 참조 모듈 설정
import os
import robot
from robot.errors import DataError
from selenium import webdriver
from Selenium2Library import webdrivermonkeypatches
from Selenium2Library.utils import BrowserCache
from Selenium2Library.locators import WindowManager
from keywordgroup import KeywordGroup
from selenium.common.exceptions import NoSuchWindowException

# ② 전역변수 설정
ROOT_DIR = os.path.abspath(os.path.join(os.path.dirname(__file__), ".."))
FIREFOX_PROFILE_DIR = os.path.join(ROOT_DIR, 'resources', 'firefoxprofile')
BROWSER_NAMES = {'ff': "_make_ff",
                 'firefox': "_make_ff",
                 'ie': "_make_ie",
                 'internetexplorer': "_make_ie",
```

```
                    'googlechrome': "_make_chrome",
                    'gc': "_make_chrome",
                    'chrome': "_make_chrome",
                    'opera' : "_make_opera",
                    'phantomjs' : "_make_phantomjs",
                    'htmlunit' : "_make_htmlunit",
                    'htmlunitwithjs' : "_make_htmlunitwithjs",
                    'android': "_make_android",
                    'iphone': "_make_iphone",
                    'safari': "_make_safari",
                    'edge': "_make_edge"
                }
# ③ KeywordGroup을 상속하는 클래스 정의
class _BrowserManagementKeywords(KeywordGroup):

# ④ 브라우저 실행 키워드
def open_browser(self, url, browser='firefox', alias=None,remote_url=False,
                 desired_capabilities=None,ff_profile_dir=None):
        # ⑤ 키워드 설명 시작
        """Opens a new browser instance to given URL.

        Returns the index of this browser instance which can be used later to
        switch back to it. Index starts from 1 and is reset back to it when
        'Close All Browsers' keyword is used. See 'Switch Browser' for
        example.

        Optional alias is an alias for the browser instance and it can be used
        for switching between browsers (just as index can be used). See 'Switch
        Browser' for more details.

        Possible values for 'browser' are as follows:

        | firefox          | FireFox           |
        | ff               | FireFox           |
        | internetexplorer | Internet Explorer |
        | ie               | Internet Explorer |
        | googlechrome     | Google Chrome     |
        | gc               | Google Chrome     |
        | chrome           | Google Chrome     |
```

```
        Optional 'ff_profile_dir' is the path to the firefox profile dir if you
        wish to overwrite the default.
        """
        if remote_url:
            self._info("Opening browser '%s' to base url '%s' through remote
                server at '%s'"
                    % (browser, url, remote_url))
        else:
            self._info("Opening browser '%s' to base url '%s'" % (browser,
                url))
        browser_name = browser
        browser = self._make_browser(browser_name,desired_capabilities,ff_
            profile_dir,remote_url)
        try:
            browser.get(url)
        except:
            self._cache.register(browser, alias)
            self._debug("Opened browser with session id %s but failed to open
                url '%s'" % (browser.session_id, url))
            raise
        self._debug('Opened browser with session id %s'
                    % browser.session_id)
        return self._cache.register(browser, alias)
```

```
    def _get_browser_creation_function(self, browser_name):
        func_name = BROWSER_NAMES.get(browser_name.lower().replace(' ', ''))
        return getattr(self, func_name) if func_name else None


    def _make_browser(self, browser_name, desired_capabilities=None,
                    profile_dir=None, remote=None):
        creation_func = self._get_browser_creation_function(browser_name)

        if not creation_func:
            raise ValueError(browser_name + " is not a supported browser.")

        browser = creation_func(remote, desired_capabilities, profile_dir)
        browser.set_speed(self._speed_in_secs)
        browser.set_script_timeout(self._timeout_in_secs)
```

```
browser.implicitly_wait(self._implicit_wait_in_secs)
return browser
```

셀레니움 라이브러리 역시 코드 전반부에 ① import로 참조 모듈을 불러오고 ② 전역변수를 정의합니다. 셀레니움은 클래스 라이브러리인 것을 알 수 있습니다. 라이브러리는 5.2절에서 자세히 다루겠습니다. 셀레니움 라이브러리의 _BrowserManagementKeywords 클래스는 ③ KeywordGroup을 상속받도록 처리되어 있습니다. 우리가 테스트에 사용한 ④ open_browser 함수를 정의한 모습을 살펴보면 매개변수로 self, url, browser='firefox', alias=None, remote_url=False, desired_capabilities=None, ff_profile_dir=None을 정의한 변수들이 실제 키워드에서 사용되는 것을 알 수 있습니다. ⑤ 주석 처리된 부분은 키워드 사용 방법을 작성한 것입니다. 라이브러리를 만들 때는 매개변수의 설명과 사용 방법을 작성하는 것이 좋습니다. RIDE에서 라이브러리를 불러와서(import) 키워드를 사용할 때 키워드 검색 영역에 설명이 나타납니다.

그림 4-23 라이브러리 설명

예를 들어 우리가 다음 코드와 같이 키워드를 작성했다고 가정해 보겠습니다.

```
Selenium.Open Browser    https://accounts.google.com/signin    browser=chrome
    alias=None    remote_url=http://${RemoteIP}:5555/wd/hub
```

각 매개변수에는 url=https://accounts.google.com/signin, browser=chrome, alias=None, remote_url=http://${RemoteIP}:5555/wd/hub 값이 입력되었습니다. 첫 번째 If 문의 조건은 remote_url 입니다. 값이 존재하므로 self.info가 실행됩니다. Browser는 같은 파일에 있는 _make_browser( ) 함수를 통해 BROWSER_NAMES에서 브라우저를 결정하고 browser.get(url)로 연결을 수행합니다. Selenium2Library를 사용하기 위해서는 RIDE의 리소스 파일에 라이브러리를 불러옵니다. 이 때 선택적으로 인자를 사용하여 셀레니움 라이브러리를 가져올 수 있습니다.

```
*** Settings ***
Library           Selenium2Library    WITH NAME    Sel    # 셀레니움 라이브러리
```

인자 기본값은 timeout=5.0, implicit_wait=0.0, run_on_failure=Capture Page Screenshot, screenshot_root_directory=None입니다. timeout 인자는 대기 중인 모든 작업을 대기하는 데 사용되는 제한 시간입니다. 나중에 Set Selenium Timeout(seconds) 키워드로 변경할 수 있습니다. implicit_wait 인자는 셀레니움이 요소를 찾을 때 대기하는 암묵적 시간입니다. 나중에 Set Selenium Implicit Wait(seconds) 키워드로 변경할 수 있습니다. run_on_failure 인자는 Selenium2Library 키워드가 실패할 때 실행할 수 있는 키워드를 지정합니다.

기본값 Capture Page Screenshot(filename=selenium-screenshot-{index}.png) 키워드는 현재 페이지의 스크린샷을 찍는 데 사용됩니다. 사용하지 않을 경우 "Nothing"으로 표시합니다. screenshot_root_directory 인자는 스크린샷을 저장하는 기본 루트 디렉터리를 지정합니다. 제공하지 않으면 기본 디렉터리는 로봇 프레임워크가 로그 파일을 저장하는 디렉터리

(${OUTPUTDIR})입니다.

```
Library     Selenium2Library     15 | 5 | run_on_failure= Log Source
      WITH NAME     Sel
```

예시처럼 설정하면 셀레니움 라이브러리의 별칭은 Sel이고 timeout은 15초, implicit_wait은 5초이고 키워드 실패 시 Log Source(loglevel=INFO) 키워드가 수행됩니다. 참고로 Log Source 키워드는 현재 페이지 또는 프레임의 전체 HTML 소스를 기록하고 반환합니다. loglevel 인자는 사용된 로그 레벨을 정의합니다. 유효한 로그 레벨은 WARN, INFO, DEBUG 및 NONE(없음)으로 기본값은 INFO입니다.

Selenium 원격 서버

셀레니움 라이브러리를 원격 서버에서 사용하기 위해 RIDE의 리소스 파일에 라이브러리를 불러옵니다. 로컬 PC에 사용할 때와 원격 PC에서 사용할 때의 설정을 구분합니다. 표준 라이브러리와 셀레니움 라이브러리를 동시에 원격에서 실행하여 사용하려면 그림과 같이 포트를 구분하여 원격 서버를 실행합니다. 여기서는 셀레니움 원격 서버의 포트를 8272로 하겠습니다.

그림 4-24 셀레니움과 표준 라이브러리 원격 서버 실행

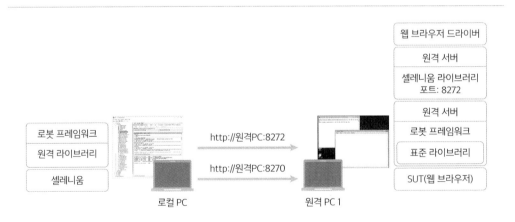

Selenium2Library의 원격 서버 역시 파이썬 구문에 맞게 작성합니다. 표준 라이브러리와 셀레니움 라이브러리는 별칭(alias)으로도 구분합니다. 이때 로컬에 저장된 라이브러리와 동일한 별칭을 사용하면 실행 시 경고가 발생하므로 common.robot과 resmote.robot의 리소스 파일에서 라이브러리를 설정할 때 이름을 구분하여 작성합니다.

remote.robot

```
*** Settings ***
Library            Remote      http:// ${ADDRESS}:8270     WITH NAME     remote
Library            Remote      http:// ${ADDRESS}:8272     WITH NAME     Sel

*** Variables ***
${ADDRESS}         127.0.0.1
```

Selenium2Library.py

```
#!/usr/bin/env python

import os
import sys
from Selenium2Library import Selenium2Library
from robotremoteserver import RobotRemoteServer

class Selenium2Library (Selenium2Library):
    def __init__(self):
        Selenium2Library.__init__(self)
        """Also this doc should be in shown in library doc."""

if __name__ == '__main__':
    RobotRemoteServer(Selenium2Library (), *sys.argv[1:])
```

원격 서버를 실행하는 방법은 명령 프롬프트에서 python으로 실행하는 방법이 일반적입니다.

3. 셀레니움 라이브러리 키워드

웹 브라우저를 이용하기 위한 브라우저 제어 키워드, 웹 애플리케이션 입력 키워드, 자바 스크립트 실행 키워드, 웹 드라이버 생성 키워드를 알아보겠습니다.

웹 브라우저 제어 키워드

테스트 케이스에서 웹 브라우저를 열기 위해 Sel.Open Browser 키워드를 사용합니다.

```
Sel.Open Browser(url, browser=firefox, alias=None, remote_url=False,
desired_capabilities=None, ff_profile_dir=None)
```

필수적으로 url과 browser 인자만 넣으면 나머지 인자는 기본값으로 설정됩니다. 인자는 변수로 설정할 수도 있습니다. url 인자에는 접속하려는 웹 페이지 주소를 입력합니다. browser 인자에는 url 인잣값에 접속하려는 브라우저 정보를 입력하며 다음과 같은 값이 있습니다.

- FireFox: ff 혹은 Firefox
- Internet Explorer: ie 혹은 internetexplorer
- Google Chrome: chrome 혹은 gc 혹은 googlechrome
- Opera: opera
- PhantomJS: phantomjs
- HTMLUnit: htmlunit
- HTMLUnit with Javascipt support: htmlunitwithjs
- Android: android
- Iphone: iphone
- Safari: safari

별칭(alias)은 브라우저를 구별하는 데 사용합니다. 이러한 별칭은 Switch Browser(index_or_alias) 키워드의 인잣값으로 사용하여 브라우저를 선택할 수 있습니다. remote_url 인잣값은 원격 셀레니움 서버 주소입니다. desired_capabilities 인자는 설정값을 지정할 때 사용합니다. 설정값은 셀레니움에서 지원하는 설정으로, 웹 브라우저의 드라이버와 통신을 위한 설정입니다. 자세한 사항은 Create Webdriver 키워드의 설명을 참고하기 바랍니다. ff_profile_dir 인자는 파이어폭스 브라우저를 이용할 경우 프로파일 위치를 넣습니다.

이제부터 테스트 서버의 웹 페이지에 로그인하는 테스트 케이스를 이용하여 셀레니움 라이브러리 키워드를 알아보겠습니다.

실습   Open Browser

4_3_WebKeyword 테스트 스윗에 'TC47_WEB_Login' 테스트 케이스를 추가합니다.

1. 테스트 로그인 페이지를 크롬 브라우저로 열어봅니다.

2. 로그인 사용자 이름과 암호를 입력합니다.

3. 정상 로그인 후 환영 페이지가 로딩되었는지 확인합니다.

스텝 1에서 우선 원격 PC에 접속하기 위해 remote.robot을 로딩하고 원격 PC에 IP를 설정합니다. 테스트 서버에 접속하기 위해 테스트하려는 대상 PC에 테스트 서버를 실행합니다. 앞서 318쪽의 '테스트 웹 서버'에서 살펴본 server.bat 파일을 이용합니다. 웹 페이지 접속을 위해 브라우저를 열 때는 Sel. Open Browser 키워드를 이용합니다. 크롬은 gc입니다.

스텝 2에서 사용자 이름과 암호는 Sel.Input Text 키워드로 입력하고 로그인 버튼 클릭은 Sel.Click Button 키워드를 이용합니다. 더 자세한 사항은 342쪽의 '웹 애플리케이션 입력 키워드'에서 알아보겠습니다.

스텝 3에서 웹 페이지 확인은 Sel.Location Should Be(url) 키워드로 URL 주소를 확인하거나 Sel.Title Should Be(title) 키워드로 타이틀 태그의 값을 확인합니다.

실습 Open Browser 테스트 케이스 예시

```
*** Settings ***
Resource            Resource/remote.robot

*** Variables ***
${SERVER}           localhost:7272
${BROWSER}          gc
${DELAY}            0
${WELCOME URL}      ${SERVER}/welcome.html

*** Test Cases ***
TC47_WEB_Login
    [Documentation]
    remote.Run      C:\\WebServer\server.bat
    Open Browser To Login Page
    Input Username      demo
    Input Password      mode
    Submit Credentials
    Welcome Page Should Be Open
    [Teardown]      Sel.Close Browser

*** Keywords ***
Open Browser To Login Page
    Sel.Open Browser      ${SERVER}      ${BROWSER}
    Sel.Maximize Browser Window
    Sel.Set Selenium Speed      ${DELAY}
    Login Page Should Be Open

Login Page Should Be Open
    Sel.Title Should Be      Login Page

Input Username
```

```
    [Arguments]    ${username}
    Sel.Input Text    username_field    ${username}

Input Password
    [Arguments]    ${password}
    Sel.Input Text    password_field    ${password}

Submit Credentials
    Sel.Click Button    login_button

Welcome Page Should Be Open
    Sel.Location Should Be    ${WELCOME URL}
    Sel.Title Should Be    Welcome Page
```

Open Browser 키워드를 이용한 Open Browser To Login Page 사용자 키워드를 살펴보겠습니다.

서버 주소 url과 browser 인자를 각각 전역변수 ${SERVER}와 ${BROWSER}로 설정합니다. 테스트 케이스 실행할 때 '-v' 명령어 옵션으로 변숫값을 변경할 수 있습니다. ${BROWSER}에는 테스트 대상 브라우저 이름을 라이브러리에서 인식하는 값으로 넣어야 합니다. 키워드 테스트 케이스에서는 크롬 브라우저 'gc'를 이용했습니다.

Sel.Maximize Browser Window 키워드는 인자가 없고 브라우저 윈도우 창을 최대화시키는 기능을 합니다. 브라우저를 화면 전체에 실행하면 웹 애플리케이션의 엘리먼트(Element)를 인식하기가 쉬워집니다. Sel.Set Selenium Speed(seconds) 키워드는 각 Selenium 명령 다음에 대기하는 지연 시간을 초 단위로 설정합니다. 눈으로 실행 화면을 확인할 필요가 있는 경우 사용합니다.

Builtin.Sleep(time_ | reason=None) 키워드와 비교하면 Sleep 키워드는 주어진 시간 동안 잠시 멈추는 기능으로 전체 키워드에 영향을 주지 않습니다. 그리고 인자로 시간 문자열과 숫자(1d, 2h, 3m, 4s, 5ms)를 갖습니다. Sel.Title Should Be(title) 키워드는 열린 페이지의 타이틀을 확인하여 브라우저가 제대로 동작하는지 확인합니다. 키워드 테스트 케이스에서는 수행 결과를 반드시 확인하는 구조로 구성해야 합니다. 이는 매우 중요한 부분입니다. 마찬가지로 브라우저를

연 후에 테스트를 모두 수행하고 나서는 Sel.Close Browser 키워드를 Teardown에 추가하여 마무리합니다. RIDE의 실행 결과는 다음과 같습니다.

실행 결과

```
INFO : Opening browser 'gc' to base url 'http://localhost:7272/'
INFO : Page title is 'Login Page'.
INFO : Typing text 'demo' into text field 'username_field'
INFO : Typing text 'mode' into text field 'password_field'
INFO : Clicking button 'login_button'.
INFO : Current location is 'http://localhost:7272/welcome.html'.
INFO : Page title is 'Welcome Page'.
```

RIDE에서 Login Page Should Be Open 사용자 키워드를 선택하고 마우스 오른쪽 클릭하여 컨텍스트 메뉴의 [Find Usages] 메뉴를 클릭하면 사용되는 위치를 알 수 있습니다. 검증(verification)의 용도로 자주 사용하는 테스트 케이스는 사용자 키워드로 정의합니다. 테스트 케이스에서 Input Username과 Input Password 사용자 키워드는 입력값을 바꿔서 테스트할 수 있고 Submit Credentials과 Welcome Page Should Be Open 키워드는 페이지 로딩 결과를 확인하는 기능으로 사용자 키워드로 작성하여 다른 테스트 케이스에서도 사용할 수 있게 하였습니다.

다음 TC48은 BDD 기법을 이용한 테스트 케이스입니다. 로봇 프레임워크에서 BDD는 Given, When, Then 다음에 오는 내용을 키워드로 인식합니다. User "${username}" logs in with password "${password}" 사용자 키워드는 변수를 키워드 이름에 선언하여 테스트 케이스에서 직접 값을 입력하도록 작성하였습니다.

실습 BDD 테스트 케이스 예시

```
*** Variables ***
${ERROR URL}        ${SERVER}/error.html

*** Test Cases ***
```

```
TC48_WEB_BDD_Login
    #정상 로그인
    Given Open Browser To Login Page
    When user "demo" logs in with password "mode"      #키워드 이름에 변수 사용
    Then welcome page should be open
    #비정상 로그인
    Given Open browser To login page
    When user "demo123" logs in with password "mode123"      #키워드 이름에 변수 사용
    Then Login Should Have Failed

*** Keywords ***
Open Browser To Login Page
    Sel.Open Browser       ${SERVER}      ${BROWSER}
    Sel.Maximize Browser Window
    Sel.Set Selenium Speed      ${DELAY}
    Login Page Should Be Open

User "${username}" logs in with password "${password}"
    Input username      ${username}
    Input password      ${password}
    Submit credentials

Welcome Page Should Be Open
    Sel.Location Should Be      ${WELCOME URL}
    Sel.Title Should Be     Welcome Page

Login Should Have Failed
    Sel.Location Should Be      ${ERROR URL}
    Sel.Title Should Be       Error Page
```

When 구조에 비정상 값을 추가하고 Then 구조에 비정상 로그인을 확인하는 Login Should Have Failed 사용자 키워드를 사용하여 실행하면 Error Page를 확인하고 테스트 케이스는 Pass 가 됩니다.

```
INFO : Opening browser 'gc' to base url 'http://localhost:7272/'
INFO : Page title is 'Login Page'.
INFO : Typing text 'demo123' into text field 'username_field'
INFO : Typing text 'mode123' into text field 'password_field'
INFO : Clicking button 'login_button'.
INFO : Current location is 'http://localhost:7272/error.html'.
INFO : Page title is 'Error Page'.
```

참고로 현재 열린 브라우저에서 새로운 페이지에 접속하기 원한다면 Go To 키워드를 이용합니다.

```
Sel.Go To(url)
Sel.Go Back
```

Sel.Go To 키워드는 현재 활성화된 브라우저에서 url 인잣값의 주소로 이동하는 기능을 합니다. 페이지를 뒤로 이동하고 싶다면 Sel.Go Back 키워드를 이용합니다. 실습을 통해 알아보겠습니다.

실습	Go To

4_3_WebKeyword 테스트 스윗에 'TC49_WEB_GoTo' 테스트 케이스를 추가합니다.

1. 테스트 서버에서 비정상 로그인을 수행합니다.

2. 동일 브라우저에서 다시 로그인 페이지로 이동합니다.

3. 정상 로그인 후 환영 페이지가 로딩되었는지 확인합니다.

◇◇

스텝 1에서는 TC48의 비정상 로그인 케이스를 활용합니다.

스텝 2에서 Sel.Go To 키워드나 Sel.Go Back 키워드를 이용하여 페이지 이동을 시도합니다.

스텝 3에서 TC48의 정상 로그인 케이스를 활용합니다.

실습 Go To 테스트 케이스 예시

```
*** Test Cases ***
TC49_WEB_GoTo
    Given Open browser to login page
    When user "demo123" logs in with password "mode123"
    Then Login Should Have Failed
    #동일 브라우저에서 로그인 페이지로 이동
    Comment     Go To Login Page
    Go Back Login Page
    When user "demo" logs in with password "mode"
    Then welcome page should be open
    Sel.Close Browser

*** Keywords ***
Go To Login Page
    Sel.Go To     ${SERVER}
    Login Page Should Be Open

Go Back Login Page
    Sel.Go Back
    Login Page Should Be Open
```

테스트 케이스를 실행하면 새로운 브라우저가 열리지 않고 동일 브라우저에서 정상 로그인을 시도하는 것을 볼 수 있습니다. 만약 동일한 세션에서 테스트를 진행해야 한다면 테스트 스윗의 Setup에 Sel.Open Browser 키워드로 세션을 연결하는 사용자 키워드를 두고, 각 테스트 케이스에서 웹 애플리케이션의 테스트를 수행합니다. 그리고 테스트 스윗의 TearDown에 Sel. Close All Browsers 키워드나 Sel.Close Browser로 브라우저를 종료합니다.

웹 애플리케이션 입력 키워드

앞의 예제에서 Input Username과 Input Password 사용자 키워드는 Sel.Input Text 키워드를 이용하여 웹 페이지에 입력값을 변수로 받았습니다.

```
Sel.Input Text(locator | text)
```

locator 인자에는 id와 name같은 모든 엘리먼트에 대한 속성값을 사용합니다. 엘리먼트의 locator를 구하는 방법은 페이지 소스 보기를 통해 확인하는 방법과 웹 브라우저의 개발자 도구를 이용하는 방법이 있습니다. 크롬 브라우저를 열어 [F12] 키를 누르면 개발자 도구가 그림 4-25와 같이 나타납니다. 개발자 도구 왼쪽 상단에 화살표 아이콘으로 표시된 inspector를 클릭하고 원하는 웹 페이지 UI를 클릭하면 웹 페이지에 구분되어 나타납니다.

User Name 옆에 텍스트 편집기를 클릭하면 범위를 파란색으로 표시하고, 개발자 도구에 관련 엘리먼트 값을 회색으로 표시해 줍니다. 텍스트 편집기의 id가 "username_field"라는 것을 알 수 있습니다. 참고로 그림 4-22는 IE11의 개발자 도구이고 그림 4-25는 크롬의 개발자 도구입니다.

그림 4-25 개발자 도구를 이용한 엘리먼트 찾기

테스트 케이스를 작성할 때는 Input Text 키워드의 locator 인잣값으로 id를 입력합니다. Sel. Click Button(locator) 키워드는 브라우저상의 버튼을 인식하여 클릭 기능을 수행합니다. Submit Credentials 사용자 키워드는 Sel.Click Button(locator) 키워드를 사용합니다. locator 인자에는 id, name, value 값을 사용할 수 있습니다. 이때 키워드마다 사용할 수 있는 locator가 다르므로 주의해야 합니다. 테스트 케이스를 작성할 때는 login 버튼의 <input id="login_button" type="submit" value="LOGIN"> 엘리먼트에서 id 값인 login_button을 사용하였습니다. 다음의 결과 로그를 보면서 locator를 확인합니다.

실행 결과

```
INFO : Clicking button 'login_button'
```

locator를 id에서 value 속성값 LOGIN으로 변경하여 테스트 케이스를 실행하여 로그를 보면 LOGIN을 locator로 확인함을 볼 수 있습니다.

실습 Click Button(locator =value) 사용자 키워드 예시

```
Submit Credentials
    Comment    Sel.Click Button    login_button    #using locator id
    Sel.Click Button    LOGIN    #using locator value
```

실행 결과

```
INFO : Clicking button 'LOGIN'.
```

다음 그림 4-26은 다음(Daum.net) 사이트의 로그인 엘리먼트를 찾은 모습입니다. 일반 웹 페이지는 테스트 웹 서버에 비해 많은 정보가 있기 때문에 엘리먼트를 찾는 데 조금의 인내심이 필요합니다. 이때 개발자 도구 기능으로 바로 찾을 수 있습니다. [Ctrl] + [Shift] + [C] 키를 누르거나 그림 4-26에 표시된 화살표 아이콘을 클릭하고 원하는 UI에 마우스를 갖다 두면 엘리먼트를 바로 찾아 줍니다.

그림 4-26 Daum 로그인 엘리먼트

Daum.net의 로그인 버튼 엘리먼트의 ID는 loginSubmit입니다. Click Button 키워드의 locator로 사용할 수 있는 id, name, value 속성 중 ID 값이 존재하므로 ID 속성을 이용합니다.

daum.net의 로그인 버튼 엘리먼트의 ID

```
<button type="submit" id="loginSubmit" class="bg_login btn_login #loginbtn"
tabindex="3" onclick="_tiq.push(['__trackEvent', 'loginform_top', 'login_
daum']);"><span class="ir_wa">로그인</span></button>
```

Naver.com의 경우 로그인 버튼 엘리먼트에는 ID 없이 value만 존재하므로 value 속성을 이용합니다.

naver.com의 로그인 버튼 엘리먼트의 value

```
<span class="btn_login"><input type="submit" title="로그인" value="로그인"></span>
```

Google.com에 접속하여 구글 번역으로 "Hello"를 입력하여 "안녕하세요"가 나오는지 확인하는 테스트 케이스를 통해 locator를 알아보겠습니다. 검색 메뉴에 접근하는 방법은 2가지가 있습니다. 구글 검색창을 이용하는 방법과 구글 검색 URL에 접속하는 방법입니다. 여기서는 후자를 이용해 봅니다.

실습 │ 구글 번역

4_3_WebKeyword 테스트 스윗에 'TC50_Translation' 테스트 케이스를 추가합니다. common.robot에는 셀레니움 라이브러리를 불러옵니다.

1. 크롬을 이용하여 구글 번역 사이트에 접속합니다.

2. 번역할 단어 "Hello"를 입력합니다.

3. 입력 결과가 "안녕하세요" 인지 확인합니다.

4. 브라우저를 닫습니다.

◇◇

스텝 1에서 구글 번역 사이트 주소는 'https://translate.google.co.kr'입니다.

스텝 2에서 단어 입력은 Sel.Input Text(locator | text) 키워드로 합니다.

스텝 3에서 입력 결과 확인은 Sel.Element Text Should Be(locator | expected | message=) 키워드를
이용하여 결과가 나타나는 엘리먼트를 locator에 넣어 작성합니다.

크롬 브라우저의 개발자 도구를 이용하여 구글 번역 입력창의 id가 source라는 것을 알 수 있
습니다. 마찬가지로 번역 결과창의 엘리먼트로 찾아서 locator로 사용합니다.

그림 4-27 엘리먼트 id

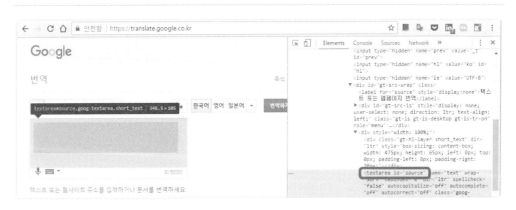

예시로 작성한 키워드 테스트 케이스입니다. 화면 캡처 키워드를 사용하기 위해 셀레니움 라이
브러리 로딩 시에 셀레니움 별칭인 Sel로 구분된 키워드를 정의하여 로딩하였습니다. "Hello"에
대한 번역 기댓값은 "안녕하세요"로 작성하고 실행하는 동안의 과정을 보기 위해 셀레니움 스
피드로 1초 늦게 하도록 설정했습니다. 브라우저 종료는 TearDown에 셀레니움 키워드를 직접
입력하여 작성하였습니다.

실습 구글 번역 테스트 케이스 예시

```
*** Settings ***
Library        Selenium2Library    run_on_failure=Sel.Capture Page Screenshot
    WITH NAME    Sel    # Web Browser 테스트 라이브러리

*** Test Cases ***
TC50_Web_Translation
    [Setup]
    [Template]
    Sel.Open Browser      https://translate.google.co.kr/    gc
    Sel.Title Should Be      Google 번역
    Sel.Input Text     id=source      Hello
    Sel.Set Selenium Speed      1
    Sel.Element Text Should Be      //*[@id="gt-res-dir-ctr"]]      안녕하세요
    [Teardown]      Sel.Close Browser
```

실행한 결과는 Fail이 나타났고 로그의 캡처된 화면을 확인해 보았습니다. 구글 번역의 결과는 사용자의 사용률에 따라 가장 많이 사용되는 언어로 업데이트 됩니다. 최근에는 "Hello" 해석을 "안녕하세요"보다 "여보세요"로 사용하는 것 같습니다. 키워드 테스트 케이스의 기댓값을 "여보세요"로 변경하고 실행하면 테스트 케이스 결과는 Pass를 얻을 수 있습니다.

그림 4-28 구글 번역 테스트 케이스 실행 결과

템플릿을 이용하여 데이터 기반 테스트 케이스를 작성해 보겠습니다. 템플릿으로 구글 번역을 위한 사용자 키워드를 만들고 데이터 기반 테스트 케이스를 작성해 보겠습니다. RIDE는 테스트 케이스에서 사용자 키워드를 추출하는 기능을 제공합니다. RIDE의 'TC50_Web_Translation' 테스트 케이스의 본문 내용을 전체 선택하고 오른쪽 클릭을 한 후 [Extract Keyword]을 선택합니다. 사용자 키워드 이름에는 'Google_Translate'로 지정합니다.

그림 4-29 RIDE에서 사용자 키워드 추출

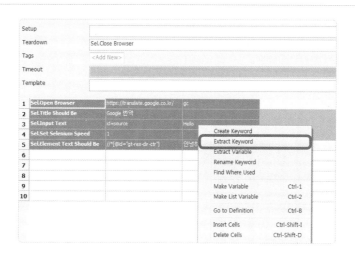

Google_Translate 사용자 키워드에서 "Hello"와 "안녕하세요" 위치에 ${English}와 ${Korean} 변수로 값을 바꾸고 키워드 Arguments에 ${English}와 ${Korean}을 추가합니다. Webkeyword.robot 테스트 스윗에 'TC51_Web_Translation_Template' 테스트 케이스를 추가하고 Template에 방금 생성한 사용자 키워드를 추가합니다. 테스트 케이스에는 다음 예시처럼 테스트 데이터를 입력합니다. Element Text Should Be 키워드는 expected 인잣값의 마침표까지 비교하므로 데이터 입력을 주의해서 작성해야 합니다.

```
*** Settings ***
Documentation      템플릿을 이용한 구글 번역 테스트 스윗입니다.
Resource           Resource/remote.robot


*** Test Cases  ***
TC51_Web_Translation_Template
    [Template]    Google_Translate
    #English    #Korean
    Hello     여보세요
    thankyou     고맙습니다
    take care     돌보다
    see you again     또 보자


*** Keywords ***
Google_Translate
    [Arguments]    ${English}    ${Korean}
    Sel.Open Browser     https://translate.google.co.kr/     gc
    Sel.Title Should Be     Google 번역
    Sel.Input Text     id=source     ${English}
    Sel.Set Selenium Speed     1
    Sel.Element Text Should Be     //*[@id="gt-res-dir-ctr"]]     ${Korean}
    [Teardown]     Sel.Close Browser
```

Element Text Should Be(locator | expected | message=) 키워드는 locator 인자로 식별되는 요소가 expected 인자에 텍스트를 정확히 포함하고 있는지 확인합니다. locator 인자는 id 와 name입니다. message 인자는 기본 에러 메시지를 덮어 쓸 수 있습니다. Element Should Contain(locator | expected | message=) 키워드와는 대조적으로 이 키워드는 부분 문자열 일치 는 아니지만 'locator'로 식별되는 요소에 대한 정확한 일치를 확인합니다. URL의 변동이 없는 경우나 URL을 예상하기 어려운 경우에는 locator를 이용하여 결괏값을 상세하게 확인할 수도 있습니다. Selenium2Lbirary에는 엘리먼트와 관련된 키워드가 정의되어 있습니다.

```
Element Should Be Disabled/ Enabled(locator)
Element Should (Not) Be Visible(locator, message=)
Element Should (Not) Contain(locator, expected, message=)
Element Text Should Be(locator, expected, message=)
```

셀레니움으로 자동화 키워드 테스트 케이스를 작성하면 가장 많이 사용하는 키워드는 Click Element(locator)가 있습니다. 앞에서 본 Input Text 키워드나 Click Button 키워드는 이 키워드로 대체할 수 있습니다. 웹 페이지에서 링크를 클릭할 때는 Click Link 키워드를 이용합니다. 이때 locator는 link text나 href가 됩니다. locator를 이용하여 웹 애플리케이션을 제어하는 키워드 중 Click Element 키워드를 좀 더 정교하게 만든 키워드가 있습니다.

```
Sel.Press Key(locator | key)
Sel.Choose File(locator | file_path)
```

Press Key 키워드는 locator 인자로 식별된 요소에 대한 사용자 키를 수행합니다. key 인자는 단일 문자, 문자열 또는 \\로 표시되는 ASCII 코드 모두 가능합니다. Choose File 키워드는 locator 인자가 가리키는 파일 입력 필드에 file_path 인잣값을 입력합니다. 이 키워드는 파일을 서버에 업로드할 때 가장 자주 사용합니다. 웹 애플리케이션 제어에서 locator는 가장 중요한 요소입니다. 로봇 프레임워크에서 기본 locator로 사용하는 속성(strategy)은 다음과 같습니다.

- id: id 엘리먼트를 이용하는 locator 속성입니다. (예) Click Element id=my_element)
- name: (예) Click Element name=my_element
- identifier: (예) Click Element identifier=my_element
- xpath: (예) Click Element xpath=//div[@id='my_element']
- dom: (예) Click Element dom=document.images[56]
- link text: (예) Click Element link=My Link
- partial link: (예) Click Element partial link=y Lin
- css: (예) Click Element css=div.my_class
- class: (예) Click Element class=my_class
- jQuery/sizzle selector: (예) Click Element jquery=div.my_class
- jQuery/sizzle selector: (예) Click Element sizzle=div.my_class
- HTML tag name: (예) Click Element tag=div

자바 스크립트 실행 키워드

웹 페이지가 길어서 한 화면에 보이지 않을 경우 스크롤 제어가 필요합니다. 웹 페이지의 HTML 태그나 엘리먼트를 이용하여 자동화하는 데 한계가 생길 경우 자바 스크립트 실행 키워드를 사용할 수 있습니다.

```
Execute Javascript(*code)
```

Execute Javascript 키워드는 지정된 자바 스크립트를 실행하여 수행 결괏값을 파이썬 타입으로 반환합니다. code 인자에는 자바스크립트 코드를 넣습니다.

4_4_APPKeyword 테스트 스윗에 'TC52_WEB_Javascript' 테스트 케이스를 추가합니다.

1. 테스트를 위해 'https://shop.robotframework.org/'에 접속합니다.

2. 타이틀을 이용하여 Main 페이지에 정상 접속함을 확인합니다.

3. Main 페이지의 화면을 캡처합니다.

4. 화면 하단의 [About] 메뉴가 보이는 화면으로 이동합니다.

5. [About] 메뉴를 클릭합니다.

6. About 페이지에 접속했는지 URL 주소로 확인합니다.

7. About 페이지의 화면을 캡처합니다.

8. 웹 브라우저를 종료합니다.

스텝 2에서 테스트 페이지의 타이틀은 "Robot Framework - All profits will be used for flourishing Robot Framework"입니다.

스텝 4에서 스크롤을 내릴 때는 Execute Javascript 키워드를 이용합니다. 스크롤을 이용한 자바 스크립트 코드 예시는 locator를 id로 이용할 때와 xpath로 할 때로 구분하였습니다. locator로 id를 이용할 경우에는 window.document.getElementById("${id}").scrollIntoView(true); 를 사용하고 xpath인 경우 window.document.evaluate("${xpath}", document, null, XPathResult.FIRST_ORDERED_NODE_TYPE, null).singleNodeValue.scrollIntoView(true);를 이용합니다. 여기에서 각 ${id,} ${xpath} 변수에는 이름에 맞는 locator를 입력합니다.

스텝 3과 스텝 7에서 화면 캡처는 Sel.Capture Page Screenshot(filename=selenium-screenshot-{index}.png) 키워드를 이용합니다.

실습 Execute Javascript 테스트 케이스 예시

```
*** Test Cases ***
TC52_WEB_Javascript
    Sel.Open Browser      https://shop.robotframework.org/    gc
    Sel.Title Should Be     Robot Framework - All profits will be used for
        flourishing Robot Framework
    Sel.Set Selenium Speed     1
    FindPage     root
    Sel.Capture Page Screenshot     shop.png
    Sel.Click Element      //*[@id="root"]/div/footer/div/ul/li[1]/a/span
    Sel.Location Should Be      https://shop.robotframework.org/about
    Sel.Capture Page Screenshot     about.png


*** Keywords ***
FindPage
    [Arguments]     ${id}      # value possible only id or xpath
    #입력값에 // 가있으면 xpath
    ${ret}     ${output}      Run Keyword And Ignore Error     Should Contain
        ${id}     //
    log     ${ret}
    #xpath로 수행
    run keyword if     '${ret}'=='Pass'     Execute Javascript     window.
        document.evaluate("${id}", document, null, XPathResult.FIRST_ORDERED_
        NODE_TYPE, null).singleNodeValue.scrollIntoView(true);
    #id로 수행
    run keyword if     '${ret}'=='Fail'      Execute Javascript     window.
        document.getElementById("${id}").scrollIntoView(true);
```

스크롤을 내려 원하는 페이지를 보기 위해 FindPage 사용자 키워드를 만들었습니다. FindPage 의 입력 인자는 찾으려는 About의 id와 xpath 2개의 형태로 입력받을 수 있도록 입력값을

Should Cantain 키워드로 구분하였습니다. 입력값 ${id}에 '//'가 포함되어 있다면 이는 xpath로 인식하도록 하고 xpath를 이용한 자바스크립트를 실행하도록 하였습니다. 테스트를 위해 FindPage의 입력값을 id값인 root로 하여 실행해 보고 xpath값인 //*[@id="root"]/div/footer/div/ul/li[1]/a/span으로 하여 실행하면 실행 결과를 확인할 수 있습니다.

그림 4-30 Execute Javascript 실행 결과

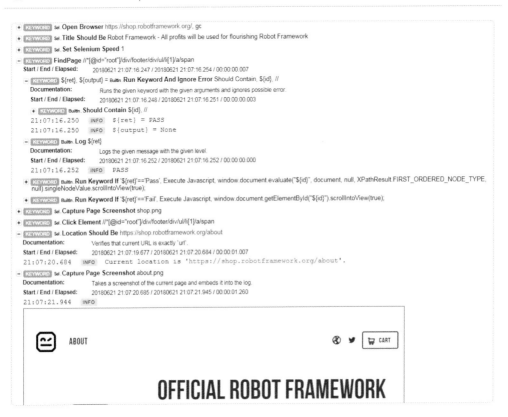

웹 드라이버 생성 키워드

Create Webdriver 키워드는 Open Browser와 비슷하지만 WebDriver의 인스턴스를 만들어 _init_에 인자를 전달할 수 있습니다.

```
Create Webdriver(driver_name, alias=None, kwargs={}, **init_kwargs)
```

driver_name 인자는 Open Browser 키워드에서 사용한 브라우저 값과 동일하게 파이어폭스, 크롬, IE, Opera, Safari, PhantomJS 및 Remote를 사용합니다. 예를 들어 크롬 웹 드라이버에 timeout 값을 설정하고자 한다면 ChromeOptions( )을 이용하여 set_page_load_timeout 값을 설정합니다.

ChromeOptions() 설정 테스트 케이스 예시

```
${options}    Evaluate    sys.modules['selenium.webdriver'].ChromeOptions()
    sys, selenium.webdriver
Call Method    ${options}    add_argument    set_page_load_timeout\=60s
Create Webdriver    Chrome    chrome_option=${options}
```

selenium webdriver의 proxy 설정을 위해서는 다음과 같이 capability를 proxy로 하고 사용하려는 프로토콜 등에 변수를 설정합니다.

- http://www.seleniumhq.org/docs/04_webdriver_advanced.jsp

desired_capabilities 셀레니움 코드

```
from selenium import webdriver

PROXY = "localhost:8080"
desired_capabilities = webdriver.DesiredCapabilities.INTERNETEXPLORER.copy()
desired_capabilities['proxy'] = {
    "httpProxy":PROXY,
    "ftpProxy":PROXY,
    "sslProxy":PROXY,
    "noProxy":None,
    "proxyType":"MANUAL",
```

```
        "class":"org.openqa.selenium.Proxy",
        "autodetect":False
    }
    driver = webdriver.Remote("http://localhost:4444/wd/hub", desired_capabilities)
```

이 설정을 로봇 프레임워크를 이용하여 수행할 경우의 테스트 케이스를 살펴보겠습니다.

실습 Create WebDriver 테스트 케이스 예시

```
TC53_WEB_Webdriver
    ${profile}=    Evaluate    sys.modules['selenium.webdriver'].
        FirefoxProfile()    sys
    Call Method    ${profile}    set_preference    network.proxy.socks
        10.2.6.104
    Call Method    ${profile}    set_preference    network.proxy.socks_port
        ${8081}
    Call Method    ${profile}    set_preference    network.proxy.socks_remote_
        dns    ${True}
    Call Method    ${profile}    set_preference    network.proxy.type    ${1}
    Create WebDriver    Firefox    firefox_profile=${profile}
    Go To    http://www.naver.com
```

Builtin.Evaluate(expression | modules=None | namespace=None) 키워드로 selenium.webdriver 모듈을 로드하고 Call Method 키워드로 프록시 설정을 합니다. profile에서 network.proxy.type 값이 0이면 직접 연결, 1이면 수동 프록시 설정, 2면 PAC(proxy auto configuration) 사용, 4면 프록시 설정 자동 감지, 5면 시스템 프록시 설정 사용입니다. Create Webdriver로 설정한 프록시 변수를 이용하여 파이어폭스 브라우저 웹 드라이버를 생성합니다. 웹 브라우저에 프록시를 설정하여 테스트한다면 proxy 인자 정보는 Selenium API를 참조합니다.

• https://sites.google.com/a/chromium.org/chromedriver/capabilities

테스트 케이스를 실행하면 profile이 만들어져 파이어폭스 브라우저의 [설정] → [고급] → [네트워크] → [설정]에 접속하면 다음 그림 4-31처럼 연결 설정의 프록시 설정이 프록시 수동 설정의 SOCKS 호스트로 추가된 것을 볼 수 있습니다.

그림 4-31 프록시 설정 결과

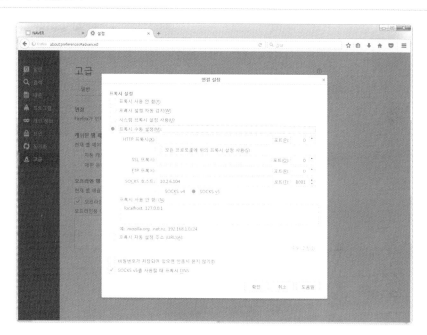

TC53 테스트 케이스는 프록시 설정을 통한 브라우저 실행입니다. 이를 확인하기 위해서는 테스트 환경의 프록시 서버가 동작된 상태이어야 합니다. 그림 4-32와 같이 정상 동작했다면 프록시 모니터 로그에서 접속 내용을 확인할 수 있습니다.

그림 4-32 프록시 로그 모니터 상태

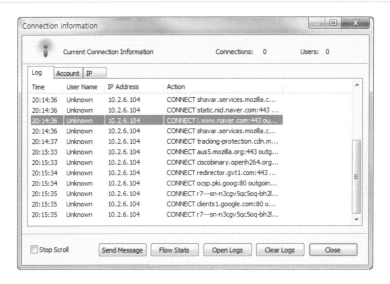

ExtendedSelenium2Library

외부 라이브러리에서 웹을 지원하는 라이브러리는 Selenium2Library 외에 ExtendedSelenium2Library가 있습니다. 이 라이브러리는 AngularJS를 지원하기 위한 테스트 라이브러리입니다. Selenium2(WebDriver) 라이브러리와 AngularJS 동기화를 내부적으로 사용하여 웹 브라우저를 제어하고 모든 키워드가 AngularJS 프로세스와 동기화되도록 합니다.

- http://robotframework.org/Selenium2Library/Selenium2Library.html

- http://www.seleniumhq.org/download/

- https://rickypc.github.io/robotframework-extendedselenium2library/doc/ExtendedSelenium2Library.
  html#Get%20Horizontal%20Position

4.4 모바일 앱 제어 키워드

로봇 프 레임워크 는 안드로이드 기반의 모바일 앱 자동화 테스트를 위해 Android library, Appium library, iOS library 등의 라이브러리를 지원합니다. 책에서는 Appium library를이용하여 자동화를 진행해 보겠습니다. 애피움은 iOS 및 안드로이드 플랫폼에서 네이티브 앱, 모바일 웹 앱 및 하이브리드 응용 프로그램을 자동화하는 오픈소스로 클라이언트 서버 아키텍처로 구성 되고 크로스 플랫폼을 지원합니다. 동일한 API를 사용하여 여러 플랫폼(iOS, Android, Windows) 에 대한 테스트를 작성할 수 있습니다. 이를 통해 iOS, Android 및 Windows 테스트 팀 간의 코 드 재사용이 가능합니다. 각 플랫폼별로 지원하는 툴은 iOS 9.3+는 Apple's XCTest, Android 는 SDK 버전별로 상위 4.2 이상 버전은 Google's UIAutomator, 하위 2.3+버전은 Selendroid (Selenium for Android), Windows는 Microsoft's WinAppDriver(Selenium WebDriver)을 사용합 니다.

- http://selendroid.io/

1. 애피움 아키텍처

애피움은 서버 클라이언트 구조로 로컬 PC에 애피움 서버를 설치하여 실행하면 AVD(android virtual device)와 같은 안드로이드 에뮬레이터나 모바일 단말에 테스트 앱이 설치되면서 애피움 클라이언트가 함께 실행됩니다. 애피움 서버에 설정된 애플리케이션과 타겟 단말 등의 정보를 가지고 애피움 서버를 실행하면 Appium REST http interface listener가 127.0.0.1:4723으로 실 행하여 클라이언트를 기다립니다.

그림 4-33 애피움 아키텍처

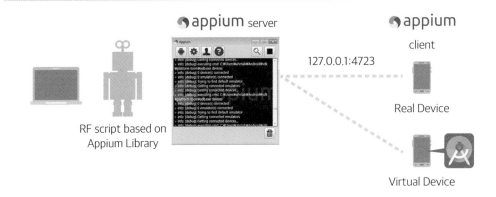

애피움 라이브러리로 작성한 테스트 케이스를 실행하면 애피움 서버가 단말이나 AVD 에뮬레이터에 안드로이드 자동화 테스팅 프레임워크인 UIAutomator 서버와 TCP 통신을 위한 Bootstrap, 그리고 테스트 앱을 설치합니다. 키워드 테스트 케이스 명령에 따라 앱 테스트가 완료되면 그 결과를 서버에 전송하여 애피움 서버 콘솔 화면에 나타냅니다. 참고로 UIAutomator 서버는 전달받은 명령어를 Android 버전에 맞는 UIAutomator 혹은 Selendroid 명령어로 바꿔 실행합니다. 자세한 사항은 애피움 서버 설정에서 알아보겠습니다.

애피움 서버 설치

애피움 서버를 설치하는 방법은 애피움 공식 홈페이지에 npm으로 설치하는 방법과 앱으로 설치하는 방법 두 가지가 소개됩니다. 책에서는 앱으로 설치하기 위해 다음 링크에서 설치본을 내려받겠습니다.

• https://bitbucket.org/appium/appium.app/downloads/

필자가 사용하는 테스트 환경은 윈도우입니다. 맥이나 다른 환경에서 설치한 애피움 서버 UI가 다를 수 있지만 기능은 동일합니다. 설치 후 실행하면 상난 왼쪽에 [Android Setting], [General

Setting], [Developer Setting] 등 설정 버튼과 상단 오른쪽에 [Inspector]와 [Launch 실행] 버튼 등의 간단한 UI 버튼과 로그 화면이 보입니다.

[Android Setting] 메뉴는 앱 실행을 위한 설정 메뉴입니다. [General Setting] 메뉴는 서버와 로그 설정으로 보통 서버 IP는 127.0.0.1에 포트 4723을 사용합니다. [Android Setting]의 [Application]에는 테스트 대상 앱 위치와 activity 정보 등을 넣습니다. Path를 선택하면 앱 관련 정보는 자동으로 설정됩니다. [Launch Device]에는 앱을 AVD로 실행할 경우 정보를 설정하고, [Capabilities]에는 실제 단말로 할 경우의 단말기 Platform Name, Automation Name, Platform Version, Device Name을 설정하고 [Advanced]에는 SDK, bootstrap 등의 정보를 설정합니다.

그림 4-34 애피움 서버

애피움 데스크톱(Appium Desktop)

애피움 데스크톱은 현재 베타 버전으로 Mac, Windows 및 Linux용 오픈소스 응용 프로그램으로 애피움 자동화 서버를 UI로 제공합니다. 안드로이드 버전 7을 테스트할 경우 애피움 데스크톱을 설치하여 확인합니다. 현재 계속 업데이트 중이므로 사용하기 전에 업데이트 여부를 확인해야 합니다. 사용 방법은 DeviceName과 app 등의 정보를 이용하여 단말과 연동하는 형태로 기존 자동화 서버와 동일한 정보로 사용할 수 있습니다.

그림 4-35 애피움 데스크톱

설정은 동일하고 Host에 127.0.0.1로 설정하고 [Start Server] 버튼을 누르면 기존 애피움 서버와 같이 콘솔 화면이 나타납니다. 최근에 업데이트되었을 수도 있으나 현재 버전에서는 윈도우 앱 드라이버 버전이 최신인 경우 애피움 데스크톱 실행이 안 되는 경우가 있습니다. 만약 다음 위치, 'C:\Users\〈사용자〉\AppData\Local\Programs\appium-desktop\resources\app\node_modules\appium\node_modules\appium-windows-driver\lib\install.js'에 const WAD_VER = "0.9-beta"; 로 되어 있다면 윈도우 앱 드라이버를 베타 버전으로 설치하여 실행합니다.

- URL https://github.com/appium/appium-desktop
  https://github.com/appium/appium/blob/master/docs/en/writing-running-appium/caps.md
  https://github.com/Microsoft/WinAppDriver/releases/

애피움 서버 실행

애피움 서버 안드로이드 설정 과정의 애플리케이션 설정에서 볼 수 있듯이 애피움 서버를 실행하기 위해서는 테스트 대상인 APK 애플리케이션 파일이 필요합니다. 현업에서 모바일 앱을 테스트한다면 이 부분에 테스트 빌드를 추가합니다.

이제 테스트용 단말을 이용하여 애피움 서버와 연결해 보겠습니다. 테스트용 단말을 애피움 서버가 설치된 PC와 시리얼 케이블로 연결합니다. 테스트 단말에 따라 지원하는 USB 드라이브를 설치하고 명령 프롬프트를 열어 다음 명령어를 실행시켜 연결됨을 확인합니다. ADB로 안드로이드 디바이스와 통신을 위해 연결이 되었는지 확인합니다.

```
c:\> adb devices
List of devices attached
4040xxxxxxx    device
c:\>
```

ADB(Android Debug Bridge)

ADB는 Android Debug Bridge 약자로 에뮬레이터 인스턴스나 연결된 Android 기기와 통신할 수 있는 다목적 명령줄 도구입니다. 이 도구는 앱 설치 및 디버깅과 같은 다양한 기기 작업을 쉽게 해주고, 에뮬레이터나 연결된 기기에서 다양한 명령을 실행하는 데 사용할 수 있는 셸 액세스를 제공합니다. SDK와 함께 설치되며 경로는 '〈SDK 설치 위치〉\platform-tools'입니다.

• https://developer.android.com/studio/command-line/adb.html?hl=ko

다음 링크에서 실습용 ContactManager.apk와 OrangeDemoApp.apk 파일을 받아 설정해보겠습니다.

- https://github.com/serhatbolsu/robotframework-appiumlibrary/tree/master/demo/demoapp

애피움 서버를 사용할 때 필수로 입력하는 부분은 [Application Path]와 AVD로 할 경우 [Launch AVD]에 사용할 AVD 이름 설정, 그리고 실제 폰으로 할 경우 [Capabilities]에 플랫폼 이름과 자동화 이름, 장비 이름을 설정해야 합니다. 여기에서는 안드로이드를 실습으로 사용하겠습니다.

애피움 서버 Application 관련 항목들에 그림 4-34와 같이 체크합니다. [Application path]에 OrangeDemoApp.apk를 내려받은 위치를 설정합니다. [Automation Name]은 API 버전에 따라 선택합니다. 단말 API 버전은 단말기에서 [환경 설정] → [디바이스 정보] 메뉴에 platform 버전을 확인합니다. API 17이하인 경우에는 Selendroid로 API 18부터는 Appium으로 설정합니다. 참고로 API 17까지는 웹 드라이버로 Selenium, API 18 이후부터는 Appium을 사용합니다.

[Device Name]은 단말의 IMEI 값을 확인하여 입력합니다. 단말의 버전에 따라 다르겠지만 안드로이드 메뉴 [설정] → [디바이스 정보] → [상태] → [IMEI 정보]가 있습니다. 확인이 어렵다면 단말을 PC에 연결한 후에 ADB로 단말 정보를 얻어 입력합니다. 단말기를 PC와 연결하고 애피움 서버 설정을 완료한 후에 오른쪽 상단에 [실행] 버튼을 클릭하면 Node.exe를 통해 APK와 버전 등 설정값을 불러오면서 서버를 실행합니다. 'LogLevel: debug' 로그가 나오면 서버가 준비된 상태입니다.

애피움 서버 실행

```
> Launching Appium server with command: C:\Program Files (x86)\Appium\node.exe
lib\server\main.js --address 127.0.0.1 --port 4723 --app C:\Users\automation\
keyword\TestTool\4_5_App\demoapp\OrangeDemoApp.apk --app-activity com.netease.
qa.orangedemo.MainActivity --app-pkg com.netease.qa.orangedemo --avd default
--platform-name Android --platform-version 19 --automation-name Appium --log-
no-color
> info: Welcome to Appium v1.4.16 (REV ae6877eff263066b26328d457bd285c0cc62430d)
> info: Appium REST http inte로봇 프레임워크ace listener started on 127.0.0.1:4723
> info: [debug] Non-default server args: {"app":"C:\\Users\\automation\\
keyword\\TestTool\\4_5_App\\demoapp\\OrangeDemoApp.apk","address":"127.0.0.1",
```

```
"logNoColors":true,"androidPackage":"com.netease.qa.orangedemo",
"androidActivity":"com.netease.qa.orangedemo.MainActivity","avd":"default",
"platformName":"Android","platformVersion":"19","automationName":"Appium"}
> info: Console LogLevel: debug
```

애피움 서버를 이용하여 단말에 접속하면 애피움 클라이언트는 자동으로 단말기에 설치됩니다. Inspector Window를 실행한 순간 애피움 서버와 클라이언트가 통신 상태이기 때문에 단말에 그림 4-36과 같이 Appium Settings, OrangeDemoApp.apk, ContactManager.apk가 설치됩니다.

Orange Demo 앱은 안드로이드 단말에서 사용할 수 있는 locator를 이용하여 테스트할 수 있도록 Text View, Button, Edit Text, Bar, List View, Picker 등의 메뉴에 다양한 엘리먼트의 조합으로 구성되어 있습니다. 이 앱을 이용하여 애피움 키워드를 사용법을 알아볼 수 있습니다.

그림 4-36 애피움 클라이언트

그림 4-37 Orange Demo 앱 첫 화면

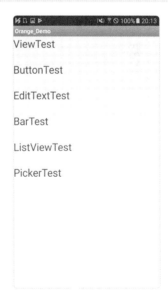

Contact Manager 앱은 모바일 단말기의 전화번호부 기능과 동일한 역할을 합니다. 전화번호부에 입력된 리스트가 첫 화면에 보입니다. 실제 전화번호부 앱을 열면 동일한 리스트가 있는 것을 확인할 수 있습니다. 하단에 [Add Contact] 버튼을 누르면 전화번호 입력창 페이지가 보입니다. 이 기능을 가지고 애피움 키워드의 입력 실습을 해 보겠습니다.

그림 4-38 Contact Manager 첫 화면

서버가 실행되고 단말이나 AVD가 연결이 되면 애피움 서버 실행 버튼 옆에 돋보기 아이콘을 클릭하여 인스펙터(Inspector)를 실행해 봅시다. 애피움 인스펙터는 단말이나 AVD에 앱을 설치, 실행하고 앱을 구성하는 UI 요소들의 Id, Class 등의 정보와 앱의 Package 정보를 얻는 데 사용합니다. 셀레니움으로 비교하면 웹 브라우저의 개발자 도구와 같은 역할을 합니다. 그림 4-39는 Orange Demo의 구성 화면을 보여줍니다.

그림 4-39 애피움 인스펙터

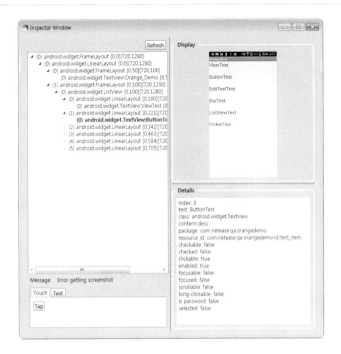

인스펙터는 화면 구역을 지정하여 변수(xpath)를 정의하고 UI 명령어를 실행합니다. 앱 설치, 실행, UI 명령어 실행 등의 모든 실행 과정을 자동화 키워드 테스트 케이스로 작성할 때 사용합니다.

단말 연결 오류

모바일 단말기와 PC가 연결이 되지 않는 경우에는 단말기 제조사의 USB 드라이브를 설치합니다. 각 제조사 사이트에는 단말기의 USB 드라이브가 제공됩니다. 그 후 모바일 단말에 [환경 설정] → [개발자 옵션]에서 [디버깅] 필드에 [USB 디버깅]이 체크되어 있는지 확인해 보고 체크가 안 되어있다면 체크하고 다시 케이블을 연결합니다. 연결이 되었다면 맥 주소가 적혀있는 디버깅 사용 여부 팝업 창이 발생할 것입니다. [허용]을 눌러 테스트를 수행할 수 있도록 합니다.

그림 4-40 모바일 개발자 옵션

안드로이드 최신 버전은 개발자 옵션이 보이지 않는 경우가 있습니다. 이 메뉴를 활성화하기 위해서는 [설정] → [디바이스 정보] → [빌드 번호] 메뉴를 여러 번 누릅니다. 단말 제조사에 따라 UI상 순서는 다를지라도 메뉴 이름은 동일합니다. 빌드 번호를 4번 정도 터치하면 터치할 때마다 "개발 설정 완료 4단계 전입니다."라는 메시지가 나오고 "개발자 모드를 실행하였습니다."라는 메시지가 보이면 설정이 완료됩니다. 설정 메뉴에서 [개발자 옵션]을 눌러 [USB 디버깅]을 켭니다.

2. 모바일 자동화 환경 설정

모바일 단말을 이용한 자동화 테스트는 AVD Manager를 이용하는 방법과 실제 단말을 이용하는 방법이 있습니다. 여기서는 단말이 없는 경우 실습을 위해 AVD Manager 사용 방법과 애피움 라이브러리 설치 방법을 알아보겠습니다.

AVD Manager 설치

테스트 PC에 테스트 단말을 시리얼 케이블로 직접 연결하고 데모 앱을 단말에 설치, 실행하는 환경이 가능하다면 이 파트는 넘어가도 좋습니다. 하지만 테스트 앱을 만들어야 하거나 단말이 없는 경우에는 안드로이드 스튜디오(Andorid Studio) 같은 툴을 이용합니다.

안드로이드 스튜디오로 내려받은 OrangeDemoApp.apk 앱을 실행해 보겠습니다. 안드로이드 스튜디오와 관련된 자세한 사항은 다른 관련 정보를 참고하기 바랍니다. 여기에서는 키워드 기반 키워드 테스트 케이스를 작성하기 위한 환경 구성 등의 최소한의 내용만 다루도록 하겠습니다. 안드로이드 스튜디오를 이용하기 위해서는 JDK, 안드로이드 스튜디오, 안드로이드 SDK 등이 필요합니다.

① JAVA 설치 후 환경 변수 설정

테스트 머신의 플랫폼에 따라 내려받아 설치합니다.

* http://www.oracle.com/technetwork/java/javase/downloads/index.html

환경 변수에는 JAVA_HOME 변수를 추가하고 값에 설치된 위치의 경로를 추가합니다. Path에는 '%JAVA_HOME%\bin;'을 마지막에 추가합니다.

그림 4-41 자바 JDK 설정

② 안드로이드 스튜디오와 SDK 설치

테스트 머신의 플랫폼에 따라 최신 버전을 내려받아 설치합니다.

* https://developer.android.com/studio/index.html?hl=ko

설치 시 SDK 위치를 잘 기억해 두고 설치 완료 후 환경 변수에는 SDK 사용을 위해 JAVA_HOME처럼 ANDROID_HOME 변수를 추가하여 기억해 둔 <SDK 설치 위치>를 변숫값으로 저장합니다. 그리고 시스템 변수 Path에 '%ANDROID_HOME%\platform-tools;%ANDROID_HOME%tools'을 추가합니다. 이렇게 하면 cmd.exe에 path와 상관없이 ADB를 사용할 수 있습니다. 안드로이드 스튜디오로 새로운 프로젝트를 만들어봅시다.

③ AVD(Android Virtual Device) 생성

애피움 라이브러리 테스트를 위해 AVD를 하나 생성합니다. 안드로이드 스튜디오를 실행하여 메뉴에 [Tools] → [Android] → [AVD Manager]를 클릭하면 Android Virtual Device Manager가 실행됩니다. 가운데 [Create Virtual Device]버튼을 클릭하여 AVD를 만듭니다.

그림 4-42 AVD Manager

이때 사용하려는 운영체제 등을 내려받아 설치해야 완성할 수 있습니다. 완성이 되면 AVD Name을 'default'로 하고 [Finish] 버튼을 선택합니다.

• URL https://developer.android.com/studio/run/managing-avds.html

테스트 클라이언트 환경 구축이 완료되었습니다. 자동화를 수행하기에 앞서 테스트 케이스를 작성하기 위해 사용할 수 있는 UI Automator Viewer 툴을 소개하겠습니다. 안드로이드 스튜디오에서 제공하는 UI Automator Viewer를 실행시킵니다. 애피움 서버의 인스펙터와 유사한 기능을 가진 툴입니다. 마우스 클릭으로 동작하므로 더 유용하게 사용됩니다.

그림 4-43 UI Automator Viewer

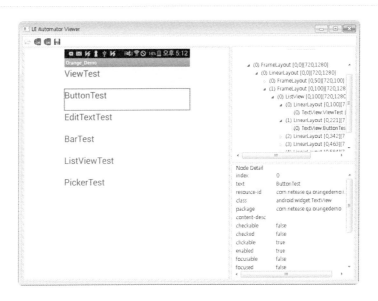

```
<SDK 설치 위치>\Android\sdk\tools\bin\uiautomatorviewer.bat
C:\Users\<사용자명>\AppData\Local\Android\Sdk\tools\bin\uiautomatorviewer.bat
```

참고로 UI Automator Viewer 실행 후 Device Screenshot 실행 시 그림 4-44와 같이 문제가 발생하는 경우가 있습니다. 이때는 <SDK 설치 위치>\Android\sdk\platform-tools\adb.exe 파일을 <SDK 설치 위치>\Android\sdk\tools\bin 아래에 복사해 두고 실행하면 해결됩니다.

그림 4-44 Device Screenshot 오류

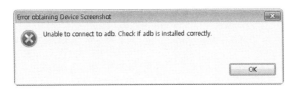

현업에서는 AVD를 이용하면 성능상의 문제가 있기 때문에 단말기의 종류와 플랫폼의 버전별로 테스트 환경이 구성되어 있습니다. 테스트 케이스를 작성할 때는 실제 단말에 테스트 앱을 설치하고 안드로이드 스튜디오에서 제공하는 UI Automator Viewer를 이용하여 앱 정보를 확인합니다.

안드로이드 버전 사용 현황

PC 운영체제와 마찬가지로 안드로이드 운영체제에 따라 테스트 범위를 확인해야 합니다. 안드로이드에서 제공하는 플랫폼 버전 지원 대시보드를 이용하여 API와 버전에 따라 많이 사용되는 안드로이드 운영체제를 확인하여 테스트 계획에 반영하는 것을 추천합니다.

그림 4-45 안드로이드 사용 현황

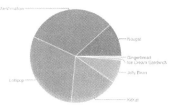

Version	Codename	API	Distribution
2.3.3- 2.3.7	Gingerbread	10	0.7%
4.0.3- 4.0.4	Ice Cream Sandwich	15	0.7%
4.1.x	Jelly Bean	16	2.8%
4.2.x		17	4.1%
4.3		18	1.2%
4.4	KitKat	19	17.1%
5.0	Lollipop	21	7.8%
5.1		22	22.3%
6.0	Marshmallow	23	31.8%
7.0	Nougat	24	10.6%
7.1		25	0.9%

2017년 7월 6일까지 7일 동안 수집된 데이터
배포율이 0.1% 이하인 버전은 표시되지 않습니다.

• 출처 https://developer.android.com/about/dashboards/index.html

애피움 라이브러리 설치

모바일 단말 앱 테스트를 위한 키워드 테스트 케이스를 작성하기 위해 로봇 프레임워크를 지원하는 robotframework-appiumlibrary를 pip를 이용하여 설치합니다.

```
pip install robotframework-appiumlibrary
```

RIDE를 열어 AppiumLibrary를 불러오고 [Search Keywords] 창에서 키워드가 나타남을 확인합니다.

```
*** Settings ***
Library          AppiumLibrary    WITH NAME    APP
```

애피움 라이브러리는 셀레니움 라이브러리와 동일한 이름을 가진 키워드가 많습니다. 라이브러리를 로딩할 때 동일한 이름을 가진 키워드를 설정한다면 별칭(alias)을 이용하여 구분해 주는 것이 좋습니다.

예를 들어 애피움과 셀레니움 라이브러리는 동일하게 테스트 케이스 FAIL이 나면 인자 run_on_failure 에 Capture Page Screenshot 키워드가 기본값으로 설정되어 동작합니다. 만약 하나의 리소스 파일이나 테스트 스윗에 두 개의 라이브러리를 동시에 불러와야 한다면 라이브러리를 불러올 때 별칭을 붙여서 키워드를 구분해야 FAIL이 발생했을 때 화면 캡처 기능이 정상 동작합니다.

그림 4-46 셀레니움 라이브러리 옵션

Settings				
Library	Selenium2Library	run_on_failure=Sel.Capture Page Screenshot	WITH NAME	Sel

---

애피움 라이브러리 정보

애피움 라이브러리 최신 정보와 상세한 키워드 내용은 다음 링크를 참고합니다.

- 소스 정보: https://github.com/serhatbolsu/robotframework-appiumlibrary
- 키워드 정보: http://serhatbolsu.github.io/robotframework-appiumlibrary/AppiumLibrary.html

3. 애피움 라이브러리 키워드

애피움 라이브러리는 크로스 플랫폼을 지원하는 오픈소스 라이브러리입니다. 애피움이 지원하는 모든 환경을 지원합니다. 애피움 서버 실행 시 내려받은 demoapp/OrangeDemoApp.apk를 테스트할 수 있도록 제공한 데모 테스트 케이스를 링크에서 내려받아 test_android_demo.txt를 RIDE에 불러오겠습니다.

- URL https://github.com/serhatbolsu/robotframework-appiumlibrary/tree/master/demo

참고로 애피움 라이브러리는 지원하는 안드로이드 OS 버전에 따라 안드로이드 애피움 서버가 다르기 때문에 주의해야 합니다.

앱 실행 키워드

처음에 살펴볼 키워드는 Open Application입니다. Selenium2Library에서 Open Browser 키워드와 같이 모바일에서 앱을 실행하는 역할을 하는 키워드입니다.

```
APP.Open Application(remote_url | alias=None | **kwargs)
```

remote_url 인자에 애피움 서버 주소를 입력하고 **kwargs 인자에는 애피움 서버에 설정한 Capability 값을 넣습니다. 주로 사용하는 인자는 다음과 같습니다. 애피움 서버에서 설정하는 정보와 동일합니다.

- platformVersion: 단말 플랫폼 정보를 넣습니다. 실습에서는 Android 버전을 작성합니다.
- deviceName: 테스트 앱을 설치할 단말 정보를 넣습니다. 실제 단말을 사용한다면 'adb devices' 결괏값을 넣습니다.
- app: 실행할 앱 위치를 넣습니다. 테스트 앱이 아닌 단말에 설치 'adb shell pm list packages -f' 명령을 실행한 후 얻는 앱 이름입니다. 이 예제에서는 테스트를 위해 기본 브라우저 앱을 선택합니다.
- appPackage: 패키지 이름을 넣습니다.
- appActivity: 앱에서 실행하려는 activity를 넣습니다.

데모 키워드 테스트 케이스에서는 platformVersion, deviceName을 테스트 대상 단말 정보로 설정하고, 앱 위치를 내려받은 위치로 해서 RIDE를 실행시킵니다.

실습 | Open Application

4_4_APPKeyword 테스트 스윗을 새로 만들고 'TC54_APP_Open' 테스트 케이스를 추가합니다.

1. OrangeDemoApp.apk 앱을 단말기에 설치합니다.

2. 앱이 실행되었는지 확인합니다.

3. 화면 캡처를 하여 앱 설치를 확인합니다.

4. 앱을 종료합니다.

◇◇

스텝 1에서 OrangeDemoApp.apk 설치는 APP.Open Application(remote_url | alias=None | **kwargs) 키워드를 이용합니다. remote_url 인잣값은 'http://localhost:4723/wd/hub'를 넣고, 추가적인 인잣값은 버전 6인 안드로이드일 경우 platformName=Android, deviceName=${device}, platformVersion=6, app=${app}, automationName=Appium, appPackage=com.netease.qa.orangedemo, appActivity=MainActivity 등으로 하고, 각 변수에는 실제 테스트 대상 단말기의 정보를 입력합니다.

스텝 2에서 앱 실행 확인 방법은 여러 가지가 있으나 실습에서는 APP.Page Should Contain Text(text | loglevel=INFO) 키워드를 이용해 봅니다.

스텝 3에서 화면 캡처는 APP.Capture Page Screenshot(filename=None) 키워드를 이용합니다.

스텝 4에서 앱 종료는 APP.Close Application 키워드를 이용합니다.

```
*** Settings ***
Documentation      demo for appium library
Library            AppiumLibrary    WITH NAME    APP


*** Variables ***
${REMOTE_URL}      http://localhost:4723/wd/hub
${APP}             ${EMPTY}
${DEVICE}          ${EMPTY}


*** Test Cases ***
TC54_APP_Open
    Set Global Variable    ${APP}      C:\\demoapp\\OrangeDemoApp.apk
    Set Global Variable    ${DEVICE}    ce021602ccaa000000
    APP.Open Application    http://localhost:4723/wd/hub
        platformName=Android    deviceName=${DEVICE}    platformVersion=6
        app=${APP}    automationName=Appium
    ...    appPackage=com.netease.qa.orangedemo    appActivity=MainActivity
    APP.Page Should Contain Text    Orange_Demo
    APP.Capture Page Screenshot    demo.png
    APP.Close Application
```

APP.Open Application을 이용하여 앱을 동작할 때 인잣값이 변경이 되지 않은 값은 그대로 직접 입력하고 테스트 환경에 따라 변경이 되는 인잣값은 전역변수로 정의한 후에 사용하는 것이 좋습니다. 실습에서는 데모 키워드 테스트 케이스에 화면 캡처 키워드와 정상 동작을 확인하기 위한 키워드를 추가했습니다.

Capture Page Screenshot(filename=None) 키워드는 현재 페이지의 스크린샷을 찍어 로그에 추가합니다. 그리고 스크린샷 이미지는 로그 파일 위치에 'appium-screenshot-<counter>.png' 이름으로 저장됩니다. 예시에서는 'demo.png' 라는 파일 이름을 설정하였습니다. 이 키워드를 사용하면 셀레니움에서의 스크린샷과 같이 이슈가 발생했을 때 로그를 분석하면서 실제 현상을 볼 수 있어 도움이 됩니다. 테스트 케이스를 실행할 때는 애피움 서버를 실행한 후 편집기에서 실행합니다.

실행 결과

```
INFO : ${APP} = C:\demoapp\OrangeDemoApp.apk
INFO : ${DEVICE} = ce021602ccaa000000
INFO : Current page contains text 'Orange_Demo'.
INFO : </td></tr><tr><td colspan="3"><a href="demo.png"><img src="demo.png"
width="800px"></a>
```

그림 4-47 애피움 자동화 서버

애피움 서버 로그

```
> info: --> POST /wd/hub/session {"capabilities":{"alwaysMatch":{"platformName":
"Android"},"firstMatch":[{}]},"desiredCapabilities":{"deviceName":"ce021602ccaa
2000000","automationName":"Appium","appActivity":"MainActivity","platformVersio
n":"6","appPackage":"com.netease.qa.orangedemo","platformName":"Android","app":
"C:\\demoapp\\OrangeDemoApp.apk"}}
> info: Client User-Agent string: Python http auth
> info: [debug] Using local app from desired caps: C:\demoapp\OrangeDemoApp.apk
> info: [debug] Creating new appium session bdf523da-ffdb-4e3f-9fcb-
f08b1c5d88f4
```

```
> info: Starting android appium
> info: [debug] Getting Java version
> info: Java version is: 1.8.0_171
(생략)
> info: [debug] UiAutomator shut down normally
> info: [debug] Cleaning up android objects
> info: [debug] Cleaning up appium session
> info: [debug] Responding to client with success: {"status":0,"value":null,"se
ssionId":"bdf523da-ffdb-4e3f-9fcb-f08b1c5d88f4"}
> info: <-- DELETE /wd/hub/session/bdf523da-ffdb-4e3f-9fcb-f08b1c5d88f4 200
896.272 ms - 76 {"status":0,"value":null,"sessionId":"bdf523da-ffdb-4e3f-9fcb-
f08b1c5d88f4"}
```

실행 결과 애피움 서버 로그를 보면 처음에 단말과 통신을 시도하는 로그가 보이고 마지막에 앱을 종료하고 세션을 끊는 로그가 보입니다. 테스트 케이스 예시에서 사용한 APP.Close Application 키워드는 현재 열린 앱을 종료합니다. APP.Close Applications 키워드를 사용하면 실행 중인 모든 앱을 종료합니다. Selenium2Library의 Sel.Close Brwoser와 Sel.Close Browsers 키워드와 동일한 기능을 합니다.

애피움 서버 Capability

애피움 서버에서 설정하는 capability 종류 중에 많이 사용하는 정보를 정리하면 다음과 같습니다. 더 많은 정보는 링크를 참고하길 바랍니다.

- automationName: 사용할 자동화 엔진 정보, 예) selendroid, Appium(default)
- platformName: 사용할 모바일 OS 플랫폼, 예) iOS, Android, or FirefoxOS
- platformVersion: 모바일 버전, 예) 7.1, 4.4
- deviceName: 사용할 모바일 장치 또는 에뮬레이터의 종류, 예) Android Emulator

- http://appium.io/slate/en/master/?python#appium-server-capabilities

앱 클릭 키워드

모바일 앱을 제어하는 방법은 웹 브라우저와 같이 엘리먼트를 사용합니다. APP.Click Element 키워드는 Selenium2Library의 Sel.Click Element 키워드와 같이 앱을 터치하는 효과를 줍니다.

```
Click Element(locator)
Click Text(text, exact_match=False)
```

Click Element 키워드의 locator 인자는 엘리먼트의 속성 중 index와 name을 사용합니다. Click Text 키워드는 locator 정보 없이 text 정보만으로 클릭을 입력하는 키워드입니다.

실습	Click Element

4_4_APPKeyword 테스트 스윗에 'TC55_APP_View' 테스트 케이스를 추가합니다.

1. OrangeDemoApp.apk 앱을 단말기에 설치합니다.

2. [View Test] 메뉴를 터치합니다.

3. [View Test] 메뉴로 진입함을 확인합니다.

4. [TextView] 글씨를 클릭합니다.

5. 앱을 종료합니다.

스텝 1에서 OrangeDemoApp.apk 설치는 이전 실습과 동일하게 APP.Open Application(remote_url | alias=None | **kwargs) 키워드를 이용합니다. 특정 앱에 접속하는 기능이므로 사용자 키워드를 만들어 사용할 수 있습니다.

스텝 2에서 Click Text 키워드를 이용합니다.

스텝 3에서 APP.Page Should Contain Text 키워드를 이용하거나 App.Wait Until Page Contains(text | timeout=None | error=None) 키워드를 이용합니다.

스텝 4에서 [TextView] 클릭 시에는 locator 정보를 얻어 Click Element 키워드를 이용합니다.

그림 4-48 테스트 대상 앱

스텝 5에서 앱 종료는 APP.Close Application 키워드를 이용합니다. 이때 TearDown에 키워드를 입력하여 사용할 수 있습니다.

실습 Click Element 테스트 케이스 예시

```
*** Test Cases ***
TC55_APP_View
    [Setup]     orangeapp
    APP.Click Text    ViewTest
    App.Wait Until Page Contains    View
    APP.Click Element    id=com.netease.qa.orangedemo:id/textView1
        #TextView
    [Teardown]    APP.Close Application

*** Keywords ***
orangeapp
    ${app}    Set Variable    C:\\demoapp\\OrangeDemoApp.apk
    APP.Open Application    http://localhost:4723/wd/hub    platformName=Android
        deviceName=ce021602ccaa000000    platformVersion=6
        app=${app}    automationName=Appium
    ...    appPackage=com.netease.qa.orangedemo    appActivity=MainActivity
    APP.Page Should Contain Text    Orange_Demo
```

실행 결과는 다음과 같습니다. 테스트 수행 후 애플리케이션을 닫으면 마지막 화면에서 멈춰 있는 것을 볼 수 있습니다.

실행 결과

```
INFO : ${app} = C:\demoapp\OrangeDemoApp.apk
INFO : </td></tr><tr><td colspan="3"><a href="demo.png"><img src="demo.png"
width="800px"></a>
INFO : Current page contains text 'Orange_Demo'.
INFO : Clicking element 'id=com.netease.qa.orangedemo:id/textView1'.
```

이때 이전 화면으로 돌리기 원할 경우 메인 메뉴를 클릭하거나 이전 페이지로 이동하는 방법이 있습니다.

```
APP.Go Back
```

Go Back 키워드는 인자가 없고 앱의 전 단계로 돌아가는 기능을 지원합니다. 테스트 케이스에서 전 화면으로 이동하여 다른 기능을 수행할 때도 이 키워드를 유용하게 사용합니다.

앱 입력 키워드

텍스트 입력은 셀레니움 라이브러리에서 사용한 Input Text 키워드를 애피움에서도 사용할 수 있습니다.

```
Input Text(locator, text)
Get Text(locator)
Element Should Contain Text(locator | expected | message=)
```

텍스트 관련 애피움 키워드 중 많이 사용되는 키워드입니다. Input Text 키워드는 주어진 locator 인자의 위치에 text 값을 입력합니다. Get Text는 locator인자의 값을 읽어 들여 저장된 text를 반환합니다. 반환된 키워드가 예상 결과를 확인하는 방법은 should conatin 키워드를 사용하거나 Element Should Contain Text 키워드를 사용합니다. 이 키워드는 locator 인잣값의 text를 읽어와서 expected 인잣값과 비교하는 기능을 합니다.

4_4_APPKeyword 테스트 스윗에 'TC56_APP_Text' 테스트 케이스를 추가합니다.

1. OrangeDemoApp.apk 앱을 단말기에 설치합니다.

2. [EditTextTest] 메뉴를 터치합니다.

3. [EditTextTest] 메뉴로 진입함을 확인합니다.

4. 편집기 창에 "keyword automation"을 입력합니다.

5. "keyword automation"이 정상 입력되었는지 확인합니다.

6. 이전 화면으로 이동하고 정상 동작됨을 확인합니다.

7. 앱을 종료합니다.

◇◇

스텝 4에서는 App.Input Text 키워드를 이용합니다.

그림 4-49 로케이터 확인

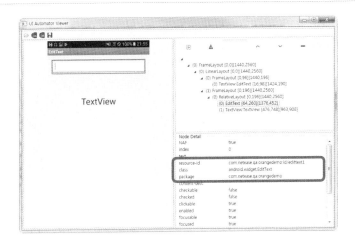

스텝 5에서 Element Should Contain Text(locator | expected | message=) 키워드를 이용합니다.

스텝 6에서 APP.Go Back 키워드를 이용합니다. 이때 [EditText]에 글자를 입력하기 위해 키보드가 활성화되어 있기 때문에 이전 화면으로 이동하기 위해서는 2번 back을 해야 합니다.

실습 Input Text 테스트 케이스 예시

```
TC56_APP_Text
    [Documentation]    input text
    [Setup]    orangeapp
    APP.Click Text    EditTextTest
    APP.Page Should Contain Text    EditText
    App.Input Text    id=com.netease.qa.orangedemo:id/edittext1
        keyword automation
    APP.Element Should Contain Text    id=com.netease.qa.orangedemo:id/edittext1
        keyword automation
    App.Go Back    #키보드 내림
    App.Go Back    #이전 화면으로 이동
    APP.Page Should Contain Text    Orange_Demo
    [Teardown]    APP.Close Application
```

테스트 케이스 실행 결과 키보드 입력이 정상 동작함을 확인할 수 있습니다.

실행 결과

```
INFO : ${app} = C:\demoapp\OrangeDemoApp.apk
INFO : </td></tr><tr><td colspan="3"><a href="demo.png"><img src="demo.png"
width="800px"></a>
INFO : Current page contains text 'Orange_Demo'.
INFO : Current page contains text 'EditText'.
INFO : Typing text 'keyword automation' into text field 'id=com.netease.
qa.orangedemo:id/edittext1'
INFO : Verifying element 'id=com.netease.qa.orangedemo:id/edittext1' contains
text 'keyword automation'.
INFO : Current page contains text 'Orange_Demo'.
```

애피움 서버와 RIDE를 이용한 애피움 라이브러리 키워드를 실행한 모습입니다. 테스트 케이스 실행 중 실패가 발생하면 애피움 서버와 통신이 끊기는 경우가 있습니다. 로봇 프레임워크는 다음과 같이 네트워크 장애 메시지를 보여줍니다.

테스트 케이스 실패 메시지

```
WebDriverException: Message: A new session could not be created.
(Original error: Requested a new session but one was in progress)
```

새로운 세션을 연결하기 위해 애피움 서버의 오른쪽 상단 중지 버튼으로 서버를 중지하고 오른쪽 하단의 휴지통 모양을 클릭하여 로그를 삭제합니다. 그리고 다시 애피움 서버의 오른쪽 상단의 실행 버튼을 다시 클릭하여 실행합니다. 'info: Console LogLevel: debug'가 보이면 RIDE로 테스트 케이스를 실행합니다.

그림 4-50 애피움 키워트 테스트 케이스 자동화 실행

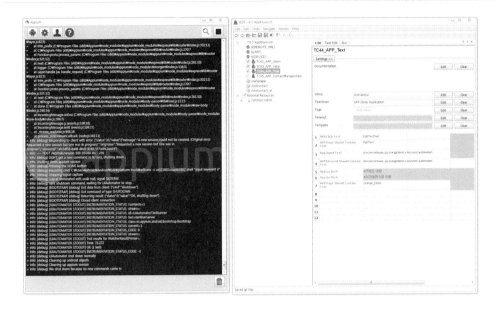

Xpath 이용한 Locator 설정

데모 ContactManager.apk를 이용하여 xpath를 이용하여 locator 설정하는 방법을 살펴보겠습니다. Xpath는 XML Path Language의 약자로 경로 위에 지정한 구문을 사용하여 항목을 배치하고 처리하는 방법을 설명할 때 사용합니다. ContactManager 앱 화면 아래 버튼 [Add Contact]를 클릭하면 전화번호부 입력 화면이 나타납니다. 실습을 위해 데모 앱에 접속하여 UI Automator Viewer를 이용하여 앱의 구조를 확인해 보면 그림 4-51과 같은 구조가 보입니다. 엘리먼트를 용이하게 찾기 위해 텍스트 편집기 창에 'automation'을 입력해 두었습니다. Viewer에서 text에 automation이라고 쓰여있는 엘리먼트를 찾아봅니다.

그림 4-51 UI Automator Viewer로 Xpath 확인

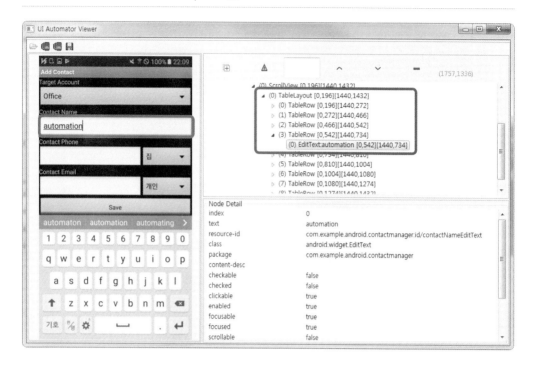

입력하려는 EditText의 최상단은 TableLayout입니다. 그 앞의 숫자 (0)은 index로 0번째 TableLayout이라는 표시입니다. automation이 저장된 위치를 xpath로 추가해 보면 다음과 같습니다.

xpath=//android.widget.TableLayout[@index='0']/android.widget.TableRow[@index='3']/android.widget.EditText[@index='0']

실습을 통해 xpath로 연락처를 저장하는 테스트 케이스를 작성해 보겠습니다.

4_4_APPKeyword 테스트 스윗에 'TC57_APP_Text' 테스트 케이스를 추가합니다.

1. ContactManager.apk 앱을 단말기에 설치합니다.

2. [Add Contact] 메뉴를 누릅니다.

3. locator를 xpath로 하는 연락처 입력 사용자 키워드로 name, phone, email을 입력합
   니다.

4. locator를 id로 하는 연락처 입력 사용자 키워드로 name, phone, email을 입력합니다.

5. Show Invisible Contacts(Only)에 체크하고 입력한 데이터가 저장됨을 확인합니다.

6. 앱을 종료합니다.

스텝 3에서는 App.Input Text 키워드를 이용합니다.

스텝 4에서 locator로 id를 이용하여 App.Input Text 키워드를 작성합니다.

스텝 5에서 입력을 확인하기 위해서는 APP.Click Text 키워드를 이용합니다.

실습 xpath 테스트 케이스 예시

```
*** Settings ***
Documentation     demo for appium library
Library           AppiumLibrary    WITH NAME     APP
```

```
*** Test Cases ***
TC57_APP_ContactManagerApp
    Set Global Variable    ${APP}    C:\\demoapp\\ContactManager.apk
    Set Global Variable    ${DEVICE}    ce021602ccaa0000
    APP.Open Application    http://127.0.0.1:4723/wd/hub
        platformName=Android    deviceName=${DEVICE}    platformVersion=6
        app=${APP}    automationName=Appium
    ...    appPackage=com.example.android.contactmanager
    APP.Page Should Contain Text    Contact Manager
    AddContact    Appium User    someone@appium.io    5555555555
    AddContact_id    Keyword User    keyword@automation.com    0312223333
    APP.Click Text    Show Invisible Contacts(Only)
    APP.Page Should Contain Text    Appium User
    APP.Close Application

*** Keywords ***
AddContact
    [Arguments]    ${contact_name}    ${contact_phone}    ${contact_email}
    [Documentation]    input name, phone, email by xpath
    APP.Click Element    accessibility_id=Add Contact
    APP.Input Text    xpath=//android.widget.TableLayout[@index='0']/android.
        widget.TableRow[@index='3']/android.widget.EditText[@index='0']
        ${contact_name}
    APP.Input Text    xpath=//android.widget.TableLayout[@index='0']/android.
        widget.TableRow[@index='5']/android.widget.EditText[@index='0']
        ${contact_phone}
    APP.Input Text    xpath=//android.widget.TableLayout[@index='0']/android.
        widget.TableRow[@index='7']/android.widget.EditText[@index='0']
        ${contact_email}
    APP.Click Element    accessibility_id=Save

AddContact_id
    [Arguments]    ${contact_name}    ${contact_phone}    ${contact_email}
    [Documentation]    input name, phone, email by id
    APP.Click Element    accessibility_id=Add Contact
    APP.Input Text    id=com.example.android.contactmanager:id/
        contactNameEditText    ${contact_name}
    APP.Input Text    id=com.example.android.contactmanager:id/
```

```
        contactPhoneEditText        ${contact_phone}
    APP.Input Text      id=com.example.android.contactmanager:id/
    contactEmailEditText        ${contact_email}
    APP.Click Element      accessibility_id=Save
```

연락처를 추가하는 Add Contact 사용자 키워드를 살펴보겠습니다. Click Element 키워드로 [Add
Contact] 버튼을 클릭하면 name과 phone, email을 입력하는 메뉴가 나타납니다. 이때 사용한
APP.Input Text(locator | text) 키워드의 locator 인자에는 xpath 값을 사용했습니다. 예시와 같이
동일한 Edit Text를 구분할 때 사용합니다.

키워드 테스트 케이스의 사용자 키워드 AddContact를 보면 locator 값인 0번 테이블
(TableLayout[@index='0']) 하위에 3번째 테이블(TableRow[@index='3'])의 0번째 에디트 박스
(EditText[@index='0'])에 입력값, ${contact_name}에 Appium User를 넣습니다. 테스트 케이스를
실행한 결과 Appium User가 리스트에 생성됨을 확인할 수 있습니다.

그림 4-52 테스트 케이스 실행 결과

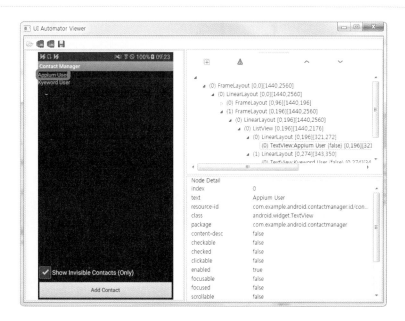

기본 앱 정보

TC57 실습을 수행한 결과 실제 전화번호부 앱을 실행하면 **그림 4-53**처럼 저장한 Appium User 와 User Keyword를 볼 수 있습니다. 테스트 수행 후 테스트 결과를 확인할 때 테스트 대상 앱 뿐만 아니라 단말에서 제공하는 전화번호부와 같은 앱을 이용해야 할 경우가 있습니다.

그림 4-53 실제 전화번호부의 리스트

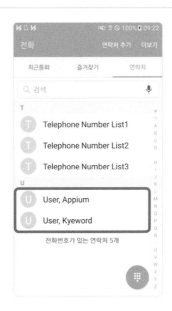

기본 앱의 정보를 얻을 때 쓸 수 있는 도구가 ADB 셸입니다. 'adb devices' 명령어로 단말의 정 보를 얻은 것처럼 ADB(android debug bridge) 툴의 셸 기능으로 단말에 설치된 앱과 시스템 정 보를 얻을 수 있습니다. 윈도우 프롬프트에서 다음과 같이 입력하면 셸로 입장합니다.

```
C:\>adb shell
shell@hero2lteskt:/ $
```

우리가 알고자 하는 전화번호부 앱에 대해 검색하려면 전화번호부를 실행한 뒤 실행 중인 앱을 추출하기 위해 'dumpsys' 명령어를 이용합니다. PC에 시리얼 케이블로 단말을 연결한 후 단말에서 전화번호부 앱을 실행시킵니다. 그 후 다음 명령문으로 현재 실행 중인 앱의 정보를 얻습니다.

```
shell@hero2lteskt:/ $ dumpsys window windows |grep -E 'mCurrentFoucus|
mFocusedApp' mFocusedApp=AppWindowToken{d0dfaabfa token=Token{fe5fe25
ActivityRecord{13de21 c u0 com.android.contacts/com.android.dialer.
DialtactsActivity t1116}}}
shell@hero2lteskt:/ $
```

그 결과 실행 중인 패키지 이름은 'com.android.contacts'이고 액티비티 이름은 'com.android.dialer.DialtactsActivity'인 것을 알 수 있습니다. 이 정보가 맞는지 확인하기 위해서 단말에 전화번호부를 실행해 보겠습니다. 'am' 명령어는 activity manager의 약자로 액티비티나 서비스를 시작할 때 사용합니다. 우선 단말에서 전화번호부를 종료합니다. adb shell에서 'am start -n 패키지_이름/액티비티_이름' 명령을 내려 단말에서 전화번호부가 실행되는지 확인해 봅니다.

```
shell@hero2lteskt:/ $
am start -n com.android.contacts/com.android.dialer.DialtactsActivity
Starting: Intent { cmp=com.android.contacts/com.android.dialer.
DialtactsActivity
 VirtualScreenParam=Params{mDisplayId=-1, null, mFlags=0x00000000)} }
Warning: Activity not started, its current task has been brought to the front
shell@hero2lteskt:/ $
```

4_4_APPKeyword 테스트 스윗에 'TC58_APP_CheckDial' 테스트 케이스를 추가합니다.

1. ContactManager.apk 앱을 단말기에 설치합니다.

2. [Add Contact] 메뉴를 누릅니다.

3. locator를 xpath로 하는 연락처 입력 사용자 키워드로 name, phone, email을 입력합니다.

4. Show Invisible Contacts(Only)에 체크하고 입력한 데이터가 저장됨을 확인합니다.

5. ContactManager.apk 앱을 종료합니다.

6. 전화번호부 앱을 열어 스텝 3에서 입력한 연락처 정보를 확인합니다.

7. 추가된 연락처를 클릭하여 입력한 email이 맞는지 확인하고 스크린샷을 남깁니다.

8. 전화번호부 앱을 종료합니다.

스텝 1~4는 이전 실습 TC57 테스트 케이스 예시를 참고합니다.

스텝 6에서 APP.Open Application(remote_url | alias=None | **kwargs) 키워드를 이용합니다. 인자로 사용되는 값은 전화번호부 앱의 정보는 adb shell을 이용합니다.

스텝 7에서 email 정보는 App.Wait Until Page Contains(text | timeout=None | error=None) 키워드로 확인하고 스크린샷은 APP.Capture Page Screenshot(filename=None) 키워드를 이용합니다.

```
*** Test Cases ***
TC58_APP_CheckDial
    Set Global Variable    ${APP}    C:\\demoapp\\ContactManager.apk
    Set Global Variable    ${DEVICE}    ce021602ccaa000000
    APP.Open Application    http://127.0.0.1:4723/wd/hub
        platformName=Android    deviceName=${DEVICE}    platformVersion=6
        app=${APP}    automationName=Appium
    ...    appPackage=com.example.android.contactmanager
    APP.Page Should Contain Text    Contact Manager
    AddContact    Robot Framework    rf@appium.io    010123456
    APP.Click Text    Show Invisible Contacts(Only)
    APP.Page Should Contain Text    Robot Framework
    APP.Close Application
    CheckDial
    APP.Page Should Contain Text    Framework, Robot
    Click Text    Framework, Robot
    App.Wait Until Page Contains    rf@appium.io
    APP.Capture Page Screenshot    dial.png
    APP.Close Application

*** Keywords ***
CheckDial
    Set Global Variable    ${APP}    com.android.contacts
    Set Global Variable    ${DEVICE}    ce021602ccaa000000
    ${package}    Set Variable    com.android.contacts
    ${activity}    Set Variable    com.android.dialer.DialtactsActivity
    APP.Open Application    http://localhost:4723/wd/hub
        platformName=Android    deviceName=${DEVICE}    platformVersion=6
        app=${APP}    automationName=Appium
    ...    appPackage=${package}    appActivity=${activity}
```

테스트 케이스를 실행하면 로그에 캡처된 화면을 통해 연락처 정보가 제대로 입력된 것을 볼 수 있습니다.

그림 4-54 테스트 케이스 실행 결과 로그

애피움 스튜디오 정보

로봇 프레임워크로 모바일 자동화를 수행하는 방법을 배운 후에 로봇 프레임워크에서 사용되는 Appium library가 최신 android 버전을 지원하지 못하는 등의 문제가 발생할 수 있습니다. 이때에는 appium studio와 같은 로봇 프레임워크와 별개로 동작하는 IDE를 이용하는 것도 추천드립니다.

• https://experitest.com/mobile-test-automation/appium-studio/

이때 테스트 로그의 남겨진 캡처 이미지는 다음 그림과 같습니다.

그림 4-55 전화번호부 내용

4장에서는 로봇 프레임워크를 지원하는 표준 라이브러리 외에 윈도우, 리눅스, 맥, 웹 브라우저, 모바일 앱과 같은 다양한 애플리케이션 실행 환경에서 키워드 자동화 키워드 테스트 케이스를 작성 방법을 알아보았습니다. 환경에 따라 설치가 필요한 테스트 환경 설정과 지원 라이브러리가 다르기 때문에 테스트 계획 시에 테스트 대상의 특징과 범위를 분석하여 테스트 베드를 구성해야 합니다.

표준 라이브러리를 기반으로 환경에 따라 추가되는 라이브러리를 적절히 사용하는 것은 키워드 테스트 케이스를 작성할 때 굉장히 효율적입니다. SSH 환경을 지원하는 테스트 베드를 갖춰두면 로봇 프레임워크를 이용하여 SSH 키워드로 프롬프트 명령어를 모두 사용할 수 있습니다. GUI를 대상으로 자동화를 실행할 때 가장 중요한 점은 클릭해야 할 대상이 화면에 나타나 있는가를 확인하는 키워드 테스트 케이스를 포함하는 것입니다. 셀레니움 라이브러리에는 Wait으로 시작하는 여러 가지 키워드가 있습니다. 클릭(click)을 시도하기 전에 이 키워드를 이용하여 대상을 파악한 후에 동작을 할 수 있도록 합니다.

셀레니움의 경우 키워드 기반 테스트가 아닌 유닛 테스트 형태로 자동화 키워드 테스트 케이스를 작성할 수 있습니다. 웹 브라우저 기반의 서비스를 제품으로 가지고 있는 분들은 셀레니움에서 제공하는 라이브러리를 가지고 자바나 파이썬으로 바로 키워드 테스트 케이스를 작성할 수 있습니다. 그림 4-56은 1대의 로컬 PC에서 여러 대의 원격 PC에 다양한 라이브러리를 사용하여 테스트할 경우의 네트워크 연결을 기준으로 작성한 구성도입니다. 로봇 프레임워크 사용이 익숙해 진다면 그림 4-56과 같은 환경이 자연스럽게 만들어질 것입니다. IP와 Port를 기준으로 실행되기 때문에 가상머신을 이용하거나 실제 머신을 이용하거나 상관없이 사용할 수 있습니다.

그림 4-56 원격 서버 설정

만약 4대의 원격 PC에서 동시에 테스트를 수행하려면 로컬 PC에는 4대에 맞는 테스트 스윗이 실행되어야 합니다. 각 테스트 스윗이 원격 PC와 통신이 되기 위해서는 외부 라이브러리에 따라 테스트 스윗에 불러오는 포트에 맞게 원격 서버를 실행하고 테스트 라이브러리 키워드가 정상 실행되도록 합니다.

05

책에서 사용한 테스트 라이브러리(Test library)와 외부
라이브러리(External library) 키워드는 모두 파이썬으
로 작성된 것입니다. 로봇 프레임워크 자체가 파이썬
으로 작성되어 있어 자연스럽게 확장된 라이브러리는
동일한 언어로 구현되었습니다. Jython에서 프레임워
크를 실행할 때 라이브러리는 Java를 사용하여 구현
할 수 있고, 파이썬 C API를 사용하여 C 라이브러리
를 구현할 수도 있습니다.

또한, 파이썬에서 지원하는 모듈을 이용하면 기존에
없는 테스트 라이브러리를 만들 수 있습니다. 이번 장
에서는 로봇 프레임워크가 제공하는 API를 이용하여
사용자 테스트 라이브러리를 작성해 보고 표준 테스
트 라이브러리와 외부 라이브러리, 사용자 테스트 라
이브러리를 모두 이용하여 테스트 케이스를 함께 작
성해 보겠습니다.

나만의 로봇 프레임
워크 라이브러리

5장에 대한 예제 키워드 테스트 케이스는 Git으로 내려받은 다음 링크에서 5로 시작하는 테스트 스윗에 해당합니다.

https://github.com/smjung8710/keyword

5.1 로봇 프레임워크 API

앞서 실행 옵션에서 로봇 프레임워크 패키지 robot으로 이미 로봇 프레임워크를 살펴본 적 있습니다. robot 패키지는 테스트 실행을 위한 robot.run( ) 모듈, 테스트 실행 완료 후 처리하는 robot.rebot( ) 모듈, 라이브러리 문서 생성을 위한 robot.libdoc 모듈, 테스트 케이스 문서 생성을 위한 robot.testdoc 모듈, 그리고 테스트 데이터 포맷을 설정하는 tidy 도구에 대한 robot.tidy 모듈로 구성됩니다.

1. 파이썬 라이브러리 구조

키워드 테스트 케이스를 작성하는 목적은 역할에 따라 달라집니다. 개발자는 개발 코드에 단위 테스트 용도로 키워드 테스트 케이스를 작성하고 테스터는 개발이 완성된 코드를 실행할 경우의 기능, 사용 방법, 데이터, 운영 환경 등 다양한 시각에서 테스트하기 위해 키워드 테스트 케이스를 작성합니다. 개발 방법 중 TDD(test driven development)를 이용하여 기능 개발을 한다면 개발자는 함수 이름과 각 함수의 기능, 입력값과 결괏값을 미리 설계하여 공유합니다. 다음 TDD 실습 예시 SimpleCalculator.py를 살펴보겠습니다.

실습 SimpleCalculator.py 설계 예시

```
class Calculator(object):
    BUTTONS = '1234567890+-*/C='

    def __init__(self):
        self._expression = ''
```

```
def push(self, button):
    self._expression = self._calculate(self._expression)
    return self._expression

def _calculate(self, expression):
    return str(eval(expression))
```

Calculator 클래스 내에 push 함수와 _calculate 함수는 입력값, 출력값 변수만 선언하고 실제 내부 실행 로직은 개발되어 있지 않습니다. 개발자는 설계에 따라 push 함수와 _calculate 함수의 프로그램 로직을 작성하고 테스터는 테스트 전략을 가지고 BUTTONS에 할당된 데이터와 push 함수, _calculate 함수를 조합하여 키워드 테스트 케이스를 작성합니다.

개발자가 작성한 내부 로직은 다음과 같습니다. push 함수는 입력 버튼에 따라 기능이 정의되었고, _calculate 함수는 CalculationError 클래스로 예외 상황(Exception)이 발생했을 경우에 사용자에게 알릴 정보 문구가 추가되었습니다.

완성된 SimpleCalculator.py

```
class Calculator(object):
    BUTTONS = '1234567890+-*/C='

    def __init__(self):
        self._expression = ''

    def push(self, button):
        if button not in self.BUTTONS:
            raise CalculationError("Invalid button '%s'." % button)
        if button == '=':
            self._expression = self._calculate(self._expression)
        elif button == 'C':
            self._expression = ''
        elif button == '/':
            self._expression += '//'    # Integer division also in Python 3
        else:
            self._expression += button
```

```
        return self._expression

    def _calculate(self, expression):
        try:
            return str(eval(expression))
        except SyntaxError:
            raise CalculationError('Invalid expression.')
        except ZeroDivisionError:
            raise CalculationError('Division by zero.')

class CalculationError(Exception):
    pass
```

완성된 SimpleCalculator.py 실습 코드를 테스트하기 위한 테스트 라이브러리 CalculatorLibrary.py는 다음과 같습니다. 이를 이용하여 테스트 라이브러리 구조를 모듈, 클래스, 함수, 변수 순서로 알아보겠습니다.

CalculatorLibrary.py

```
# -*- coding: utf-8 -*-

#테스트 대상 모듈 불러오기
from SimpleCalculator import Calculator, CalculationError

#테스트 라이브러리 클래스 선언
class CalculatorLibrary(object):
    """Test library for testing *Calculator* business logic.
    Interacts with the calculator directly using its ''push'' method.
    """

    #클래스 초기화
    def __init__(self):
        self._calc = Calculator()
        self._result = '' #빈 값 할당

    def push_button(self, button):
        """Pushes the specified ''button''.
```

The given value is passed to the calculator directly. Valid buttons
are everything that the calculator accepts.
Examples:
| Push Button | 1 |
| Push Button | C |
Use 'Push Buttons' if you need to input longer expressions.
"""
self._result = self._calc.push(button)

```
def push_buttons(self, buttons):
    """Pushes the specified ''buttons''.
    Uses 'Push Button' to push all the buttons that must be given as
    a single string. Possible spaces are ignored.
    Example:
    | Push Buttons | 1 + 2 = |
    """
    for button in buttons.replace(' ', ''):
        self.push_button(button)

def result_should_be(self, expected):
    """Verifies that the current result is ''expected''.
    Example:
    | Push Buttons    | 1 + 2 = |
    | Result Should Be | 3       |
    """
    if self._result != expected:
        raise AssertionError('%s != %s' % (self._result, expected))

def should_cause_error(self, expression):
    """Verifies that calculating the given ''expression'' causes an error.
    The error message is returned and can be verified using, for example,
    'Should Be Equal' or other keywords in 'BuiltIn' library.
    Examples:
    | Should Cause Error | invalid            |                  |
    | ${error} =         | Should Cause Error | 1 / 0            |
    | Should Be Equal    | ${error}           | Division by zero. |
    """
    try:
        self.push_buttons(expression)
```

```
        except CalculationError as err:
            return str(err)
        else:
            raise AssertionError("'%s' should have caused an error."
                                 % expression)
```

참조 모듈과 클래스

프로그램에서 참조 모듈이 있는 경우 최상단에 import 문을 작성합니다. CalculatorLibrary.py 에서 사용하는 모듈은 테스트 대상인 SimpleCalculator.py 모듈입니다. import 문을 이용하여 Calculator, CalculationError 클래스를 사용할 수 있도록 불러옵니다.

로봇 프레임클래스 기반 테스트 라이브러리로 작성하기 위해 CalculatorLibrary 클래스를 정의합니다. 클래스 초깃값에는 클래스에서 사용할 _calc과 _result 2개의 객체 인스턴스를 선언하고 _calc에는 SimpleCalculator 모듈의 Calculator( )를 넣고 _result에는 초깃값으로 빈 값(' ')을 할당합니다. CalculatorLibrary 클래스는 인자가 정의되지 않았습니다. robot.api를 이용하여 디버깅을 하려면 다음처럼 logging을 불러오고 모듈에 logger를 이용하여 값을 확인합니다.

```
#테스트 대상 모듈 불러오기
from SimpleCalculator import Calculator, CalculationError
from robot.api import logger

class CalculatorLibrary(object):

    def push_button(self, button):
        self._result = self._calc.push(button)
        logger.debug('Got argument %s' %button)
        logger.info('<i>This</i> is a boring example', html=True)
        logger.console('Hello, console!')
```

만약 네트워크를 지원하는 라이브러리와 같이 인자가 필요한 경우는 클래스 생성자 _init_ 메서드에 인자를 정의합니다. ConnectLibrary.py에서 _init_ 메서드에 host와 port를 정의하고 테스트 대상 객체 Connection의 입력값으로 사용하도록 처리하였습니다. 인자 중 port 변수와 같이 정수형으로만 입력을 받아야 한다면 int( ) 함수로 타입이 변경되도록 작성합니다.

ConnectLibrary.py

```python
#!/usr/bin/env python

from example import Connection

class ConnectLibrary(object):

    def __init__(self, host, port=80):
        self._conn = Connection(host, int(port))

    def send_message(self, message):
        self._conn.send(message)
```

ConnectLibrary 라이브러리를 로봇 프레임워크 키워드 테스트 케이스에서 정의하면 Setting 테이블에 인자인 HOST와 PORT를 각각 변수로 정의합니다. 라이브러리에 전달된 인자는 물론 라이브러리 이름과 사용자도 변수로 지정할 수 있습니다. 이때 실행 명령줄에서 변수 옵션 '-v'로 변경할 수 있습니다.

ConnectLibrary 라이브러리 선언

```
*** Settings ***
Library          ConnectLibrary    ${HOST}    ${PORT}    WITH NAME    conn

*** Variables ***
${HOST}    192.168.0.1
${PORT}    8080
```

모듈 불러오기

파이썬의 특징 중 하나는 모듈을 변수에 할당하거나 리스트 등의 데이터 구조에 넣거나, 데이터로 전달하는 등의 사용 방법이 다양하다는 것입니다. 표준 파이썬 패키지와 더불어 추가로 설치하는 모듈은 대부분 'C:\Python27\Lib\site-packages'에 존재합니다. 모듈을 불러올 때 사용하는 구문은 import입니다. import 문은 모듈을 실행하는 역할을 합니다. import 문은 코드 위치에 상관없이 선언할 수 있습니다. 하지만 __future__의 경우에는 프로그램 가장 상단에 위치해야 합니다.

책에서는 파이썬 2를 기준으로 로봇 프레임워크와 파이썬을 살펴보고 있습니다. 파이썬 2 버전에서 파이썬 3 버전의 새로운 기능을 사용하기 원할 때 이 구문을 사용하여 활성화합니다. 기능으로는 nested_scopes, generators, division, absolute_import, with_statement, print_function이 있습니다. 예시에서는 print_function을 불러와서 파이썬 2 버전에서도 print( ) 함수로 사용할 수 있도록 했습니다.

```
from __future__ import print_function
```

라이브러리 함수 정의

앞서 _init_ 생성자를 선언할 때 def 문을 이용한 것을 보았습니다. 파이썬에서 함수를 정의할 때는 def 문을 사용합니다. CalculatorLibrary.py 테스트 라이브러리의 CalculatorLibrary 클래스는 push_button(button), push_buttons(buttons), result_should_be(expected), should_cause_error(expression), 총4개의 함수로 구성됩니다.

push_button(button)는 인자 button으로 입력을 받아 생성자에서 선언한 Calcuator의 인스턴스 _calc에 작성된 push(button)을 수행하고 그 결괏값은 _result에 넣습니다. push_buttons(buttons)는 FOR 반복문을 이용하여 입력값을 push(button)에 전달합니다. result_should_be(expected) 키워드는 테스트 결과 예상값과 비교할 수 있도록 _result에 저장된 값과 사용자가 expected 인자에 입력한 값이 같은지 확인하는 기능을 수행합니다.

def 문으로 생성된 함수는 로봇 프레임워크 테스트 라이브러리에서 키워드로 인식됩니다. push_button과 result_should_be(expected)로 테스트 케이스 예시를 살펴보겠습니다.

실습 **사용자 라이브러리 테스트 케이스 예시**

```
*** Settings ***
Documentation      CalculatorLibrary를 이용한 calculator 기능 테스트
Force Tags         cal
Library            CalculatorLibrary.py    WITH NAME    cal

*** Test Cases ***
TC60_add
    cal.Push Button     1
    cal.Push Button     +
    cal.Push Button     2
    cal.Push Button     =
    cal.Result Should Be    3
```

should_cause_error(expression) 키워드는 Eval( )에서 처리하지 못하는 입력값의 예외 처리를 수행합니다. 테스트에서는 예외 처리에 대한 네거티브 테스트 케이스에 대해서도 테스트가 수행되어야 합니다. 다음은 네거티브 테스트 케이스 예시입니다. cal.Should Cause Error 키워드에서 제시하는 에러 상황이 모두 발생하도록 사용자 입력값을 변경하여 설계하였습니다.

```
TC61_Invalid expression
    cal.Push Button     1
    cal.Push Button     +
    Run Keyword And Ignore Error     cal.Push Button     0.2
    Run Keyword And Ignore Error     cal.Push Button     =
    cal.Should Cause Error     SysntaxError

TC62_Division by zero
    cal.Push Button     1
    cal.Push Button     /
```

```
    cal.Push Button     0
    Run Keyword And Ignore Error     cal.Push Button     =
    cal.Should Cause Error     Division by zero.

TC63_Button C
    cal.Push Button     9
    cal.Push Button     C
    cal.Result Should Be     ${EMPTY}
```

지금까지 설치하고 환경을 설정한 로봇 프레임워크는 파이썬으로 프로그래밍을 하여 자동으로 설치할 수도 있습니다. 로봇 프레임워크 환경을 준비하기 위해 윈도우, 리눅스, 맥에 설치한 로봇 프레임워크 프로그램을 파이썬으로 프로그래밍하면 다음의 checkRF.py처럼 작성할 수 있습니다.

다음은 사용자에게 프로그램 설치 여부를 'y', 'n'으로 입력받아 처리하는 간단한 구조의 프로그램입니다. checkRF 변수는 사용자의 설치 여부 값을 raw_input( ) 함수로 입력받습니다. 참고로 파이썬 3을 사용하는 경우에는 raw_input( ) 대신 input( ) 함수를 사용해야 합니다. 만약 사용자가 'y'를 입력하면 os 모듈의 system( ) 함수로 pip 명령어를 실행하여 robotframework와 robotremoteserver, robotfixml을 설치합니다. 참조 모듈의 메서드를 사용할 때는 상속 연산자(.)를 이용하여 os.system( )과 같이 작성합니다.

checkRF.py

```
import os

checkRF = raw_input('install robotframework? (y/n) : ')
if(checkRF =="y"):
    os.system("pip install robotframework ")

checkRF = raw_input('install robotremoteserver? (y/n) : ')
if(checkRF=="y"):
    os.system("pip install robotremoteserver ")
```

```
checkRF = raw_input('install robotfixml? (y/n) : ')
if(checkRF =="y"):
    os.system("pip install robotfixml ")
```

os 모듈은 프로세스 실행 환경을 위한 값을 얻거나 프로세스 관리, 파일 생성, 디렉터리 관리, 시스템 설정, os 예외 처리 등의 함수 모음입니다. 그 중 System 함수는 프로세스 관리 함수로 입력값을 명령어로 받아 명령 프롬프트로 실행하는 함수입니다. checkRF.py를 실행해 보겠습니다.

그림 5-1 checkRF.py 실행 결과

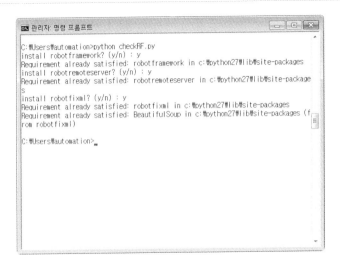

def 문으로 생성된 함수는 로봇 프레임워크 테스트 라이브러리에서 키워드로 인식됩니다. 예시를 def 문으로 수정하여 테스트 라이브러리로 사용할 수 있습니다.

클래스를 이용한 checkRF.py

```
import os

class CheckRF (object):
```

```
def Install_RF (self, checkRF):
    # 변수 선언 및 값 설정
    checkRF=raw_input('install robotframework? (y/n) : ')
    # 실행하려는 코드
    if(checkRF=="y"):
        os.system("pip install robotframework ")
    else:
        print("reject install robotframework")


def Install_RemoteServer(self, checkRF):
    checkRF=raw_input('install robotremoteserver? (y/n) : ')
    if(checkRF=="y"):
        os.system("pip install robotremoteserver ")
    else:
        print("reject install robotremoteserver")


def Install_robotfixml (self, checkRF):
    checkRF= raw_input('install robotfixml? (y/n) : ')
    if(checkRF =="y"):
        os.system("pip install robotfixml ")
    else:
        print("reject install robotfixml ")
```

파이썬 함수

raw_input() 함수는 파이썬 내장 함수로 _builtin_ 모듈을 불러올 필요 없이 사용할 수 있습니다. 파이썬에는 내장 함수가 많이 정의되어 있습니다. 다음 링크를 통해 살펴보기 바랍니다. 예시로 작성한 키워드 테스트 케이스에서 사용한 os 모듈에 대한 링크도 추가하였습니다. 다른 모듈 정보도 링크를 통해 확인할 수 있습니다. 참고로 파이썬 버전에 따라 함수 이름이 다르기 때문에 이를 고려해야 합니다.

- https://docs.python.org/2.7/library/functions.html
- https://docs.python.org/3/library/functions.html
- https://docs.python.org/2.7/library/os.html#os.system

파이썬 변수

CalculatorLibrary.py 에서 사용된 변수들은 모두 변수 선언 과정이 없습니다. 파이썬은 입력된 데이터 유형에 따라 변수 유형(type)이 결정됩니다. 변수로 입력된 값은 int( ), float( ), str( ), list( ), tuple( ) 함수로 타입 변경도 가능합니다.

파이썬에서는 리스트(list), 튜플(tuple), 딕셔너리(dictionary) 데이터 유형을 지원합니다. 리스트와 튜플은 여러 데이터 유형을 가질 수 있는 배열로 둘의 차이는 변경이 가능한지 여부입니다. 리스트[list1, list2,…] 안에 값을 변경할 수 있으나 튜플(tuple1, tuple2, …)은 불가능합니다. 예를 들어 다음과 같이 파이썬 IDLE에 입력하고 실행해보겠습니다.

```
1. test = [1,2,3]
2. test[0] = 'first'
3.
4. test2 = (1,2,3)
5. test2[0] = 'first'
6. print (test, test2)
```

실행 결과

```
Traceback(most recent call last):
  File "C:\Users\ test.py", line 5, in <module>
    test2[0] = 'first'
TypeError: 'tuple' object does not support item assignment
```

실행 결과는 TypeError가 발생합니다. 튜플 객체에 변경을 시도하여 발생한 것입니다. 5번째 줄 test2[0] = 'first'에 주석을 달고 다시 실행해 보겠습니다. 참고로 주석은 첫 줄에 #을 붙이면 1줄 주석이 되고 여러 줄을 주석 처리하고자 할 경우 큰 따옴표 3개 """를 문장 앞뒤에 붙이면 됩니다.

```
(['first', 2, 3], (1, 2, 3))
```

수행 결과 리스트 변수 test의 0번째 값이 '1'에서 'first'로 변경되었습니다. 함수 list( ), tuple( )
을 이용하여 리스트 변수를 튜플 변수로 변경이 가능합니다. 값을 추가하거나 삭제할 때는 함
수 insert( ), append( ), remove( )를 이용합니다.

```
# -*- coding: utf-8 -*-

test = [1,2,3]   #리스트 변수
test[0] = 'first'

test2 = (1,2,3)   #튜플변수
#test2[0] = 'first'

print(test, test2)
print(tuple(test), list(test2))    #타입 교체
```

```
(['first', 2, 3], (1, 2, 3))
(('first', 2, 3), [1, 2, 3])
```

딕셔너리 {key1:value1, key2:value2} 유형은 리스트와 튜플처럼 순서를 가지지 않는 데이터 유
형입니다. key( )나 value( ), item( ) 메서드를 이용하여 값을 사용할 수 있습니다.

라이브러리 실행

우리가 작성한 라이브러리를 테스트 케이스에 적용하기 전에 라이브러리 자체에서 실행하려
면 파이썬 코드 내부에서 실행하기 위해 _name_ 내장 변수를 이용하는 방법이 있습니다. _

name_변수는 참조된 모듈의 이름을 가지고 있습니다. 다음 코드와 같이 if _name_ == '_main_' : 이라고 하면 파일 내에 작성된 코드를 실행합니다. Else로 두면 import된 모듈에 대해 수행이 됩니다. _name_ 변숫값이 궁금하다면 print(_name_)으로 실행 중인 모듈을 볼 수 있습니다.

```
if __name__ == '__main__' :
    print "동일 파일 내에서 작성된 코드입니다."
else:
    print "import 된 코드입니다."
```

CalculatorLibrary 테스트 라이브러리 하단에 if _name_ == '_main_' : 을 작성합니다.

```
if __name__=='__main__':
    cal=CalculatorLibrary()
    cal.push_button('3')
    cal.push_button('+')
    cal.push_button('5')
    print(cal._result)
```

CalculatorLibrary( ) 의 인스턴스 cal을 선언하고 push_button에 입력값으로 3을 추가하고 결괏값 변수 _result를 확인합니다. 콘솔에서 결괏값을 보기위해 Log 키워드처럼 파이썬의 print 문을 이용합니다. 편집기에서 CalculatorLibrary.py 실행하면 다음과 같이 결과가 보입니다.

실행 결과

3+5

파이썬 IDLE를 이용해서 결과를 확인하려면 윈도우 [시작] 메뉴의 [Python 2.7] → [IDLE (Python GUI)]를 클릭하면 셀이 동작합니다. 셀 메뉴에 [File] → [Open]으로 CalculatorLibrary.py를 열어 [F5] 키를 누르거나 메뉴에 [Run] → [Run Module]을 클릭하면 셀 화면에 테스트 라이브러리의 if _name_='_main_' 조건에 있는 코드의 결괏값이 출력됩니다.

예시와 같이 'button 3'을 입력했다면 push 함수의 _expression =3이 되고 'button +'을 입력하면 _expression='3+'이 되고 다시 'button 5'를 입력하면 _expression='3+5'가 됩니다. push_buttons 키워드는 입력값으로 '5 + 4 - 3 * 2 / 1 ='을 입력하면 _result=3이 됩니다.

```
_expression=str(eval('5 + 4 - 3 * 2 / 1='))
```

Eval( )은 파이썬 내장 함수로 문자열을 입력받아 실행한 결괏값을 반환해줍니다. 입력값을 문자열로 표기하기 위해 SimpleCalculator.py의 _init_에서 self._expression=' '와 같이 작은따옴표 2개로 빈 문자열을 초깃값으로 넣었습니다. Eval 결괏값 역시 _expression에 다시 대입하기 위해서 str( )을 이용하여 문자열로 변경합니다. str( )은 문자열 형태로 객체를 변환하여 반환하는 함수입니다.

> ### 코드 내려받아 사용하기
>
> 파이썬 라이브러리 작성 예제는 robot framework에서 제공하는 데모입니다. 예제를 그대로 다 열어서 확인하기 보다 책을 따라서 수행해 보고 마지막에 사이트에서 파일을 내려받아 본인이 작성한 라이브러리와 어떤 차이가 있는지 비교해 보는 것을 권해드립니다. 내려받은 폴더에는 Data Driven방식, Behavior Driven방식, Keyword Driven방식으로 로봇 프레임워크를 이용하여 작성한 테스트 케이스와 테스트 라이브러리, 실제 소스 코드 데모가 있습니다.
>
> • https://bitbucket.org/robotframework/robotdemo/downloads/

2. 로봇 프레임워크 패키지

robot 실행 패키지 외에 테스트 라이브러리를 지원하는 라이브러리 API가 있습니다. 로봇 프레임워크 API는 파이썬과 자바 모듈을 제공합니다. 참고로 Robot Framework Jar 배포에는 Java API가 포함되어 있습니다. 또한 org.robotframework.RobotFramework 클래스를 제공합니다. 로봇 프레임워크의 공개 API는 robot.api 패키지로써 사용자 라이브러리를 작성할 때 사용합니다. 이 외에도 다음과 같은 다양한 패키지가 있습니다.

robot.conf

테스트 실행 및 출력 처리 설정을 구현합니다. 이 패키지는 프레임워크에서 내부적으로 사용하는 RobotSettings 및 RebotSettings 클래스를 구현합니다.

robot.htmldata

출력 파일을 HTML 형식으로 작성하기 위한 패키지입니다.

robot.libdocpkg

Libdoc 도구를 구현하는 패키지로 Libdoc의 명령 행 시작점과 프로그래밍 인터페이스는 별도의 robot.libdoc 모듈에 의해 제공됩니다.

robot.libraries

로봇 프레임워크 표준 테스트 라이브러리를 호스팅하는 패키지입니다. 라이브러리는 주로 테스트 데이터에서 외부로 사용하지만 필요할 경우 사용자 지정 테스트 라이브러리에서도 사용할 수 있습니다. 특히 BuiltIn 라이브러리와 프레임워크가 상호작용할 때 유용합니다. 우리가 앞서 본 표준 라이브러리 builtin 모듈, collections 모듈, datetime 모듈, dialogs 모듈, operatingsystem 모듈, process 모듈, remote 모듈 등을 포함합니다.

robot.model

재사용 및 확장 가능한 일반 모델 클래스가 포함된 패키지입니다. 이 패키지는 TestSuite, TestCase, Keyword, SuiteVisitor 클래스를 포함합니다. 이 클래스는 실행 및 결과 관련 model 객체에 의해 확장되고 다른 곳에서도 사용됩니다.

robot.output

내부 로깅 및 출력을 위한 패키지입니다.

robot.parsing

테스트 데이터 구문 분석을 구현합니다. TestCaseFile, TestDataDirectory 및 ResourceFile 클래스는 구문 분석된 테스트 데이터를 나타냅니다. 이러한 클래스의 객체를 수정하여 디스크에 다시 저장할 수 있습니다. 또한 팩토리 함수 TestData( )를 사용하여 테스트 케이스 파일이나 디렉터리를 해당 객체를 사용하여 구문 분석할 수 있습니다.

robot.reporting

보고서, 로그, 출력 XML 및 xUnit 파일 생성을 구현합니다. ResultWriter 클래스는 ExecutionResult( ) 메서드의 반환된 결과 개체나 TestSuite 실행된 개체, 파일 시스템의 XML 출력 파일을 기반으로 결과 파일을 작성합니다.

robot.result

XML 출력 파일의 구문 분석 실행 결과를 구현합니다. ExecutionResult( ) 메서드는 결과를 반환하고 ResultVisitor 클래스는 결과 처리를 용이하게 합니다.

robot.running

주요 테스트 실행 로직을 구현합니다. TestSuiteBuilder 클래스는 기존의 테스트 케이스 파일과 디렉터리를 기반으로 실행 가능한 테스트 스윗을 만듭니다. TestSuite 클래스는 실행 가능한 테스트 스윗 구조를 생성합니다.

robot.utils

다양한 일반 유틸리티 함수와 클래스 패키지입니다.

robot.variables

로봇 프레임워크 내부 패키지로 저장 변수와 리졸브 변수(resolving)를 구현합니다.

robot.writer

robot.parsing 모듈과 robot.tidy에 의해 사용되는 내부 패키지입니다.

우리가 살펴본 robot.api를 비롯하여 로봇 프레임워크 패키지를 사용자 라이브러리에서 사용하려면 import를 이용하여 API를 불러옵니다.

```
from robot import run
from robot import rebot
from robot.libdoc import libdoc_cli
from robot.api import ApiName
from robot.api import logger
```

로봇 프레임워크 내장(builtIn) 라이브러리 파일을 열어보면 상단에 다음과 같이 로봇 프레임워크 API가 선언된 것을 볼 수 있습니다. 앞서 살펴본 robot.api, robot.errs, robot.running, robot. utils를 불러온 것이 보입니다. 우리가 만들 테스트 라이브러리에도 이와 같은 방식으로 선언하여 사용하겠습니다.

```
import difflib
import re
import time
import token
from tokenize import generate_tokens, untokenize

from robot.api import logger
from robot.errors import(ContinueForLoop, DataError, ExecutionFailed,
                         ExecutionFailures, ExecutionPassed, ExitForLoop,
                         PassExecution, ReturnFromKeyword)
from robot.running import Keyword, RUN_KW_REGISTER
from robot.running.context import EXECUTION_CONTEXTS
from robot.running.usererrorhandler import UserErrorHandler
from robot.utils import(DotDict, escape, format_assign_message,
                        get_error_message, get_time, html_escape, is_falsy,
                        is_integer, is_string, is_truthy, is_unicode,
                        IRONPYTHON, JYTHON, Matcher, normalize, NormalizedDict,
                        parse_time, prepr, RERAISED_EXCEPTIONS,
                        plural_or_not as s, roundup, secs_to_timestr, seq2str,
                        split_from_equals, StringIO, timestr_to_secs,
                        type_name, unic, is_list_like)
from robot.utils.asserts import assert_equal, assert_not_equal
from robot.variables import(is_list_var, is_var, DictVariableTableValue,
                            VariableTableValue, VariableSplitter,
                            variable_not_found)
from robot.version import get_version
```

로봇 프레임워크 패키지와 관련된 자세한 내용은 다음 사이트를 참고하기 바랍니다.

• http://robot-framework.readthedocs.io/en/v3.0.4/index.html

3. Robot.api

robot api에는 테스트 라이브러리 로깅을 목적으로 하는 logger 모듈과, 테스트 라이브러리에 키워드 이름이나 태그를 기능을 제공하는 deco 모듈이 있습니다.

Robot.api.logger

로봇 프레임워크에는 로그 파일과 콘솔에 메시지를 쓰는 파이썬 기반 로깅 API와 파이썬의 표준 로깅 모듈을 제공합니다. 테스트 라이브러리는 '* INFO * message'와 같은 표준 출력을 통해 로깅하는 대신 logger.info('message')와 같은 API를 사용할 수 있습니다. 이를 이용하면 로그 메시지에 정확한 타임 스탬프가 있는 이점이 있습니다. logger.py 예시는 로깅 API를 이용한 코드입니다.

logger.py

```
from robot.api import logger

def my_keyword(arg):
    logger.debug('Got argument %s' % arg)
    logger.info('<i>This</i> is a boring example', html=True)
    logger.console('Hello, console!')
```

다음 logging.py는 파이썬 표준 로깅 모듈을 이용한 코드입니다. 이렇게 하면 모듈의 루트 로거에서 수신한 모든 메시지가 로봇 프레임워크의 로그 파일로 자동 전파됩니다. 또한 HTML 메시지 기록 또는 콘솔에 메시지 작성을 지원합니다.

logging.py

```
import logging
logging.basicConfig(level=logging.DEBUG, format='%(asctime)s-%(levelname)s -
%(message)s')
```

```
logging.debug('Start of program')

def my_keyword(arg):
    logging.debug('Got argument %s' % arg)
    logging.info('This is a logging example')

if __name__=='__main__':
    my_keyword('keyword testing')
```

실행 결과

```
DEBUG - Start of program
DEBUG - Got argument keyword testing
INFO - This is a logging example
```

파이썬 로깅 모듈은 로봇 프레임워크와 다른 로그 레벨을 가지고 있습니다. 로봇 프레임워크에서 지원하는 로그 레벨 DEBUG, INFO, WARNING 및 ERROR 레벨은 로봇 프레임워크 로그 레벨에 직접 매핑되고 CRITICAL은 ERROR에 매핑됩니다. 사용자 지정 로그 레벨은 사용자 지정 레벨보다 작은 가장 가까운 표준 수준으로 매핑됩니다. 예를 들어, INFO와 WARNING 사이의 레벨은 로봇 프레임워크의 INFO 레벨에 매핑됩니다.

Robot.api.deco

로봇 프레임워크는 키워드의 이름을 구분할 때 대소문자를 가리지 않으며 밑줄(_)이나 빈칸도 구분하지 않습니다. 예를 들어 라이브러리에 hello_keyword로 작성한 것을 키워드 테스트 케이스에서 HELLOkeyword로 입력하여도 정상 동작합니다. 사용자 라이브러리에서 키워드 이름을 작성할 때 이 점을 유의해야 합니다.

기존에 작성한 키워드 이름을 테스트 케이스에 맞게 변경하길 원한다면 @keyword(name, tags)를 이용합니다. @keyword( )는 사용자 새로 만든 키워드 이름과 태그를 함수와 메서드에 설정하는 데코레이터입니다. 입력받은 name과 tags를 robot.api.deco.keyword(name=None, tags=( ))
메서드로 받아 로봇 프레임워크에서 읽을 수 있도록 합니다.

데코레이터를 사용하려면 robot.api.deco의 keyword를 불러옵니다. 그리고 이름을 변경하려
는 함수 위에 @keyword( )를 작성합니다. 이전에 다룬 CalculatorLibrary 사용자 라이브러리의
push_button 키워드 이름을 변경하는 실습을 해 보겠습니다. CalculatorLibrary.py와 동일한 파
일의 이름을 KeyCalculatorLibrary.py로 변경하여 만들었습니다.

KeyCalculatorLibrary.py의 push_button 키워드

```
# -*- coding: utf-8 -*-

from robot.api.deco import keyword
from SimpleCalculator import Calculator, CalculationError

class KeyCalculatorLibrary(object):
    @keyword('Please press the calculator button.", tags=['push', 'cal'])
    def push_button(self, button):
        self._result = self._calc.push(button)
```

테스트 케이스를 작성할 때는 기존과 동일하게 라이브러리를 불러온 뒤 name.robot과 같이 사
용자가 지정한 키워드 이름으로 작성할 수 있습니다. 다만 이 경우 RIDE에서 키워드 검색 기능
으로 찾기가 어렵고 원래 login 키워드는 사용이 되지 않습니다. 이전 테스트 케이스 결과에 영
향을 주지 않기 위해 새로 작성한 KeyCalculatorLibrary.py 라이브러리를 다시 불러와서 5_2_
KeywordLibrary 테스트 스윗에 'TC68_Key_Name' 테스트 케이스를 작성하였습니다.

```
*** Settings ***
Library          KeyCalculatorLibrary.py    WITH NAME    calkey
```

```
*** Test Cases ***
TC68_Key_Name
    calkey.Please press the calculator button    1
    calkey.Please press the calculator button    +
    calkey.Please press the calculator button    1
    calkey.Please press the calculator button    =
    calkey.Result Should Be    2
```

실행한 결과 그림 5-2와 같이 Tags에 cal과 push가 설정된 것을 볼 수 있습니다. 실행 시 에러가 발생했다면 테스트 라이브러리의 위치를 확인합니다. 환경 변수에서 설정한 PATH에 있는지 확인하고 없다면 'C:\Python27\Lib\site-packages\' 하위에 두거나 RIDE 설정의 Path를 넣습니다.

그림 5-2 @keyword 실행 결과

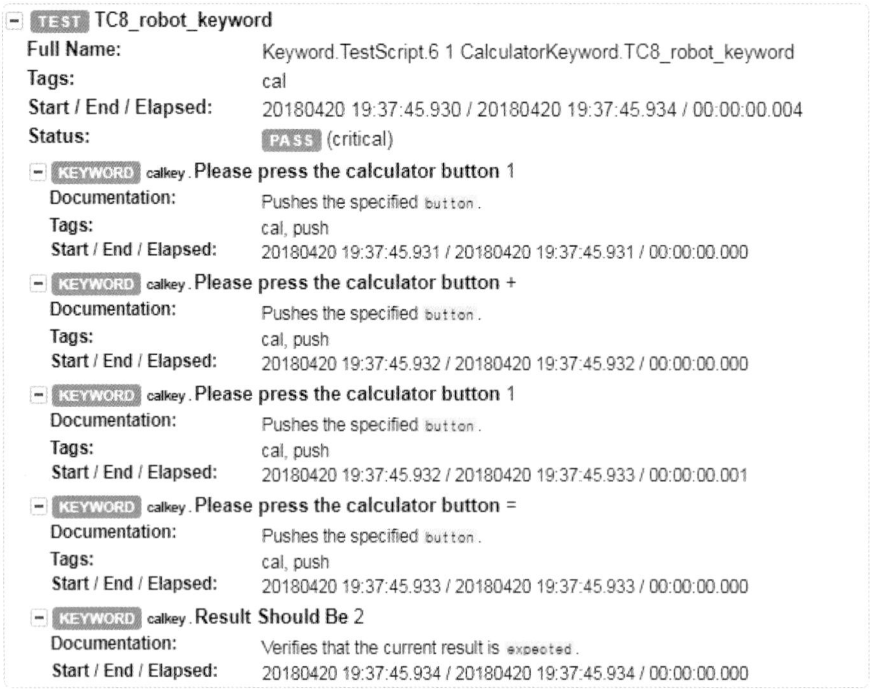

5.2 사용자 라이브러리 이해

로봇 프레임워크는 파이썬 기반이라는 것을 여러 차례 언급했습니다. 우리가 작성할 사용자 라이브러리 역시 파이썬으로 작성합니다. 파이썬은 쉽게 말하면 문장들의 모임입니다. 문장의 종류에는 모듈, 클래스, 함수, 변수가 있습니다. 모듈은 파이썬에서 지원되는 라이브러리로 사용자가 직접 작성한 라이브러리를 import 문으로 불러와서 사용합니다. 클래스는 class 문으로 정의되어 객체 지향 언어와 유사한 방식으로 동작합니다. 함수는 def 문으로 정의하고 불러온 모듈에서 제공하는 메서드나 함수를 이용하여 프로그래밍합니다. 변수는 정수(integer), 실수(float), 문자열(string) 같은 타입(type)을 지원하고 변수 타입은 초기에 할당된 데이터 타입에 따라 결정됩니다.

파이썬은 인터프리터 언어로써 사용하려는 모듈이나 변수를 사용하기 전에 정의하면 소스 코드 어디에 작성해도 수행에는 문제가 되지 않습니다. 다만 파이썬 라이브러리 작성에 이해를 돕기 위해 작성 규칙을 정하여 라이브러리 작성에 이용하겠습니다.

1. 테스트 라이브러리 API 타입

로봇 프레임워크 테스트 라이브러리 API는 정적 라이브러리 API, 동적 라이브러리 API, 하이브리드 라이브러리 API가 있습니다.

정적 라이브러리 API

파이썬 모듈 또는 파이썬이나 자바 클래스를 키워드 이름에 직접 매핑하여 작성하는 방법입니다. 테스트 케이스에서 사용하는 키워드는 라이브러리에서 구현한 키워드 메서드와 동일한 인자를 사용합니다. 키워드는 실행할 때 예외가 발생하면 실패로 판단하여 표준 출력에 저장하여 return 문으로 결괏값을 반환할 수 있습니다.

동적 라이브러리 API

Remote library를 생각하면 됩니다. 실제 키워드를 구현하지 않고 사용자 키워드 이름에 주어진 인자만 이용하여 런타임(runtime) 시에 동적으로 사용합니다. 상태 보고, 로깅, 반환은 정적 API에서와 유사합니다.

하이브리드 라이브러리 API

말 그대로 정적 API와 동적 API 간의 하이브리드입니다. 라이브러리는 구현하는 키워드를 알려주는 메서드가 있는 클래스지만 해당 키워드는 직접 사용할 수 있어야 합니다. 어떤 키워드가 구현되어 있는지 발견하는 것 외에는 정적 API와 비슷합니다.

2. 라이브러리 작성 규칙

파이썬을 중심으로 라이브러리 작성 규칙에 대해 살펴보겠습니다. 사용자 라이브러리 작성법은 정적 라이브러리 API 형태로 작성하겠습니다.

라이브러리 이름과 인자

402쪽 '1. 파이썬 라이브러리 구조'의 CalculatorLibrary.py 예시에서도 보았지만 라이브러리 이름은 이를 구현하는 모듈 또는 클래스의 이름과 동일하면 사용하기 쉽습니다. 예를 들어,

MyLib.py 파일의 MyLib 클래스는 MyLib이라는 이름의 라이브러리로 사용할 수 있습니다. 모듈 이름과 클래스 이름이 다른 경우 mymodule.MyLibrary 또는 parent.submodule.MyLib과 같은 모듈과 클래스 이름으로 라이브러리를 사용합니다.

또한 클래스로 구현된 모든 테스트 라이브러리는 인자를 사용할 수 있습니다. 이러한 인자는 로봇 프레임워크의 Setting 테이블에 라이브러리 이름 뒤에 지정되며, 라이브러리의 인스턴스를 생성할 때 이를 생성자에 전달합니다. 그러나 모듈로 구현된 라이브러리는 인수를 사용할 수 없으므로 해당 결과를 오류로 사용하려고 시도합니다.

MyLib.py

```python
from example import Connection

class MyLib:

    def __init__(self, host, port=80):
        self._conn = Connection(host, int(port))

    def send_message(self, message):
        self._conn.send(message)
```

예를 들어 MyLib.py에 인자를 정의하길 원한다면 _init_에 인자로 앞의 예시와 같이 넣습니다. 라이브러리가 필요로 하는 인자의 수는 라이브러리의 생성자가 허용하는 인자의 수와 동일합니다. 라이브러리에 전달된 인수는 물론 라이브러리 이름 자체도 변수를 사용하여 지정할 수 있으므로 명령줄 등에서 변수를 변경할 수 있습니다.

```robotframework
*** Settings ***
Library    MyLib  10.0.0.1    8080
Library    AnotherLib    ${VAR}
```

라이브러리 범위

클래스로 구현된 라이브러리는 내부 상태를 가질 수 있습니다. 내부 상태는 키워드 및 라이브러리 생성자에 대한 인수로 변경할 수 있습니다. 상태가 키워드의 실제 작동 방식에 영향을 줄 수 있으므로 한 테스트 케이스의 변경 사항이 다른 테스트 케이스에 실수로 영향을 주지 않도록 하는 것이 중요합니다. 로봇 프레임워크는 테스트 케이스를 서로 독립적으로 유지하기 위해 모든 테스트 케이스에 대해 테스트 라이브러리의 새 인스턴스를 만듭니다.

테스트 라이브러리는 새로운 라이브러리에 ROBOT_LIBRARY_SCOPE 클래스 속성을 두어 범위를 선언합니다. 테스트 라이브러리에 범위를 설정하는 ROBOT_LIBRARY_SCOPE 클래스는 'TEST CASE', 'TEST SUITE', 'GLOBAL'의 3개의 속성을 가질 수 있습니다. 이를 통해 라이브러리의 영향 범위를 결정하여 다른 테스트 케이스에 영향을 주지 않도록 합니다. 셀레니움 라이브러리 __init__.py를 열어보겠습니다. 참고로 이 파일은 다음 위치에서 찾을 수 있습니다.

📂 CPython27\Lib\site-packages\Selenium2Library_init_.py

Selenium2Library_init_.py

```
import os
from keywords import *
from version import VERSION

(생략)

class Selenium2Library(

(생략)

# 로봇 프레임워크 속성: 범위, 버전
    ROBOT_LIBRARY_SCOPE = 'GLOBAL'
    ROBOT_LIBRARY_VERSION = VERSION

    def __init__(self,
                 timeout=5.0,
                 implicit_wait=0.0,
```

```
        run_on_failure='Capture Page Screenshot',
        screenshot_root_directory=None
    ):
```

우선 라이브러리의 클래스 이름이 우리가 사용하는 라이브러리와 동일한 것을 알 수 있습니다. ROBOT_LIBRARY_SCOPE 값은 GLOBAL입니다. 이 경우 전체 테스트 실행 중에 단 하나의 인스턴스만 생성되며 모든 인스턴스와 테스트 스윗을 공유합니다. 또한 모듈에서 생성된 라이브러리는 항상 전역으로 사용됩니다. 셀레니움 라이브러리는 GLOBAL 범위를 사용하여 이전 테스트 케이스에서 브라우저를 열었다면 다시 열 필요 없이 동일한 브라우저를 사용할 수 있습니다. 또한 열려 있는 브라우저를 모두 쉽게 닫을 수 있도록 Close All Browsers 키워드를 사용합니다.

ROBOT_LIBRARY_SCOPE 기본값은 TEST CASE입니다. 모든 테스트 케이스에 대해 새로운 인스턴스가 생성됩니다. 테스트 스윗 Setup과 Teardown은 또 다른 인스턴스를 공유합니다. ROBOT_LIBRARY_SCOPE 값을 TEST SUITE으로 지정하면 모든 테스트 스윗에 대해 새로운 인스턴스가 생성됩니다. 테스트 스윗 Setup과 Teardown은 자체 인스턴스를 생성합니다. 처음 로봇 프레임워크 구조를 알아볼 때 테스트 스윗의 Setup과 Teardown은 테스트 케이스 전체에 대해 1번씩 동작하고 테스트 케이스 Setup과 Teardown은 테스트 케이스마다 수행된 것과 유사한 형태로 이해하면 쉬울 것입니다.

라이브러리 버전

테스트 라이브러리 범위와 마찬가지로 ROBOT_LIBRARY_VERSION 속성에서 버전 정보를 읽습니다. 이 정보는 디버깅 정보를 제공하기 위해 Syslog에 기록됩니다. 라이브러리 문서 도구 Libdoc으로 생성한 키워드 문서에도 이 버전 정보가 사용됩니다. 만약 ROBOT_LIBRARY_VERSION이 없으면 _version_ 속성에서 정보를 얻습니다.

다음은 SSH 라이브러리의 소스 코드 예시입니다. import를 통해 version 파일을 불러오고 라이브러리 버전은 _version_으로 정의한 것이 보입니다. 참고로 library.py 파일은 다음 경로에서 찾을 수 있습니다.

📁 CPython27\Lib\site-packages\SSHLibrary\library.py

SSHLibrary\library.py

```
from.version import VERSION

__version__ = VERSION

(생략)

class SSHLibrary(object):

    ROBOT_LIBRARY_SCOPE = 'GLOBAL'
    ROBOT_LIBRARY_VERSION = __version__

    DEFAULT_TIMEOUT = '3 seconds'
    DEFAULT_NEWLINE = 'LF'
```

실제로 동일한 위치에서 version.py 파일을 열면 버전 정보가 보입니다. 이 정보는 pip를 이용하여 설치된 robotframework-sshlibrary 버전과 동일한 것을 알 수 있습니다.

📁 CPython27\Lib\site-packages\SSHLibrary\version.py

SSHLibrary\version.py

```
VERSION = '2.1.3'
```

3. 키워드 작성 규칙

사용자 키워드는 테스트 케이스와 구별되게 인자와 반환값을 사용할 수 있습니다. 이제부터 인자와 반환값의 작성 규칙을 알아보겠습니다.

키워드 인자(Argument)

키워드 인자의 기본 타입은 문자열(string)입니다. 파이썬에서 변수 타입은 할당된 값에 의존하기 때문에 인자에는 타입을 미리 선언할 수가 없습니다. 데이터 유형을 변경하려면 데이터 유형을 지원하는 메서드를 인자에 사용합니다. 다음과 같이 인자 port의 유형을 정수로 하기 원하면 int( ) 메서드로 변형하고 다시 port 변수에 할당하는 과정이 필요합니다.

```
def connect_to_host(address, port=25):
    port = int(port)   #port 데이터 유형을 정수로 변경하여 port 변수에 할당합니다.
```

키워드 인잣값의 개수를 예상하지 못하는 경우에는 *args로 설정합니다. 다음의 실습 코드를 KeyCalculatorLibrary.py에 추가하고 테스트 케이스를 테스트해 봅니다.

```
def any_arguments(self, *args):
    print "Got Arguments"
    for arg in args:
        print args

def any_int_arguments(self, args):
    '''  입력값을 int()로 변경
    '''
    print "Got Arguments"
    args=int(args)
    print args
```

정의된 any_arguments 키워드를 이용하여 키워드 테스트 케이스를 작성하면 'TC69_key_Arg'와 같이 인자 수의 제한 없이 입력할 수 있습니다. 키워드 인자 타입을 비교하기 위해 같은 입력값 100에 대해 두 개의 키워드 any_arguments와 any_int_arguments를 이용하여 작성합니다.

실습 테스트 케이스 예시

```
*** Settings ***
Library             KeyCalculatorLibrary.py      WITH NAME    calkey

*** Test Cases ***
TC69_key_Arg
    calkey.Any Arguments
    calkey.Any Arguments     a     b     c     d
    calkey.Any Arguments     1     2     3     4
    calkey.Any Arguments     100
    calkey.Any Int Arguments     100
```

두 개의 키워드를 이용한 테스트 케이스 실행 결과는 다음과 같습니다. 테스트 케이스에서 입력값의 개수와 상관없이 문자열로 출력되는 것을 볼 수 있습니다. 테스트 결과 마지막 라인에 Any Int Arguments의 경우 입력값 100에 대해 문자열이 아닌 정수형으로 변경된 것을 볼 수 있습니다.

실행 결과

```
INFO : Got Arguments
INFO : Got Arguments
(u'a', u'b', u'c', u'd')
(u'a', u'b', u'c', u'd')
(u'a', u'b', u'c', u'd')
(u'a', u'b', u'c', u'd')
INFO : Got Arguments
(u'1', u'2', u'3', u'4')
(u'1', u'2', u'3', u'4')
(u'1', u'2', u'3', u'4')
```

```
(u'1', u'2', u'3', u'4')
INFO : Got Arguments
(u'100',)
INFO : Got Arguments
100
```

키워드 반환값

키워드 키워드 테스트 케이스 작성시에 수행 결과를 확인하기 위해서는 return 메서드를 이용합니다. 반환값은 스칼라, 리스트, 튜플 형태로 가능하고 여러 개도 가능합니다.

KeywordLibrary.py

```
def return_two_values(self, arg1, arg2):
    '''키워드 반환값 실습 예시'''
    return arg1, arg2

def return_multiple_values(self, arg):
    '''키워드 반환값 3개 실습 예시'''
    return ['a', 'list', 'of', 'strings']
```

테스트 케이스 작성 시에는 3장에서 살펴본 변수 선언 키워드를 이용하지 않고 다음처럼 바로 사용자 키워드로 반환값을 확인할 수 있습니다. 테스트 케이스 반환 세 개 확인과 같이 동일한 유형으로 반환값을 받지 않아도 값이 할당됩니다.

5_2_KeywordLibrary.robot

```
*** Settings ***
Library             KeyCalculatorLibrary.py     WITH NAME    calkey

*** Test Cases ***
TC70_Key_Return
    [Documentation]    반환값 두 개 확인
    ${var1}    ${var2} =    Return Two Values    1    2
```

```
    @{list} =      Return Two Values     1     2
    Should Be Equal       ${var1}      1
    Should Be Equal       ${var2}      2
    Should Be Equal       @{list}[0]     1
    Should Be Equal       @{list}[1]     2

TC71_Key_Returns
    [Documentation]      반환값 세 개 확인
    ${s1}     ${s2}     @{li} =      Return Multiple Values     1
    Should Be Equal       ${s1}      a
    Should Be Equal       ${s2}      list
    Should Be Equal       @{li}[0]      of
    Should Be Equal       @{li}[1]      strings
```

테스트 케이스를 실행한 결과는 다음과 같습니다. Return Two Values 키워드는 입력값 1, 2가
각 반환값으로 출력됨을 알 수 있습니다. 그리고 Return Multiple Values 사용자 키워드의 반환
값 ['a', 'list', 'of', 'strings']이 각 변수 ${s1}, ${s2}, @{li}에 출력됨을 알 수 있습니다.

실행 결과

```
INFO : ${var1} = 1
INFO : ${var2} = 2
INFO : @{list} = [ 1 | 2 ]

INFO : ${s1} = a
INFO : ${s2} = list
INFO : @{li} = [ of | strings ]
```

한글이 깨질 때

코드 앞 단에 #!/usr/bin/env python는 원격 라이브러리에서도 살펴보았듯이 키워드 테스트 케이스를 실행할 프로그램의 경로를 지정합니다. Mac, Linux에서는 실행되는 경로가 다르므로 유의해야 합니다. 코드에서 그다음 줄의 '# -*- coding: utf-8 -*-'은 한글 지원을 위해 작성합니다. 테스트 라이브러리 작성 시 한글로 주석이나 이름을 입력하려면 추가해야 합니다.

5.3 원격 라이브러리 적용

앞서 테스트 라이브러리를 원격 서버로 원격 PC에서 실행 시에 각자의 원격 서버가 필요하다는 것을 알아보았습니다. 사용자 라이브러리를 원격 PC에서 실행할 때도 동일하게 원격 서버가 필요합니다. 우리는 테스트 라이브러리에 우리가 만들 사용자 라이브러리를 추가하여 사용할 수 있습니다.

1. 사용자 라이브러리 추가

앞서 살펴본 CalculatorLibrary.py 사용자 라이브러리를 원격 PC에서 사용할 수 있도록 원격 라이브러리에 추가하여 실행하는 실습을 해 보겠습니다.

실습 | 원격 PC에서 사용자 라이브러리 사용

---

1. 원격 PC의 원격 라이브러리 ExampleRemoteLib.py에 사용자 라이브러리 Calculator Library.py를 불러옵니다.

2. ExampleRemoteLib.py 클래스 객체에 CalculatorLibrary.py를 추가하고 초깃값을 설정합니다.

3. 원격 서버로 실행됨을 확인하기 위해 CalculatorLibrary.py 라이브러리 Push Botton 키워드와 Result Should Be 키워드에 입력값을 확인할 수 있는 코드를 넣습니다.

4. 원격 서버를 실행합니다.

5. 로컬 PC에서 RIDE로 원격 서버가 연동된 것을 확인합니다.

6. 로컬 PC에서 'RemoteMyKeyword' 테스트 스윗을 만들고 'TC72_My_Calc' 테스트 케이스에 Push Button을 이용한 계산기 테스트 케이스를 작성하고 실행합니다.

스텝 1에서 처음 해야 할 일은 원격 PC에 사용할 사용자 라이브러리를 옮기는 작업입니다. 원격 PC의 파이썬 라이브러리 폴더에 실습으로 사용할 CalculatorLibrary.py와 calculator.py 파일을 저장합니다. 둘째로 원격 테스트 라이브러리 ExampleRemoteLib.py에 사용자 라이브러리 CalculatorLibrary.py 와 calculator.py를 불러옵니다.

스텝 2에서 원격 라이브러리 클래스 객체에 CalculatorLibrary.py를 추가합니다. 사용자 라이브러리 클래스의 _init_에 CalculatorLibrary의 초깃값도 함께 추가합니다. 초깃값으로 설정한 Calculator( )를 사용하기 위해 calculator.py의 Calculator( )를 불러옵니다.

스텝 3에서 입력값 확인은 print(button)로 하겠습니다.

스텝 4에서 ExampleRemoteLib.py 원격 서버 실행은 다음 명령을 참고합니다.

```
python ExampleRemoteLib.py 원격IP 8270
```

스텝 5에서 로컬 PC의 연동은 RIDE의 키워드 검색으로 확인합니다.

실습의 스텝 2를 수행했다면 다음과 같이 원격 서버 ExampleRemoteLib.py에 CalculatorLibrary 와 Calculator가 import되어 있고 ExampleRemoteLib 클래스 마지막 매개변수에 CalculatorLibrary 가 있을 것입니다. 또한 _init_에 변수 설정이 되어 있어야 합니다.

ExampleRemoteLib.py

```python
# -*- coding: utf-8 -*-
#!/usr/bin/env python

from __future__ import print_function
import os
import sys
from robot.libraries.OperatingSystem import OperatingSystem
from robot.libraries.Screenshot import Screenshot
from robot.libraries.XML import XML
from robot.libraries.Process import Process
import robot.libraries
import re
from robotremoteserver import RobotRemoteServer
from CalculatorLibrary import CalculatorLibrary
from calculator import Calculator

class ExampleRemoteLib(Process, OperatingSystem, Screenshot, XML, Telnet,
CalculatorLibrary):

    def __init__(self):
        Screenshot.__init__(self,"C:\\WebServer\\Results")
        XML.__init__(self,use_lxml=True)
        Process.__init__(self)
        CalculatorLibrary._calc = Calculator()
        CalculatorLibrary._result = ''

    def count_items_in_directory(self, path):
        """Returns the number of items in the directory specified by 'path'."""
        items = [i for i in os.listdir(path) if not i.startswith('.')]
        return len(items)

    def strings_should_be_equal(self, str1, str2):
        print("Comparing '%s' to '%s'." % (str1, str2))
        if not(isinstance(str1, basestring) and isinstance(str2, basestring)):
            raise AssertionError("Given strings are not strings.")
        if str1 != str2:
            raise AssertionError("Given strings are not equal.")
```

나만의 로봇 프레임워크 라이브러리

```
if __name__ == '__main__':
    RobotRemoteServer(ExampleRemoteLib(), *sys.argv[1:])
```

원격 서버를 실행하기 전에 디버깅을 원한다면 python 프로그램으로 실행하여 에러가 발생하지 않는지 확인합니다.

```
python C:\keyword\TestLib\ExampleRemoteLib.py
```

실행 결과

```
================= RESTART: C:\keyword\TestLib\ExampleRemoteLib.py
Robot Framework remote server starting at localhost:8270
```

로컬 PC에서 RIDE를 통해 원격 서버 접속이 정상 동작되었다면 다음 그림과 같이 remote로 CalculatorLibrary 사용자 라이브러리의 키워드를 얻을 수 있습니다.

그림 5-3 원격 라이브러리 키워드

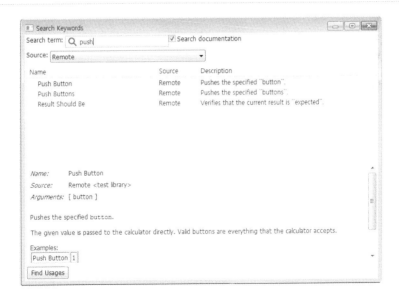

```
*** Settings ***
Documentation      CalculatorLibrary를 이용한 calculator 기능 테스트
Force Tags         cal
Resource           Resource/remote.robot
Library            CalculatorLibrary.py    WITH NAME    Cal    # 자체 제작 라이브러리

*** Test Cases ***
TC60_add
    cal.Push Button    1
    cal.Push Button    +
    cal.Push Button    2
    cal.Push Button    =
    cal.Result Should Be    3

TC72_My_Calc
    remote.Push Button    C
    remote.Result Should Be    ${EMPTY}
    remote.Push Button    1
    remote.Push Button    +
    remote.Push Button    2
    remote.Push Button    =
    remote.Result Should Be    3
```

실행 결과 TC60 테스트 케이스와 TC72 테스트 케이스가 정상 동작된 것을 볼 수 있습니다. 다음 로그와 같이 print로 받은 결과를 INFO로 표시됩니다.

실행 결과

```
INFO : C
INFO : 1
INFO : +
INFO : 2
INFO : =
INFO : 3
```

2. 새로운 사용자 라이브러리 추가

사용자 라이브러리에 사용할 모듈을 알아보겠습니다. 파이썬에서 기본적으로 사용하는 os 모듈, platform 모듈을 이용하여 사용자 라이브러리에 키워드를 추가해 보겠습니다. 사용자 라이브러리를 사용할 때 원격 라이브러리로 사용할 수 있도록 CalculatoryLibrary.py처럼 원격 라이브러리에 함께 추가해 두는 것이 좋습니다. 다음 5.4절에서 만들 사용자 라이브러리 MyLibrary. py를 우선 원격 라이브러리에 추가해 보겠습니다. 이를 위해 실습 라이브러리를 만들어봅시다.

OS 모듈

파이썬에서 명시적으로 정의된 기본 모듈이라는 것은 없지만 파이썬 라이브러리를 작성하다 보면 자동으로 불러오게 되는 모듈이 있습니다. 바로 os, sys, platform 모듈입니다. os 모듈은 Install_RF.py에서도 보았듯이 운영체제를 관리할 수 있는 많은 함수를 제공합니다. os 모듈에서 많이 사용하는 함수는 listdir( ), getdir( ), getcwd( ), chdir( ) 등 리눅스 명령어가 유추되는 이름을 가지고 있습니다.

실습으로 특정 디렉터리의 파일 이름에 빈칸을 밑줄(_)로 바꾸는 키워드를 작성해보겠습니다. 이 키워드의 동작 흐름을 생각해 보시고 종이에 소스 코드를 작성해 보길 바랍니다.

실습 │ 파이썬 os 모듈

MyLibrary.py를 생성하고 동일한 이름의 클래스를 생성합니다.

1. 디렉터리에 어떤 파일이 있는지 확인합니다.

2. 파일 이름에 빈칸이 있는지 확인합니다.

3. 이름의 빈칸을 밑줄로 바꿉니다.

4. 반대로 이름의 밑줄이 있으면 빈칸으로 바꾸는 키워드 함수를 생성합니다.

5. 원격 라이브러리에 MyLibray.py를 추가합니다.

6. 원격 서버를 재실행하고 로컬 PC에서 플랫폼을 확인하는 테스트 케이스를 만들어 실행합니다.

7. 원격 PC에서 실행하는 테스트 케이스를 추가합니다.

8. 로컬 PC에서 실행하는 테스트 케이스를 추가합니다.

스텝 1에서 os.listdir(path) 함수를 이용합니다.

스텝 3에서 이름 변경할 때는 os.rename() 함수를 쓰고 빈칸에서 밑줄로 바꿀 때는 replace 함수를 이용합니다.

필자는 주로 상위 레벨 키워드로 테스트 케이스를 작성하고 각 상위 레벨 키워드를 하위 레벨 키워드로 작성합니다. 이때 각 기능을 만족할 키워드를 검색하거나 만들어서 사용합니다. 이번 경우처럼 만들어야 할 때는 명세를 작성하고 관련 파이썬 함수를 검색해서 완성합니다.

스텝 1을 수행하기 위해 인터넷 검색창에 'python directory file list'를 검색해 봅니다. 검색 결과 os.listdir(path) 함수가 많이 사용되어 이 함수를 이용하겠습니다. 함수 사용법 역시 'python os.listdir'을 검색하여 사용 방법을 확인합니다. 참고로 검색어 앞에 파이썬을 붙여서 검색해야 효율적입니다. 그리고 검색 결과가 파이썬 버전 2인지 3인지 꼭 확인합니다.

다음 스텝 2를 수행하기 위해 검색한 결과 os.rename(src, dst)과 replace( ) 함수를 발견했습니다. 파일 이름의 빈칸을 밑줄로 바꾸는 키워드 이름을 Change_blank_to_underbar로 하겠습니다. 우선 테스트를 위해 이름에 빈칸이 있는 파일들을 만들어 디렉터리에 구성합니다. 이것도 자동화하길 원하신다면 csv 모듈 설명을 참고하기 바랍니다.

MyLibrary.py

```python
#-*- coding: utf-8 -*-
import os, sys

class MyLibrary(object):
    def Change_blank_to_underbar(self,path):
        #변경할 디렉터리를 받아온다
        FileList = os.listdir(path)
        for files in FileList:
            #빈칸인 경우에 밑줄로 교체한다
            if ' ' in files:
                NewName = files.replace(" ", "_")
                os.rename(os.path.join(path, files), os.path.join(path,
                    NewName))

    def Change_underbar_to_blank(self,path):
        #변경할 디렉터리를 받아온다
        FileList = os.listdir(path)
        for files in FileList:
            #밑줄인 경우에 빈칸으로 교체한다
            if '_' in files:
                NewName = files.replace("_", " ")
                os.rename(os.path.join(path, files), os.path.join(path,
                    NewName))

if __name__ == "__main__":
    test= MyLibrary()
    folder=r"c:\test\pdf"
    print(os.listdir(folder))
    test.Change_Underbar_to_Blank(folder)
    print(os.listdir(folder))
```

files의 파일명에 빈칸이 있는 경우 os.replace( )로 밑줄(_)로 변경하여 NewName으로 만들고 os.rename( )와 os.join( )를 이용하여 기존의 files에서 NewName으로 변경하도록 하였습니다. 실행 결과를 보기 위해 os.listdir( ) 함수로 리스트를 가져와서 print( ) 함수로 화면에 나타냈습니다. 스텝 5에서 수행한 원격 라이브러리에 사용자 라이브러리를 추가한 결과는 다음과 같습니다.

```python
from calculator import Calculator
from CalculatorLibrary import CalculatorLibrary
from MyLibrary import MyLibrary
from robotremoteserver import RobotRemoteServer

class ExampleRemoteLibrary(OperatingSystem, Process, CalculatorLibrary,
MyLibrary):

    def __init__(self):
        Process.__init__(self)
        CalculatorLibrary._calc = Calculator()
        CalculatorLibrary._result = ''

        """Also this doc should be in shown in library doc."""

if __name__ == '__main__':
    RobotRemoteServer(ExampleRemoteLibrary(), *sys.argv[1:])
```

사용자 라이브러리를 이용한 테스트 케이스를 작성해 보겠습니다. remote.robot에 새로 만든 MyLibrary.py를 불러오고 별칭을 my로 하겠습니다. MyLibrary.py를 파이썬 라이브러리 폴더 아래 저장하고 원격 PC에 원격 서버를 실행합니다.

```
remote.robot

*** Settings ***
Library         Remote      http://${ADDRESS}:${PORT}    WITH NAME    Remote
Resource        common.robot
```

로컬 PC에서 사용하려면 다음과 같이 common.robot으로 로딩하고 별칭을 my로 설정합니다.

common.robot

```
Library          MyLibrary.py     WITH NAME     my
```

MyKeyword.robot 테스트 스윗에 Change Under To Blank 키워드와 Change Blank To Underbar 키워드를 사용한 테스트 케이스를 추가합니다.

5_3_RemoteMyKeyword.robot

```
*** Settings ***
Documentation       사용자 파이썬 라이브러리를 이용하여 키워드 테스트 케이스 실습
Resource            Resource/remote.robot

*** Test Cases ***
TC73_MY_ChangeName_remote
    remote.Change Under To Blank     c:\\test\\pdf     #underbar
    remote.Change Blank To Underbar     c:\\test\\csv     #blank

TC74_MY_ChangeName_local
    my.Change Under To Blank     ${FILES}
    my.Change Blank To Underbar     ${FILES}
```

실행 결과

```
Starting test: TestCase.5_3_RemoteMyKeyword.TC73_MY_ChangeName_remote
INFO :
['test_0.pdf', 'test_1.pdf', 'test_2.pdf']
['test 0.pdf', 'test 1.pdf', 'test 2.pdf']
INFO :
['remote 0.csv', 'remote 1.csv', 'remote 2.csv']
['remote_0.csv', 'remote_1.csv', 'remote_2.csv']
Ending test:   TestCase. 5_3_RemoteMyKeyword.TC73_MY_ChangeName_remote
```

```
Starting test: TestCase. 5_3_RemoteMyKeyword.TC74_MY_ChangeName_local
INFO :
[u'local_0.csv', u'local_1.csv', u'local_2.csv']
[u'local 0.csv', u'local 1.csv', u'local 2.csv']
INFO :
[u'local 0.csv', u'local 1.csv', u'local 2.csv']
[u'local_0.csv', u'local_1.csv', u'local_2.csv']
Ending test:   TestCase. 5_3_RemoteMyKeyword.TC74_MY_ChangeName_local
```

Platform 모듈

앞서 4장의 AutoIt 라이브러리에서 레지스트리를 이용하여 플랫폼 정보를 확인하는 사용자 키워드 Get_Platform_Info 예제를 만들었습니다.

AutoIt 사용자 키워드 Get_Platform_Info

```
*** Keywords ***
Get_Platform_Info
    ${key}=    Set Variable    HKEY_LOCAL_MACHINE\\SYSTEM\\CurrentControlSet\\
        Control\\Session Manager\\Environment
    ${arch}    AI.Reg Read    ${key}    PROCESSOR_ARCHITECTURE
    ${first}    ${second}    Run Keyword And Ignore Error    Should Contain
        ${arch}    x86
    ${arch}    Set Variable If    '${first}' == 'PASS'    x86    x64
    [Return]    ${arch}
```

레지스트리를 이용하려면 레지스트리 위치 정보를 미리 알아야 하는 번거로움이 있습니다. 파이썬 모듈을 이용하여 키워드로 대체해 보겠습니다. 파이썬에서 사용할 수 있는 모듈은 검색을 통해 정보를 얻습니다. 우선 플랫폼 모듈을 검색해봅니다. 'python platform module name'으로 검색한 결과에서 파이썬 docs 문서나 stackoverflow에 내용이 나오는데 이것을 우선으로 참고 하는 것을 추천합니다. 검색 결과 우리가 찾고자 하는 모듈의 이름은 'platform'입니다. 파이썬 버전에 따라 사용하는 방법이 다르므로 주의합니다.

플랫폼 정보 얻기 키워드

1. MyLibrary.py에 platform 모듈을 불러옵니다.

2. 사용자 키워드 이름과 동일한 이름의 키워드를 def로 정의합니다.

3. 테스트 코드를 추가하여 디버깅합니다.

4. 원격 서버를 재실행하고 로컬 PC에서 플랫폼을 확인하는 테스트 케이스를 만들어 실행합니다.

5. 5_3_RemoteMyKeyword 테스트 스윗에 C75_My_check_Platform테스트 케이스를 만들어 작성한 키워드를 이용하여 플랫폼 정보를 확인해봅니다.

스텝 1에서 MyLibrary.py 파일 상단에 import platform을 작성합니다.

스텝 2에서 def Get_Platform_Info(self): 를 작성합니다.

스텝 3에서 if _name_ == "_main_": 을 이용합니다.

스텝 4에서 원격 라이브러리 추가는 CalculatorLibrary.py를 추가한 방법을 참고하여 모듈 로딩, 클래스 객체를 추가합니다. 원격 라이브러리가 실행 중이라면 [Ctrl] + [C] 키로 종료 후 재실행해야 추가한 사용자 라이브러리를 사용할 수 있습니다.

Get_Platform_Info 사용자 키워드를 파이썬 라이브러리 함수로 만들어 사용해 보겠습니다. AutoIt 라이브러리를 통해 레지스트리 위치에 값을 Reg Read 키워드로 읽어서 확인하는 과정은 platform 모듈의 machine( ) 메서드를 이용하면 완료됩니다. 읽어온 machine값에 따라 기대하는 결괏값을 x86, x64로 구분하여 반환하면 완성됩니다.

MyLibrary.py

```python
#-*- coding: utf-8 -*-
import platform

class MyLibrary(object):

    def Get_Platform_Info(self):
    #머신 정보를 machine 변수에 선언
    machine=platform.machine()
    #머신 정보를 x86, x64 로 구분하도록 정의
    if machine == "AMD64":
            machine = 'x64'
        else:
            machine = 'x86'
        print(machine)
        return machine

if __name__ == "__main__":
    test= MyLibrary()
    print(test. Get_Platform_Info ())
```

디버깅을 위해 _name_ 조건에 print( )에 추가한 키워드를 호출하여 결과를 화면에 보이도록 작성하였습니다. MyLibrary.py 를 파이썬으로 실행하면 원격 PC의 플랫폼에 따라 결과 정보가 나타납니다.

실행 결과

x64

이 키워드를 테스트 케이스에 사용해 보도록 합니다.

```
5_3_RemoteMyKeyword.robot
```

```
*** Settings ***
Documentation      사용자 파이썬 라이브러리를 이용하여 키워드 테스트 케이스 실습
Resource           Resource/remote.robot

*** Test Cases ***
TC75_My_Check_Platform
    [Documentation]    autoit library로 사용했던 방식을 사용자 라이브러리로 작성
    ${arch}=    remote.Get_Platform_Info
    log     ${arch}
```

디버깅 결과와 동일한 값이 출력됨을 알 수 있습니다. 참고로 키워드에 return( ) 으로 반환값을 표시하여 테스트 케이스에서 변수를 사용할 수 있도록 하였습니다. 원격 라이브러리를 실행하고 테스트 케이스를 실행합니다.

실행 결과

```
INFO : x64
INFO : ${arch} = x64
INFO : x64
```

os 버전을 알고 싶다면 platform.platform( ) 으로 알 수 있습니다. 또한 다음과 같이 파이썬 IDE 에서 간단하게 platform( ) 값을 확인할 수 있습니다.

```
Python 2.7.13 (v2.7.13:a06454b1afa1, Dec 17 2016, 20:42:59) [MSC v.1500 32
bit (Intel)] on win32
Type "copyright", "credits" or "license()" for more information.
>>> import platform
>>> print(platform.platform())
Windows-7-6.1.7601-SP1
```

```
>>> print(platform.machine())
AMD64
```

더 많은 platform 모듈의 메서드 종류를 알고 싶다면 파이썬 docs에서 확인할 수 있습니다.

- https://docs.python.org/2/library/platform.html

5.4 파이썬 사용자 라이브러리

앞서 살펴본 작성 방법을 토대로 파이썬을 지원하는 모듈을 이용하여 사용자 라이브러리를 만들어 보겠습니다. 파이썬 기반으로 제작된 많은 라이브러리를 어떻게 테스트 라이브러리로 만드는지 그 방법을 함께 확인하면서 현업에 필요한 테스트 라이브러리에 적용하는 방법을 고민해 보는 시간이 되면 좋겠습니다. 파이썬 패키지는 pypi.org 사이트에서 원하는 파이썬 모듈을 검색해서 사용할 수 있습니다. 책에서 다루는 실습 예시는 github의 tsetlib에 사용자 라이브러리가 있습니다.

• URL https://github.com/smjung8710/keyword/tree/master/TestLib/MyLibrary

1. Open

테스트 중에는 경곗값 분석이라는 테스트 전략이 있습니다. 입력 편집기에서 입력값의 범위가 정의되어 있다면 입력값의 경계에 해당하는 값에 이슈가 발생할 확률이 높다는 가정하에 경곗값을 테스트하는 전략입니다. 입력 개수가 최대 1024개인 기능을 매뉴얼 테스트한다면 파일을 1024개를 수동으로 만들고 1024번을 수동으로 입력해야 합니다. 따라서 자동으로 파일을 생성하고 읽어 들여서 처리되면 좋겠다는 생각을 할 수 있습니다. 이때 파일 제어 라이브러리를 만들어 사용하면 좋습니다. 파이썬에는 파일을 처리하는 내장 함수 open( ) 이 있습니다.

```
open(name, [mode='r'], [buffering])
```

open 함수의 name 인자에 파일 이름을 작성하고 mode 인자를 선택하면 mode에 따라 새로운 파일이 생성되거나 기존의 파일이 열립니다. mode가 'r'인 경우는 읽기 모드로 열고 'w'는 쓰기 모드로 엽니다. 파일 종류에 따라 mode를 'wb'로 하거나 'rb'로 하면 이진 파일을 뜻하고 'r+', 'w+'와 같이 '+'를 붙이면 읽고 쓰기 모드로 동작합니다. 단 'w+'로 하면 기존 파일을 삭제하기 때문에 주의해서 사용해야 합니다.

mode를 작성하지 않는다면 기본값은 'r'입니다. 파이썬 3에서는 open(file, mode='r', buffering=-1, encoding=None, errors=None, newline=None, closefd=True, opener=None)으로 인자가 추가됩니다. 코드를 실행하여 파일을 열 수 없으면 IOError가 발생합니다. 예시를 통해 open( ) 함수를 이용하여 원하는 개수의 파일을 생성하는 방법을 알아보겠습니다.

실습 | 임의의 파일 만들기

1. 입력값으로 파일 생성 위치와 개수를 입력받아 csv 파일을 생성하는 사용자 함수를 작성합니다.

2. 사용자 함수 키워드를 이용하여 20개의 csv 파일을 생성하는 테스트 케이스를 만듭니다.

◇◇

스텝 1에서 파일 생성은 open 함수로 FOR 반복문을 이용하여 생성합니다.

MyLibrary.py의 FileMaker 함수

```python
import os, sys, random, csv

class MyLibrary(object):
    def FileMaker(self, path, ext, count):
        if not os.path.exists(path):
            os.makedirs(path)

        for i in range(int(count)):
            print(i)
            filename ='test_'+str(i)+'.'+str(ext)
            print(filename)
            f=open(os.path.join(path, filename), 'wb')
        f.close()

if __name__ == "__main__":
    test= MyLibrary()
    test.FileMaker("c:\\users\\automation\\test2", "csv", 20)
```

open 시에는 예시처럼 open, close 함수를 사용하는 경우도 있고 with open을 이용하여 close 없이 사용하는 경우도 있습니다. open 함수를 사용한 후 close하는 것이 번거로운 경우 with open을 사용하는 것이 좋습니다. file.csv를 열어보면 실행 결과와 같이 나타남을 확인할 수 있습니다. 새로 만든 FileMaker 키워드로 테스트 케이스를 작성한 예제는 다음과 같습니다.

5_4_MyKeyword.robot

```
*** Settings ***
Documentation       사용자 파이썬 라이브러리를 이용하여 키워드 테스트 케이스 실습
Resource            Resource/remote.robot

*** Test Cases ***
TC76_My_Makefiles1
    remote.FileMaker    c:\\test\\pdf    pdf    3    #underbar
```

원하는 위치에 폴더가 없다면 만들어서 csv 확장자를 가진 파일을 20개 만드는 케이스입니다. 이렇게 간단한 테스트 케이스는 기존의 로봇 프레임워크 키워드로 충분히 만들 수 있습니다. 사용자 키워드를 만들어 생성 위치, 확장자, 생성 개수를 인자로 받는 키워드를 작성할 수 있습니다.

my.FileMaker는 사용자 키워드로도 작성할 수 있습니다. my.FileMaker 키워드의 입력 인자와 동일하게 사용자 키워드에 arguments에 넣고 FOR 반복문으로 Create File을 호출하면 됩니다. OS 키워드의 OS.Create File(path | content= | encoding=UTF-8) 키워드는 이미 3장에서 파일 생성에 사용한 적이 있습니다.

```
*** Test Cases ***
TC76_My_Makefiles1
    remote.FileMaker    c:\\test\\pdf    pdf    3    #underbar
    FileMaker_RF_remote    c:\\test\\csv    csv    3    #blank


TC77_My_Makefiles2
    Set Global Variable    ${FILES}    c:\\test\\csv
    FileMaker_RF_local    ${FILES}    csv    3

*** Keywords ***
FileMaker_RF_remote
    [Arguments]    ${path}    ${ext}    ${counts}
    : FOR    ${count}    IN RANGE    ${counts}
    \    log    ${count}
    \    remote.create file    ${path}\\remote ${count}.${ext}
    remote.Should Exist    ${path}\\remote ${count}.${ext}

FileMaker_RF_local
    [Arguments]    ${path}    ${ext}    ${counts}
    :FOR    ${count}    IN RANGE    ${counts}
    \    log    ${count}
    \    OS.create file    ${path}\\local_${count}.${ext}
    OS.Should Exist    ${path}\\${count}.${ext}
```

FileMaker_RF 예시를 실행하면 my.FileMaker와 동일한 기능을 수행합니다. OS 라이브러리 소스 코드에서 Create File 동작을 살펴보겠습니다. 참고로 OperatingSystem.py 파일은 다음 경로에 있습니다.

📁 CPython27\Lib\site-packages\robot\libraries\OperatingSystem.py

```python
import os

class OperatingSystem(object):
    def create_file(self, path, content='', encoding='UTF-8'):
        """Creates a file with the given content and encoding.

(생략)
        """
        path = self._write_to_file(path, content, self._map_encoding(encoding))
        self._link("Created file '%s'.", path)

    def _write_to_file(self, path, content, encoding=None, mode='w'):
        path = self._absnorm(path)
        parent = os.path.dirname(path)
        if not os.path.exists(parent):
            os.makedirs(parent)
        if encoding:
            content = content.encode(encoding)
        with open(path, mode+'b') as f:
            f.write(content)
        return path
```

Create File 키워드에서 사용된 _write_to_file 메서드를 보면 우리가 만든 my.FileMaker 키워드와 유사한 구조입니다. 인자 content는 write( ) 함수로 처리되고, 인자 encoding은 encode( ) 함수로 처리됩니다. 이 두 개의 테스트 케이스를 실행하면 다음과 같습니다.

```
Starting test: TestCase.5_4_MyKeyword.TC76_My_Makefiles1
INFO :
0
test_0.pdf
1
test_1.pdf
2
test_2.pdf
Ending test:   TestCase. 5_4_MyKeyword.TC76_My_Makefiles1

Starting test: TestCase. 5_4_MyKeyword.TC77_My_Makefiles2
INFO : ${FILES} = c:\test\csv
INFO : 0
INFO : Created file '<a href="file://c:\test\csv\local_0.csv">c:\test\csv\
local_0.csv</a>'.
INFO : 1
INFO : Created file '<a href="file://c:\test\csv\local_1.csv">c:\test\csv\
local_1.csv</a>'.
INFO : 2
INFO : Created file '<a href="file://c:\test\csv\local_2.csv">c:\test\csv\
local_2.csv</a>'.
INFO : Path '<a href="file://c:\test\csv\local_2.csv">c:\test\csv\local_2.csv</
a>' exists.
Ending test:   TestCase. 5_4_MyKeyword.TC77_My_Makefiles2
```

우리가 사용한 open( ), close( ) 함수는 OS 라이브러리의 Create File 키워드처럼 with open( ) 으로 작성할 수 있습니다. with 문은 컨텍스트 관리자입니다. with 문으로 시작하는 함수가 동 작하고 종료되면 with 문과 함께 사용된 함수의 기능에 따라 그 과정에서 사용된 파일들을 모 두 닫거나 락(lock)을 획득하는 등의 자원 해제를 자동으로 수행되어 close( ) 를 따로 쓰지 않아 도 됩니다.

2. BeautifulSoup 모듈

Beautiful Soup은 HTML 및 XML 파일에서 데이터를 추출하는 라이브러리입니다. 파서(parser)를 이용하여 주어진 위치의 파일을 분석합니다. beautifulsoup을 설치합니다.

```
pip install beautifulsoup4
```

BeautifulSoup 함수를 이용하여 테스트 대상 웹 페이지를 파싱합니다.

```
BeautifulSoup(contents, parser)
```

원하는 HTML 페이지에 접근하는 방법에는 contents 인자에 HTML 파일 위치 정보를 사용하거나 url 주소를 이용하는 방법이 있습니다. HTML 파일을 파싱하는 방법은 open( ) 함수를 이용하여 파일이 존재하는 위치에 파일을 열고 BeautifulSoup 함수를 이용하여 파싱합니다. 파서는 기본적으로 파이썬 표준 라이브러리에서 제공하는 html.parser를 사용할 수 있습니다. html5lib나 lxml같은 좀 더 빠른 파서를 사용하려면 pip를 이용하여 추가로 모듈을 설치합니다. lxml의 XML 파서는 BeautifulSoup(markup, "lxml-xml"), BeautifulSoup(markup, "xml"), 2가지로 사용 가능합니다. 파싱하는 데이터가 많은 경우에는 파서를 설치하여 사용하는 것을 추천합니다.

우선 파일을 이용하여 파싱하는 방법을 알아보겠습니다. 우리가 사용하는 테스트 웹 서버의 index.html 페이지의 위치를 BeautifulSoup의 contents 인자에 입력합니다. MyLibrary.py에 실습 코드를 작성하겠습니다. beautifulsoup모듈의 bs4 클래스를 로드하고 soup_file 같이 키워드 함수를 만듭니다. soup_file의 입력 인자로 파싱 대상이 되는 웹 서버의 HTML 파일 위치를 사용하겠습니다. with open으로 인자로 받은 파일을 열고 index에 파싱한 값을 넣습니다.

실행 결과는 웹 브라우저에서 index.html의 소스 보기를 한 것과 동일한 내용이 보입니다. print 결과에 HTML 태그 들여쓰기(indent)를 그대로 보고 싶다면 print(soup.prettify( ))로 실행시킵니다. if _name_ == "_main_":에 테스트용으로 index.html 위치를 넣고 실행해 보겠습니다.

MyLibrary.py의 soup_file 키워드

```
# -*- coding: utf-8 -*-
#MyLibrary.py

from bs4 import BeautifulSoup

class MyLibrary(object):
    def soup_file(self, file):
        with open(file) as page:
            soup= BeautifulSoup(page,'html.parser')
            print(soup)

if __name__ == "__main__":
    test= MyLibrary()
    test.soup_file('C:\WebServer\html\index.html')
```

test.soup_file 실행 결과는 index.html을 소스 보기한 결과와 동일합니다. 결과에서 볼 수 있듯이 BeautifulSoup에서 제공하는 기능을 이용하여 정보를 다루기 위해서는 HTML의 태그를 이해해야 합니다. 셀레니움 라이브러리에서 locator를 이용하여 엘리먼트를 find_element(s)_by_로 사용했던 것을 기억할 것입니다. 이와 유사하게 BeautifulSoup에서도 HTML 문서를 파이썬 객체 트리로 변환하여 navigablestring, beautifulsoup, comment, tag 4종류의 객체를 처리합니다. navigablestring 객체는 tag 내에 텍스트 문자열을 말합니다. beautifulsoup 객체는 문서 전체, comment는 주석 등을 위한 객체입니다. tag 객체는 HTML, XML에서 사용하는 태그를 말하고 대부분은 tag 객체로 처리할 수 있습니다.

tag 객체를 중심으로 키워드 테스트 케이스를 작성할 때 사용할 수 있도록 알아 보겠습니다. HTML을 구성하는 tag는 최상단의 <html>, <head>, <body> 두고 다른 tag로 내부를 구성합니다. tag를 사용되는 목적에 따라 몇 가지로 구분하여 살펴보겠습니다.

- 단락 Tag (예: paragraph ⟨p⟩, head ⟨h#⟩ (# 숫자가 클수록 소제목))
- 목록 Tag (예: unordered list ⟨ui⟩, ordered list ⟨ol⟩, list ⟨li⟩)
- 표 Tag (예: ⟨table⟩, table head⟨thead⟩, table body ⟨tbody⟩, table row ⟨tr⟩, table header ⟨th⟩, table data ⟨td⟩)
- 미디어 Tag (예: ⟨img⟩, ⟨audio⟩, ⟨video⟩)
- 텍스트 Tag (예: anchor ⟨a⟩, hyper reference ⟨href⟩)
- 구분자 Tag (예: ⟨div⟩, ⟨span⟩, ⟨section⟩)

앞의 태그들을 실제 코드에서 확인해 보겠습니다. 다음 예시 코드의 soup_tag에서 print 문으로 BeautifulSoup 전체 결과를 받는 대신, 태그 객체를 이용하여 하나씩 볼 수 있도록 구성하고 결괏값은 return soup으로 대체하였습니다. print 문을 하나씩 주석을 풀어서 실행해 보면 태그값을 가져오는 것을 볼 수 있습니다.

MyLibrary.py의 soup_tag 키워드

```python
from bs4 import BeautifulSoup

class MyLibrary(object):

    def soup_tag(self, file):
        '''
        [BeautifulSoup 실습]
        파일을 이용하여 태그를 이용한 페이지 상세 파싱 키워드
        '''
        with open(file) as page:
            soup= BeautifulSoup(page,'html.parser')

        #print(soup.head)
```

```python
        #print(soup.title)
        #print(soup.link)
        #print(soup.script)
        #print(soup.body)
        #print(soup.body.div)
        #print(soup.body.h1)
        #print(soup.body.p)
         print(soup.body.div.table)
        #print(soup.body.form)
         return soup

 if __name__ == "__main__":
     test=MyLibrary()
     test.soup_tag('C:\WebServer\html\index.html')
```

웹 서버 페이지의 태그 구성을 이용하여 앞선 예시 코드의 soup_tag 키워드를 수행해 보기 바랍니다. 예를 들어 print(soup.body.div.table)을 실행하면 그 결과는 다음과 같습니다.

실행 결과

```html
<table>
<tr>
<td><label for="username_field">User Name:</label></td>
<td><input id="username_field" size="30" type="text"/></td>
</tr>
<tr>
<td><label for="password_field">Password:</label></td>
<td><input id="password_field" size="30" type="password"/></td>
</tr>
<tr>
<td></td>
<td><input id="login_button" type="submit" value="LOGIN"/></td>
</tr>
</table>
```

beautifulsoup 모듈은 tag를 더 효율적으로 사용할 수 있도록 find_all(name, attrs, recurseive, string, limit, **kwargs) 메서드와 select( ) 메서드를 제공합니다. find_all( )은 tag의 자손을 찾아서 argument 필터와 일치하는 모든 자손을 검색합니다. select( )는 css selector나 객체 사용자를 파싱할 때 사용합니다. tag 객체를 이용한 결과와 달리 반환값의 타입이 리스트 변수 형태입니다.

```
...
if __name__ == "__main__":
    test= MyLibrary()
    soup=test.soup_tag('C:\WebServer\html\index.html')
    print(soup.title)
    print(soup.find_all('title'))
    print(soup.select('title'))
```

실행 결과

```
<title>Login Page</title>
[<title>Login Page</title>]
[<title>Login Page</title>]
```

Beatiful Soup

beatiful soup 모듈은 대부분 HTML 태그를 이용하여 파싱하는 작업을 수행하기 때문에 더 잘 활용하기 위해서는 웹 페이지 구현 기술에 대한 지식이 좀 더 필요합니다. Beatiful Soup에 대한 좀 더 자세한 사항은 다음 링크를 참고 바랍니다.

- https://www.crummy.com/software/BeautifulSoup/
- https://www.crummy.com/software/BeautifulSoup/bs4/doc/

두 번째로 웹 페이지 url을 이용하여 파일을 파싱하는 방법을 알아보겠습니다. url 링크를 이용하기 위해서는 Requests 라이브러리가 필요합니다. 파이썬으로 사용자 라이브러리를 작성할 때 requests 모듈로 http 연결 기능을 사용할 수 있습니다.

네트워크 연결 상태는 raise_for_status( )를 사용하여 네트워크 상의 오류가 발생하지 않는지를 처리했습니다. raise_for_status( )는 응답 코드가 200 OK 코드가 아닌 경우 오류가 발생하는 기능을 합니다. 정상 동작하면 None을 반환합니다. 실제 서버 응답 코드를 알고 싶다면 requests. status_code로 값을 받을 수 있습니다.

MyLibrary.py의 request_status 키워드

```python
import requests

class MyLibrary(object):
    def request_status(self,url):
        res=requests.get(url)
        code=res.status_code
        print(code)

if __name__ == "__main__":
    test=MyLibrary()
    test. request_status("http://localhost:7272/")
```

예시 예제를 실행하면 결과는 200이 나옵니다. requests 모듈을 불러오고 request.get( )으로 url의 contents를 가져옵니다. 이 기능은 Requests 라이브러리에서 Get Request와 동일한 기능을 수행합니다. beautifulsoup 모듈은 response 중 text 파일을 이용하여 contents로 사용합니다.

실습 beatifulsoup

```python
from bs4 import BeautifulSoup
import requests
```

```python
class MyLibrary(object):

    def soup_file(self, file):
        ''' 웹 페이지 파일 file을 이용한 파싱 키워드
        '''
        with open(file) as page:
            soup= BeautifulSoup(page,'html.parser')
            print(soup.prettify())

    def soup_url(self,url):
        ''' 웹 페이지 주소 url를 이용한 파싱 키워드
        '''
        res=requests.get(url)
        res.raise_for_status()
        soup= BeautifulSoup(res.text, 'html.parser')
        print(soup)

if __name__ == "__main__":
    test= MyLibrary ()
    test.soup_url("http://localhost:7272/")
```

웹 서버를 실행하지 않고 테스트하면 에러가 발생합니다. 테스트 케이스를 실행할 때 다음과 같이 10061 connect 에러가 난다면 테스트 웹 서버를 실행했는지 확인합니다.

실행 결과

```
requests.exceptions.ConnectionError: HTTPConnectionPool(host='localhost',
port=7272): Max retries exceeded with url: / (Caused by
NewConnectionError('<urllib3.connection.HTTPConnection object at 0x03B772F0>:
Failed to establish a new connection: [Errno 10061] ',))
```

1. beatifulsoup 모듈을 이용하여 웹 페이지의 타이틀을 확인하는 키워드 함수를 작성합니다. 이때 다음 조건을 모두 만족해야 합니다.

1.1 한 개의 키워드 함수로 작성합니다.
1.2 입력 범위:

  1) 웹 서버에 업로드된 경우에는 url을 이용하여 html 파일 타이틀 확인

  2) 작업 중인 파일의 경우에는 파일 서버를 이용하여 html 파일 타이틀 확인

2. 5_4_MyKeyword 테스트 스윗에 웹 서버의 테스트 페이지 3개에 대한 타이틀을 확인하는 TC_78_B4_title 테스트 케이스를 작성합니다.

◇◇◇

스텝 1에서 키워드 함수의 인자로 입력 범위를 구분하도록 구현합니다.
스텝 2에서 웹 사이트는 테스트 서버를 이용합니다.

실습에 대한 예시 함수 키워드는 다음과 같습니다. 입력값에 path는 url과 file을 구분하기 위한 인자이고 expected는 타이틀 문자열이 구현 요구 사항과 맞는지 확인하기 위한 인자입니다. path가 url인지 file 인지는 입력값에 'http'를 포함하는 여부로 구분했습니다. 다른 아이디가 있는 경우 변경하여 가장 안정성이 보장되는 값으로 사용하면 됩니다.

url인 경우 requests 모듈을 이용하여 contents를 가져오고 file인 경우 with open 함수를 이용하여 추출하는 이전 실습 파이썬 코드를 활용하였습니다. IF 조건에서는 in 연산자는 순서 열에

대한 연산자로 in과 not in 연산자가 있습니다. 실습에서 입력 문자열 path에 'http'문자가 포함되어 있으면 True, 없으면 False를 반환합니다. not in 연산자는 반대로 반환합니다. 패턴 매칭을 이용하려면 정규식 re 모듈을 불러와서 사용합니다.

MyLibrary.py의 Check Title 키워드

```python
def check_title(self, path, expected):
    ''' 웹 페이지 파일에서 타이틀 확인 키워드
    '''
    if "http" in path:
        res=requests.get(path)
        res.raise_for_status()
        soup= BeautifulSoup(res.text, 'html.parser')
        title=str(soup.title)
        if expected in title:
            print "Pass URL"
            return True
        else:
            raise AssertionError("Fail URL. There is no title")

    else:
        with open(path) as page:
            soup= BeautifulSoup(page,'html.parser')
        title=str(soup.title)
        if expected in title:
            print "Pass FILE"
            return True
        else:
            raise AssertionError("Fail FAIL. There is no title")
```

expected와 title이 맞지 않는 경우에는 에러 처리를 통해 테스트 케이스 수행 결과가 Fail이 되도록 raise 문을 사용하여 AssertionError가 발생하도록 작성하였습니다. 다음은 테스트 라이브러리를 불러온 후 웹 페이지 파일과 url 서버 주소를 이용하여 타이틀을 확인하는 Check Title(path, expected) 키워드로 테스트 케이스를 작성한 예시입니다.

```
*** Test Cases ***
TC78_B4_title
    #파일로 타이틀 확인
    my.Check Title     C:\\WebServer\\html\\index.html      Login Page
    my.Check Title     C:\\WebServer\\html\\error.html      Error Page
    my.Check Title     C:\\WebServer\\html\\welcome.html      Welcome Page
    #서버 타이틀 확인
    my.Check Title     http://localhost:7272/index.html     Login Page
    my.Check Title     http://localhost:7272/error.html     Error Page
    my.Check Title     http://localhost:7272/welcome.html      Welcome Page
    #구글 타이틀 확인
    my.Check Title     https://www.google.com/      Google
    my.Check Title     https://mail.google.com      Gmail
    my.Check Title     https://translate.google.com/      Google 번역
```

expected 문자열과 실제 웹 페이지에 타이틀을 비교하여 맞지 않는 경우 AssertionError가 발생하여 테스트 케이스 Fail이 발생합니다. 테스트 라이브러리 작성시 pass와 fail에 대한 명확한 기준이 제시되지 않으면 테스트 케이스 수행 결과의 신뢰성이 떨어집니다. 사용자 라이브러리를 작성할 때 기능에 대한 Fail이 되는 예외 상황을 모두 고려하여 Error 처리를 하는 습관이 필요합니다. 다음 링크에 파이썬에서 지원하는 구문 오류(syntax error)와 예외 처리(exception) 정보를 참고하기 바랍니다.

• URL https://docs.python.org/2/tutorial/errors.html

3. Selenium 모듈

Selenium2Library에서 사용한 Click Element 키워드는 셀레니움에서 find_element_by_* 형태의 메서드로 지원합니다. 메서드가 지원하는 엘리먼트는 id, name, xpath, link text, partial link text, tag name, class name, css selector입니다. 현업에서 키워드를 이용하여 키워드 테스트 케이스를 작성할 때는 개발자와의 협업을 통해 locator를 미리 설계하여 개발하는 기간 동안 키워드 테스트 케이스를 작성하는 것이 효율적입니다.

```
find_element_by_id
find_element_by_name
find_element_by_xpath
find_element_by_link_text
find_element_by_partial_link_text
find_element_by_tag_name
find_element_by_class_name
find_element_by_css_selector
```

find_element_by_*는 1개의 locator를 반환하고 여러 개를 찾고자 할 때는 find_elements_by_*를 이용합니다. 결괏값은 리스트로 반환됩니다. 로그인 테스트 케이스 Valid Login은 6개의 키워드로 구성되어 있습니다. 실습으로 파이썬을 이용하여 크롬 브라우저로 웹 서버에 접속하여 로그인하는 로그인 함수를 포함하는 MyLibrary.py 라이브러리에 만들어 보겠습니다. 이 키워드 함수를 사용하면 'TC47_WEB_Login' 테스트 케이스와 동일한 기능을 한 줄로 작성할 수 있습니다.

실습 | 셀레니움으로 직접 로그인하기

---

1. MyLibrary.py에 셀레니움 모듈을 불러옵니다.

2. OpenLoginPageChrome 이름의 로그인 함수를 만듭니다. 입력값으로 id, pw를 받습니다.

3. OpenLoginPageChrome 함수에는 크롬을 이용하여 웹 서버 "http://localhost:7272"에 접속하고 사용자 입력 값으로 로그인하는 기능을 작성합니다.

4. MyKeyword 테스트 스윗에 'TC80_MyKeyword' 테스트 케이스를 만들고 OpenLogin PageChrome 키워드를 이용하여 로그인하도록 작성합니다.

◇◇

스텝 1에서 추가할 셀레니움 모듈은 webdriver와 keys입니다. 326쪽 'Selenium2Library'의 _browsermanagerment.py를 참고하여 선언합니다.

스텝 2에서 def로 OpenLoginPageChrome를 정의하고 인자를 입력합니다.

스텝 3에서 webdriver를 이용하여 크롬을 불러오고 소스 코드에서 id 엘리먼트를 이용하는 find_element_by_id로 입력 위치를 찾아 send_keys 메서드로 사용자 입력값을 처리합니다.

그림 5-4 웹 서버 index.html

```html
1  <!DOCTYPE html>
2  <html>
3  <head>
4    <title>Login Page</title>
5    <link href="demo.css" media="all" rel="stylesheet" type="text/css">
6    <script type="text/javascript">
7      function login(username, password) {
8        if (username == "demo" && password == "mode") {
9          window.location = "welcome.html";
10       } else {
11         window.location = "error.html";
12       }
13     }
14   </script>
15 </head>
16 <body>
17   <div id="container">
18     <h1>Login Page</h1>
19     <p>Please input your user name and password and click the login button.</p>
20     <form name="login_form" onsubmit="login(this.username_field.value,
       this.password_field.value); return false;">
21       <table>
22         <tr>
23           <td><label for="username_field">User Name:</label></td>
24           <td><input id="username_field" size="30" type="text"></td>
25         </tr>
26         <tr>
27           <td><label for="password_field">Password:</label></td>
28           <td><input id="password_field" size="30" type="password"></td>
29         </tr>
30         <tr>
31           <td> </td>
32           <td><input id="login_button" type="submit" value="LOGIN"></td>
33         </tr>
34       </table>
35     </form>
36   </div>
37 </body>
38 </html>
39
```

그림 5-4의 23번 줄에서 User Name 옆에 입력창의 id는 "username_field"이고 27번 줄에서 Password 옆에 입력창의 id는 "password_field"입니다. 7번 줄에서 <script>에 login 함수를 보면 username은 demo이고 password는 mode일 때 welcome.html 페이지를 로드하고 그렇지 않으면 error.html을 불러옵니다.

Demo 웹 서버는 테스트용으로 id, password를 하드코딩한 형태이고 보통 웹 서비스는 데이터 베이스를 이용합니다. 다음 키워드 테스트 케이스는 MyLibrary.py 작성 예시입니다. 다음 if __name__ == "__main__": 문을 사용하면 MyLibrary.py 파일에서 자신이 만든 함수를 호출하여 실행할 수 있습니다.

MyLibrary.py

```python
# -*- coding: utf-8 -*-
#!/usr/bin/env python

from selenium import webdriver
from selenium.webdriver.common.keys import Keys

class MyLibrary(object):
    def OpenLoginPageChrome (self, id, pw):
    """크롬 브라우저를 이용하여 테스트 웹 서버에 접속하여 로그인
     usage: OpenLoginPageChrome | id | pw
    """
        chrome = webdriver.Chrome()
        chrome.get("localhost:7272")
        loginid = chrome.find_element_by_id("username_field")
        loginid.send_keys(id)
        # login pw
        loginpw = chrome.find_element_by_id("password_field")
        loginpw.send_keys(pw)
        loginbutton = chrome.find_element_by_id("login_button")
        loginbutton.send_keys(Keys.ENTER)
        chrome.quit()

if __name__ == "__main__":
```

```
test= MyLibrary ()
test.OpenLoginPageChrome('demo','mode')
```

Selenium2Library의 _browsermanagerment.py 파일 구조와 비교하면 굉장히 단순한 키워드 테스트 케이스입니다. 처음에는 객체 chrome을 webdriver의 크롬으로 만들어 웹 서버를 호출합니다. 입력값으로 받은 id, pw로 id 엘리먼트를 찾아 각각 loginid 객체와 loginpw 객체로 정의하고 send_keys로 웹 서버에 입력합니다. 마지막 loginbutton 객체는 ENTER 키로 입력을 주고 크롬을 종료합니다.

셀레니움 API를 좀 더 이해하면 각 기능 수행 중간에 웹 페이지가 로딩되었는지 확인하는 코드나 welcome 페이지가 로딩되었는지 등을 확인하는 코드를 넣어 라이브러리의 신뢰성을 높이는 것이 좋습니다. 라이브러리를 파이썬 라이브러리 위치에 저장하고 RIDE에서 불러오겠습니다. 이 라이브러리가 RIDE에 정상 로딩되면 [Search Keywords] 창에 해당 라이브러리의 키워드가 로딩됩니다.

그림 5-5 MyLibrary 키워드

source를 my로 검색한 결과 예시로 작성한 OpenLoginPageChrome 키워드가 그림 5-5처럼 나타납니다. 함수 이름 하단에 주석을 이용하여 키워드 설명과 사용 방법을 명시한 것이 보입니다. 한글로 설명을 작성할 경우 파이썬에서는 인코딩 오류가 발생할 수 있습니다. 파이썬 키워드 테스트 케이스 상단에 '# -*- coding: utf-8 -*-'을 작성해 두어 한글이 깨져 보이는 것을 방지합니다. 참고로 설명문에서 줄을 바꾸기 위해서는 2줄을 띄어야 합니다.

MyLibrary.py 라이브러리 별칭을 my로 작성한 예시입니다. MyKeyword 테스트 케이스에서 키워드를 불러올 때 my를 이용하여 키워드를 구분할 수 있습니다.

```
*** Settings ***
Library      MyLibrary.py     WITH NAME    my

*** Test Cases ***
TC47_WEB_Login
    [Documentation] in 4_3_WebKeyword.robot test suite
    Open Browser To Login Page
    Input Username      demo
    Input Password      mode
    Submit Credentials
    Welcome Page Should Be Open
    [Teardown]      Sel.Close Browser


TC79_MyKeyword
    my.OpenLoginPageChrome      demo     mode
```

웹 서버 페이지 코드에서 id로 입력받은 필드를 xpath를 이용하여 OpenLoginPageChrome를 수정해보겠습니다. 웹 서버의 index.html을 열어 태그 id="username_field"를 찾아봅니다. id="username_field"를 표시하는 xpath는 '/html/body/div/form/table/tbody/tr[1]/td[2]/input'입니다. 동일한 태그가 있는 경우에는 테이블의 [인덱스]로 표시하도록 합니다.

xpath의 root 엘리먼트는 '//'입니다. 태그 아래 있는 모든 엘리먼트 지정은 '//*'로 표시합니다. 현재 위치에서 xpath를 표시하려면 './'으로 표시합니다. id 속성값을 이용하여 xpath로 표시하려면 '//*[@id ='값']'입니다. 로그인 ID를 입력하는 xpath는 '//*[@id='username_field']'가 됩니다. 이제부터 xpath를 이용하는 OpenLoginPageChrome_ByXpath 키워드 함수를 작성해 보겠습니다.

```python
def OpenLoginPageChrome_ByXpath(self, id, pw):
        chrome = webdriver.Chrome()
        chrome.get("localhost:7272")
        chrome.implicitly_wait(30)
        # login id
        loginid = chrome.find_element_by_xpath("//*[@id='username_field']")
        loginid.send_keys(id)
        # login pw
        loginpw = chrome.find_element_by_xpath("//*[@id='password_field']")
        loginpw.send_keys(pw, Keys.ENTER)
        chrome.quit()
```

마지막에 send_keys에 enter를 추가하여 로그인 버튼을 누르는 기능을 대체하여 수행하도록 간략화했습니다.

WebDriver API

find_element_by_*를 비롯하여 selemium webdriver에서 제공하는 API에 대한 정보입니다. API를 사용할 때는 'from 모듈 이름 import 메서드 이름이나 변수 이름'과 같이 불러오는 것이 좋습니다. 사용자 라이브러리 작성할 때는 필요한 정보를 찾아서 사용하길 추천합니다.

• URL http://selenium-python.readthedocs.io/api.html

4. SMTPlib 모듈

테스트 환경 구축에서 많이 사용되는 환경 SMTP 서버 환경입니다. SMTP는 Simple Mail Transfer Protocol의 약자로 이메일 발신에 사용되는 TCP/IP 프로토콜입니다. 그림 5-6과 같이 메일 서버에 설치하여 클라이언트 발신자가 수신자에게 이메일을 발송하면 이 사이에서 메일의 발신자 주소, 수신자 주소 등을 이용하여 이메일을 전송합니다. 발신자와 수신자가 서로 다른 이메일 서비스 도메인을 가지고 있으면 메일 서버에서 다른 서버로 메시지를 릴레이합니다. 수신자는 pop3나 imap을 이용하여 이메일을 받습니다. 메일 서버 구축 시 리눅스는 Sendmail을 많이 사용하고 클라이언트는 MS Outlook이나 Thunderbird를 사용합니다.

그림 5-6 메일 전송 과정

이메일 전송 자동화를 위해 사용할 수 있는 파이썬 모듈은 email과 smtplib가 있습니다. 자세한 내용은 다음 사이트를 참고하기 바랍니다.

- URL https://docs.python.org/2/library/smtplib.html

이제부터 pip를 이용하여 설치하고 각 모듈을 사용하여 사용자 키워드를 작성해 보겠습니다.

```
pip install email
pip install smtplib
```

IMAP Library

메일 서버에서 메일을 검색하는 프로토콜은 IMAP, 현재 버전(IMAP4)입니다. 사용자는 관련 메시지를 그룹화하여 폴더에 배치할 수 있으며, 계층적으로 배열할 수 있습니다. 또한 메시지를 읽었는지, 삭제했는지, 응답했는지 여부를 나타내는 메시지 플래그가 있습니다. 심지어 사용자는 서버 사서함에 대한 검색을 수행할 수도 있습니다. 로봇 프레임워크는 IMAP library를 지원합니다.

• URL https://pypi.python.org/pypi/robotframework-imaplibrary

smtplib는 SMTP나 ESMTP 리스너 데몬을 이용하여 인터넷을 통해 이메일을 전달하는 데 사용됩니다. ESTMP는 Extended SMTP의 약자로 다른 나라 언어 텍스트나 그래픽, 오디오, 비디오 파일을 확장하여 지원하는 SMTP 프로토콜입니다.

```
SMTP([host[, port[, local_hostname[, timeout]]]])
```

SMTP 클래스는 SMTP 서버에 연결하는 객체를 생성합니다. 인자 host는 gmail로 설정할 경우 smtp.gmail.com 이고 live 메일을 서버로 할 경우 smtp.live.com입니다. 인자 port는 일반적으로 25이고 SSL을 사용할 경우 465, TLS/STARTTLS는 587입니다.

• URL https://support.google.com/mail/answer/7126229?hl=ko

TLS를 이용하여 구글 메일 서버와 같이 외부 서버를 이용하기 위해서는 서버 접속을 위한 로그인 과정이 필요합니다. 로그인을 위해 클라이언트를 식별하는 smtp.ehlo([hostname]) 과정과 smtp.starttls([keyfile[, certfile]]) 인증 과정, smtp.login('id@gmail.com', 'password') 로그인 과정을 수행합니다. 이 과정을 이메일 서버 연결 과정이라고 할 수 있으며 sendmail 메서드 수행 전에 진행되어야 합니다.

SMTP는 helo([hostname]), ESMTP ehlo([hostname]) 메서드로 클라이언트를 식별합니다. 인자 hostname의 기본값은 로컬 호스트의 정규화된 도메인 이름입니다. starttls 메서드는 SMTP 연결을 TLS(전송 계층 보안) 모드로 전환합니다. 이 함수 수행 후에 뒤따르는 모든 SMTP 명령은 암호화됩니다. 인자 keyfile나 certfile을 넣으면 소켓 모듈의 ssl( ) 함수에 전달됩니다. EHLO나 HELO 명령이 세션에 없으면 메서드는 먼저 ESMTP EHLO를 시도합니다. 그런 다음 ehlo( )를 다시 호출합니다. 사용되는 서버가 암호화 전송을 지원할 경우 이 함수를 사용합니다. 경우에 따라 다음의 starttls 예외가 발생할 수 있습니다.

- SMTPHeloError: 서버가 HELO에 제대로 회신하지 않았습니다.
- SMTPException: 서버가 STARTTLS 확장을 지원하지 않습니다.
- RuntimeError: SSL / TLS 지원은 Python 인터프리터에서 사용할 수 없습니다.

login(user, password) 메서드는 인증이 필요한 SMTP 서버에 로그인합니다. 인자 user, password는 인증할 사용자 이름과 암호입니다. 이때 다음과 같은 login 관련 예외가 발생할 수 있습니다.

- SMTPHeloError: 서버가 HELO에 제대로 회신하지 않았습니다.
- SMTPAuthenticationError: 서버가 사용자 이름, 암호 조합을 허용하지 않았습니다.
- SMTPException: 적합한 인증 방법이 없습니다.

sendmail(from_addr, to_addrs, msg[, mail_options, rcpt_options]) 메서드의 필수 인자는 from_addr, to_addrs, msg입니다. 이때 다음과 같은 sendmail 관련 예외가 발생할 수 있습니다.

- SMTPRecipientsRefused: 모든 수신자가 거부되었습니다.

- SMTPHeloError: 서버가 HELO에 제대로 회신하지 않았습니다.

- SMTPSenderRefused: 서버가 from_addr을 승인하지 않았습니다.

- SMTPDataError: 서버가 예상치 못한 오류 코드(받는 사람 거부) 이외로 응답했습니다.

quit( ) 메서드는 SMTP 세션을 종료하고 연결을 닫습니다. 이메일 전송의 과정은 간단히 서버 연결, 메일 전송, 연결 종료로 나눌 수 있습니다. smtplib 모듈과 email 모듈을 이용하여 이 절차대로 함수 키워드 작성하면 됩니다.

SMTP는 한글이나 text가 아닌 정보를 전송하지 못하는 단점이 있습니다. 그래서 사용되는 것이 MIME(Multipurpose Internet Mail Extensions)입니다. email 모듈은 이 MIME를 지원합니다. MIME는 message 구조를 분석하여 텍스트와 루트 message를 받고 이를 인스턴스로 생성합니다. message에 첨부 파일과 헤더를 수동으로 추가하여 새로운 객체 구조를 생성합니다.

```
MIMEBase(_maintype, _subtype, **_params)
mime.Multipart([_subtype[, boundary[, _subparts[, _params]]]])
mime.MIMEText(_text[, _subtype[, _charset]])
```

3개의 객체는 email 모듈의 클래스 객체입니다. MIMEBase 클래스는 message의 모든 MIME의 기본 클래스입니다. 특정 MIME를 인식하는 하위 클래스에 대한 기본 클래스로 제공됩니다. 인자 _maintype는 text, image같은 content-type을, _subtype에는 plain, gif같은 _maintype의 content-type 서브 유형을, 인자 _params는 딕셔너리 변수를 나타냅니다. 인자들은 다음과 같이 add_header에 직접 전달됩니다.

```
from email.MIMEBase import MIMEBase
from email.MIMEMultipart import MIMEMultipart

def send_mail(self,from_user,from_password,to, subject, text, attach):
    msg = MIMEMultipart()
    part = MIMEBase('application', 'octet-stream')

    part.set_payload(open(attach, 'rb').read())   #파일 첨부
    part.add_header('Content-Disposition', 'attachment; filename="%s"' %os.
        path.basename(attach))
    msg.attach(part)   #메시지에 추가
```

MIMEMultipart([_subtype[, boundary[, _subparts[, _params]]]])는 mime.Base의 서브 클래스로 인자 _subtype 기본값은 mixed로 content-type 헤더가 메시지 객체에 추가됩니다. boundary 인자는 기본값이 none이고 필요한 경우 계산됩니다. _subparts 인자는 페이로드의 초기 하위 파트 시퀀스로 Message.attach 메서드를 사용하여 새 하위 파트를 메시지에 첨부할 수 있습니다. content-type 헤더의 추가 매개변수는 키워드 인자에서 가져오거나 키워드 사전인 _params 인자로 전달됩니다.

```
from email.MIMEMultipart import MIMEMultipart

def send_mail(self,from_user,from_password,to, subject, text, attach):
    msg = MIMEMultipart()
    msg['From'] = from_user
    msg['To'] = to
    msg['Subject'] = subject
```

MIMEText(_text[, _subtype[, _charset]]) 클래스는 MIMENonMultipart의 서브 클래스로 text타입의 MIME 객체를 만듭니다. 이는 이메일의 문자 내용에 해당합니다. _text 인자는 문자열이고 필수로 입력되어야 합니다. _subtype 인자의 기본값은 평문(plain)입니다. _charset 인자는 텍스트

의 문자 집합으로 기본값은 us-ascii입니다.

```
from email.MIMEMultipart import MIMEMultipart
from email.MIMEText import MIMEText

def send_mail(self,from_user,from_password,to, subject, text, attach):
    msg = MIMEMultipart()
    msg.attach(MIMEText(text))
```

실습을 통해 이메일을 전송하는 사용자 키워드를 만들고 테스트 케이스를 작성해 보겠습니다.
참고로 각 메서드의 예외 처리를 통해 함수 키워드 디버깅에 사용합니다.

실습 | Gmail 서버에서 메일 전송하기

---

1. smtp를 이용하여 메일을 전송하는 send_mail_smtp 함수 키워드를 MyLibrary.py에
   만듭니다.

2. send_mail_smtp의 입력값은 발신자 주소, 암호, 수신자 주소, 제목, 내용을 포함합
   니다.

3. smtp 서버는 gmail로 설정합니다.

4. 메일 서버 로그인은 발신자의 계정과 암호를 이용합니다.

5. 이메일 제목과 내용은 키워드 함수의 subject, text 인잣값으로 처리합니다.

6. 메일 전송 후 연결 종료를 처리합니다.

스텝 3에서 gmail 서버는 'smtp.gmail.com'이고 포트는587입니다.

스텝 4에서 로그인 전에 서버 연결 메서드를 호출합니다. 로그인은 login 메서드를 이용합니다.

스텝 5에서 메일 내용은 email 모듈의 MIMEText를 이용합니다.

스텝 6에서 서버 종료는 quit 메서드를 이용합니다.

서버 연결, 메일 내용 입력, 전송, 서버 종료의 절차로 작성한 이메일 전송 함수 키워드 예시입니다.

```python
# -*- coding: utf-8 -*-

import smtplib
from email.mime.text import MIMEText
import os

class MyLibrary(object):

    ROBOT_LIBRARY_SCOPE = 'Global'

    def __init__(self):
        print 'send email utility'

    def send_mail_smtp(self,from_addr,from_password,to_addr, subject, text):

        #서버 연결
        SMTPServer = smtplib.SMTP('smtp.gmail.com', 587)
        SMTPServer.ehlo()
        SMTPServer.starttls()
        SMTPServer.login(from_addr,from_password)

        #이메일 내용
        SMTPMessage = MIMEText(text)
```

```
            SMTPMessage ['Subject'] = subject
            SMTPMessage ['To'] = to_addr

            #메일 전송
            SMTPServer.sendmail(from_addr, to_addr, SMTPMessage.as_string())

            #서버 연결 종료
            SMTPServer.quit()

 if __name__ == '__main__' :
     test=EmailLibrary()
     test.send_mail_smtp("test@gmail.com", "testpassword", "test@naver.com",
         "test", "email test")
```

다음은 테스트 케이스를 작성한 예시입니다. 단순히 메일 전송 테스트를 위한 함수 키워드이기 때문에 장문의 내용이나 첨부 파일을 이용한 테스트를 위해서는 함수 키워드를 업데이트합니다.

```
*** Settings ***
Library              EmailLibrary.py     WITH NAME     mail

*** Test Cases ***
TC80_My_SMTPEmail
    mail.Send Mail stmp    test@gmail.com    password    test@naver.com
...    RFTEST    keyword automation test with RF
```

실행 결과 수신자 호스트의 메일 클라이언트에 발신자로부터 받은 제목이 "RFTEST"인 이메일이 도착해 있음을 확인할 수 있습니다. 테스트 실행 결과 'naver.com' 도메인에서 수신했는지 확인하는 키워드 테스트 케이스를 셀레니움으로 작성하면 전체 스텝의 자동화가 가능합니다. 이를 위해서는 송신자 이메일 계정 'test@gmail.com'이 스팸 메일로 등록되지 않도록 설정이 필요합니다.

그림 5-7 smtp 이메일 전송 결과

이메일 전송 오류

gmail을 서버로 두고 테스트를 진행할 경우 login 메서드에서 SMTPAuthenticationError 인증 오류가 발생할 경우가 있습니다. 다음 링크를 참고하여 구글 메일의 로그인 및 보안 메뉴의 [보안 수준이 낮은 앱 허용 설정]이 [사용]으로 되어 있지 않았는지 확인이 필요합니다.

그림 5-8 gmail 보안 설정

- URL https://myaccount.google.com/security?hl=ko#connectedapps

MIME

MIME를 이용하여 이메일을 만들 때는 주로 이메일 수신자, 발신자를 악성으로 바꾸거나 첨부 파일을 악성 파일로 첨부하여 스팸 메일이나 악성 메일을 탐지하는 등에 샘플로 사용합니다. 더 자세한 사항은 다음 email 모듈 링크를 참고하기 바랍니다.

- URL https://docs.python.org/2/library/email.html#module-email

06

컬래버레이션은 음악 작업에만 사용하는 것이 아닙니다. 테스트 자동화에서도 적용할 수 있습니다. 지금까지 살펴본 바와 같이 하나의 테스트 케이스 안에서 로봇 프레임워크를 지원하는 여러 테스트 라이브러리 키워드가 자신의 색깔에 맞게 제품의 기능을 다양한 관점에서 확인하게 됩니다.

또한 지금까지 살펴본 테스트 라이브러리 외에 데이터베이스나 FTP, 가상머신 같이 테스트 대상 이외에 필요한 환경을 제어해야 하는 조건들이 생깁니다. 이러한 라이브러리 간 컬래버레이션을 통하면 테스트 케이스를 더 정교하게 작성할 수 있습니다.

이번 장에서는 테스트 케이스 작성 시에 많이 사용하는 데이터베이스, 가상머신, FTP, HTTP 라이브러리 등의 테스트 환경을 제어하는 데 사용되는 로봇 프레임 워크 라이브러리를 알아보겠습니다.

키워드
컬래버레이션

6장에 대한 예제 키워드 테스트 케이스는 Git으로 내려받은 다음 링크에서 6으로 시작하는 테스트 스윗에 해당합니다.

https://github.com/smjung8710/keyword

6.1 DB와 SSH 컬래버레이션

웹 애플리케이션부터 안드로이드, 서버 프로그램까지 대부분의 애플리케이션은 데이터베이스를 이용합니다. 이런 환경에서는 테스트를 수행할 때 기능 수행 결괏값을 웹 브라우저 상에서도 확인하지만 데이터베이스의 값이 제대로 쓰여져 있는지 확인해야 하는 경우도 있습니다. DB를 이용하는 키워드 테스트 케이스를 작성하기 위해서는 환경 구성이 필요합니다.

1. PostgreSQL DB 설치

실습을 위해 우분투가 설치된 서버에 apt install postgresql로 PostgreSQL을 설치해 보겠습니다. 설치 로그에 config, data, locale, port 등의 정보가 보입니다. 서비스를 재시작하고 사용자 계정을 추가합니다. 참고로 user는 'automation', 암호는 'keyword'로 설정합니다. postgresql은 'sudo -i -u postgres' 명령으로 root 권한을 실행하고 Postgresql DB에 셸 명령어 'psql'을 입력합니다.

```
root@machine:~# apt install postgresql
…

Creating new cluster 9.5/main ...
  config /etc/postgresql/9.5/main
  data   /var/lib/postgresql/9.5/main
  locale ko_KR.UTF-8
  socket /var/run/postgresql
port   5432
…
root@machine:~# service postgresql restart
```

```
root@ machine:~# sudo -i -u postgres

postgres@ machine:~$ psql
psql (9.5.12)
Type "help" for help.


postgres-#
```

이제 원격 접속을 위해 설정을 변경합니다. 다음 링크에서 9.5는 버전명으로써 설치한 환경에 따라 다를 수 있습니다. 다음과 같이 파일 내용을 변경한 후 postgresql 서비스를 반드시 재시작합니다.

- postgresql.conf

    설정 파일 위치: /etc/postgresql/9.5/main/postgresql.conf

    값: listen_address='*'

- pg_hba.conf

    설정 파일 위치: /etc/postgresql/9.5/main/pg_hba.conf

    값: host   all   all   0.0.0.0/0   trust

서비스 재시작 후 5432 포트가 모든 사용자에게 열려 있음을 확인할 수 있습니다.

그림 6-1 db 포트 5432 확인 방법

```
root@keyword:/etc/postgresql/9.5/main# netstat -nlt
Active Internet connections (only servers)
Proto Recv-Q Send-Q Local Address         Foreign Address      State
tcp       0      0 0.0.0.0:45578         0.0.0.0:*            LISTEN
tcp       0      0 0.0.0.0:139           0.0.0.0:*            LISTEN
tcp       0      0 0.0.0.0:111           0.0.0.0:*            LISTEN
tcp       0      0 127.0.1.1:53          0.0.0.0:*            LISTEN
tcp       0      0 0.0.0.0:22            0.0.0.0:*            LISTEN
tcp       0      0 127.0.0.1:631         0.0.0.0:*            LISTEN
tcp       0      0 0.0.0.0:5432          0.0.0.0:*            LISTEN
tcp       0      0 0.0.0.0:25            0.0.0.0:*            LISTEN
tcp       0      0 0.0.0.0:33465         0.0.0.0:*            LISTEN
```

윈도우에서 설치하려면 다음 사이트에 접속하여 윈도우 PC 사양에 맞는 버전을 내려받아 설치합니다. postgresql 설치 완료 후에 테스트를 위한 DB와 스키마, 테이블, 값을 리눅스에서 설정한 대로 수행합니다. 여기서는 간단한 postgresql 명령어를 알아보겠습니다.

- URL https://www.postgresql.org/download/

- ₩list: DB 목록을 출력하는 명령어

- ₩C ${DB 이름}: DB 리스트에서 확인한 DB에 들어가는 명령어, (예) ₩c test_db

- ₩dn: 선택한 DB의 스키마 목록을 확인하는 명령어, (예) ₩dn

- ₩d ${스키마 이름.table}: 테이블 속성을 확인하는 명령어, (예) ₩d automation.table

- drop database 〈데이터베이스 이름〉: 데이터 베이스 삭제 명령어

- ₩q: 현재 페이지 DB 종료

이 명령어들은 SSH.Write 키워드로 실행 가능합니다. '\list' 명령 수행 결과는 그림 6-2와 같으며, 3개의 디폴트 DB가 있습니다.

그림 6-2 Postgresql의 \list 수행 결과

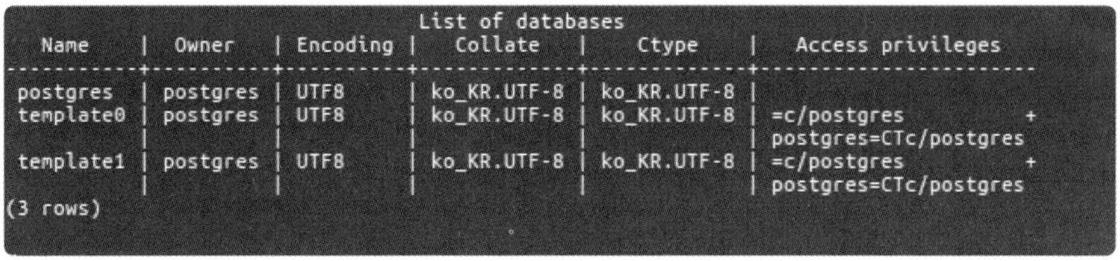

```
                          List of databases
    Name     |  Owner   | Encoding |   Collate    |    Ctype     |   Access privileges
-------------+----------+----------+--------------+--------------+-----------------------
 postgres    | postgres | UTF8     | ko_KR.UTF-8  | ko_KR.UTF-8  |
 template0   | postgres | UTF8     | ko_KR.UTF-8  | ko_KR.UTF-8  | =c/postgres          +
             |          |          |              |              | postgres=CTc/postgres
 template1   | postgres | UTF8     | ko_KR.UTF-8  | ko_KR.UTF-8  | =c/postgres          +
             |          |          |              |              | postgres=CTc/postgres
(3 rows)
```

가장 먼저 할 일은 owner인 postgres에 암호를 지정하는 것입니다. '\password [owner 이름]' 명령으로 암호를 변경할 수 있습니다.

```
postgres-# \password postgres
Enter new password:
Enter it again:
```

2. SSH 키워드로 DB 설정

테스트를 위해서는 새로운 DB와 스키마, 테이블 등이 필요합니다. 순서대로 추가하겠습니다. 우선 추가할 DB 이름은 'test_db'로 하고 "create database test_db;" 명령을 실행합니다. 다시 리스트를 보면 그림 6-3처럼 추가되었습니다. 사용할 DB로 이동하는 명령어는 "\c [DB_이름]"입니다. 설정된 DB에서 스키마를 확인해 보겠습니다. 현재 public 하나가 존재함을 볼 수 있습니다.

그림 6-3 테스트용 DB table 생성 과정

```
postgres=# create database test_db;
CREATE DATABASE
postgres=# \list
                              List of databases
    Name    |  Owner   | Encoding |   Collate    |    Ctype     |   Access privileges
------------+----------+----------+--------------+--------------+------------------------
 postgres   | postgres | UTF8     | ko_KR.UTF-8  | ko_KR.UTF-8  |
 template0  | postgres | UTF8     | ko_KR.UTF-8  | ko_KR.UTF-8  | =c/postgres           +
            |          |          |              |              | postgres=CTc/postgres
 template1  | postgres | UTF8     | ko_KR.UTF-8  | ko_KR.UTF-8  | =c/postgres           +
            |          |          |              |              | postgres=CTc/postgres
 test_db    | postgres | UTF8     | ko_KR.UTF-8  | ko_KR.UTF-8  |
(4 rows)

postgres=# \c test_db
You are now connected to database "test_db" as user "postgres".
test_db=# \dn
  List of schemas
  Name  |  Owner
--------+----------
 public | postgres
(1 row)

test_db=#
```

test_db에서 사용할 스키마를 추가하겠습니다. 스키마 이름은 'automation'으로 하고 "create SCHEMA automation;" 명령을 실행합니다. 그림 6-4처럼 "\dn" 명령으로 스키마가 추가된 것을 볼 수 있습니다. 이제 테이블을 추가하겠습니다. 테이블 이름은 'table'이고 칼럼은 id, pw, name, last_name으로 정의하고 "create table automation.table(id varchar(20) primary key, pw varchar(20), name varchar(20), last_name varchar(20));" 명령을 실행합니다. 테이블을 보려면 "\d automation.table" 명령을 수행합니다. postgresql은 스키마와 테이블 구조가 '스키마.테이블 명'입니다.

그림 6-4 테스트 DB 테이블 생성 과정

```
test_db=# create SCHEMA automation;
CREATE SCHEMA
test_db=# \dn
      List of schemas
    Name   |  Owner
-----------+----------
 automation | postgres
 public     | postgres
(2 rows)

test_db=# create table automation.table(id varchar(20) primary key, pw varchar(2
0), name varchar(20), last_name varchar(20));
CREATE TABLE
test_db=# \dt automation.*
           List of relations
    Schema   | Name  | Type  | Owner
------------+-------+-------+----------
 automation | table | table | postgres
(1 row)

test_db=# \d automation.*
            Table "automation.table"
   Column   |          Type          | Modifiers
-----------+------------------------+-----------
 id         | character varying(20) | not null
 pw         | character varying(20) |
 name       | character varying(20) |
 last_name  | character varying(20) |
Indexes:
    "table_pkey" PRIMARY KEY, btree (id)

            Index "automation.table_pkey"
 Column |          Type          | Definition
--------+------------------------+------------
 id     | character varying(20) | id
primary key, btree, for table "automation.table"
```

이제 automation.table에 데이터를 입력해 보겠습니다. "insert into automation.table values('D', 'D', 'elon','musk');" 명령과 같이 일반적인 sql 문으로 입력하고 "select * from automation.table;" 명령으로 입력값을 확인할 수 있습니다.

```
test_db=# select * from automation.table;
 id | pw |   name    | last_name
----+----+-----------+------------
 A  | A  | automation | keyword
 B  | B  | bill       | gates
 C  | C  | mark       | zuckerberg
 D  | D  | elon       | musk
```

SSH 라이브러리를 이용하여 DB 생성하는 과정을 자동화 케이스로 작성하여 실습을 위해 ithero_db를 구축 보겠습니다.

```
*** Settings ***
Resource                Resource/remote.robot

*** Variables ***
${admin_pw}        keyword
${db}              ithero_db
${table}           automation

*** Test Cases ***
TC81_DB_Create
    [Setup]    ConnectSSH
    #관련 변수 선언
    Set Global Variable     ${admin_pw}     keyword
    Set Global Variable     ${db}     ithero_db
    Set Global Variable     ${table}     automation
    #DB 연동 시작
    SSH.write     sudo -i -u postgres      #root 권한 사용
    SSH.write     ${admin_pw}
    ${queryResults}    ssh.Read Until     postgres
    Log Many     ${queryResults}
    SSH.write     psql
    ${queryResults}      ssh.Read Until     postgres=#
    SSH.write     create database ${db};
    SSH.write     \\c ${db}       #DB에 접속
    SSH.write     create SCHEMA ${table};
    ${queryResults}     ssh.Read Until     CREATE SCHEMA
    SSH.write     create table ${table}.table(id varchar(20) primary key,
        pw varchar(20), name varchar(20), last_name varchar(20));     #table 생성
    ${queryResults}     ssh.Read Until     CREATE TABLE
    #값 입력
    SSH.write     insert into ${table}.table values('D', 'D', 'elon','musk');
    ${queryResults}     ssh.Read Until     INSERT
    [Teardown]     DisconnectSSH
```

```
(생략)
INFO : postgres
INFO : ${queryResults} = postgres
INFO : postgres
INFO : @keyword:~$ keyword
INFO : psql
postgres@keyword:~$ psql
psql (10.3 (Ubuntu 10.3-1.pgdg14.04+1), server 9.5.12)
Type "help" for help.

postgres=#
INFO : ${queryResults} = psql
postgres@keyword:~$ psql
psql (10.3 (Ubuntu 10.3-1.pgdg14.04+1), server 9.5.12)
Type "help" for help.

postgres=#
INFO : create database ithero_db;
INFO : \c ithero_db
INFO : create SCHEMA automation;
INFO : CREATE DATABASE
postgres=# \c ithero_db
psql (10.3 (Ubuntu 10.3-1.pgdg14.04+1), server 9.5.12)
You are now connected to database "ithero_db" as user "postgres".
ithero_db=# create SCHEMA automation;
CREATE SCHEMA
INFO : ${queryResults} = CREATE DATABASE
postgres=# \c ithero_db
psql (10.3 (Ubuntu 10.3-1.pgdg14.04+1), server 9.5.12)
You are now connected to database "ithero_db" as user "postgres".
ithero_db=# create SCHEMA automation;
CREAT...
INFO : ithero_db=# create table automation.table(id varchar(20) primary key, pw
varchar(20), name varchar(20), last_name varchar(20));
CREATE TABLE
INFO : ${queryResults} = ithero_db=# create table automation.table(id
varchar(20) primary key, pw varchar(20), name varchar(20), last_name
varchar(20));
```

```
CREATE TABLE
INFO : ithero_db=# insert into automation.table values('D', 'D',
'elon','musk');
INSERT
INFO : ${queryResults} = ithero_db=# insert into automation.table values('D',
'D', 'elon','musk');
INSERT
```

테스트 결과를 보면 실습을 위해 새로운 db는 ithero_db를 만들고 automation 테이블에 데이터를 추가한 것을 볼 수 있습니다. 기본적인 쿼리문을 이해하면 DB를 사용하는 데 도움이 됩니다. 각 DB에 종류별로 테이블 작성 등의 방법은 다르겠지만 쿼리문은 동일하게 적용됩니다. 기본적으로 select, delete, update, insert 문을 다뤄 보겠습니다.

DB 테이블 데이터 등록

insert 문은 DB 테이블의 데이터를 등록할 때 사용합니다.

```
insert into 테이블_이름(칼럼1, 칼럼2) values(데이터1, 데이터2);
insert into automation.table values('D', 'D', 'elon','musk');
```

앞서 이미 테이블을 만들면서 칼럼과 데이터를 입력한 경험이 있습니다. 여기서는 실습으로 3개의 데이터를 추가로 입력해 보겠습니다.

실습 | DB에 데이터 등록

6_1_CollaboKeyword 테스트 스윗에 'TC82_DB_Check' 테스트 케이스를 만듭니다.

1. DB에 접속합니다.

2. id와 pw가 A이고 이름이 automation, 성이 keyword인 데이터를 입력합니다.

3. id와 pw가 B이고 이름이 bill, 성이 gates인 데이터를 입력합니다.

4. id와 pw가 C이고 이름이 mark, 성이 zuckerberg인 데이터를 입력합니다.

5. 데이터가 있는지 확인합니다.

6. DB 접속을 종료합니다.

스텝 1에서 DB 접속은 이전 실습에서 작성한 ConnectSSH 사용자 키워드를 이용합니다.

스텝 2에서 insert into ${table}.table values('A', 'A', 'keyword','automation'); 쿼리를 이용하여 데이터를 등록하고 결괏값이 INSERT가 나오는지 확인합니다.

스텝 6에서 접속 종료는 역시 DisconnectSSH 사용자 키워드를 이용합니다.

6_1_CollaboKeyword.robot

```
*** Test Case ***
TC82_DB_Insert
    [Setup]    ConnectSSH
    ConnectDB
    SSH.write    insert into ${table}.table values('A', 'A',
        'keyword','automation');
    ${queryResults}    ssh.Read Until    INSERT
    SSH.write    insert into ${table}.table values('B', 'B', 'bill','gates');
    ${queryResults}    ssh.Read Until    INSERT
    SSH.write    insert into ${table}.table values('C', 'C',
        'mark','zuckerberg');
```

```
    ${queryResults}    ssh.Read Until    INSERT
    [Teardown]    DisconnectSSH


*** Keywords ***
ConnectDB
    #DB 연동 시작
    SSH.write    sudo -i -u postgres    #root 권한 사용
    SSH.write    ${admin_pw}
    ${queryResults}    ssh.Read Until    postgres
    Log Many    ${queryResults}
    SSH.write    psql
    ${queryResults}    ssh.Read Until    postgres=#
    SSH.write    \\c ${db}    #DB에 접속
```

ConnectDB 사용자 키워드를 작성하여 사용한 테스트 케이스 예시입니다. 실행 결과를 보면 ithero_db의 automaton 테이블에 우리가 추가한 A, B, C 데이터가 포함됨을 알 수 있습니다.

실행 결과

```
postgres@keyword:~$ psql
psql (10.3 (Ubuntu 10.3-1.pgdg14.04+1), server 9.5.12)
Type "help" for help.

postgres=#
INFO : \c ithero_db
INFO : psql (10.3 (Ubuntu 10.3-1.pgdg14.04+1), server 9.5.12)
INFO :
You are now connected to database "ithero_db" as user "postgres".
insert into automation.table values('A', 'A', 'keyword','automation');
ithero_db=# insert into automation.table values('A', 'A', 'keyword','automati
on');
INSERT
INFO : ${queryResults} = You are now connected to database "ithero_db" as user
"postgres".
insert into automation.table values('A', 'A', 'keyword','automation');
ithero_db=# insert into automation.table values('A', 'A...
INFO : ithero_db=# insert into automation.table values('B', 'B',
```

```
'bill','gates');
INSERT
INFO : ${queryResults} = ithero_db=# insert into automation.table values('B',
'B', 'bill','gates');
INSERT
INFO : ithero_db=# insert into automation.table values('C', 'C',
'mark','zuckerberg');
INSERT
INFO : ${queryResults} = ithero_db=# insert into automation.table values('C',
'C', 'mark','zuckerberg' );
INSERT
```

실제 DB에서 값을 조회하면 입력된 순서대로 저장됨을 알 수 있습니다.

DB 조회 결과

```
ithero_db=# select * from automation.table;
 id | pw |  name   | last_name
----+----+---------+------------
 D  | D  | elon    | musk
 A  | A  | keyword | automation
 B  | B  | bill    | gates
 C  | C  | mark    | zuckerberg
(4 rows)
```

DB 테이블 데이터 조회

select 문은 DB 테이블의 데이터를 조회할 때 사용합니다.

```
select(조회_조건1) from 테이블_이름 where(조회_조건2);
(조건1 사용 예시) select id from ithero_db.automation;
(조건2 사용 예시) select * from ithero_db.automation where id='D';
```

조회 조건 1에는 조회하고자 하는 칼럼 이름을 작성합니다. 예를 들어 우리가 만든 ithero_db DB에 automation 테이블의 id 칼럼을 조회하고자 한다면 select id from ithero_db.automation; 쿼리를 사용할 수 있습니다. 이 결과로 원하는 id에 'D'가 포함되어 있는지 확인합니다. 조회 조건 2를 사용하는 경우에는 select * from ithero_db.automation where id='D'; 쿼리로 합니다. DB 를 삭제할 때는 delete 문을 사용합니다. 실습으로 'musk'를 last_name으로 가진 데이터가 존재 하는지 확인하는 테스트 케이스를 작성해 보겠습니다.

실습 | DB 조회

6_1_CollaboKeyword 테스트 스윗에 'TC83_DB_Select' 테스트 케이스를 만듭니다.

1. DB에 접속합니다.

2. last_name이 'musk'인 데이터가 있는지 확인합니다.

3. DB 접속을 종료합니다.

스텝 1에서 DB 접속은 이전 실습에서 작성한 ConnectSSH 사용자 키워드를 이용합니다.

스텝 2에서 SELECT * FROM automation.table WHERE last_name ='musk'; 쿼리를 이용하여 데이터 를 조회하여 Should Contain 키워드로 값을 확인합니다.

스텝 3에서 접속 종료는 역시 DisconnectSSH 사용자 키워드를 이용합니다.

실습 DB 조회 테스트 케이스 예시

```
*** Test Case ***
TC_83_DB_Select
    [Setup]    ConnectSSH
    ConnectDB
    SSH.write    SELECT * FROM automation.table WHERE last_name='musk';
    Comment    SSH.write    SELECT id FROM automation.table;
    ${ID}    ssh.read
    Should Contain    ${ID}    musk
    [Teardown]    DisconnectSSH
```

ConnectDB 사용자 키워드를 작성하여 사용한 테스트 케이스 예시입니다. 실행 결과를 보면 ithero DB의 automation 테이블에 'musk'가 존재합니다.

실행 결과

```
postgres@keyword:~$ psql
psql (10.3 (Ubuntu 10.3-1.pgdg14.04+1), server 9.5.12)
Type "help" for help.

postgres=#
INFO : \c ithero_db
INFO : psql (10.3 (Ubuntu 10.3-1.pgdg14.04+1), server 9.5.12)
INFO : You are now connected to database "ithero_db" as user "postgres".
ithero_db=# SELECT * FROM automation.table WHERE last_name='musk';
 id | pw | name | last_name
----+----+------+-----------
 D  | D  | elon | musk
(1 row)
```

DB 테이블 데이터 변경

테스트 자동화에서 웹 UI를 이용하여 설정을 변경한 경우 DB 조회를 통해 설정이 제대로 되었는지 확인할 수 있습니다. 설정을 변경하는 또 다른 방법은 UI를 이용하지 않고 직접 DB에 값을 업데이트하고 설정에 맞는 기능을 확인하는 방법입니다. DB를 변경할 때는 update 문을 사용합니다.

```
update 테이블_이름 set 칼럼1=수정_데이터1;
```

칼럼에 맞는 데이터를 입력하여 업데이트를 수행합니다. 실습으로 id가 'A'인 데이터의 last_name을 'robot'으로 변경해 보겠습니다.

실습 | DB 변경

6_1_CollaboKeyword 테스트 스윗에 'TC84_DB_Update' 테스트 케이스를 추가합니다.

1. DB에 접속합니다.

2. id가 'A'인 데이터의 last_name을 'robot'으로 변경합니다.

3. 변경되었는지 확인합니다.

4. DB 접속을 종료합니다.

◇◇◇

스텝 2에서 테이블 업데이트는 쿼리를 이용합니다.
스텝 3에서 확인은 select 문을 이용합니다.
스텝 1, 4에서 DB 접속과 중지는 이전 실습과 동일한 키워드를 사용합니다.

```
*** Test Case ***
TC84_DB_Update
    [Setup]    ConnectSSH
    ConnectDB
    SSH.write    SELECT * FROM automation.table WHERE id='A';
    SSH.write    update automation.table set last_name='robot' where id='A';
    SSH.write    SELECT * FROM automation.table WHERE id='A';
    ${ID}    ssh.read
    Should Contain    ${ID}    robot
    [Teardown]    DisconnectSSH
```

실행 결과 'robot'으로 last_name이 변경됨을 확인할 수 있습니다.

실행 결과

```
postgres@keyword:~$ psql
psql (10.3 (Ubuntu 10.3-1.pgdg14.04+1), server 9.5.12)
Type "help" for help.

postgres=#
INFO : \c ithero_db
INFO : psql (10.3 (Ubuntu 10.3-1.pgdg14.04+1), server 9.5.12)
INFO : You are now connected to database "ithero_db" as user "postgres".
INFO : ithero_db=# SELECT * FROM automation.table WHERE id='A';
INFO :
id | pw |  name   | last_name
---+----+---------+------------
 A | A  | keyword | automation
(1 row)

ithero_db=# update automation.table set last_name='robot' where id='A';
UPDATE 1
ithero_db=# SELECT * FROM automation.table WHERE id='A';
 id | pw |  name   | last_name
----+----+---------+-----------
 A  | A  | keyword | robot
(1 row)
```

DB 테이블 데이터 삭제

DB를 이용하는 웹 페이지를 테스트할 때는 DB값을 초기화하고 웹 페이지의 기능을 동작시킨 후에 그 동작이 DB에 적절하게 저장되어 있는지 확인하는 로직으로 키워드 테스트 케이스를 작성하는 경우가 많습니다. DB를 초기화할 때는 delete 문을 사용합니다.

```
Delete from 테이블_이름;
Delete from 테이블_이름 where 칼럼1= 데이터1;
```

조건을 주지 않고 테이블 이름만 작성하면 테이블 전체 데이터를 삭제합니다. where 조건으로 원하는 칼럼의 데이터만 삭제할 수 있습니다. 실습으로 id가 'A'인 데이터를 삭제해 보겠습니다.

실습 | DB 삭제

6_1_CollaboKeyword 테스트 스윗에 'TC85_DB_Delete' 테스트 케이스를 추가합니다.

1. DB에 접속합니다.

2. id가 'A'인 데이터가 없다면 추가합니다.

3. id가 'A'인 데이터를 삭제합니다.

4. 삭제가 되었는지 확인합니다.

5. DB 접속을 종료합니다.

스텝 3에서 테이블 삭제는 Delete FROM automation.table WHERE id='A'; 쿼리를 이용합니다.

스텝 4에서 확인은 select 문을 이용합니다.

실습 Delete All Rows From Table 테스트 케이스 예시

```
*** Test Case ***
TC85_DB_Delete
    [Setup]    ConnectSSH
    ConnectDB
    SSH.write    insert into ${table}.table values('A', 'A',
        'keyword','automation');
    ${queryResults}    ssh.Read Until    INSERT
    SSH.write    Delete FROM automation.table WHERE id='A';
    SSH.write    SELECT * FROM automation.table;
    ${ID}    ssh.read
    Should Not Contain    ${ID}    A
    [Teardown]    DisconnectSSH
```

실행 결과

```
postgres@keyword:~$ psql
psql (10.3 (Ubuntu 10.3-1.pgdg14.04+1), server 9.5.12)
Type "help" for help.

postgres=#
INFO : \c ithero_db
INFO : psql (10.3 (Ubuntu 10.3-1.pgdg14.04+1), server 9.5.12)
INFO :
You are now connected to database "ithero_db" as user "postgres".
ithero_db=# insert into automation.table values('A', 'A', 'keyword','automati
on');
INSERT
INFO : ithero_db=# Delete FROM automation.table WHERE id='A';
INFO :
```

```
DELETE 1
ithero_db=# SELECT * FROM automation.table;
 id | pw | name | last_name
----+----+------+------------
 D  | D  | elon | musk
 B  | B  | bill | gates
 C  | C  | mark | zuckerberg
(3 rows)
```

DB 라이브러리 참고 문서

로봇 프레임워크용 데이터베이스 라이브러리 Robotframewok—databselibrary는 자바와 파이썬, 2가지 언어를 지원합니다. 이 라이브러리는 모든 Database API Specification 2.0 모듈과 호환됩니다.

- PostgreSQL의 드라이버명: psycopg2

- Oracle 드라이버명: cx_Oracle

- IBM DB2 드라이버명: ibm_db, PyDB2, ceODBC, pyodbc, mxODBC, mxODBC connect

- MySQL 드라이버명: MySQLdb, pymysql

DB 드라이버는 지원하는 라이선스와 파이썬 버전 플랫폼에 따라 DB2 드라이버명과 같이 여러 개일 수 있습니다.

- URL
  http://franz-see.github.io/Robotframework-Database-Library/
- Database API Specification 2.0
  : http://www.python.org/dev/peps/pep-0249/
- Lists of DB API 2.0
  : http://wiki.python.org/moin/DatabaseInterfaces
- Python Database Programming
  : http://wiki.python.org/moin/DatabaseProgramming/

가상머신과 라이브러리

가상머신(VM)은 물리적 컴퓨터처럼 운영체제와 애플리케이션을 실행하는 소프트웨어입니다. 가상머신에 설치된 운영체제를 게스트 운영체제라고 합니다. VMWare사의 가상머신 제어 소프트웨어인 vSphere를 이용하여 로봇 프레임워크에서 제공하는 VM 라이브러리인 Pysphere 라이브러리를 이해해 보겠습니다.

1. Pysphere 라이브러리

Pysphere 라이브러리를 사용하기 위해서는 vSphere의 구성을 이해할 필요가 있습니다. vSphere는 vCenter Server와 ESXi, 호스트로 구성됩니다. vCenter Server는 네트워크에 연결된 호스트의 중앙 관리 서비스입니다. vCenter Server를 사용하면 다중 호스트의 리소스를 관리할 수 있습니다. ESXi는 가상 시스템을 생성하고 실행하는 가상화 플랫폼 하이퍼바이저입니다. 호스트는 ESXi 가상화 플랫폼을 사용하여 가상머신(VM)을 실행하고 가상머신이 사용하는 CPU, 메모리 리소스를 제공하고 스토리지, 네트워크 연결에 대한 엑세스 권한을 부여합니다.

라이브러리를 이용할 때는 vCenter Server IP에 접속하여 하위 전체 가상머신을 제어하거나 호스트 IP에 접속하여 해당 호스트의 가상머신만 제어할 수 있습니다. 가상머신 이름을 이용하여 제어하기 때문에 이름이 동일하지 않도록 해야 합니다.

그림 6-5 Pyshpere 라이브러리와 VM의 관계

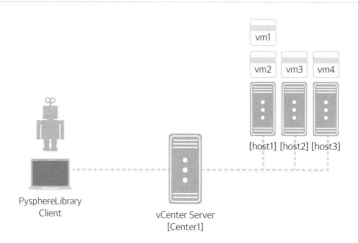

그림 6-5와 같이 하나의 vCenter Server에 host1, host2, host3으로 ESXi 기반의 호스트를 구성하고 각 host에 가상머신(VM)을 추가하여 사용합니다. 가상 환경은 하드웨어 용량이나 성능, vmware 라이선스에 따라 다양하게 구성될 수 있습니다.

- URL https://docs.vmware.com

Pysphere 라이브러리는 VMWare 서비스용 로봇 프레임워크 테스트 라이브러리입니다. vCenter 연결, ESXi의 호스트 시작, 중지, 종료, 재부팅, 상태 확인, VM 스냅샷 리버트(revert) 등의 기능을 수행하는 키워드를 제공합니다. robotframework-pyspherelibrary를 설치하고 라이브러리에 로딩합니다.

```
pip install robotframework-pyspherelibrary
pip install -U robotframework-pyspherelibrary
```

```
*** Settings ***
Library     PysphereLibrary   WITH NAME    VM
```

2. Pysphere 라이브러리 키워드

Pysphere 라이브러리 키워드 중 서버와의 연결, 종료 키워드와 스냅샷 관련 키워드의 사용 방법을 알아보겠습니다.

Pysphere 연결 키워드

가상머신을 제어하려면 가장 먼저 VMWare Host와 연결을 해야 합니다. 이때 Open Pyshere 키워드를 이용합니다.

```
Open Pysphere Connection(host | user | password | alias=None)
VM.Close Pysphere Connection
```

host 인자에는 연결할 VCenter 도메인이나 IP를 설정하고 user 인자에는 VCenter 사용자 계정 정보, password 인자에는 VCenter 사용자 계정 비밀번호를 넣습니다. 정보가 일치하면 가상 환경과 client 머신 사이에 세션이 연결됩니다. 키워드의 각 인자는 변수로 처리할 수 있습니다. VMWare에 접속 정보인 CenterIP, id, password는 전역변수를 이용하는 것을 추천합니다. 접속 host가 변하거나 password를 수정했을 경우 모든 키워드 테스트 케이스의 값을 고쳐야 하기 때문에 전역변수로 설정하여 사용합니다.

VCenter와 세션 연결이 되면 가상머신의 전원을 켜고 테스트 기능을 수행한 후에 전원을 끄고 세션을 종료하는 과정이 필요합니다. 세션을 종료하는 기능은 VM.Close Pysphere Connection 키워드를 이용합니다. 이 순서로 키워드 테스트 케이스의 구조를 작성해 보겠습니다.

6_1_CollaboKeyword 테스트 스윗에 'TC86_VM_Connect' 테스트 케이스를 추가합니다. common.robot 에는 VM 라이브러리를 로드합니다.

1. VCenter에 접속합니다.

2. host 전원을 켭니다.

3. VCenter 접속을 종료합니다.

◇◇

스텝 1에서 VM.Open Pysphere Connection 키워드를 이용합니다.
스텝 2에서 VM.Power On Vm(name) 키워드를 이용합니다.
스텝 3에서 VM.Close Pysphere Connection 키워드를 이용합니다.

실습 Open Pysphere Connection 테스트 케이스 예시

```
*** Test Case ***
TC86_VM_Connect
    VM.Open Pysphere Connection    ${VCENTER_IP}    ${VM_ID}    ${VM_PW}
    VM.Power On Vm    ${VM}
    Log    do something..
    VM.Close Pysphere Connection
```

간단해 보이는 실습이지만 이 구조를 먼저 설계하고 전원 on, off 사이에 다른 스냅샷 관련 키워드 테스트 케이스를 작성하면 유용합니다. Open Pysphere Connection 키워드를 통해 연결

되면 새 연결을 활성화하고 기존 연결이 백그라운드에서 연결된 상태로 있습니다. index는 1부터 시작하고 나중에 다시 전환 할 수 있는 새 연결의 index를 반환합니다. Close All Pysphere Connections 키워드가 호출되면 index는 리셋됩니다. 실습 예제를 실행한 결과는 다음과 같습니다. 실행 옵션에 '--loglevel TRACE'를 넣으면 index 값을 볼 수 있습니다.

실행 결과

```
INFO : Pysphere connection opened to host 192.168.0.10
INFO : do something..
INFO : Connection closed, there will no longer be a current pysphere
connection.
```

VMWare Vsphere Client에서 선택한 이미지가 켜진 것을 볼 수 있습니다. 테스트 결과를 보기 위해 VM을 off하는 VM.Power Off Vm 키워드는 제외하였습니다. 현업에서 테스트 케이스 작성 시에는 이 점 참고하기 바랍니다. 만약 실행한 결과가 다음과 같이 SSL 오류가 발생한다면 원인은 테스트 환경에 따라 다르기 때문에 한 가지 해결책을 제시하기 어렵습니다.

SSL 오류

```
FAIL : SSLError: [SSL: CERTIFICATE_VERIFY_FAILED] certificate verify failed
```

대신 다음 방어 코드를 MyLibrary.py에 추가하여 사용자 라이브러리를 불러와서 사용하면 에러를 우회할 수 있습니다.

```
import ssl

# Untrusted vSphere certificate bypass
# SSL: CERTIFICATE_VERIFY_FAILED
ssl._create_default_https_context = ssl._create_unverified_context
```

* URL https://gist.github.com/gkhays/2e1c06e1bfee95cb8f705f82ba8e48fe

스냅샷 제어 키워드

가상머신을 사용하는 장점 중 하나는 스냅샷을 만들어서 리버트(revert)할 수 있는 기능입니다. 이미지를 만드는 것처럼 특정 시점에 환경을 스냅샷으로 떠서 저장할 수 있습니다. 가상머신 라이브러리에는 VM host에 특정 조건을 만족하는 스냅샷 이미지를 생성하고 리버트하고 삭제하는 키워드를 제공합니다.

테스트하는 환경이 복잡할 경우 자동화 키워드 테스트 케이스로 프로그램을 설치하는 방법도 있지만 환경 조건에 맞춰 미리 설치를 해 둔 후 스냅샷으로 구분하여 환경을 만드는 방법도 있습니다. 예를 들어 브라우저별 버전에 따라 테스트를 수행해야 한다면 IE 8, IE 9, IE 10, IE 11을 각각 설치하고 스냅샷을 만들어 놓는 것이 좋습니다. 스냅샷 생성은 VM.Create Snapshot 키워드를 이용합니다.

```
VM.Create Snapshot(name | snapshot_name)
VM.Revert Vm To Snapshot(name | snapshot_name=None)
```

Revert Vm To Snapshot 키워드를 이용하면 환경이 바뀌어도 동일한 기능의 테스트를 중단없이 수행할 수 있습니다. 또 테스트 환경을 초기화하기 위해서도 스냅샷을 사용합니다. 기능 조건에 따라 기본 설정이 변할 경우 테스트 결과를 확신할 수 없기 때문에 테스트 시작 시에 setup 픽스처에 기본 스냅샷을 이용하여 리버트하는 사용자 키워드로 초기설정을 한 후 키워드 테스트 케이스를 수행하는 방법입니다. 참고로 스냅샷 생성과 삭제 키워드는 가상머신 상에서 RIDE를 실행한 경우에만 [Search Keywords] 창에서 볼 수 있습니다.

| # Revert Vm To Snapshot

'TC87_VM_Snapshot' 테스트 케이스를 추가합니다.

1. Snapshot Create로 A,B,C 3개의 스냅샷을 생성합니다.

2. A,B,C 3개의 스냅샷이 생성되었는지 확인합니다.

3. 스냅샷 B로 리버트합니다.

4. 스냅샷 A를 삭제합니다.

5. VM의 전원을 끄고 연결을 종료합니다.

스텝 1에서 VM.Create Snapshot(name | snapshot_name) 키워드를 이용합니다.

스텝 2에서 스냅샷 생성 확인은 Snapshot Exist(name | snapshot_name) 키워드를 이용합니다.

스텝 3에서 스냅샷 리버트는 Revert Vm To Snapshot(name | snapshot_name=None) 키워드를 이용합니다.

스텝 4에서 스냅샷 삭제는 VM.Delete Snapshot(name | snapshot_name) 키워드를 이용합니다.

스텝 5에서 전원 종료는 VM.Power Off Vm(name) 키워드를 이용합니다. 연결 종료는 VM.Close All Pysphere Connections 키워드를 이용합니다.

```
*** Settings ***
Resource                Resource/common.robot

*** Test Case ***
TC87_VM_Snapshot
    Set Global Variable    ${VM}    Ubuntu_16.04_LTS_x64_remtoe
    ConnectVM    ${VM}
    #스냅샷 A 생성
    VM.Create Snapshot    ${VM}    A
    Wait Until Keyword Succeeds    2m    5s    Snapshot Exist    ${VM}    A
    #스냅샷 B 생성
    VM.Create Snapshot    ${VM}    B
    Wait Until Keyword Succeeds    2m    5s    Snapshot Exist    ${VM}    B
    #스냅샷 C 생성
    VM.Create Snapshot    ${VM}    C
    Wait Until Keyword Succeeds    2m    5s    Snapshot Exist    ${VM}    C
    #스냅샷 B로 리버트
    VM.Revert Vm To Snapshot    ${VM}    B
    #스냅샷 A 삭제
    VM.Delete Snapshot    ${VM}    A
    VM.Close All Pysphere Connections
```

```
*** Settings ***
Library             PysphereLibrary    WITH NAME    VM

*** Variables ***
${VM}               ${EMPTY}
${VCENTER_IP}       ${EMPTY}
${VM_PW}            ${EMPTY}
${VM_ID}            ${EMPTY}

*** Keywords ***
ConnectVM
    [Arguments]    ${vm}
    VM.Open Pysphere Connection    ${VCENTER_IP}    ${VM_ID}    ${VM_PW}
    VM.Power On Vm    ${vm}
```

'--loglevel TRACE' 실행 옵션으로 실행한 결과는 다음과 같습니다.

실행 결과

```
TRACE : Arguments: [ '${VM}' | 'Ubuntu_16.04_LTS_x64_remtoe' ]
INFO : ${VM} = Ubuntu_16.04_LTS_x64_remtoe
TRACE : Return: None
TRACE : Arguments: [ ${vm}='Ubuntu_16.04_LTS_x64_remtoe' ]
INFO : Pysphere connection opened to host 192.168.0.10
TRACE : Return: 1
TRACE : Arguments: [ 'Ubuntu_16.04_LTS_x64_remtoe' | 'A' ]
TRACE : Return: None
TRACE : Arguments: [ '2m' | '5s' | 'Snapshot Exist' | '${VM}' | 'A' ]
TRACE : Arguments: [ 'Ubuntu_16.04_LTS_x64_remtoe' | 'A' ]
TRACE : Return: True

TRACE : Arguments: [ 'Ubuntu_16.04_LTS_x64_remtoe' | 'B' ]
TRACE : Return: None
TRACE : Arguments: [ '2m' | '5s' | 'Snapshot Exist' | '${VM}' | 'B' ]
TRACE : Arguments: [ 'Ubuntu_16.04_LTS_x64_remtoe' | 'B' ]
TRACE : Return: True

TRACE : Arguments: [ 'Ubuntu_16.04_LTS_x64_remtoe' | 'C' ]
TRACE : Return: None
TRACE : Arguments: [ '2m' | '5s' | 'Snapshot Exist' | '${VM}' | 'C' ]
TRACE : Arguments: [ 'Ubuntu_16.04_LTS_x64_remtoe' | 'C' ]
TRACE : Return: True

TRACE : Arguments: [ 'Ubuntu_16.04_LTS_x64_remtoe' | !B' ]
TRACE : Arguments: [ 'Ubuntu_16.04_LTS_x64_remtoe' | 'A' ]
INFO : All pysphere connections closed.
```

하위 레벨 사용자 키워드로 스냅샷 생성, 삭제 및 리버트하는 키워드를 만들고 키워드 테스트 케이스 작성할 때 사용하는 것이 좋습니다. 다음 테스트 케이스 예시는 기존 TC와 동일하게 동작하지만 ConnectVM 키워드와 유사하게 가상머신 이름과 스냅샷 이름을 입력받아 스냅샷을 생성하는 Snapshot Create 사용자 키워드를 이용하여 가독성을 높였습니다.

```
TC88_VM_Snapshot_keyword
    [Documentation]    user keyword로 테스트 케이스 가독성을 높임
    Set Global Variable    ${VM}    Ubuntu_16.04_LTS_x64_remtoe
    ConnectVM    ${VM}
    Snapshot Create    ${VM}    A    #스냅샷 A 생성
    Snapshot Create    ${VM}    B    #스냅샷 B 생성
    Snapshot Create    ${VM}    C    #스냅샷 C 생성
    VM.Revert Vm To Snapshot    ${VM}    B    #스냅샷 B로 리버트
    VM.Delete Snapshot    ${VM}    A    #스냅샷 A 삭제
    VM.Power Off Vm    ${VM}
    VM.Close All Pysphere Connections

*** Keywords ***
Snapshot Create
    [Arguments]    ${VM}    ${SNAPSHOT}
    LOG    SNAPSHOT CREATE
    VM.Create Snapshot    ${VM}    ${SNAPSHOT}
    Wait Until Keyword Succeeds    2m    5s    Snapshot Exist    ${VM}
        ${SNAPSHOT}
```

가상머신을 이용하는 경우 스냅샷을 잘 이용하면 자동화를 좀 더 효율적으로 할 수 있습니다. 예를 들어 테스트 초반에 VM.Create Snapshot 키워드로 기본 환경의 스냅샷을 만들고 기능을 수행할 때마다 setup 프리픽스(prefix)에 Snapshot Revert 키워드를 호출하고 테스트를 수행합니다.

스냅샷을 이용할 때 몇 가지 주의 사항이 있습니다. 첫 번째는 예시에서 생성 시간은 장비의 리소스에 따라 적당한 시간을 확보해야 한다는 것입니다. 시간이 확보되지 않아 스냅샷 생성 중간에 다른 테스트가 진행되면 스냅샷의 신뢰성을 잃게 됩니다. 두 번째로는 반복적인 환경 설정 과정을 줄이기 위해 스냅샷 생성 시점을 효과적으로 사용하는 것이 좋습니다. 스냅샷을 VM 전원 on 상태에서 생성하면 Snaphot Revert 키워드만 수행해도 VCenter 연결과 전원 on을 동시에 수행하는 효과가 있습니다. 세 번째로는 스냅샷 이름이 동일하게 반복되면 스냅샷 리버

트에 어려움이 있으므로 구별할 수 있는 이름으로 작성합니다. 네 번째로 테스트가 완료되면 Snapshot Delete 키워드를 수행하여 만들어 둔 스냅샷을 삭제하여 사용하지 않는 스냅샷이 늘어나는 것을 방지합니다. 이 과정을 수행하지 않으면 테스트 사이클이 몇 번 동작할 경우 생성된 스냅샷의 개수가 많아져 VM host 리소스 사용에 영향을 줄 수 있습니다. 마지막으로 가상머신 자체의 윈도우 업데이트나 pip 업데이트의 자동 업데이트 기능을 off하거나 방화벽 off, root 권한 할당 등 테스트 결과에 영향을 미칠 수 있는 환경 조건을 파악하여 스냅샷을 만듭니다.

6.3 FTP 제어 라이브러리

FTP(File Transfer Protocol)는 파일 전송 프로토콜로 TCP/IP 프로토콜에서 서버와 클라이언트 사이에 데이터를 교환하는 데 사용됩니다. 포트 21번은 제어용, 포트 22번은 데이터 전송용으로 사용합니다. FTP는 테스트 환경에서 테스트 데이터나 로그를 저장하거나 테스트 데이터나 테스트 툴을 내려받을 때 사용합니다. FTP를 지원하는 프로그램은 지원하는 환경에 따라 윈도우는 FileZilla, 리눅스는 VsFTPd, 맥은 Forklift 등과 같은 프로그램을 사용합니다.

1. FTP 서버와 클라이언트

FTP 라이브러리를 사용하기 위해서는 FTP 서버와 FTP 라이브러리의 설치가 필요합니다.

FTP 서버 설치

FTP 키워드 실습을 위해 윈도우나 리눅스 테스트 서버에 FTP 서버가 필요합니다. FTP 종류에는 여러 가지가 있지만 윈도우 테스트 서버에 파일질라 서버(FileZilla Server)를 내려받아 설치하겠습니다. 파일질라 서버는 윈도우 7, 8, 8.1, 10의 x86, x64를 모두 지원합니다.

- URL https://filezilla-project.org/download.php?type=server

테스트 FTP 서버 설치 후 127.0.0.1로 설정 그대로 실행합니다. FTP 접속 테스트를 위해 이름 'keyword', 암호 'automation'으로 사용자를 추가합니다. 메뉴 [Edit] → [Users]를 선택하여 General Page에 [Add] 버튼으로 User를 추가하고 Shared Folders에 사용할 폴더를 추가하고 파일 권한에는 [Read], [Write], [Delete]를 선택하고 폴더 권한은 [Create], [Delete], [List]를 체크합니다.

테스트 FTP 서버를 로봇 프레임워크 commander PC(RIDE를 실행시키는 PC)에서 접속하기 위해서는 윈도우 방화벽에 **그림 6-6**과 같이 'FileZilla Server' 허용 정책을 추가해야 합니다. 윈도우 서버와 같이 리눅스나 맥에 FTP를 설치할 때도 사용자 추가와 방화벽 정책을 업데이트하여 사용합니다.

그림 6-6 방화벽 설정

FTP 라이브러리

테스트용 FTP 서버에 접속하는 방법에는 FTP 클라이언트를 이용하거나 FTP 라이브러리를 이용하여 FTP 클라이언트를 따로 설치하지 않고 파일을 업로드, 내려받는 방법 그리고 SSH 라이브러리를 이용하여 서버에 설치된 FTP에 접속하는 방법이 있습니다. 책에서는 로봇 프레임워크를 지원하는 FTP 라이브러리를 사용해 보겠습니다. 로봇 프레임워크 FTP 라이브러리는 파이썬 ftplib 모듈을 기반으로 FTP 클라이언트 기능을 제공합니다.

```
pip install robotframework-ftplibrary
```

키워드 테스트 케이스에는 다음처럼 라이브러리를 로딩합니다. 원격 제어를 위해 원격 서버를 연결할 경우 사용하는 port는 8222를 사용합니다.

```
*** Settings ***
Library     FtpLibrary    WITH NAME    FTP
Library     Remote      http://${ADDRESS}:8222      WITH NAME      ftp
```

2. FTP 라이브러리 키워드

FTP 세션 연결 키워드와 파일 업로드 키워드에 대해 알아보겠습니다.

FTP 세션 연결

SSH나 DB와 같이 원격 시스템 통신을 통해 데이터를 사용해야 하는 경우와 마찬가지로 FTP 서버 역시 FTP 서버와 클라이언트 간 세션을 가장 먼저 연결합니다.

```
Ftp Connect(host, user=anonymous, password=anonymous@, port=21,
timeout=30, connId=default)
```

인자 host에 설정된 값에 따라 FTP 객체를 생성하고, FTP 서버와 연결하고 로그인합니다. 인자 connId를 설정하면 세션이 여러 개 연결되어 있을 경우 세션을 구분하여 제어할 수 있습니다.

| 실습 | FTP Connect |

6_1_CollaboKeyword 테스트 스윗에 'TC89_FTP_Connect' 테스트 케이스를 추가합니다. common. robot에는 FTP 라이브러리를 로드합니다.

1. FTP 서버에 접속합니다. 서버 접속 id는 'keyword'이고 password는 'automation'으로 서버에 설정한 계정을 이용합니다. connId를 설정합니다.

2. 제어하는 폴더로 이동하고 새로운 폴더를 만듭니다.

3. FTP 연결을 종료합니다.

스텝 1에서 접속 연결은 FTP.Ftp Connect 키워드로 하고 connId=first로 설정합니다.

스텝 2에서 폴더 이동은 FTP.Cwd(directory | connId=default) 키워드를 이용하고 폴더를 만들 때는 FTP.Mkd(newDirName | connId=default) 키워드를 이용합니다.

스텝 3에서 연결 종료는 Ftp Close 키워드를 이용합니다.

예시 키워드 테스트 케이스는 다음과 같습니다. FTP 접속 아이디 connId는 first로 두었습니다.

실습 Ftp Connect 테스트 케이스 예시

```
TC89_FTP_Connect
    Set Global Variable    ${HOST}    192.168.0.104
    Set Global Variable    ${ID}      keyword
    Set Global Variable    ${PW}      automation
    FTP.Ftp Connect    ${HOST}    user=${ID}    password=${PW}    port=21
        timeout=20    connId=first
    FTP.Get Welcome    connId=first
    ${path}    FTP.Pwd    connId=first
    FTP.Mkd    ${path}\\TEST_SAMPLE    connId=first
    FTP.Ftp Close    connId=first
```

Cwd(directory, connId=defaul) 키워드는 directory 인자를 받아 작업 폴더 위치를 변경하고 서버의 결과를 반환합니다. Pwd(connId=default) 키워드는 서버에 있는 현재 폴더 경로 이름을 반환합니다. 리눅스 시스템에서 사용하는 명령어와 동일한 이름으로 되어 있어 이해하기 쉽습니다.

Get Welcome(connId=defaul) 키워드는 FTP 서버의 환영 메시지를 반환합니다. 이 키워드를 이용하여 서버 접속이 정상 처리됨을 확인할 수 있기 때문에 FTP 접속 확인 용도로 추가하였습니다. FTP 키워드를 사용할 때 connId를 추가했다면 다른 키워드를 사용할 때도 변경된 connId를 인자로 넣어야 키워드 테스트 케이스 동작에 오류가 나지 않습니다. 인자로 넣지 않으면 connId가 기본값으로 잡혀 있어서 연결 오류가 발생합니다.

실행 결과

```
INFO : ${HOST} = 192.168.0.104
INFO : ${ID} = keyword
INFO : ${PW} = automation
INFO :
220-FileZilla Server 0.9.60 beta
220 hello keyword automation world
```

```
INFO : /
INFO : ${path} = /
INFO : /TEST_SAMPLE
```

FTP 서버 실행 로그를 보면 테스트 케이스에서 수행한 과정이 보입니다.

FTP 서버 실행 로그

```
(not logged in)(접속IP)> Connected on port 21, sending welcome message...
(not logged in)(접속IP)> 220-FileZilla Server 0.9.60 beta
(not logged in)(접속IP)> 220 hello keyword automation world
(not logged in)(접속IP)> USER keyword
(not logged in)(접속IP)> 331 Password required for keyword
(not logged in)(접속IP)> PASS **********
keyword(접속IP)> 230 Logged on
keyword(접속IP)> PWD
keyword(접속IP)> 257 "/" is current directory.
keyword(접속IP)> MKD /\TEST_SAMPLE
keyword(접속IP)> 257 "/TEST_SAMPLE" created successfully
keyword(접속IP)> QUIT
keyword(접속IP)> 221 Goodbye
keyword(접속IP)> disconnected.
```

파일 올리기와 내려받기

FTP의 주된 기능은 파일을 올리거나 내려받는 것입니다. 이때 각각 다음과 같은 키워드를 사용합니다.

```
Upload File(localFileName, remoteFileName=None, connId=default)
Download File(remoteFileName, localFilePath=None, connId=default)
```

Upload File 키워드로 업로드할 때는 localFileName 인자에 업로드 대상 파일 이름을 작성하고 remoteFileName 인자에 서버에 올릴 파일명을 작성합니다. remoteFileName 인자가 지정되지 않으면 localFileName이 그대로 사용됩니다.

내려받기 위한 키워드는 Download File입니다. 바이너리 모드에서 FTP 서버의 현재 디렉터리에서 파일을 내려받습니다. localFilePath 인자가 주어지지 않으면 파일은 키워드 테스트 케이스가 실행되는 폴더에 remoteFileName 인자와 같은 이름으로 저장됩니다.

실습	Upload File

6_1_CollaboKeyword 테스트 스윗에 'TC90_FTP_Upload' 테스트 케이스를 추가합니다.

1. FTP 서버에 접속합니다. 이때 id를 설정합니다.

2. 이전 실습에서 만든 폴더에 'C:\RF_Template' 폴더 안의 파일 10개를 업로드합니다.

3. 업로드한 파일 중 '1.txt'를 이름을 바꿔서 내려받습니다.

4. FTP 연결을 종료합니다.

스텝 2에서 파일 업로드는 Upload File 키워드를 이용합니다. 참고로 'C:\로봇 프레임워크_Template'은 175쪽 '2. 템플릿'의 실습에서 만든 폴더로 10개의 다른 확장자 파일들이 있습니다.

스텝 3에서 파일 내려받기는 Download File 키워드를 이용합니다.

```
TC90_FTP_Upload
    Set Global Variable    ${HOST}    192.168.0.104
    Set Global Variable    ${ID}    keyword
    Set Global Variable    ${PW}    automation
    FTP.Ftp Connect    ${HOST}    user=${ID}    password=${PW}    port=21
        timeout=20    connId=first
    FTP.Get Welcome    connId=first
    ${path}    FTP.Pwd    connId=first
    FTP.Cwd    ${path}\\TEST_SAMPLE    connId=first
    @{files}    OS.List Files In Directory    C:\\RF_Template
    :FOR    ${count}    IN    @{files}
    \    Log To Console    ${count}
    \    FTP.Upload File    C:\\RF_Template\\${count}    connId=first
    FTP.Download File    1.txt    FTP_Test.txt    connId=first
    FTP.Ftp Close    connId=first
```

만약 템플릿 실습을 실행한 결과가 없다면 템플릿 테스트 케이스와 함께 실행합니다. 실행 결과 테스트 케이스를 실행한 폴더에 'FTP_Test.txt'가 있음을 알 수 있습니다. 이 경우도 테스트 케이스에 Should Exist 키워드를 이용하여 파일이 존재함을 검증하는 과정을 넣으면 더 신뢰성이 높은 테스트 케이스가 됩니다.

실행 결과

```
(접속 결과 로그는 이전 실습과 동일)
INFO : ${path} = /
INFO : 250 CWD successful. "/TEST_SAMPLE" is current directory.
INFO : Listing contents of directory '<a href="file://C:\RF_Template">C:\RF_
Template</a>'.
INFO : @{files} = [ 1.txt | 10.7zip | 2.docx | 3.xlsx | 4.png | 5.zip | 6.hwp |
7.py | 8.pyc | 9.ppt ]
INFO : 226 Successfully transferred "/TEST_SAMPLE/1.txt"
INFO : 226 Successfully transferred "/TEST_SAMPLE/10.7zip"
INFO : 226 Successfully transferred "/TEST_SAMPLE/2.docx"
INFO : 226 Successfully transferred "/TEST_SAMPLE/3.xlsx"
```

```
INFO : 226 Successfully transferred "/TEST_SAMPLE/4.png"
INFO : 226 Successfully transferred "/TEST_SAMPLE/5.zip"
INFO : 226 Successfully transferred "/TEST_SAMPLE/6.hwp"
INFO : 226 Successfully transferred "/TEST_SAMPLE/7.py"
INFO : 226 Successfully transferred "/TEST_SAMPLE/8.pyc"
INFO : 226 Successfully transferred "/TEST_SAMPLE/9.ppt"
INFO : 226 Successfully transferred "/TEST_SAMPLE/1.txt"
```

파일질라 FTP 서버 로그에서 'C:\RF_Template' 안에 포함된 파일들이 모두 업로드된 것과 '1.txt' 파일을 내려받은 결과를 확인할 수 있습니다.

FTP 서버 실행 로그

```
keyword(접속IP)> TYPE I
keyword(접속IP)> 200 Type set to I
keyword(접속IP)> PASV
keyword(접속IP)> 227 Entering Passive Mode (192,168,0,104,223,216)
keyword(접속IP)> STOR 9.ppt
keyword(접속IP)> 150 Opening data channel for file upload to server of "/TEST_
SAMPLE/9.ppt"
keyword(접속IP)> 226 Successfully transferred "/TEST_SAMPLE/9.ppt"
keyword(접속IP)> TYPE I
keyword(접속IP)> 200 Type set to I
keyword(접속IP)> PASV
keyword(접속IP)>)> 227 Entering Passive Mode (192,168,0,104,194,181)
keyword(접속IP)> RETR 1.txt
keyword(접속IP)> 150 Opening data channel for file download from server of "/
TEST_SAMPLE/1.txt"
keyword(접속IP)> 226 Successfully transferred "/TEST_SAMPLE/1.txt"
```

Ftplib 라이브러리

파이썬으로 직접 FTP 클라이언트 테스트 라이브러리 구현할 때 FTPlib를 이용합니다. 여기서 사용한 FTP Library 역시 FTPlib와 robot.api를 이용하여 작성된 것입니다.

- URL https://kowalpy.github.io/Robot-Framework-FTP-Library/FtpLibrary.html

6.4 HTTP 제어 라이브러리

1. Requests 라이브러리

Requests 라이브러리는 Get, Post, To JSON 등의 키워드를 제공하는 로봇 프레임워크 라이브러리로 HTTP 요청을 보내는 기능을 지원합니다. HTTP 프로토콜은 서버-클라이언트 메시지 교환 방식으로 통신하는데, Requests 라이브러리는 테스트에서 주로 네트워크 상에서 서버의 상태를 확인하거나 클라이언트의 정보를 이용할 때 사용합니다. 참고로 네트워크를 이용하는 웹 서비스 통신에서 클라이언트는 주로 웹 브라우저가 됩니다. pip를 이용하여 Requests 라이브러리를 설치합니다.

```
pip install -U requests
pip install -U robotframework-requests
```

HTTP 전송 메서드는 GET, POST, 두 가지가 사용됩니다. GET 방식으로 전송하면 url 주소창에 데이터가 보입니다. 이때 URL 구조는 도메인 페이지 주소 뒤에 '?'로 시작하는 쿼리 문자열(query string)로 파라미터 이름(name)과 속성값(value)을 name=value 형태로 주고 '&'로 각 name=value를 연결합니다. POST 방식은 HTTP 요청 바디 안에 전송하는 데이터를 추가하는 방식으로 바디의 크기와 전송할 리소스 종류 등의 정보를 추가하여 보냅니다. 브라우저가 서버로 전송하는 메시지를 request라고 하고 서버가 응답하는 메시지를 response라고 합니다. 참고로 우리가 아는 TCP의 3 way handsharking은 이 request와 response가 동작하는 방식을 말합니다. GET, POST 이외에 PUT, DELETE, OPTIONS 등의 HTTP 메서드가 있습니다.

Requests 라이브러리는 requests 모듈을 기반으로 로봇 프레임워크 키워드를 제공합니다. requests 모듈은 requests.get(url, params=payload)로 GET 방식을 구현하고, Requests.post(url, data={'key':'value'})로 POST 방식을 구현합니다. Requests 라이브러리를 로봇 프레임워크에서 사용하려면 common.robot에 RequestsLibrary 라이브러리를 불러옵니다.

```
*** Settings ***
Library          RequestsLibrary    WITH NAME    req
```

2. Requests 라이브러리 키워드

세션 연결 키워드와 GET 형식의 request에 대한 키워드를 알아보겠습니다.

HTTP 세션 연결 키워드

Requests 라이브러리로 HTTP 통신을 하고자 할 때 가장 먼저 해야 하는 일은 통신하려는 대상과 세션을 연결하는 일입니다. Create Session 키워드는 서버에 대한 HTTP 세션을 연결할 때 사용합니다.

```
Create Session(alias | url | headers={} | cookies=None | auth=None |
timeout=None | proxies=None | verify=False | debug=0 | max_retries=3 |
backoff_factor=0.1 | disable_warnings=0)
```

alias 인자를 이용하여 로봇 프레임워크에서 세션을 식별합니다. FTP 라이브러리의 Ftp Connect 키워드의 connId 인자와 유사한 기능을 수행합니다. url 인자에는 서버의 base URL, headers 인자는 기본 헤더의 딕셔너리 값, auth 인자는 HTTP Basic Auth의 사용자 이름 및 암호 목록을 입력합니다.

실습 | Request를 이용한 Create Session

6_1_CollaboKeyword 테스트 스윗에 'TC91_Requests_Connect' 테스트 케이스를 추가합니다. 리소스 common.robot에 Requests 라이브러리를 불러옵니다.

1. 웹 서버에 세션 연결을 시도하고 세션 ID를 확인합니다.

2. 구글 사이트에 세션을 연결하고 세션 ID를 확인합니다.

스텝 1, 2에서 세션 연결은 Create Session 키워드를 이용하고 세션값은 반환값으로 확인합니다. 웹 서버 주소는 'http://localhost:7272'입니다.

세션은 서버가 클라이언트를 구분하는 정보입니다. 클라이언트의 상태를 서버에 저장하여 통신을 유지할 수 있도록 하는 데 이 정보가 사용됩니다. 세션 정보를 많이 처리하는 서버는 프록시 서버나 DB, 인메모리 DB 등의 시스템을 추가로 증설해서 클라이언트와의 통신에 안정성을 유지합니다.

실습 Create Session 테스트 케이스 예시

```
*** Settings ***
Library          RequestsLibrary    WITH NAME    req

*** Test Cases ***
TC91_Requests_Connect
    ${ret_webserver}    req.Create Session    webserver    ${SERVER}
    ${ret_google}    req.Create Session    google    http://www.google.com
    Log Many    ${ret_webserver}
    Log Many    ${ret_google}
```

Create Session의 인자 url에는 반드시 프로토콜 정보를 포함하여 입력합니다. HTTP, FTP, mailto 같은 프로토콜 정보 없이 도메인만 작성하면 키워드가 인식하지 못하고 "InvalidSchema: No connection adapters were found for 도메인 정보"와 같은 오류가 발생합니다. url 스키마 구성에서 프로토콜이 필요하기 때문입니다. 'TC91_Requests_Connect' 테스트 케이스의 실행 결과는 다음과 같습니다. log에 0x10920070와 0x10914470로 다른 세션이 연결됨을 확인할 수 있습니다.

실행 결과

```
INFO : Creating Session using : alias=webserver, url=http://localhost:7272,
headers={},
cookies=None, auth=None, timeout=None, proxies=None, verify=False, debug=0
INFO : ${ret_webserver} = <requests.sessions.Session object at 0x10920070>
INFO : Creating Session using : alias=google.com, url=www.google.com,
headers={},
cookies=None, auth=None, timeout=None, proxies=None, verify=False, debug=0
INFO : ${ret_google} = <requests.sessions.Session object at 0x10914470>
```

참고로 해킹 기법 중 HTTP 세션 하이재킹 방식으로 탈취하려는 정보가 이 세션 정보입니다. 세션 정보는 사용자 계정, 암호, IP 주소, 타임 스탬프 등의 조합으로 만들어 집니다. 이 세션 정보가 해커에게 탈취되어 도용당하면 세션 정보에 따라 이메일 계정 세션, 신용카드 정보, SNS 계정 도용 등의 문제가 발생합니다.

Requests 키워드

requests 메시지는 브라우저가 실행하려는 HTTP 메서드와 리소스 경로, 프로토콜 버전, 서버 헤더들로 구성됩니다. response 메시지는 requests의 성공 여부, 상태 코드, 상태 메시지, 헤더들로 구성됩니다. Requests 라이브러리의 Get Request 키워드는 HTTP의 requests가 됩니다.

```
Get Request(alias, uri, headers=None, params=None,
allow_redirects=None, timeout=None)
```

uri 인자에는 GET 요청을 보내려는 정보값을 입력합니다. 실습을 통해 도메인 주소가 복잡한 사이트에 접속하여 Requests 라이브러리 사용법을 살펴보겠습니다.

실습   Request를 이용한 Get Requests

6_1_CollaboKeyword 테스트 스윗에 'TC92_Requests_Get' 테스트 케이스를 추가합니다.

1. 구글 서버에 세션을 연결하고 서버의 응답을 확인합니다.

2. 구글 개발자 사이트에 세션을 연결하고 서버 응답을 확인합니다.

3. 구글 개발자 맵 서버의 response 값을 확인합니다.

스텝 1에서 서버 응답은 Get Request 키워드의 반환값 중 status_code로 확인합니다. HTTP에서 서버와 정상 연결이 되면 응답 코드는 200입니다. HTTP 응답 코드 중 '2xx'는 성공과 관련된 정보이며 '3xx'은 자료 위치 관련 정보, '4xx'는 클라이언트 오류로 인한 실패, '5xx'은 서버 오류로 인한 접속 실패로 구성됩니다. 많이 볼 수 있는 응답 코드는 기본적으로 '200 OK'는 성공, '403 Forbidden'은 접근 금지, '404 Not Found'는 문서를 찾을 수 없음, '500 Internal Server Error'는 서버 사용자 오류 등이 있습니다.

스텝 2에서 구글 개발자 주소는 'https://developers.google.com'입니다.

스텝 3에서 구글 개발자 맵 주소 uri는 '/maps/documentation/geocoding/intro?hl=ko'입니다. http response 정보는 Log 키워드로 표시합니다.

실습 Get Requests 테스트 케이스 예시

```
*** Settings ***
Library             RequestsLibrary    WITH NAME    req

*** Test Cases ***
TC92_Request_Get
    [Tags]     req
    #구글 응답 결과
    req.Create Session    google    http://www.google.com
    ${resp}=    Get Request    google    /
    Should Be Equal As Strings    ${resp.status_code}    200
    #구글 맵 응답 결과
    req.Create Session    map    https://developers.google.com
    ${resp}=    Get Request    map    /maps/documentation/geocoding/intro?hl=ko
    log    ${resp.status_code}
    log    ${resp.headers}
    log    ${resp.encoding}
    log    ${resp.cookies}
    log    ${resp.content}
    log    ${resp.text}    #인코딩 적용
```

테스트 케이스 실행 결과 로그를 통해 구글 맵 사이트의 headers, encoding, cookies, content, text 정보를 얻어 왔습니다. Get Request의 반환값에 포함된 웹 페이지의 엘리먼트 정보나 쿠키 정보 등은 웹 페이지 테스트에 사용할 수 있습니다.

그림 6-7 requsest get 실행 결과

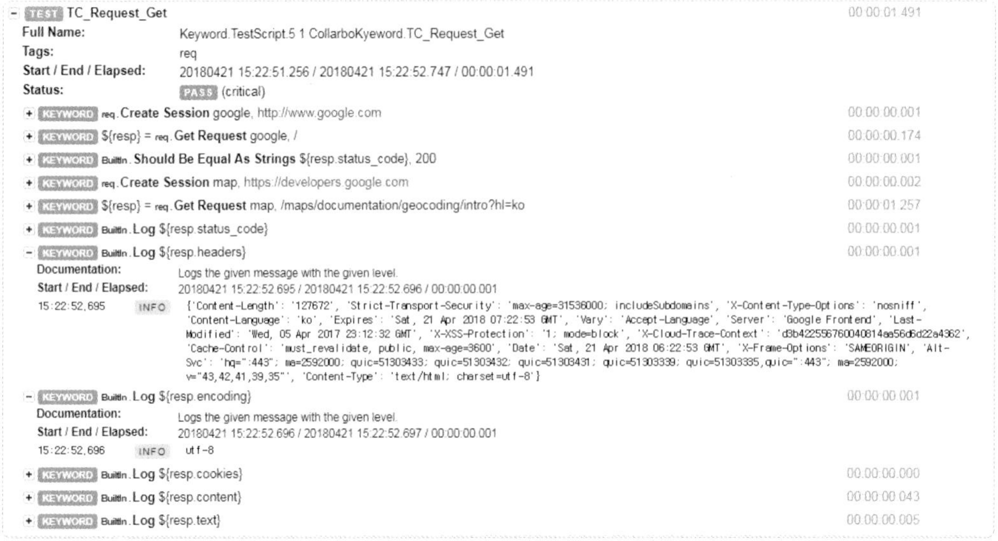

```
- TEST TC_Request_Get                                                                  00:00:01.491
  Full Name:             Keyword.TestScript.5 1 CollarboKyeword.TC_Request_Get
  Tags:                  req
  Start / End / Elapsed: 20180421 15:22:51.256 / 20180421 15:22:52.747 / 00:00:01.491
  Status:                PASS (critical)
+ KEYWORD req.Create Session google, http://www.google.com                             00:00:00.001
+ KEYWORD ${resp} = req.Get Request google, /                                          00:00:00.174
+ KEYWORD Builtin.Should Be Equal As Strings ${resp.status_code}, 200                  00:00:00.001
+ KEYWORD req.Create Session map, https://developers.google.com                        00:00:00.002
+ KEYWORD ${resp} = req.Get Request map, /maps/documentation/geocoding/intro?hl=ko     00:00:01.257
+ KEYWORD Builtin.Log ${resp.status_code}                                              00:00:00.001
- KEYWORD Builtin.Log ${resp.headers}                                                  00:00:00.001
  Documentation:         Logs the given message with the given level.
  Start / End / Elapsed: 20180421 15:22:52.695 / 20180421 15:22:52.696 / 00:00:00.001
  15:22:52.695  INFO  {'Content-Length': '127672', 'Strict-Transport-Security': 'max-age=31536000; includeSubdomains', 'X-Content-Type-Options': 'nosniff', 'Content-Language': 'ko', 'Expires': 'Sat, 21 Apr 2018 07:22:53 GMT', 'Vary': 'Accept-Language', 'Server': 'Google Frontend', 'Last-Modified': 'Wed, 05 Apr 2017 23:12:32 GMT', 'X-XSS-Protection': '1; mode=block', 'X-Cloud-Trace-Context': 'd3b422556760040814aa56d6d22a4362', 'Cache-Control': 'must_revalidate, public, max-age=3600', 'Date': 'Sat, 21 Apr 2018 06:22:53 GMT', 'X-Frame-Options': 'SAMEORIGIN', 'Alt-Svc': 'hq=":443"; ma=2592000; quic=51303433; quic=51303432; quic=51303431; quic=51303339; quic=51303335,quic=":443"; ma=2592000; v="43,42,41,39,35"', 'Content-Type': 'text/html; charset=utf-8'}
- KEYWORD Builtin.Log ${resp.encoding}                                                 00:00:00.001
  Documentation:         Logs the given message with the given level.
  Start / End / Elapsed: 20180421 15:22:52.696 / 20180421 15:22:52.697 / 00:00:00.001
  15:22:52.696  INFO  utf-8
+ KEYWORD Builtin.Log ${resp.cookies}                                                  00:00:00.000
+ KEYWORD Builtin.Log ${resp.content}                                                  00:00:00.043
+ KEYWORD Builtin.Log ${resp.text}                                                     00:00:00.005
```

URI와 URL의 구분

URI는 Uniform Resource Identifier의 약자이고 URL은 Uniform Resource Locator의 약자로 둘 다 HTTP 통신에서 사용하는 정보입니다. URI는 인터넷 자원을 나타내는 주소로 프로토콜, 호스트, 도메인 등으로 구성됩니다. URL은 이 자원들의 위치를 알려주는 역할을 합니다.

Requests 라이브러리에서 Create Session 키워드에는 인자 URI를 이용하여 세션을 연결하려는 주소를 알게 됩니다. HTTP 통신의 GET 메서드의 requests 정보를 얻을 때 사용하는 Get Request 키워드에서는 URL을 이용하여 자원의 위치 정보를 얻습니다.

파이썬 requests 모듈

requests는 urllib와 유사한 HTTP 모듈입니다. 책에서 살펴본 웹사이트에 접속하는 용도 이외에 headers나 proxies 등의 추가 설정을 통해 HTTP 프로토콜을 이용하는 네트워크 취약점 테스트나 네트워크 관련 테스트 등에 사용할 수 있습니다. 더 많은 기능을 사용하길 원하시면 다음 링크를 참고하길 바랍니다.

- URL http://docs.python-requests.org/en/master/user/quickstart/
  http://docs.python-requests.org/en/master/user/advanced/
  Requests 라이브러리: https://github.com/bulkan/robotframework-requests

지금까지 DB, VM, FTP, Requests 라이브러리를 이용하는 방법을 알아보았습니다. 소개한 라이브러리 외에도 로봇 프레임워크를 지원하는 라이브러리는 많습니다. 대표적으로 파이썬을 지원하는 pypi.org에서 'robot framework'만 검색해도 셀 수 없이 많은 라이브러리 리스트가 있습니다. 키워드 기반 자동화에서 컬래버레이션은 어마어마한 효과를 낼 수 있는 요소입니다. 생각하는 동작을 라이브러리 키워드로 조합해서 테스트 케이스를 완성해 가는 것입니다.

테스트 케이스 자동화를 수행할 때 많이 하는 실수 중 하나는 본인의 분야에 라이브러리나 기능에 대해서만 관심을 갖는다는 것입니다. 모바일 분야를 테스트하는 사람은 PC 쪽 라이브러리를 사용하는 방법에 관심을 조금만 두어도 키워드 테스트 케이스를 작성할 때 다양한 시도를 할 수 있습니다. 사용자 라이브러리를 작성할 때도 이 점은 매우 유용합니다. 전혀 관련 없어 보이는 방법도 컬래버레이션을 통해 효과적인 자동화 테스트 케이스로 만들 수 있습니다.

- URL https://pypi.org/search/?q=robot+framework

표준 라이브러리 키워드 목록

로봇 프레임워크의 표준 라이브러리는 그림 A-1과 같이 각 라이브러리마다 최신 버전 사용 방법을 문서로 제공합니다. 사용하고자 하는 라이브러리의 [View] 버튼을 클릭하면 라이브러리 소개와 사용 방법, 제공하는 키워드 문서를 볼 수 있습니다. 이는 RIDE의 [Help] → [User Guide]에 링크되어 있습니다.

- URL http://robotframework.org/robotframework/#user-guide

그림 A-1 로봇 프레임워크 문서

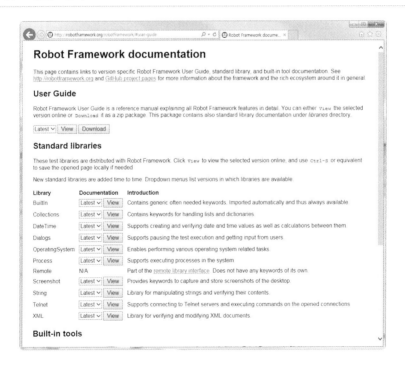

책에서 제시한 키워드들의 경우 표준 라이브러리뿐 아니라 외부 라이브러리도 유사한 형태의 문서를 제공하므로, 이 책 곳곳에서 제공하는 링크를 참고하여 사용하면 좋습니다. 문서를 볼 때는 우선 각 라이브러리의 사용 방법을 숙지하고 키워드를 검색하여 사용하는 것을 추천합니다. 키워드의 인자(arguments)와 작성 방법 등이 다르기 때문에 문법 오류로 인해 키워드 테스트 케이스에 오류가 발생하지 않도록 주의해야 합니다. 키워드 인자에서 옵션인 경우에는 파이프라인(|)으로 표시되어 있으므로 필요한 경우에만 값을 입력합니다. Call Method(object, method_name, *args, **kwargs), Catenate(*items)와 같이 argument 개수를 정하지 못하는 경우에는 *args, **kwargs, *items와 같이 *로 표시됩니다. Continue For Loop 키워드와 같이 인자가 없는 경우에는 키워드만 사용할 수 있습니다.

B 자동화 환경 설치 목록

그림 B-1은 로봇 프레임워크 키워드 테스트 케이스 작성을 위한 설치 프로그램을 요약한 목록입니다. RIDE 대신 ATOM이나 PyCharm을 사용할 경우 4번째 스텝은 생략해도 됩니다.

그림 B-1 자동화 환경 프로그램 설치 목록

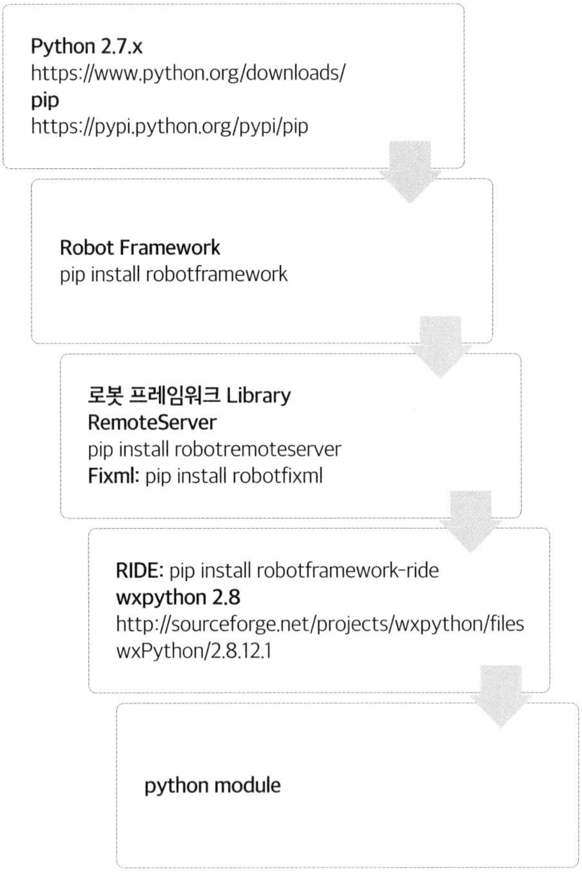

Python 2.7.x
https://www.python.org/downloads/
pip
https://pypi.python.org/pypi/pip

Robot Framework
pip install robotframework

로봇 프레임워크 Library
RemoteServer
pip install robotremoteserver
Fixml: pip install robotfixml

RIDE: pip install robotframework-ride
wxpython 2.8
http://sourceforge.net/projects/wxpython/files
wxPython/2.8.12.1

python module

다음은 실습을 통해 알아본 로봇 프레임워크 라이브러리 목록입니다.

① AutoIT Library(pywin32)

https://code.google.com/archive/p/robotframework-autoitlibrary/downloads

② SSH Library

③ Selenium, Selenium2Library

④ AppliumLibrary

⑤ DB Library: pip install robotframework-databaselibrary

⑥ PySphere: pip install robotframework-pyspherelibrary

⑦ FTP Library: pip install robotframework-ftplibrary

다음은 사용자 라이브러리를 생성할 때 사용했던 파이썬 모듈입니다.

① os

② sys

③ platform

④ csv pip install csv

⑤ panda

⑥ smtplib: pip install email, pip install smtplib

⑦ beatifulsoup: pip install beautifulsoup4

⑧ requests

찾아보기